JN360051

조약으로 본 우리땅이야기

조약으로 본 우리땅 이야기

초판인쇄_ 2007년 8월 10일
초판발행_ 2007년 8월 15일

지은이_ 양태진
펴낸이_ 한미경
펴낸곳_ 예나루

등록_ 2004년 1월 5일 제106-07-84229호
주소_ 서울특별시 용산구 갈월동 8-3
전화_ 02-776-4940
팩시밀리_ 02-776-4948

ISBN_ 978-89-956959-6-8 03900

일원화 공급처_ (주)북새통 서울시 마포구 서교동 384-12
전화_ 02-338-0117 팩시밀리_ 02-338-7160~1

조약으로 본 우리땅 이야기

양태진 지음

예나루

머리말

인간의 삶은 땅에서 비롯되어 땅을 주 무대로 하여 살아오고 있다. 이러한 삶의 활동영역은 무한적, 무제한된 것이 아니라 경계라는 의미를 굳이 따지지 않더라도 제약된 활동 범위가 주어지게 마련이다. 즉 삶의 질서라는 울타리에 국한될 수밖에 없다. 이 울타리의 규모나 양상에 차이는 있겠으나 개인이던 집단이던 그 경지(境地)가 그어지게 되어 있다. 이 경지 내에서의 활동이 외적 제재를 받지 않고 되도록이면 자유롭게 제삼자의 간섭 없이 살아가고자 하는 바람이 인간 본연의 욕구이다.

이와 같은 맥락 하에서 인류는 씨족별, 부족별, 종족별로 집단화 또는 분화되어 오는 가운데 서로의 지경(地境)을 넓혀 나가고자 또는 그 경역(境域)을 수호해 나가고자 하는 의지가 맞부딪혔을 때 타협이 이루어지지 않고 상충될 경우 충돌은 불가피하게 발생하게 된다. 그 결과 끝내는 전쟁이라는 참화를 불러오기도 하며 때로는 그 원한이 되풀이되어 인류평화의 위협적 요인이 되었는가 하면 번번이 재앙으로 이어져 왔다.

이러한 성향은 인류생활의 진전과 함께 무기체계의 발달로 인해 기존의 제 울타리 몫을 지키는데 만족치 않고 보다 넓고 살기 좋고 자원이 풍부한 땅을 차지하고자 하는 욕구로 변해 약육강식적 침략을 마다하지 않았다. 즉 경계를 맞대고 있거나 주변국들에 대해 무력시위를 통해 위협 내지는 도발을 감행함으로서 침탈자와 피침탈자 간에 지켜야 할 경계지대에 갈등과 긴장의 파고를 높이다가 끝내는 경계를 넘어서서 상대의 주권을 억압할 때 필사적인 접전이 벌어지게 된다. 이와 같은 와중에도 평화적 협상이 이루어지지 않고 어느 한쪽이 무조건 항복하지 않을 때 두고두고 원한에 쌓인 항전과 보복전은 되풀이 될 수밖에 없었다. 이렇게 볼 때 제 땅 경계의 올바른 지킴, 올바른 경계 준수가 이루어질 때만이 인류평화는 가능하다고 하겠다. 따라서 올바른 경계획정은 인류평화의 달성 및 국가조직완성의 필요조건이라 할 수 있다. 이렇듯 국경은 근대국가의 형성이전에도 시대와 장소에 따라 다양한 형태로 존재해왔다.

국경학은 국경과 국제법간의 밀접한 관계에도 불구하고 초기 국제법학자들이 국가의 영토적 한계보다는 법인격요소로서의 영토에 관심을 기울였기 때문에 주로 정치지리학자들에 의하여 연구되어 왔다.

이를 바탕으로 본서에서는 영토, 국경, 경계론 등의 제반 의미와 정의를 고찰해 보고 우리나라를 둘러싸고 있는 주변국과의 경계 및 국경지대 형성에 따른 실태를 연대기적으로 살펴보고 특히 국경형성에 직 · 간접적으로 영향을 미치고 있는 관련 조약이나 이에 준하는 제반 요소들을 최대한 널리 살펴봄으로서 이에 따른 시시비비를 논하는데 일조가 되도록 하였다.

부록으로 갑진정사(甲辰政事)를 실었는데 이는 북방국경선상에서의 민족적 참상을 적나라하게 기록한 희귀자료로 이 방면 연구자들에게 매우 의미있는 자료라 평가되어 해제하고 원문을 축영(縮影)하여 실었다.

檀紀 4340年 丁亥 忘憂齋에서

저자 씀

차 례

一 경계 및 국경형태 제설(諸說)

1. 원시적 경계대 …… 19
2. 자연지세에 의한 경계 …… 20
3. 경계의 기능적분류 …… 23
4. 경역 및 계역개념 …… 25
5. 국경의 기능 …… 26
6. 국경정의에 관한 諸論 …… 29
7. 해양경계론 …… 31
8. 기하학적국경 …… 32
9. 영공권론 …… 33

二 중화적(中華的) 국경관 및 경계의식

1. 중화적 경역의식 …… 35
2. 중국의 근대적 영토관 …… 38

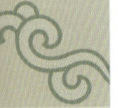

三 상실된 영토와 경역(境域)실상

1. 백두산지역과 정계비 …… 44
2. 민족의 고토 요동땅 …… 48
3. 한민족의 고토 시베리아지역 …… 54
4. 대마도는 본시 조선영토 …… 65

5. 북방국경하천 경역실상 …… 72
6. 해양경계문제 …… 76

四 조 · 청간의 경역론

1. 정묘호란이후 대청경역과 국경의식 …… 88
2. 채삼문제와 월경론 …… 101

五 강희제의 대조청(對朝淸) 경역관

1. 강희제의 청조발상지 추단과 답사명령 …… 117
2. 1 · 2차 답사 …… 120
3. 조청간의 변계답사와 정계비 건립 …… 125
4. 定界碑 설치 후의 후속조처 …… 135

六 간도지역 개간문제와 국경회담

1. 봉금지대화 전후의 간도지역상황 …… 146
2. 돈화현의 고시와 현지인의 집단 호소 …… 151
3. 국경회담개최 …… 153

七 제삼국의 간도문제개입

1. 러시아의 간도지역 진입 …… 222
2. 일제의 간도문제 개입 …… 224
3. 청일 양국간의 간도영유권 논쟁 …… 227
4. 간도협약 체결 내막 …… 230

八 청 · 러의 국경설정이 조선에 미친 영향

1. 러시아의 시베리아 진출과정 …… 235
2. 두만강 하류상의 토자비 건립개황 …… 249

九 되찾아야 할 녹둔도

1. 연해주 일원과 녹둔도는 한민족의 생활무대 …… 260
2. 녹둔도는 어떤 곳이었나 …… 267
3. 조·러국경선 형성 배경과 녹둔도문제 …… 269
4. 역사적으로 본 녹둔도의 경략과 관리 …… 279
5. 녹둔도관계 외교문서상의 수록 내용 …… 283
6. 녹둔도 노령화 후의 반환노력 …… 286

十 국제법적 측면에서 본 원상회복지역

1. 백두산 정계비의 법적성격 …… 289
2. 백두산 정계비문에 대한 해석문제 …… 293
3. 국제분쟁사례를 통해 본 백두산 정계비문제 …… 296
4. 국제법상으로 본 간도협약의 무효성 …… 298
5. 국제법상으로 본 녹둔도영속문제 …… 302

十一 맺는말 306

부록

부록(一) 국경관련 조약 311

1. 북방삼각국경형성과 관련한 북경조약 …… 311
2. 간도에 관한 일청협정요령 …… 322
3. 북한 중국과의 관계 …… 326
4. 북한·러시아 관계 …… 356

부록(二) 『갑진정사』 367

부록(三) 『갑진정사』 해제 526

주요참고문헌 543

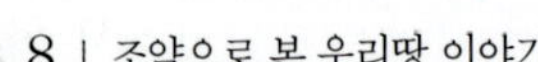

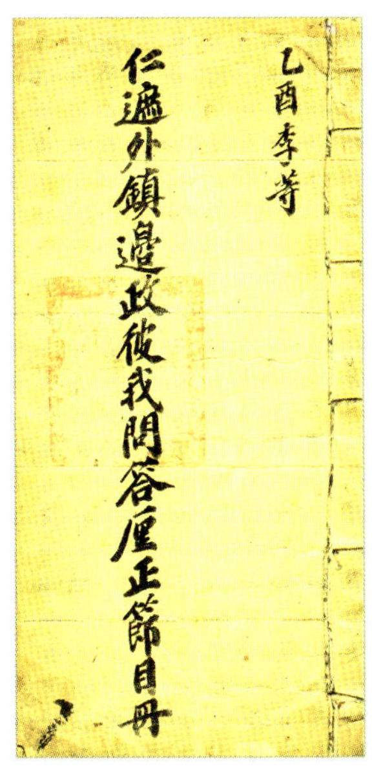

乙酉 李寺

仁遮外鎭邊政彼我問答釐正節目冊

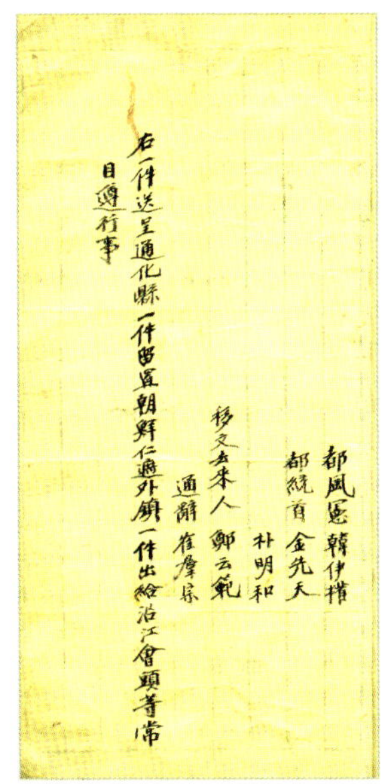

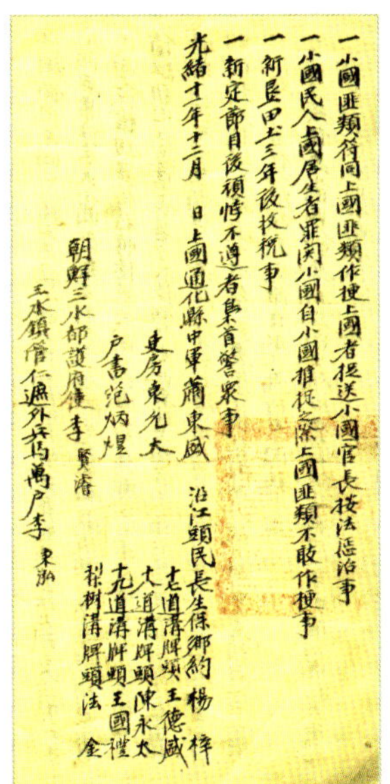

압록강변 三水郡 仁遮外鎭과 對岸인 청측의 通化縣 현지 양측 관리들이 양국주민들간의 마찰과 분쟁을 조절하기 위한 일종의 협정문으로 〈中韓邊界善後章程〉과 함께 國境硏究에 매우 중요한 자료이다.

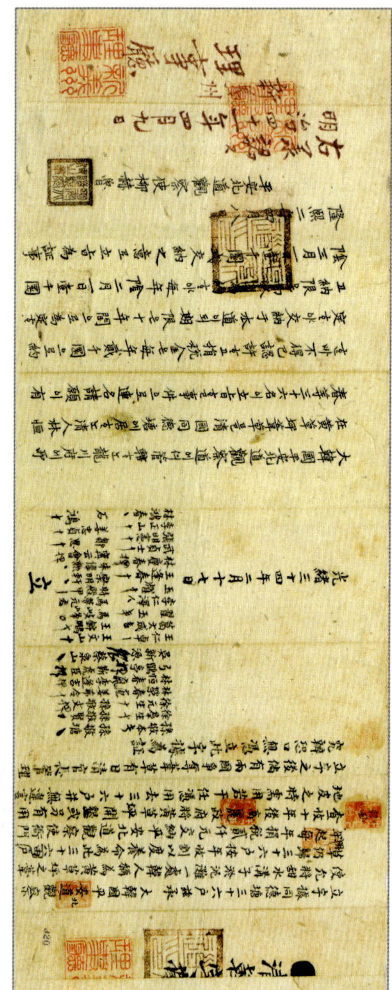

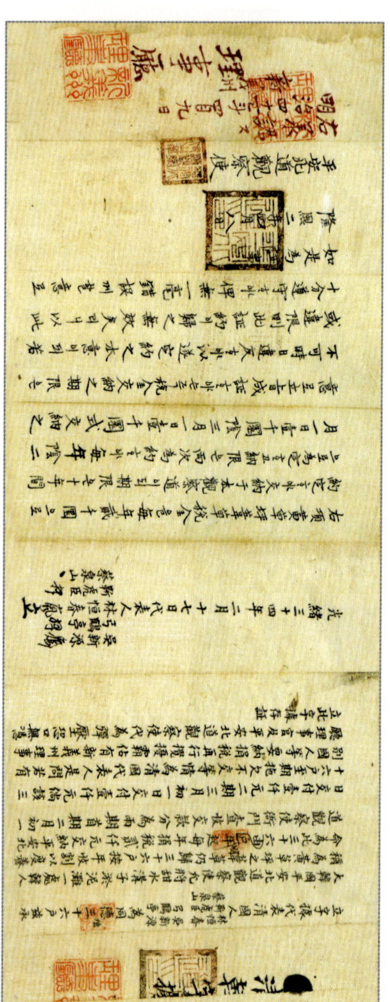

이 約定文은 오랫동안 분쟁지역으로 있던 압록강 최하류에 위치한 黃草坪을 한국령으로 확정하고, 청인들의 갈대채취에 대해 일정한 採取料를 납부토록 한 한 · 청양국간에 체결된 일종의 영토관련 協定文이다.

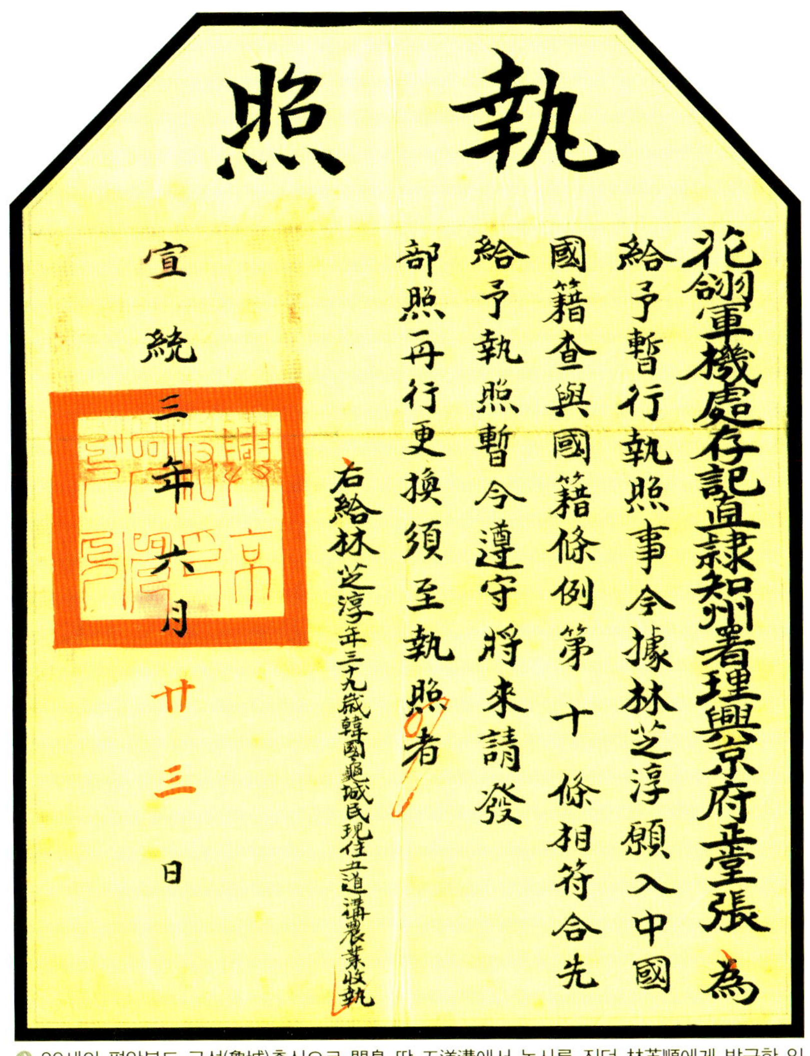

執照

花翎軍機處存記直隸知州署理興京府正堂張　為
給予暫行執照事今據林芝淳願入中國
國籍查與國籍條例第十條相符合先
給予執照暫令遵守將來請發
部照再行更換須至執照者

右給林芝淳年三十九歲韓國龜城民現住五道溝農業收執

宣統三年六月廿三日

39세의 평안북도 구성(龜城)출신으로 間島 땅 五道溝에서 농사를 짓던 林芝順에게 발급한 일종의 여행허가서이다. 청측은 間島 거주 韓人들의 國籍 및 住居權을 이러한 〈執照〉를 통해 행사해왔음을 알 수 있다.

1731년에 제작된 조선전도로 두만강 이북의 간도땅이 조선령임을 나타내고 있다.

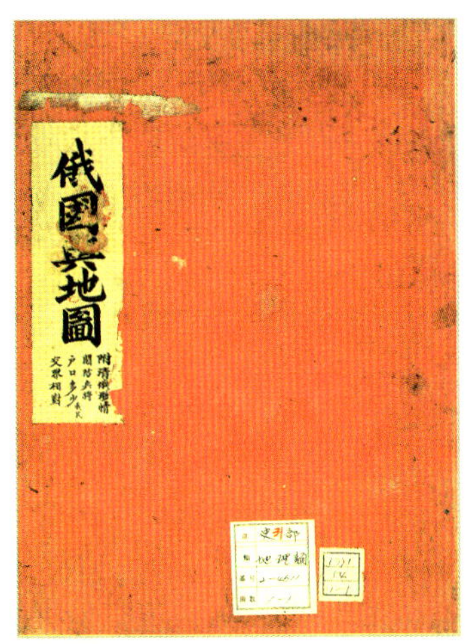

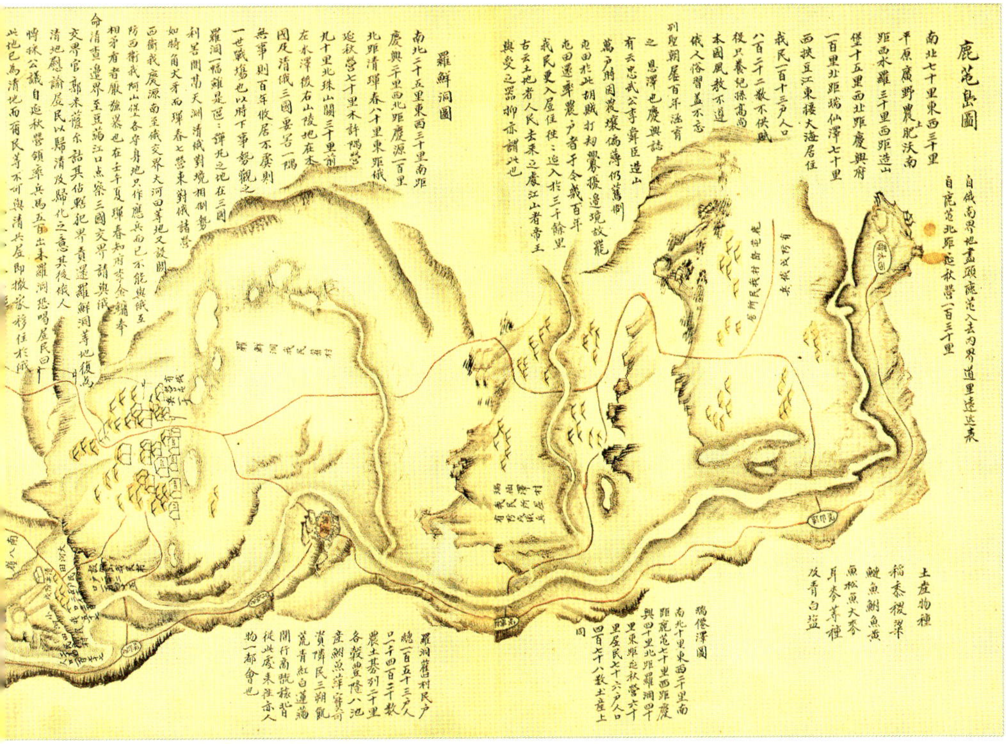

鹿屯島圖 : 두만강 하류에 위치한 〈鹿屯島圖〉로 이 섬과 연계된 일대의 民戶와 産物, 지역간 거리 등을 상세히 나타내고 있는 귀중한 北方地域地圖이다.

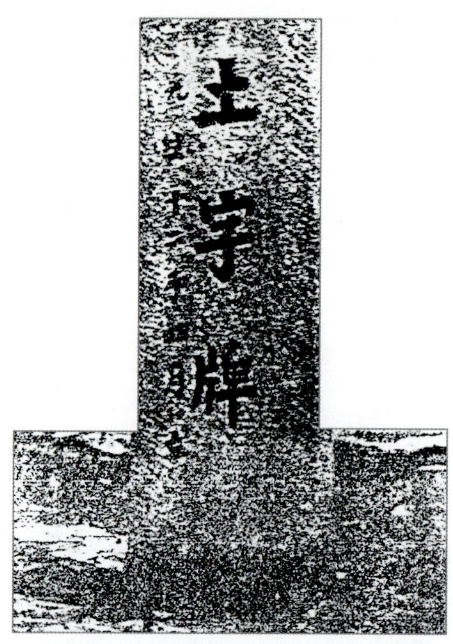

國境標石 : 北京條約締結이후 세워졌던 土字牌와 오늘날 북 · 중 · 러 3國分界地點上에 세워진 國境標石

최근의 북방삼각국경표석

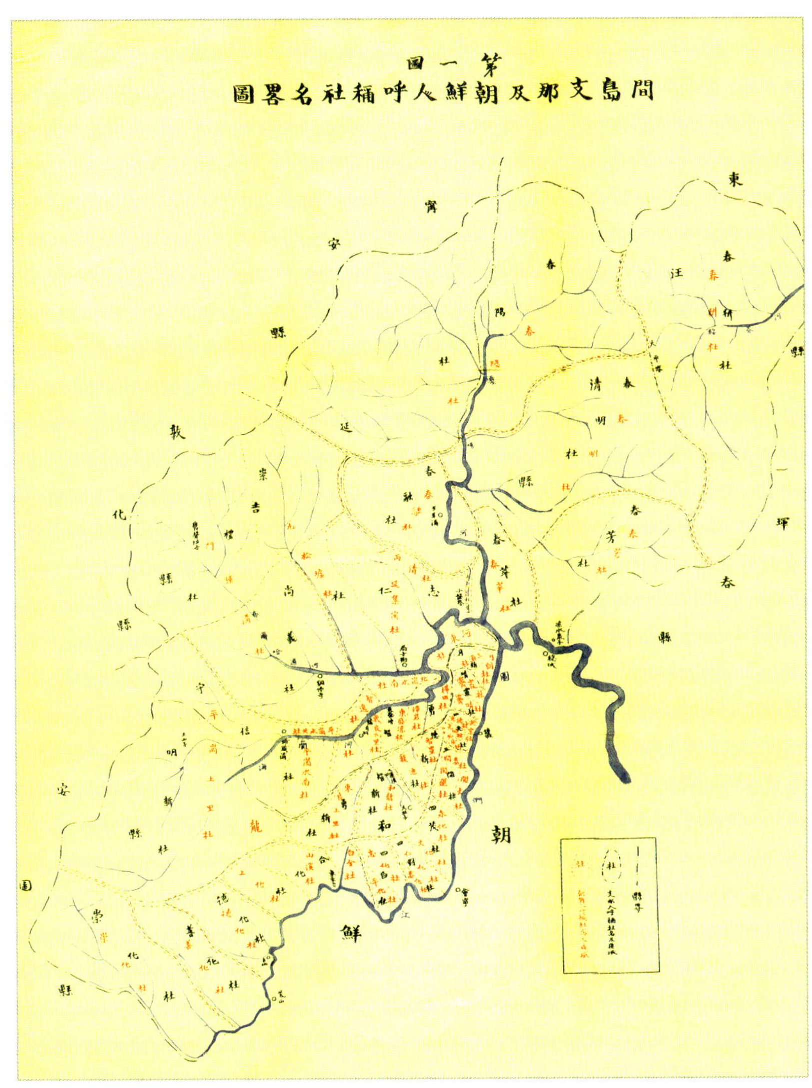

조선인이 거주하던 地名圖(붉은 표시는 조선인 명칭:검정표시는 청인 명칭임)

압록강 이북지역까지 조선령임을 나타낸 관방지도(關防地圖)

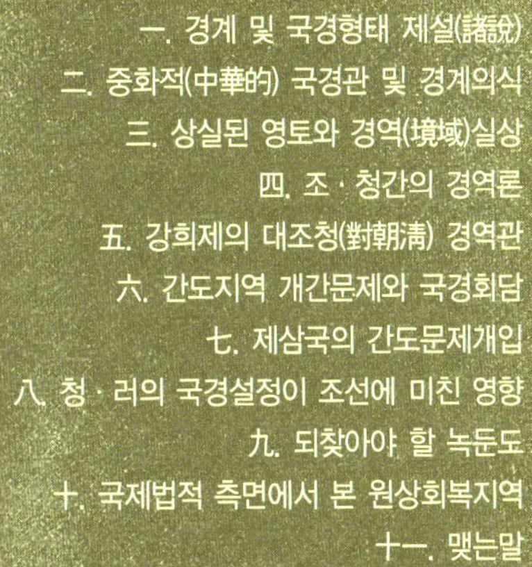

一. 경계 및 국경형태 제설(諸說)

二. 중화적(中華的) 국경관 및 경계의식

三. 상실된 영토와 경역(境域)실상

四. 조·청간의 경역론

五. 강희제의 대조청(對朝淸) 경역관

六. 간도지역 개간문제와 국경회담

七. 제삼국의 간도문제개입

八. 청·러의 국경설정이 조선에 미친 영향

九. 되찾아야 할 녹둔도

十. 국제법적 측면에서 본 원상회복지역

十一. 맺는말

조약으로 본 우리땅 이야기

一. 경계 및 국경형태 제설(諸說)

1. 원시적 경계대

고대국가에 있어서 땅의 경계는 자연적 지형에 따라 경계 지어져 왔다. 즉 산맥, 하천, 호수 등등을 경계로 하였는데 이러한 자연적 국경은 부족국가 이전인 인류 집단생활기 부터 원시적 경계로 나타났다.

원시적 경계의 의미와 유사한 것으로 경계대(境界帶)라는 것도 있었다. 부족집단이 인접 부족 주거지역으로부터 일정범위를 비워두고 서로 간에 불시의 기습 등을 방비하기 위해 정해 놓은 것이 경계대이다.

아프리카 수단지방에는 부락 간에 황무지를 두고 산디아족과 봉고족 간에 폭 30m 내지 50m의 무주의 경계대를 두고 있었던 것이 탐험가들에 의해 확인된 바 있기도 하다. 이러한 현상은 비단 아프리카 지역에만 국한된 것이 아니라 유럽일대도 예외는 아니었다.

16세기말 동프러시아와 리투니아 사이에는 30m~90m 가량의 삼림대를 둔 바 있다. 또 다른 비근한 예로 우리나라에서도 간도일대를 봉금지대화(封禁地帶化)[1]한 것도 이 같은 경계대와 전혀 무관하다 할 수 없다.

1896년 영 · 불 양국이 프랑스령인 안남(安南)과 샴과의 경계를 정함에 있어 메콩강 우안의 일정 공지(空地)를 둔 것도 일종의 경계대를 설치한 예로 볼 수 있다. 이러한 성향은 완충국들 간에도 있어왔다. 완충국을 사이에 두고 양대세력 간의 직접적인 충돌을 막아 상호간의 적대행위를 이완 내지 완화시켜 주는 구실을 하게하고 있는데 이 모두가 넓은 의미의 경계대이다.

이처럼 넓은 의미이던 좁은 의미이던 경계대가 고대로부터 근대에 이르기 까지 나라와 나라 사이 또는 집단의 경계 울타리 구실을 해 왔는데 이러한 경계대(境界帶)는 대상경계(帶狀境界)에서 선상경계(線上境界)로 발전해 왔다.[2]

2. 자연지세에 의한 경계

나라 간에는 영토의 한계로서 경계를 정하는데 이를 통칭 '국경' 이라 한다. 이러한 영토의 한계로서 국경의 설정은 주로 자연 지세를 이용한 산맥, 하천, 호수, 삼림대, 사막지를 대상으로 하고 있다. 산맥을 국경으로 하는 경우 대체로 분수계나 계곡의 최저선으로 정하는 것이 통례이다. 물론 조약상 양국의 경계를 구속하는 특별한 약정이 있는 경우에는 위에 말하는 분수계나 계곡의 최저선에 구애받지 않는다. 그러나 약정이나 뚜렷한 반증이 없는 이상 국제공법상 경계획정은 분수계를 정함이 사실상 보편화되어 왔다.

본래 산맥은 각종 인문 활동의 분계가 되어 왔는데, 예컨대 알프스산맥은 대체로 라틴계족과 게르만종족간의 분포를 가르는 지대가 되어왔다. 우리

---

1) 拙著, 韓國의 國境硏究, 同和出版公社, 1981, P.24.
2) 金生喜造, 國境論, 日新書院, 1942, P.129.

나라의 경우 삼국시대 고구려 · 백제 · 신라의 경계가 주로 산맥과 하천을 경계로 해 국경을 삼아 온 것도 자연 지세에 의한 경계구분이라 할 수 있다. 이러한 경계로 인해 오늘날 까지도 각 지역의 언어와 관습이 다른 지역과 다르거나 독특한 면을 띄게 된다.[3)]

다음으로는 하천경계를 들 수 있다. 하천은 산이나 구릉, 산맥 등과 마찬가지로 차단과 장벽의 구실을 해 옴으로서 경계를 이루었다. 하천경계는 하천자체가 선이 아니라 그 나름대로의 폭을 갖고 있고 유로(流路) 자체가 변동이 있어 관계국간에 의견을 종종 달리 하는 경우도 있다.

근세기에 들어와서도 잦은 경계마찰이 주로 하천경계문제로 인해 발생되는 경우가 허다하다. 대표적인 사례로 미국과 멕시코간의 리오그란데강, 파라과이와 아르헨티나 사이의 파라나강 지류, 루마니아와 불가리아간의 오데르강과 나이세강, 독일과 프랑스간의 라인강, 라오스와 태국 사이의 메콩강, 콩고 · 자이레 2국간의 콩고강, 우리나라의 경우 중국과 압록강 · 두만강을 사이에 두고 경계마찰을 빚고 있는 것도 하천경계의 특성 중 한 예라 하겠다.

하천국경은 그로티우스의 제안에 따라 중앙선을 기준으로 정하도록 하였으나 이 원칙은 항행(航行)이 가능한 하천인 경우에 예기치 못한 문제들을 파생시켰다. 항행이 가능한 주된 수로부분이 정치적 경계선을 넘어서 들쑥날쑥할 경우 하천의 수로를 따라 진행하는 배가 때로는 이 국가에 있다가 저 나라에 있게 되는 경우가 생기게 된다.

이 때문에 19세기에는 탈베그원칙으로 수정되어 주로 수로의 중앙선이 국경선이 되고 있다. 탈베그원칙의 이점은 경계선이 하천교역 간선항로와 일치함으로서 하안국(河岸國)들이 각기 적절한 몫을 감당할 수 있기 때문이다.

---

3) 주 1)과 같은 책, P.18.

탈베그원칙이 하천의 침식 또는 첨부에 의해 점진적으로 이동하게 되면 국경선도 문제의 수로를 따라 이동하게 된다. 그러나 탈베그의 이동이 급작스럽고 광범위하게 이루어지면 국경선은 이전의 위치로부터 변경되지 않는다는 것이 일반적 견해로 국제관행도 이에 따르고 있다.[4] 하천은 비단 수로상에서의 문제뿐만 아니라 양쪽을 잇는 교량상에서도 때때로 문제점을 드러내고 있다.

호수 또한 훌륭한 경계구실을 하고 있는데 미국-캐나다간의 5대호, 페루-볼리비아 사이의 티티카카호수, 탄자니아와 자이레간의 탕가니카호, 중국-러시아간의 바이칼호, 이밖에 빅토리호, 니아사호, 콘스탄틴호, 제네바호 등등이 있으며 우리나라 백두산 천지 분할 경계문제도 이러한 범주에 속한다.

호수는 하천경계와는 달리 상대측의 동의가 있는 한 하천경계와 같은 복잡 미묘한 일은 별로 발생하지 않는다. 이는 호수의 중앙선으로 경계를 짓기 때문이다.[5] 삼림과 습지지역들도 사람들의 왕래와 물자 수송의 장애로 인해 자연스럽게 경계가 되어왔다. 이러한 지대는 양국 간의 변경지대를 형성케 하고 있다.

변경지대란 'Front' 라는 낱말에서 비롯된 것으로 전면을 뜻하는데 오늘날에 와서는 변경지대와 같은 의미로 쓰이고 있다. 변경지대는 선형경계(線形境界)가 아니라 본질상 대형경계(帶型境界)이다.[6]

삼림경계대는 삼림의 유용성 증대와 국가관할체제의 현대화로 점차 선형경계화 되고 있는데, 핀란드-러시아간의 삼림지대와 지난 시기 리투니아-러시아간, 리투니아-폴란드간의 경계는 삼림경계(Forest Boundary)의 한 본보기이다.

저습지대가 경계화되어 온 예로는 라인강 하류의 뮤스(일명 마아스라 칭

4) 慶南大極東問題硏究所編, -判例中心- 國際法, 同所刊, 1982, P.175.
5) 任德淳, 政治地理學原論, 一志社, 1978, P.83.
6) 주 2)와 같은 책, PP.29~31.

함)강 계곡상의 저습지대는 벨기에와 네덜란드 간의 경계를 이루고 있다. 사막경계(Desert)도 있는데 여기에는 완전 무인지대를 형성하고 있어 이상적인 경계기능을 발휘하고 있다. 유명한 사하라사막은 북쪽의 지중해 문화와 남쪽의 사바나 문화를 분리 단절시켜 놓는데 한 몫을 해 왔다.

이밖에 혼성경계 형태도 있다. 경계가 어느 한 가지 지형이나 지물로만 이루어진 것이 아니라 산, 구릉, 하천, 호수, 삼림, 저습지, 사막, 기하학적 선 등 여러 경계요소가 둘 또는 그 이상의 것으로 이루어진 경계를 이른바 혼성경계(混成境界)라고 한다. 이러한 예로는 미국-멕시코 간에 경계가 되고 있는 리오그란데강을 따라 산, 구릉, 사막을 거쳐 형성되어 있는 것과 우리나라 북방경계지역도 산과 하천, 호수로 이어진 혼성경계이다.

이상에서 열거한 경계는 한마디로 자연적 경계라 할 수 있다. 경계구분을 대별하면 자연적 경계와 인위적 경계로 나눌 수 있는데 오늘날에는 대체로 자연적 경계라는 의미는 사라지고 인위적 요소를 가미한 경계가 주류를 이루고 있다.

따라서 사실상 자연적 경계라는 용어는 설득력을 잃고 있다. 이상의 경계구분을 경계론의 형태적 분류라고 한다면 같은 언어, 종교를 바탕으로 한 경계구분을 기능적경계라 한다.

3. 경계의 기능적 분류

기능적 분류로는 먼저 민족적 경계(Ethnographic)를 들 수 있다. 민족은 언어, 종교, 전설을 갖고 있는 인간집단으로 본질상 타민족에 대해 배타적이다. 이러한 연유로 민족 분포에 의거해 경계가 설정될 경우 민족적으로나 정치적으로 문제를 일으키지 않는다.

요컨대 민족적 차이에서 생긴 국경을 민족적 경계라 하는데 이러한 민족적 경계형성에 주된 요인이 동일언어, 동일종교를 바탕으로 하고 있다. 민족적 국경선 획정의 기도는 제1차 세계대전 후 파리협상을 통해 엿볼 수 있다.

민족의 분포와 민족경계가 생활터전과 일치하지 못할 때 관계국간에는 심한 마찰을 일으키게 된다. 이 같은 사례는 제2차 세계대전 후 건국된 신생독립국들 중에서 두드러지게 나타나고 있다. 민족의 분포가 토지상의 경계와 불일치함으로 분규가 발생한 예로 북아이랜드문제를 비롯해서 독일과 프랑스간에 있었던 자이레문제, 알사스 로렌문제, 발칸반도 문제 등등을 들 수 있다.

종교적 경계의 대표적인 예로는 인도와 파키스탄간의 경계, 이스라엘과 아랍권 간의 예를 들 수 있다. 민족적 경계는 인종, 민족, 언어, 종교 등 인류학적 요소가 개재된 경계개념이기 때문에 인류지리학적 경계(Anthropoly Geographical Boundary) 라고도 한다.[7]

정치이념으로 인해 국가가 분리되어 서로 경계를 맞대고 있을 때 접경국간에는 이념적 경계가 있게 되고 이념적 대립이 심해 적대감을 나타낼 때 양국 간에는 긴장 · 분리정도는 최고조에 달하게 된다. 이러한 이념적 경계는 2차 대전 후 민주 · 공산진영간의 대립으로 세계도처에 있어 왔으나 오늘날에 와서는 그 같은 이념적 대립으로 인해 발생했던 경계는 대체로 해소되었고, 우리나라의 경우만이 지구상 유일한 이념적 대립상의 경계지대를 이루고 있다. 19세기에 일어났던 주요 전쟁들은 사실상 국경전쟁(frontier war)으로 국경문제는 단순한 변경문제가 아니라 전쟁과 평화라는 예리한 면도날(Razor's edge)이라 하여도 과언이 아니다. 자칫하면 상처와 생명의 위협을 주게 되기 때문이다.[8]

---

7) 주 6)과 같은 책.

8) Lord Curzon, Frontiers, The Romane Lectuess Press, 1907, P.5~7. Frontiers are indeed the razor, sedge on which hang suspended the modern issues of war or peace of life or death to nations.

4. 경역(境域) 및 계역(界域)개념

경역의 획정은 이웃한 양국이 자연적인 하천, 산마루, 도로 등으로 하는 경우와 성곽, 책(柵) 등을 설치하여 획정하는 경우, 경역의 한계가 되는 곳, 즉 국경이 양국의 정치체제의 분리기능도 하지만 대외발전의 전초기지가 되는데 이 경역에 대해 고대 사회단위의 생성과 발전과정을 아울러 살펴볼 수 있다.

계역국경관(界域國境觀-Trans frontier)은 중국의 전통관념으로 천하관념 질서와 중화문명권적 영역관이다. Alastair Lamb의 저서 『Asian frontier』에서 Boundary는 지도상에 그려진 선적(線的-line)개념으로 Frontier보다 여유 있는 광역지대(廣域地帶-zone)로 보고 있다. 이에 대해 중국의 Luke T. Chang은 『China boundary treaties and frontier disputes』에 상론하고 있다.[9)]

계역개념으로 지역구조(地域構造-Reginal structure)란 말도 있는데 이 개념은 핵심(Core or central place)과 주변(Rimland)으로 이루어지는 생활공간지역으로 형식지역(Formal area)과 실질지역(Substantive area)이 상호작용하는 이중적 존재로 나누어지며, 전자는 경작지나 농가가 생활하는데 소용이 적은 고산지역 또는 암석지대, 소택(沼澤) 등이 이에 속한다. 후자는 농경지를 포함한 농민의 생활에 실질적으로 유용한 생활지역을 뜻한다.[10)]

경계결정론(境界決定論-Delimination)은 경계의 설정을 분명히 정의하고 경계지대의 위치를 선별하여 확정하는 것이며 경계설정(Demar cation)은 시야를 가리지 않는 대평원경관지대에 경계선, 경계표등을 설치하는 것이다. 변경지역(邊境地域-Borderland)은 지역 내에 국경이 가로 놓여있는

9) Andrew Boyd, An Atlas of World Affairs, Routledge Co., 1993, P.19.
10) Oceana Publication INC., London. Rome. New York, 1982, PP.1~3.

비교적 변동요소를 많이 안고 있는 가변적 변화가능지대(Transition zone) 및 이와 상응하는 접경지대(Le voision)를 말하며 이밖에 로마의 광역주의적 영역관 내지 계역관(界域觀) 등도 논의되고 있다.

5. 국경의 기능

가족보다 약간 큰 수렵집단은 다른 집단의 공격으로부터 식량 확보라든지 안전의 강화를 위해 조직되어지고, 영역을 확보하여 완전한 성공을 거두기 위하여 협력과 리더십이 필요하였다. 영역성의 개념은 Area에 대해 권리를 주장하고 자기 종족 구성원에 대하여 Area를 지키는 행동이라고 Duglas Jackson은 주장하고 있다.[11]

최초에는 수많은 씨족들이 난립하여 서로 남을 통제하지 못하고 마치 기하학상의 점들과 같은 형태로 있으면서 이들은 상호 연결되는 하나의 선을 이루지 못했다. 따라서 일정 강역은 없었고 인구가 증가하고 생산범위가 확대됨에 따라 토지 관념의 싹이 트이기 시작한 것이다. 씨족사회의 농업적 장기발전이 점차 토지 관념을 증대시켜왔고, 약간의 씨족들이 결합해 나가면서 그 세력범위도 확대되어 점차 국가 규모를 이루어 나가게 되어 하나의 강역을 형성하였다.[12]

제1차 세계대전 직후 프랑스 국경학자 Ancel은 국경을 2개의 상충하는 국가권력이 균형지어 주는 등가물(等價物-Isobar)로 정의하였고, Lyde는 인류학적 측면에서 국경의 인종적 동질성을 중시해 오다가 1차 대전 이후에는 민족자결에 입각한 유럽국경을 재조정하는데 관심을 두었다.

---

11) 方東仁, 韓國의 國境劃定研究, 一潮閣, 1997. 藤岡謙二郎 矢守一彦, 歷史地理, 大明堂, 1968, P.175, 참조.

12) Duglas Jakson. 横山昭市 共著, 政治地理學, 大明堂, 1979, P.49.

Adami는 인간활동을 격리시키는 자연장애물에 의해 형성되는 구역으로 자연적 경계가 부단히 변화한다는 점에서 절대적 국경선은 존재하지 않기 때문에 국경지역의 개념이 생겨났다고 하였다.

로마나 중국은 자국을 지구상 유일한 권위국으로 보고, 제국의 성격상 현대적 의미의 국경은 존재하지 않고 오직 문명과 야만의 경계로서 제국들이 일방적으로 설정한 유동적 변경만이 존재하는 것으로 보았다. 이러한 현상은 변경을 본토에 대한 위험지역으로 인식하여 19세기 이후 중국과 주변국가간의 국경분쟁은 광범위한 변경구역과 관련된 분쟁원인 유발의 요인으로 보았다.

위와 같은 변경구역은 영토의 점진적 확장, 국가의 안정적 정치행정질서의 확립, 거주중심지의 확대, 도로 · 통신의 발달 및 군사적, 경제적, 상업적 목적 등을 위하여 영토에 대한 분명한 획선(劃線)의 필요성이 증가하고 이를 가능케 하는 지리학, 측량학, 지도학이 발달함에 따라 명확하고 고정된 선이 국경선으로 나타나게 되었다.

유럽에서 국경이 획정되기 시작한 것은 Carlinger왕조 이래의 일이지만 1648년 웨스트파리조약 이후 민족국가의 형성을 위하여 민족별로 자기들의 영토를 인종적, 지리적 선에 따라 조직화하는 과정을 통하여 본격화되었다. 이러한 국경선의 도입은 유럽열강의 아시아, 아프리카, 아메리카에 대한 식민지쟁탈과정에서도 엿볼 수 있다. 식민지쟁탈과정의 국경선 획정사례는 현지 정치공동체간에 관행을 통하여 형성된 전통적 국경이 무시된 채 식민열강의 편의대로 국경이 설정된 점이 큰 차이점이라 하겠다.

국가 간의 경계는 관계국 사이에 관할권이 경합하는 구역인 변경이 관계국간의 명시적, 묵시적 합의에 의하여 고정된 선으로 변화하는 일종의 안정화과정을 통하여 형성된다. 국경과 변경과의 차이는 국경이 인접국간의 영토적 경계를 분리하는 선(Line)을 의미하는데 반하여 변경은 타국영토와 접선된 길이와 폭을 가지는 구역(Zone)을 의미한다. 변경은 언제나 구역으로 존재하는 것이 아니라 선으로 나타날 수 있으며 국경도 중립지대와 같이 구역의 형태로 획정될 수 있기 때문이다.[13] 구역으로 존재하는 변경 내에서도 상당히 오랜 기간에 걸쳐 이루어진 경우에는 지방공동체간의 수락을 통하여 전통적 관습선(慣習線)이 형성된다. 이러한 전통적 관습선은 중앙국가의 권력에 의하여 지방공동체에의 구속력이 결정되게 되면 국경으로 전환하게 된다.

국가 간의 경계 획정시 전통적 관습선은 무시되는 경우가 없지 않으나 일반적으로 국경으로 고정되는 경향이 지배적이다. 다만 이 과정에서 위요지(圍繞地-Enclave)가 발생하는 경우가 종종 있었으나 19세기 이래 국경위생화정책(國境衛生化政策-Politique d'assaninis ment des frontiers)에 의한 정복과 교환으로 소멸되었다.[14]

대체로 국경의 기능은 인적기능과 물적 기능으로 대별할 수 있다. 인적기능은 외국으로부터 이주자, 방문객, 노동자의 입국제한 또는 배제, 자국민과 타 국민과의 접촉상 제한, 방지, 전염병환자의 검사, 구금, 범죄인 체포, 밀수범의 단속 등이고, 물적 기능은 수출입품에 관한 관세, 세금의 부과, 재화의 불법이동의 방지, 자국제품의 경쟁관계에 있는 외국제품의 유입방지, 화폐 · 귀금속의 월경이동규제, 항공비행의 규제, 동식물 검역과 같은 위생검사실시 등이다.

13) 王恢, 中國歷史地理提要, 臺灣學生書局, 1979, P.129.
14) 申珏秀, 國境紛爭에 관한 國際法的인 硏究, 法學博士學位論文, 1991년 8월, P.9.

6. 국경정의에 관한 제론(諸論)

주장자	국경의 정의	전 거
Fredrich Ratzel	국가는 유기체적 성장이론에서 국경은 전진하다. 살아있는 국가의 피부로서 동식물의 표피와 같이 방어를 제공한다.	J. V. Prescott, The Geography of frontiers and boundaries, Aldine publish co. 1965. P.10.
Fredrich Ratzel	국경지역은 현실(reality)인데 국경선은 국경지역의 추상(abstraction)적, 인위적 성격을 나타내고 있다.	Politish Geography. 1987. P.605.
E. Fisher	국경은 인접국경간의 일시적이고 유전적인 힘의 표현임.	Lbid. P.20.
J.angel	두 압력간의 균형을 보여주는 정치적 등압선(等壓線-Political isobar).	Lbid. P.16.
Haushofer	국경은 국가의 힘의 척도이며 가장 강한 국경의 확립은 국가의 의무이다.	Lbid. P.18.
N. j. Spykman	당대에 존재하는 세력균형의 정치 지리적 표현, 영토적 힘의 구조의 접합점이다.	N. j. Spykman, Frontiers, Security & international organization, Geographical Review, 1942, Vol 33, P.437.
S. B. Jones	2개국의 주권국이 접해 있는 유한(有限)의 線.	S. B. Jones, Boundary concepts in the setting of place & time A. A. A. A. G. Vol 49. 1959, p.241.
L. K.D. Kristoff	주어진 정치단위의 한계를 의미하며 서로 다른 이해관계, 구조, 이념을 지닌 정치적 존재가 만나는 장소.	L. K.D. Kristoff, The nature of frontiers & boundaries, A. A. G. Vol 49. 1959, p.277.
L. K.D. Kristoff	국경이 국제법에 의하여 정의되고 규율되는데 대하여 변경은 항상 독특한 역사현상으로 나타나고 있다.	Lbid. PP.269-273.

주장자	국경의 정의	전 거
N. G. Pounds	두 개의 주권이 만나는 정교한 선으로 한 국가의 주권을 인접국의 주권과 효과적으로 분리해 놓는 것.	N. G. Pounds, Political, Geography, New York, Mc, Hillbook, Co,. 1972, pp.66-67.
J. V. Minghi	관할권(Jurisdiction) 한계의 지역적 표현.	J. V. Minghi, Boundary studies in Political geo graphy, Annals of the association of America, A. A. A. G. Vol 53. 1963, p.407.
E. F. Bergman	Lcongraphy(氣象體系)를 소유하면서 타국으로부터 자국을 구분하는 정치적 공동체를 한정하는 선.	E. F. Bergman, Modern Political Geography USA, Brown, co,. 1975, P.21.
C. B. Fawcett	국경은 명확한 구분을 지향하는 인간의 사고 경향에 따라 생겨난 순수한 주관적 개념에 불과한 반면, 변경은 2개 이상의 국가의 특징, 영향이 함께 만나는 본질적으로 과도적 구역으로서 나타낸 객관적 사실.	Frontiers : Study in Political Geography, 1918, PP.17-24.
T. H. Holdich	변경은 국경이 인접국 변경과의 사이에 국경이 확정되어 장벽이 설정될 때 까지는 모호하고 불안정한 상태로 남아 있다고 하여 양자 간의 관계를 가변적 변경에서 확정적 국경으로의 진화라는 측면이 있다.	Political boundary, Scotland Geographical Magazin, Vol 32. 1916, p.501.
A. E. Moody	국경은 선적 인위적 정치적 법적 개념인데 반하여 변경은 면적 자연적 지리적 개념이라 할 수 있다.	Geography Behind Poli tics, 1947, PP. 72-102.
J. R. V. Prescott	국경은 선으로서의 특성을 갖고 있지만 항상 그 배경이 되는 변경과의 관계 하에 영토적 관점에서 고찰되어야 한다.	Boundaries and Fron tiers, 1978, P.29.
Lord Curzon	국경 유용성 기준을 3요소로 식별한다고 하면서 용이성, 교통장애성, 방어가능성 등을 듬.	Frontiers : The Lecture, 1907, PP.13-23.

7. 해양경계론

오늘날에는 내륙 못지않게 바다 가운데 있는 섬과 바다에 대한 경계문제 역시 날로 그 중요성과 함께 심각성을 더해 가고 있다.[15] 바다문제는 영해(Territorial Sea)와 공해로 구분해 관리되고 있기는 하나 내륙의 땅과 달리 그 경계구분은 매우 복잡하다.

공해자주주창론(公海自主主唱論)이 거세지면서 영해의 범위를 제한, 무기의 힘이 끝나는데서 영토의 권력도 끝난다(Potecstas Terrrae Finitur ubi Armourum vis)는 설 이후, 18세기 Bykersoek(1673~1743)의 영해의 폭은 착탄(着彈) 거리와 일치해야 한다는 주장에 따라 대부분의 국가들이 이 설을 수용해왔다.

이후 대포의 착탄거리가 무기체계의 발달로 인해 멀어지기는 했으나 나폴레옹 전쟁기간 중에도 영해의 폭은 계속해 3해리가 관행되어 왔다. 그러나 19세기에 들어와서 스칸디나비아 제국이 영해 4마일을, 스페인과 포르트갈이 6마일을 주장했으나 그 밖의 대다수 국가들이 여전히 3해리 관행을 따랐다.[16]

오늘날에는 12해리로 영해는 내수와 구분되는데 연안국의 영해 또는 내수에 관한 권리는 그 어느 경우에도 주도적이나 영해는 내수에 비해 가일층 주권적 제한을 요한다. 무해통행권(無害通行權)은 내수의 경우 인정되지 않으며 영해측정의 통상적 기선은 연안국에 의해 공인된 대축적해도(大縮尺海圖-Large scale chart)상에 표시된 해안에 연접한 저조선(低潮線-Low water line)으로 하고 있다.

도서(島嶼)는 그 자체로 영해를 가지며 영해는 상기조약의 규정에 따라 측

15) 주 14)와 같은 책, P.10.
16) 주 5)와 같은 책, P.84~86.

정된다. 간출지(干出地)가 본토 또는 도서의 영해 내에 있지 않는 경우에는 간출지 자체의 영해를 갖지 못한다.[17] 바다문제와 관련해 대륙붕경계문제를 논하지 않을 수 없는데, 1945년까지 공해상의 자유는 해상 또는 지하의 그 어떤 부분에 대해서도 배타적 권리를 주장할 수 없었다. 그러나 해상의 유정(油井)을 개발하는 것이 기술적, 경제적으로 가능하게 되면서 부터 공해의 자유는 또 다른 국면을 맞게 되었다.

1945년 미국 트루만 대통령은 미국은 자국연안의 대륙붕의 해상 및 지하를 개발하기 위한 배타적 권리를 갖는다고 선언하고 동시에 대륙붕 상부수역의 공해로서의 지위에는 아무런 영향이 없음을 부언하였다. 이후 석유와 천연가스를 개발하기 위한 배타적 권리행사는 카리브해와 페르시아만안에서는 공공연한 일이 되었다.

1947년 칠레-페루가 200마일 영해를 주장하면서 대륙붕 상부수역 및 상공에 대해서도 주권을 주장하기에 이르렀다. 1958년 제1차 국제해양법회의에서 대륙붕에 관한 협약(Convention on the Continental Shelf)을 채택, 경제수역과의 관련성을 제기하였다.

8. 기하학(幾何學)적 국경

천문학적 · 기하학적 국경이란 'Astronomical boundaries'라 하여 경도 · 위도 또는 그 혼합에 의해 이루어지는 국경을 말한다. 선을 획정한다는 것은 전문가가 다룰 수 있는 인위적 선이 국경의 평화적 기능을 보다 쉽게 확보할 수 있고, 자연적 선보다 국경분쟁의 개연성이 적으며, 측량기술의 발전으로 인위적 선의 국경표시 작업 또한 쉬워졌다. 반대로 지리적 조건에

17) 朴椿浩 · 柳炳華, 海洋法, 民音社, 1986, P.78.

부합되지 않으며 지도상에서나 효력이 있을 뿐 국경표지 설치작업이 끝나야만 의미를 찾을 수 있다. 지도상의 선은 실제 지상에서는 심한 왜곡현상을 나타내기 쉽고 수많은 측량과정을 거쳐 시간과 많은 경비가 소요되며 국경표지의 손상으로 정기적 수정작업이 필요하다는 점에서 불합리성을 제기하고 있기도 하다.

국경은 선(線)적인 획선과정(劃線過程)을 통하여 변경의 역사적, 동태적(動態的) 작용을 종료시킴으로써 영토주권의 관할범위를 결정한 결과이다. 국경은 주권이 결정되지 않은 지역이 영토배분, 국경획정, 국경표지의 형성단계를 통하여 분쟁이 없는 영토적 지위로 전환되는 과정의 산물이므로 발생적으로 영토주권과 직접 관련된다. 국경은 한나라의 외연을 결정한다는 점에서 모든 국가는 인접국과의 국경획정시 기본목표로서 국경을 최종적으로 확립하여 계속성과 안정성을 확보하려 한다. 국경분쟁은 국가의 위신, 국민감정과 직결되어 있으므로 쉽사리 국제관계를 악화시키고 평화적 해결을 어렵게 한다는 점에서 국경에 관한 합의에는 내재적으로 최종성과 안정성을 상정하고 있다.

9. 영공권론

하늘의 가치는 항공교통이 이루어지는 공역(空域-Air space)이며, 이 공역은 공군력으로 지배하는 국가가 국제무대에서 우위를 차지하게 된다는 점에서 중요시된다. 1919년 파리조약에 의해 영해와 마찬가지로 지상국(地上國)의 완전하고도 배타적인 주권이 인정되게 되었다. 파리조약 이전에는 자유상공이론(自由上空理論-Free air), 영역(영토+영해)의 상공에 관한 지상국(地上國)의 완전주권론, 제한적 가항항공영역(可航航空領域-Navigable air space)이론, 무해통행(無害通行-Innocent passage)이론 등 서로 다른 이론들이 사실상 공존해왔으나 제1차 세계대전을 겪고 난 이후 국가 간의 견해가 달라졌다.

1919년 파리조약에 의해 지상국(地上國)의 배타적주권이 인정되었고 평화시에 부정기적 무해통행이 인정되었다. 이어서 비행금지구역의 설정이 인정됨으로써 1차 대전 이전과는 달리 상공에 대한 국가의 완전주권이 확립되었다. 영해와 영공은 흔히 대비되는데 영해는 지표면에 접한 대기권(大氣圈-Lower atmosphere)에, 대륙사면은 대류권의 한계 내지 전리층에 견주어진다.

공해에 해당되는 외기권(外氣圈)에서는 상공의 자유가 보장된다. 이 외기권 상공의 자유원칙은 상공의 높이야 어떠하든 바다와는 달리 위로부터 폭탄이 피통과국의 육지부분에 수직 투하되어 폭발될 수 있다는 데서 꼭 지켜질 수만은 없는 이유가 발생하게 된다. 따라서 영공은 영토와 영해를 합한 것의 상공영역으로써, 그 고도는 무한한 천공(天空)까지로 잡는 것이 타당하고 이 견해가 항공설정의 원칙으로 채용되고 있다.

1967년 제22차 유엔총회에서 말타 대표가 주창한 "영토상의 영공권은 공기의 부양력에 의해 항공기가 비행할 수 있는 곳까지 영공의 상방 한계를 구성한다."는 설이 유력한 견해로 등장되었으나 우주과학이 발달한 오늘의 시대에는 영공의 최고항공권을 기하학적 선으로 가늠하기란 비현실적이라 하겠다.[18)]

---

18) 土門會編, 領土사랑, 創刊號, 同會刊, 1993, P.95.

二. 중화적(中華的) 국경관 및 경계의식

1. 중화적(中華的) 경역의식

1945년 이래 현대 유럽은 독일의 패전과 더불어 냉전체제하에서 대체로 1960년대까지 사실상 정치적 및 영토적 경계선이 확정되었다. 이 경계선은 국가 간의 국경선(National boundaries)이라기보다는 동서진영 공산권과 비공산권 세계를 구분해 놓은 경계설정(Demarca tion)선으로 간주될 정도이었다.

아시아에 있어서는 한반도의 분단 상태를 포함하여 인도-파키스탄 간의 캐시미어 국경지대문제 등 국경획정 문제에 있어서 유럽에 비해 매우 유동적 상태에 놓여 있었다. 즉 근현대 아시아 대부분의 나라들은 국경획정, 신설 등의 제반문제는 과거 식민지 국가정부의 해체 · 붕괴로 인하여 파생된 결과였는데, 이 같은 현상에 대해 중국정부는 제국주의가 남겨놓은 잔재라는 말로 바꿔 표현하였다.

중국의 전통적 국경형태는 조공체제(朝貢體制-Tribute system)를 바탕으로 이들 보호국들에 대한 실질적 지배권과 영향력을 행사하면서 중화문명권적 국제질서를 유지, 도모, 발전시켜나가고자 하였다. 그 가운데서 중국은 이들 국가에 대해 종주국적 역할을 자임해 왔다. 이러한 태도는 19세기말, 거대 중국제국이 멸망해 가는 시기까지 조공국들은 중국의 구체적인 영토적 범역권으로 간주되어 왔고 이것을 중화제국의 국경체제로 인식돼 왔다. 그러면서 이러한 중화제국 영토의 틀을 승계한 오늘날의 중국정부나 학자들은 과거의 조공국가 또는 조공지역은 근대 제국주의자들에게 빼앗긴 중국의 영토라고 생각하고 있다.[1]

아시아의 국경형태는 유럽제국에 비해 국경의 수가 적은 것이 특색인데 유럽의 5분의 2를 넘지 못하고 있다. 지난 2천년 사이에 아시아 여러 나라의 국경형태 변화는 지극히 단순한 정치적 패턴을 지속, 발생해온 국경문제의 대부분이 유럽열강들의 이 지역에 대한 세력권, 영향권 확대조치에 의해 벌어진 부수적인 결과였다. 지역자체에 의한 결과가 아니라 유럽적 국가질서에서 전파된 국민주의 개념(European concepts of Nationalism)이 가져다 준 부산물이다. 다시 말해 1880년 이후에 들어와서 경계선이 결정(Delimited)된 선이라는 특징을 갖게 된 것이다.

만리장성과 같이 인위적으로 경계를 설정해 놓기 이전까지는 이에 선행한 국제적인 의미에서의 국경은 존재하지 않았다. 아시아적 고대국경유형인 만리장성이나, 그 밖의 사막국경, 수역국경, 산맥국경 형태로 구분된 이변적(二邊的) 조약 · 협정은 유교문명권의 전통적 국제정치권상의 질서가 보편국가적 세계관, 우주관, 국가관, 영역관에 기초하여 형성, 발전, 유지, 존속해왔다.

---

1) Whittemore Boggs, International Boundaries - A study of Boundary Functions and problems, Columbia university press, New York, 1940, 참조.

유교문명권의 국제관계 질서는 중국이라고 하는 낱말에서 짐작할 수 있듯이 중국을 중화 · 중원 즉 세계문명의 가장 중심된 고장으로 인식해왔으며 중국을 광역의 거대한 국제사회공동체로 보았던 것이다.

중화문명권은 중화적 천하사상 관념 하에 기초한 중국 중심의 세계관 · 우주관에 지배되고 한편으로는 초국가 · 초국경적 보편국가 질서로서의 천원(天圓)지방의 권역질서를 형성해 오고 있었다. 이 중원질서를 영속적으로 보전 · 발전시키기 위하여 예교사상으로 무장된 사이사상(四夷思想) · 조공권의 형성을 통해 유교적 고유의 국제사회 공동체 조직을 만들어 중화국제정치권의 존속 · 유도를 도모해왔다. 중화권의 전통적 국경관념체계는 천하사상, 중화사상, 화이개념 등 광역적이고 막연한 권역질서 개념에 바탕을 두고 있었다. 천하질서개념은 중국적 세계관의 확대이고 중국 중심의 세계국가관을 성립 · 발전시킨 것이기 때문에 중국적 전통 관념으로 따져 볼 때, 사방개념(四方槪念)이나 사이사상(四夷思想) 및 사해관념(四海觀念)에 있어서 화이(華夷)간의 경계구분을 명확한 국경선으로 그어 중화권의 분명한 계역을 설정한다는 것은 불가능하고 무의미한 것으로 보았다.

중국인들의 전통적 사이사상이나 사방개념을 포용하는 천하는 곧 중국을 의미하였으며 이는 또한 세계를 지칭하는 것이었다. 천하개념을 광 · 협의의 의미로 구분하여 이해하는 경우도 있음을 상기할 필요가 있기는 하나, 천하사상과 보편국가간의 질서로서의 중화문명권의 전통적 개념 속에는 서양문명권의 국경관념 변천사에서 보는 바와 같은 자연국경사상이나 관념 · 이론이 형성, 발전되지 않았다.

중국 중심의 세계국가질서와 그 영역범위는 명백한 국제국경선 또는 자연풍토, 지리적 실물경계선을 그어서 구체적으로 획정된 그러한 영토관념이 아니라 막연하고도 관념적 또는 이상적 국경관념형태로 받아들여 왔다. 중국의 전통적 국경관념 형태에 관해 그 근원적 형성 계기를 지리적인 것에서 찾는 것이 아니라 사회적 동인에서 연유한다고 보고 문명권적 변경관념(Frontie'r de civiliation)의 제반문제를 통해 논급하고 있는데, 예컨대 『산해경(山海經)』은 천하질서를 중국의 지리적 지평선을 계역범위로 설정, 사이사상, 사해내 개념, 만리장성 장벽국경(La frontier muree : 인공물 경계개념)으로 절대 불가변적, 영구적 국경을 국경의 선 개념으로 받아들이고 있는데 이는 오늘날의 선(線)적 국경선이 아닌 계역국경관념의 일환일 뿐이다.

19세기 유럽의 국경형성은 국민국가체계의 부산물임을 전제로 출발, 전쟁의 수단에 의해 매우 견고한 고정적인 국경획정(Rigid and delimited boundaries)에 열중한 시기이다.

그러나 중국적 국경관념형태는 그 영토 · 영역관에서부터 천하라고 하는 막연하고도 광역 개념적인 관념체계에 근본을 두었을 뿐만 아니라 앞의 화이론적 세계관은 궁극적으로 문명권별 경계를 상징적으로 표현할 수 있는 계역구분(界域區分)의 국경관념 형태에 불과한 것이다.[2)]

2. 중국의 근대적 영토관

1730년 당빌(D, Anville : 1697~1782)이 제작하여 듀알드(Du Halde)가 1735년에 출판한 『조선국왕도(朝鮮國王圖-Royaume de Coree)』를 보기로 들어 설명해 보면, 한반도를 관련지어 묘사한 서양 사람이 제작한 지도 중에서 당빌(D, Anville) 이전의 지도에서는 한국지형의 정확한 모습을 찾아볼 수 없다. 지도학적으로 18세기 초에서 19세기 중반에 이르기 까지 한국에 관한 당빌(D, Anville)의 지도는 지도이상의 중요한 의미를 내포하고 있다.

2) 김홍철, 국경론, 민음사, 1997, PP.156~170.

1737년에는 『신중국지도첩(新中國地圖帖-Nouvel Atlas de la Chine)』을 제작하였는데, 이 지도첩의 독립지도로 조선전도인 『조선국왕도(Royaume de Coree)』를 발간하였다. 이 지도는 한 · 청 양국 간의 국경문제에 대한 중요한 참고자료를 제공하고 있을 뿐만 아니라 19세기 이전 서양인의 작품으로는 가장 정확한 한국지도라 할 수 있다.

이 지도 가운데 『청제지리역사전도(淸帝地理歷史全圖-Description geographigue et historique de l, Empire de la Chine)』를 인용한 부분 중 '봉황성(鳳凰城)의 동방에는 조선국의 서부국경이 있다. 만주는 명나라를 침공함에 앞서 조선과 싸워서 이를 정복하였다. 그 때에 장책(長柵)과 조선 국경사이에 무인지대를 설정할 것을 의정(議定)하였다.' 라고 하면서 구체적인 국경을 표시하였다. 당빌(D, Anville)은 '지도상으로 동북국경은 두만강 북쪽의 녹둔도(鹿屯島)까지 한국영토이고, 흑산령산맥(黑山嶺山脈)으로부터 보타산을 거쳐 압록강 본류와 봉황성의 중간지점을 통과하여 압록강하구 북쪽에 이른다.' 고 하고 있다. 이 당시 우리나라 비변사에 소장되어 있던 여러 지도에도 명확한 국경표시가 없었다.

청나라의 강희제는 1717년 프랑스 등 서양의 천문지리와 측량기술을 도입, 중국 전영토의 측량 사업을 도모하였으며, 이 측량 사업을 바탕으로 하여 조선전도를 작성하였고, 1718년 중국전도로서 과학적 지도인 『황여전람도(皇與全覽圖)』를 제작하게 하였다.

즉, 기존 지도를 바탕으로 국경을 명확하게 표시, 객관적인 검증을 거친 후 제작하도록 한 것이다. 이 지도가 제작된 지 정확하게 145년 뒤인 1863년 청나라 호림익(胡林翼)과 엄수삼(嚴樹森)이 제작한 보다 정교한 근대적 『대청일통여도(大淸一統與圖)』가 발간되었다.

1870년에는 H. zuber의 『Carte de Coree』를, 1875년 11월에는 일본 육군참모국이 제작 출판한 100만분의 1의 『조선전도』가 발간되었으나 조선에서는 1870년대에 이르기까지, 1861년에 목판인쇄본인 대동여지도를 포함

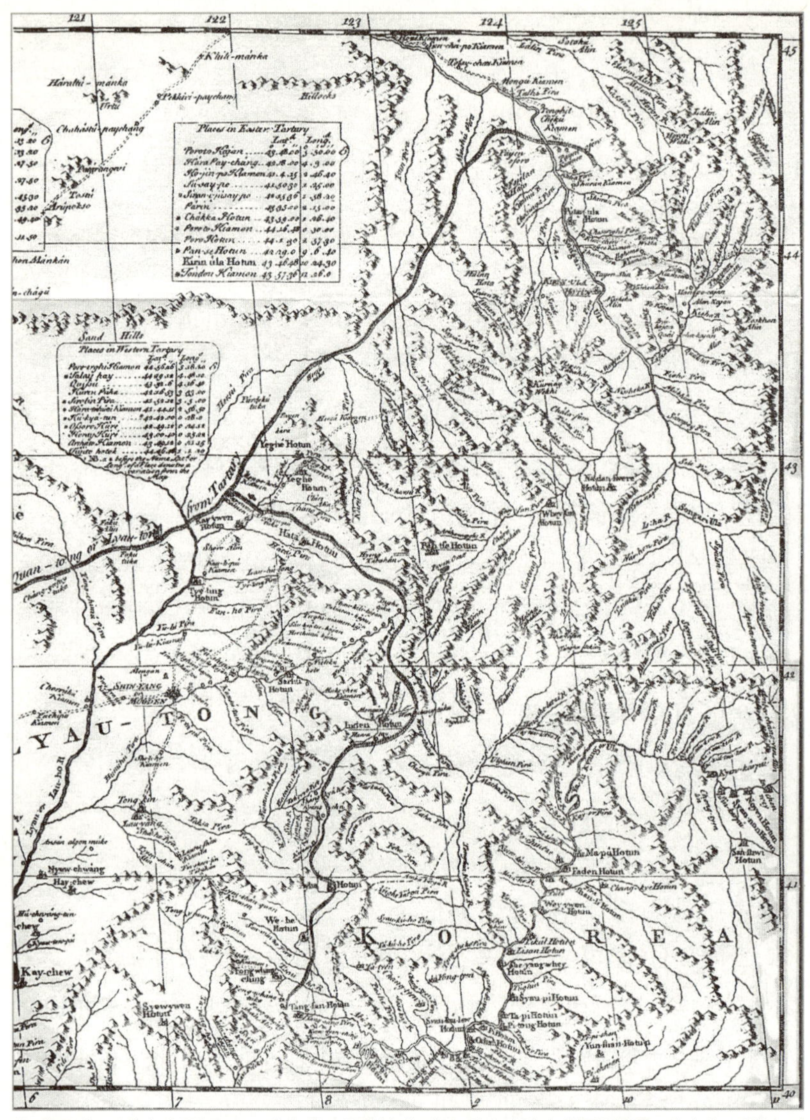

定界碑로 부터 土門江으로 이어지는 국경선에 따라 간도지역이 한국령임을 나타내고 있는 지도이다.

해서 조선지도상에 위도와 경도를 표시하지 못한 상태였다. 1899년 대한제국이 위도와 경도, 국계를 표시한 동판본인 『대한전도』를 발간하였고, 보다 정밀한 지도는 1908년 현공렴(玄公濂)의 동판본으로 축척 1천만분의 1인 『대한제국지도』가 제작 발간되었다.[3]

1952년 중국에서는 Liu p'ei-hua, Chung-Kuochin-tai chin shin (Short History of modern China)에, 19세기에 존재하였던 중국의 영토권을 표기한 지도를 제작 · 발간하였는데, 편저자가 여기에 표시한 영토지역 국가군들은 네팔(Nepal), 시킨(Sikkin), 부탄(Bhutan), 안다만제도 (Andaman Islands), 말레이반도(Malay), 태국((Tailand), 프랑스령인도차이나반도(French Indochina), 대만(Taiwan), 팽호열도(Pescadores), 필리핀 술루군도(Sulu Archi pelagelago of he Philippines), 류큐열도 (Ryukyu Islands), 조선(Korea) 등 19개의 국가 및 지역명이 지도에 수록되어 있다.[4]

중국영토도에는 서북지대로 기록된 지역이 포함되어 있는데, 이 지역은 1864년의 추구차크(Chuguchak)조약에 의하여 제정러시아에 빼앗긴 영토이다. 여기에는 현 러시아의 카자흐스탄, 키르키스탄 및 타지키스탄공화국의 일부에 해당하는 지역이 들어있다. 파미르(Pamir)고원지역을 포함해 동북대지에는 1858년의 아이군(Aigun)조약에 의하여 당시의 제정러시아에 빼앗긴 오늘날의 동북시베리아 땅과 1860년 북경조약으로 제정러시아 땅이 된 일부지역을 포함해 일본과 러시아가 분할 소유하게 되었던 사할린 (Sakahalin)까지도 중국의 영토범위에 포함되어 있다. 이 지도는 중국과 인도간의 국경분쟁이 벌어지고 있던 시점에서 나왔다. 이 지도의 제작책임을 중국정부가 회피하고 있었지만, 8년 후인 1960년대에 미얀마, 네팔, 파키스탄, 아프가니스탄, 몽골과 국경협정 및 조약을 맺은 사실로 미루어 볼 때 이

3) 『皇輿全覽圖』의 간행 이후 145년 뒤인 1863년에 비교적 정교한 근대적인 『大淸一統輿圖』가 나왔으나 丁亥勘界談判時 李重夏는 이 지도를 보지 못하고 회담에 임했다.

◐ **朝鮮王國圖** : 1737년 당빌이 제작한 〈朝鮮王國圖〉로 압록 · 두만 양강 이북지역이 조선의 영토임을 나타내고 있다.

지도제작의 의도를 엿볼 수 있다.

1969년 5월 24일 중국정부는 성명을 통해, 정부 수립 이래 과거 역사가 남겨 놓은 인접국과 맺어진 복잡한 국경문제들을 잘 해결해 왔음을 확인하고, 구소련과 인도와의 국경문제를 제외한 어떤 다른 인접국에 대하여도 영토권을 주장할 하등의 의사가 없음을 천명하는 동시에 외국의 영토는 단 한 치도 침략 혹은 점령한 일이 없다는 점을 강조하고 있는데 이는 사실과 매우 다른 중국의 주장일 뿐이다.[4]

4) 주 2)와 같은 책, PP.166~167.

三. 상실된 영토와 경역(境域)실상

1. 백두산지역과 정계비

백두산지역이라고 할 때 백두산영역을 지질학 및 지리적으로, 신앙처로, 주봉 위주의 천지를 둘러싸고 있는 산세로 볼 것인지, 아니면 위의 모든 요소를 포함해서인지, 그 경역관이 정립되지 못하고 있는 실정이다.

이러한 상황속에 중국 측은 백두산을 장백산이라 하면서 자기들의 영역권내로 보려는가 하면, 일부 일제시대에 제작된 지도에는 백두산을 우리나라 국경 밖으로 표시해 놓고 있기도 하다.[1)]

그런가 하면 백두산에 대한 한 · 중 양국 간의 공동조사가 이루어지지 못함으로서써 영유권에 대한 견해 차이만큼이나 관련조사 수치도 상이하게 나타내고 있다. 이는 백두산의 영유권이 어디에 있느냐 하는 시각차를 여실

1) 拙著, 韓國邊境史硏究, 法經出版社, 1989, P.166.

히 드러내는 단적인 예라 하겠다. 즉 주봉인 병사봉의 높이를 과거에는 2,744m로 보았는가 하면, 오늘날 북한측은 2,750m라고 하여 그 높이에도 상이함을 나타내고 있고, 천지에 관한 중국 북한간의 조사 수치 역시 차이점을 드러내고 있다.

북한측은 천지의 동서 3.54km, 중국측은 3.35km, 천지의 남-북쪽 길이도 북한측은 4.50km, 중국은 4.85km, 천지 수면의 높이 역시 북한은 2,194m, 중국은 2,115m, 최대수심은 북한에서는 384m, 중국은 373m로, 변의 둘레 역시 북한측은 14km라고 하는가 하면 중국은 13.11km라 하고 있다. 이밖에 면적(9.15km), 평균수심(213.3m), 최대수심(384m), 총저수량(19.55억m³), 초당 출수량(0.3866m³) 등 관련 수치조차 불일치하다.[2] 이 같은 결과는 천지에 대한 합동조사가 이루어지지 못하고 있다는 증거이며, 천지 분할경계가 원만치 못함을 암시하는 예라 하겠다.

국제관례상 호수의 경계구분은 양분하는 것이 관례임을 감안할 때 북한측 주장대로 60%가 북한에, 40%가 중국측에 속한다고 할 때 저들의 주장대로 백두산이 중국령이라고 본다면, 40% 지분비율로 천지분할경계에 중국측이 만족하고 있는지, 아니면 이면에 다른 의도가 반영되어 있는지에 대한 관심을 떨쳐버릴 수 없다. 요컨대 백두산 천지분할은 도저히 받아들일 수 없는 반민족적 처사로 규탄되어 마땅하다. 이 문제는 뒤에서 언급할 백두산 정계비문 문제나 간도귀속문제에 결정적인 영향을 미친다는 점에서 결코 간과할 수 없는 사안이다. 이에 대해 우리 정부는 북한 · 중국 간의 경계분할의 부당성을 선언적인 의미라도 하루 속히 분명하게 천명해 두어야만 한다.

다음으로 백두산 정상에 세워진 정계비문제이다. 산은 장애적(障碍的) 성격으로 인해 옛 부터 국경으로 자주 거론되어왔다. 비교적 식별이 쉽기 때

2) 劉忠傑 · 沈惠淑, 北韓의 自然景觀과 그 特徵, 北韓學報, 22輯, P.219.

문에 산을 대상으로 지목하여 그 산으로 경계로 한다고 하나 선으로서의 개념을 충족시킬 만큼 분명하고 연속적이지 못하며, 지형적 제약조건으로 인해 후에 현지를 답사함에 알려져 있지 않던 계곡이 있어 인지되어온 사실과 현장의 지세가 일치되지 않아 분쟁으로 발전되는 예가 적지 않다. 국가의 판도는 배타적 주권선을 갖게 마련인데 대한민국의 권원(權原)을 주장할 수 있는 영토의 계한(界限)문제는 무엇보다 북방경계로 백두산에 세워진 정계비문제를 제기하지 않을 수 없다. 백두산정계비문제는 1712년 청나라가 백두산 천지 남쪽 4Km 지점에 계비(界碑)를 세움으로써 양국간의 국경이 명문화된 것으로 여기서 문제가 된 것이 '동위토문(東爲土門)' 이라는 글귀이다. 즉 동쪽은 토문강으로 경계를 삼는다는 것이다. 말하자면 토문강의 물줄기를 따라 경계를 정한다는 것인데 이 토문강에 대한 양국간의 주장이 엇갈리면서 우리나라와 중국간의 경계문제는 매듭을 짓지 못하고 오늘에 이르고 있다.

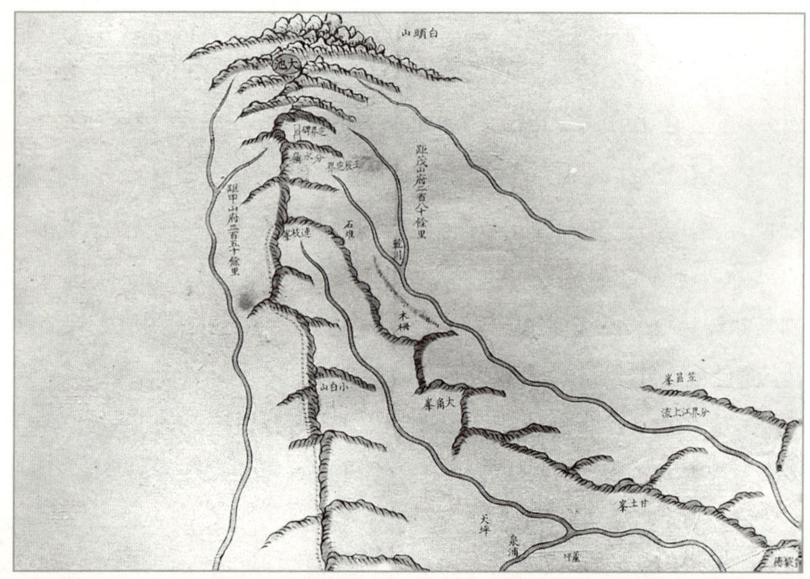

白頭山 : 大澤(天池)으로 부터 石 · 土堆, 木柵, 分界江으로 이어지는 大東志 上의 地圖

즉 중국측은 토문강은 두만강을 지칭한다고 하고, 우리나라에서는 토문강은 문자 그대로 송화강 지류인 토문강이며, 두만강이라는 주장은 당치 않다고 하였다. 사실상 백두산 정상에 세운 비를 따라 경계를 획정함에 있어 물줄기가 잘 나타나지 않는 곳의 경계표시를 살펴 볼 때 중국측의 주장은 억지인 것이다. 이 문제에 관해 1949년 북한청진교원대학 백두산탐사대의 발표에 의하면 조선왕조 숙종실록에 수록되어 있는 내용과 같이 정계비에서 토문강을 따라 36km까지의 목책, 돌각담, 흙무덤을 설치했다는 기록과 부합되며, 1539m 거리에 106개의 돌각담을 발견했다고 한다.[3] 이러한 사실로 보아 중국 측의 주장은 재론의 여지가 없는 억지인 것이다.

백두산정계비

그럼에도 불구하고 1909년 청나라와 일제는 두만강의 지류인 석을수(石乙水)를 국경하천으로 하는 간도협약을 체결함으로서 우리로써는 결코 승복할 수 없는[4] 엉터리 경계를 긋고 만 것이다.

이 문제는 앞으로 거론될 백두산천지문제, 백두산영역구분, 간도영유권문제, 시베리아연해주 귀속문제, 두만강하구상의 녹둔도영속 문제 등 풀어 나가야할 엄청난 북방경계문제와 밀접한 관련을 안고 있다. 그럼에도 불구하고 오늘날에 이르기 까지 북한측은 문제 해결의 실마리를 찾기는커녕 안타깝게도 일제가 정해버린 북방경계선을 대체로 답습하는 모순을 안고 있다.

3) 황철산, 백두산로의 유적, 문화유산(북한), 1957년 4월호, P.236.

4) 申珏秀, 國際紛爭의 國際法的解決에 관한 硏究, 1991, 서울대法學博士學位論文, P.126.

정계비에 의한 경계구분 시비는 자연히 간도 땅 귀속문제로 연결되는데 1885년, 1887년 두 차례에 걸쳐 조 · 청 양국간에 이 땅의 귀속문제를 두고 회담을 열었다. 이 회담에서의 쟁점은 역시 동위토문이라는 정계비문에 대한 해석문제가 관건이었다.

회담이 결렬되자, 우리나라에서는 간도 땅에 거주하는 수많은 동포들을 보호하기 위해 이범윤(李範允)을 간도관리사로 파견하여 자위권을 행사하게 하였다. 이즈음에 러일전쟁이 일어나고, 일제가 이 전쟁에 승리함으로서 우리나라의 주권은 강탈되고, 만주일원도 일본의 침략권내에 둘 것을 염두에 두고 이른바 간도협약을 체결함으로서 간도땅은 어이없게도 불법 · 부당하게 일제의 대륙침략의 희생물이 되고 말았다. 그런데 이러한 간도협약을 중국정부는 이미 역사적 사실로 돌이킬 수 없는 사안이라고 내세우면서 양국간의 국경문제는 일단락된 것처럼 기정사실화 하고자 하고 있다.[5)]

그러나 이 문제는 우리나라 국토가 분단되어 어쩔 수 없이 오늘에 이르고 있는 것으로 향후 통일정부는 반드시 짚고 넘어가야할 중대문제이다. 북방경계문제는 아무리 어렵다 하더라도 정계비문상의 동위토문상의 올바른 해석을 토대로 백두산 천지분할문제, 토문강을 경계로 하는 연해주 땅, 그리고 두만강 하구상의 국경선 표지작업문제로 이어져야 한다.

2. 민족의 고토(故土) 요동(遼東)땅

요동(遼東)이라 함은 시대에 따라 지리적 범위를 다소 달리하는 견해가 없지도 않으나 대체로 오늘날 남만주 요하(遼河)의 동쪽지방을 일컫는다. 이 일대는 요동반도를 중심으로 선사시대부터 우리 한민족의 터전으로 자리

5) 楊昭全 · 孫玉梅, 中朝邊界史, 吉林文史出版社, 1992, 참조.

잡아왔던 지역이다. 그러다가 고조선이 멸망한 이후에는 여러 종족이 이합집산하면서 이 지역 장악에 힘을 겨루어 왔다.

특히 중국 안에서 부상한 국가는 예외 없이 요동지역의 제패를 노렸다. 따라서 우리나라에서도 이 지역을 고수하기 위해 심혈을 기울임으로써 자연히 이민족과의 쟁탈지가 되어왔다.

역사적으로 볼 때 이 지역을 장악한 국가는 아시아의 강국이 되었고, 이 지역을 상실한 국가는 쇠락의 길을 걸었다. 요동땅은 중국측으로 볼 때는 그들의 세력을 동쪽으로 확대할 수 있는 필수지이며 아울러 중국 본토를 지키는 요지이기도 하다. 요동땅이 전장화(戰場化)될 때 동아시아 지역은 전운에 휩싸일 수밖에 없었다. 이러한 실례는 지난날 일본 제국주의자들이 아시아 제패를 위한 도발에서도 나타났고, 러시아 또한 아시아지역으로 세력을 팽창시키던 시기에도 같은 양상을 보여 주었다.

요동지역은 고조선시대 오랜 기간 우리의 강토로서 평화롭게 유지되어 왔으나 고조선의 세력이 약화되고 중국내부가 분열되어 전국시대로 돌입하면서 연나라가 동호족과 자웅을 겨루다가 일시 이 지방을 차지하였다. 그 후 진나라가 중국을 통일하면서 요동지역은 진의 관할지가 되었고, 한나라가 건국함에 여기에 요동군을 설치하고, 동부도위를 두었으나 고구려가 일어남에 다시 본래의 우리나라 강역으로 돌아왔다.

이렇듯 요동땅은 중국내에서 일어난 국가들은 이 땅을 차지하려고 안간힘을 쏟았고, 이 땅을 지키려는 우리 민족은 국운을 걸고 사수하고자 하였다. 고구려는 특히 요동땅을 중시하여 여기에 요동성 등 여러 성지를 축성하여 중국민족의 침략에 대비하였다. 고구려가 강성하고 요동땅을 굳건히 지킬 때 주변국들은 고구려 중심으로 국제질서를 유지해 나갔다. 그러는 가운데 북방의 모용선비족이 뭉쳐 강력한 힘을 발휘하면서 역시 요동땅을 차지하려고 함에 고구려와의 대결이 불가피하게 되었다.

양측은 무려 100여 년 간에 걸쳐 치열한 전쟁을 벌여왔다. 모용선비족은 중국대륙을 석권하기 위해서는 고구려와 같은 강력한 국가를 제압하지 않고는 그 뜻을 실현할 수 없다고 보고 국운을 걸고 침략에 침략을 거듭해 왔다. 이러한 양국관계는 자연히 악화되어, 기원 296년 모용선비는 고구려 수도 부근인 고국원까지 쳐 들어와 서천왕의 무덤을 파헤치는가 하면, 기원 342년에는 한때 고구려 수도인 환도성 까지 노략질하는 만행을 저지르기도 하였다.

이때에 환도성은 파괴되고, 궁궐은 불에 타고, 왕실의 모든 재화는 약탈당했으며, 미처 피신 못한 왕모도 인질로 붙잡혀갔다. 이들은 미천왕의 묘소까지 파헤쳐 그 시신을 끌고 가는 만행을 저질렀다. 이렇듯 참담한 피해와 수모를 당한 고구려는 빼앗긴 요동과 현토군을 기원 385년에 되찾았다. 그러나 모용선비족은 여기에 굴하지 않고 요동땅을 차지하려 요동 방어의 중요 성곽인 신성과 남소성으로 침략에 침략을 거듭해 왔다.

이때에 우리나라 역사상 절세의 영웅 광개토대왕이 전면에 나서서 모용선비의 본거지인 숙군성을 공략, 점령함에 적들은 기세가 꺾였다. 이후 모용선비군은 고구려군의 진입 소문만 들어도 도망가기에 급급하였다. 이때로부터 요하 동쪽지역은 고구려의 판도로 확정되었다. 이렇게 해서 요동땅에서 멀리 달아난 모용선비족은 전열을 가다듬어, 요동땅이 없는 모용선비족은 살 의미가 없다는 기치 아래 또다시 고구려를 침입해 왔다. 이 전투는 고대전사상(古代戰史上) 특기할만한 규모의 대전이었다. 이러한 사실은 광개토대왕의 비장한 각오를 통해서도 알 수 있다. 즉 대왕은 고구려 전군을 향하여 외치기를 "고구려가 이 전쟁에 지면 고구려는 멸망하며, 그 굴욕은 천추의 한을 남길 것이니 끝까지 싸워 이겨야 한다."

양측의 접전은 요동땅을 중심으로 벌어졌다. 싸움은 보름동안 계속되었으나 일진일퇴 좀처럼 승부가 나지 않았다. 양측의 군사들은 지칠 대로 지친 가운데 매서운 요동 땅 혹한은 사정없이 휘몰아쳐 왔다. 군사들의 손발은 얼어붙고, 먹을 물은 구할 수 없는데다, 수많은 군마가 목이 타 아우성치는 아비귀환의 절규가 하늘에 닿았다.

먹을 양식은 떨어지고 온천지가 눈과 얼음으로 뒤덮여 물러서려야 물러설 기력도 전진할 기력도 없게 되었다. 모든 것이 얼어붙어 정지 상태였다. 군사들의 얼굴은 동상으로 퉁퉁 부어 제대로 눈을 뜰 수가 없게 되었다. 접전에 의해 죽는 군사보다는 얼어 죽는 병사 수가 더 많았다. 이러한 상황에서는 적과의 싸움이 아니라 혹한과의 싸움이 되어 양측은 자멸의 위기에 처하게 되었다. 그래도 요동땅은 지켜야 한다. 빼앗아야 한다는 집념은 수그러들지 않았다. 이때에 광개토대왕은 깊은 밤중 하늘을 향해 간절하게 다음과 같이 빌었다.

> "하늘이시여! 불쌍한 고구려 백성을 건져 주십시오! 이 전쟁에 지면 고구려 백성은 살아남기 어렵습니다. 천지신명이시여 굽어 살피사 고구려군이 승리할 수 있도록 도와주소서! 고구려의 국운이 여기서 끝날 수밖에 없다면 이 몸을 이 전쟁에서 죽게 하고 고구려의 국운이 남아 있다면 적군을 물리칠 힘과 지혜를 주소서!"

지성이면 감천이라고 치성을 드리고 난 다음날 밤 강풍이 계속되는 가운데 바람이 적진으로 세차게 불었다. 이렇게 되니 고구려군은 적을 향해 눈을 뜰 수 있으나 적은 이쪽을 바라볼 수 없는 눈먼 장님 신세가 되었다. 이는 틀림없이 하늘이 준 기회라 여기고 대왕은 적진을 향해 총공격 명령을 내렸다. 이에 고구려군은 이심전심, 하늘이 준 절호의 기회라 여겨 총력전을 펴 승리를 거뒀다.

그 후로도 모용선비족은 요동 땅을 못 잊어 틈틈이 침략을 감행했으나 원체 국력이 소모된 후라 번번이 패하다가 고구려 후예인 고운이 세운 북연이 일어남에 모용선비족은 멸망하고 말았다. 이때가 고구려 광개토대왕 17년이었다.

대왕은 같은 고구려 족인 고운이 후연에 유화정책을 펴, 요하 동쪽 지역을 평화로이 경략하고, 요하 서변도 착실하게 방어할 수 있었다. 이후 요동땅은 전쟁 없는 평화 시대로 접어들게 되었다. 그 후 중국내에 수나라가 들어서면서 또다시 요하를 사이에 두고 맞서게 되었다. 고구려는 자연히 수에 대한 경계를 게을리 하지 않을 수 없었다. 이에 수양제는 고구려에 국서를 보내 비아냥거리기를 "요동의 넓이가 장강과 비교해 어떠한가? 만일 내가 고구려의 방자함을 꾸짖고자 하면 한명의 장수만 있으면 그만이요. 많은 말이 필요 없다."

이 같은 내용의 국서를 받은 고구려는 전열을 가다듬고 말갈군 1만을 요서지방에 전진 배치하였다. 이에 수나라는 수륙군 30만으로 공격에 나섰다. 그러나 수나라 군대가 요하에 이르기도 전에 전염병으로 전의를 상실하였고, 수군 역시 풍랑으로 대부분 익사하고 말았다. 이렇게 되니 수나라는 가일층 전력을 가다듬어 1백만이 넘는 군사로 고구려를 공격해 왔다.

이때의 수군의 행렬이 무려 1천 여리에 달했다고 한다. 수의 황제 자신이 요동으로 나아가 진두지휘하였으며 기고만장하여 외치기를 "고구려 국왕이 항복해 오면 결박하지 말고 넓은 은혜 입게 하고, 그 신하들도 모두 위무하고 각기 생업에 임하게 하며 재주에 따라 등용하라."고 하였다. 드디어 수나라 침략군은 그 해 3월 요하에 이르러 주교로 도강해 4월에는 요동성을 포위하였다. 이에 고구려군은 일당백의 기세로 대적함에 4월부터 벌어진 전투는 7월 살수에서의 결판이 나기 까지 100여 일간 치열한 공방전을 벌여 요동성을 지켰다.[6]

수나라 침략군에 대해 당시 결정적인 승전을 이끈 을지문덕장군의 다음과 같은 글로써 수나라의 고구려 원정의 변을 여지없이 무색케 함과 동시에 민족의 자존심을 한껏 드높여 주었다.

6) 震檀學會編, 韓國史 -古代篇-, 乙酉文化社,1963, PP.464~498.

신묘한 그대의 작전은 무엇으로 형언할까(神策究天文)
천문지리 통달했던가(妙算窮地理)
싸움마다 이겨 공 아니 높았는가(戰勝功旣高)
족한 줄 알었거든 싸움 그만하고 돌아가오(知足願云止)[7]

여하튼 수나라의 고구려 원정은 요동땅에서 격전다운 격전을 치르지도 못하고 고구려군의 유인책에 빠져 패전과 함께 나라 자체가 망하고 이어서 들어선 당 나라 역시 고구려를 침략하는데 역시 요동벌을 중심으로 대결하였다.

당 태종의 고구려 원정 명분도 역시 요동 땅을 수복하고 이 땅을 찾기 위해 죽은 혼령들을 위로하기 위해서라고 하면서 출전을 서둘렀다. 여기에 덧붙여 당나라의 위엄이 사방에 떨쳐 평정되지 않은 곳이 없는데 오직 요동지역만 남아 있으니 내가 더 늙기 전에 요동 땅을 수복해야 한다고 하였다. 그러나 결과는 안시성 전투에서 당 태종은 치명상을 입었고 성주 양만춘은 요동땅을 지켜냄으로서 고구려국을 수호하는 영웅으로 남게 되었다. 이렇듯 요동 땅을 중심으로 동북아시아의 대국들이 흥망을 거듭하면서 차지하려고 한 이 땅은 몽고족이 세운 원나라, 그리고 이후에 건국된 명나라가 요동 땅을 차지하기는 하였으나 유구한 역사적 사실로 볼 때 요동 땅은 분명한 우리 한민족의 땅이었다. 그러기에 기회 있을 때 마다 우리의 선인들은 요동 땅 수복을 위해 계획하고 실지 출병을 하였던 것이다. 즉 고려말 우왕 때의 요동정벌을 위한 출정이 그것이며 효종의 북벌계획도 요동 땅 수복을 위한 것이었다.

요동땅이 우리의 영토임은 우리의 주장만이 아닌 지난 청나라 말기에 실권자인 이홍장의 입을 통해서도 언급된 바 있다. 즉 이홍장이 마관조약(馬關條約)을 체결한 이후 귀국보고 시 요동반도와 대만을 빼앗긴데 대해 언급

7) 三國史記, 卷 第44, 列傳 第4, 乙支文德.

하기를 "요동반도는 송 · 명이래 본시 조선땅으로 청나라가 들어서면서 차지한 땅이다.(遼東半島 宋 · 明以來 本是 朝鮮之屬地 我朝入關前 所得也.)" 라 하여 요동 땅이 우리의 고토이었음을 이홍장은 밝히고 있다.[8]

이러한 사실은 조선조 후기의 실학자 연암 박지원의 『도강록(渡江錄)』에 '요동이 본시 조선의 옛 땅임도 모르고' 라는 우국충정의 탄식을 토하게 하고 있다

3. 한민족의 고토 시베리아 지역

1) 시베리아 지명의 유래와 지리적 범위

'시비리아' 는 흔히 시베리아라 부르고 있다. 이러한 명칭의 형성은 오늘날의 토볼스크 부근 일대에 몽고인이 세운 흠찰한국(欽察汗國)이 붕괴됨에 따라 새로이 실필아한국(失必兒汗國)이 세워지면서 부터이다. 이 실필아(失必兒 : Sibir)란 이르티쉬하와 심토불하의 두 하천이 합류되는 일대의 옛 지명이다.

이 지방의 원주민들이 이곳을 실필아부(失必兒部)라 한때 불렀는데 이 시기는 몽고제국이 전 세계를 휩쓸던 기간이었다. 즉 16세기 중엽 흠찰한국(欽察汗國)의 왕족인 고정(庫程)이 걸아길사(乞兒吉思), 오스락 등 제부족들을 통합하여 실필아국을 세운 때이었다. 이 실필아국의 수도는 오늘날의 '또볼리스끄로쉬' 로 부터 이르뜨이강에 이르는 이스께르 성곽을 중심으로 한 지역이다. 이 성곽 일원을 러시아인들은 'Sibir' 이라고 불렀는데 한자로는 실필아(失必兒), 서비리아(西比理亞), 서백리아(西伯理亞)라 표기하였다.[9]

---

8) 주 6)과 같은 책, P.440.

9) 국제문제조사연구소편, 시베리아의 부존자원과 개발현황 -부록 시베리아의 역사와 자연환경-, 同所刊, 1983, PP.353~379.

광활한 이 지역은 20세기에 들어오면서 '시베리아 연해주' 또는 '노령연해주'라 지칭하기도 하나 이러한 명칭들은 이국인들에 의한 명칭이며 우리의 선인들은 이 지역을 두만강 건너편 일대라 하여 강동지역(江東地域)이라 불렀으며 한때는 바다에 인접해 있는 해안지대라 하여 연해주라 칭하였고, 저 멀리 중앙아시아에 이주되었던 한인들은 이 지역을 원동지역(遠東地域)이라 불렀다.

명칭이야 어떻던 이 지역은 우리 한민족의 오랜 고토로서 고조선 이래 숙신, 읍루, 옥저, 고구려, 발해국이 연이어 수천 년간 경략해 왔던 지대로 여타 종족들의 할거는 시기적으로도 매우 한정적이었고, 여진, 몽고족 등 잡다한 종족들이 할거한 상태로서 정통적인 주인은 우리 한민족이었다.

애석하게도 발해국이 멸망한 이래 곧 바로 이 지역을 장악하지 못한 까닭에 상당기간 무인지경이 되어 오다가 동방으로 영토 확장의 야욕을 끊임없이 추구해 온 러시아인들의 손에 어이없게 이 지역을 빼앗김으로서 우리의 판도에서 벗어났다.

따라서 이 일대는 선사시대로부터 역사시대인 고구려 및 발해시대의 문화유적이 오늘에 이르기까지 출토되고 있어 우리 한민족의 민족지연성을 짙게 간직하고 있다.

오늘날 시베리아 지역을 관할하고 있는 러시아인들이 보는 이 지역에 대한 지리적 범위는 구소련 국민경제회의에서 러시아의 경제구역을 나눈바와 같이 동 시베리아와 극동지방으로 나누며, 연해주라 할 때는 아므르강을 경계로 우수리강과 태평양 연안 사이의 지역을 말한다. 면적은 127,659백만 km^{2}이며, 동서로 7천km, 남북이 3,500km로 동서의 길이가 남북의 배나 된다. 이 지대의 인구는 대체로 26,028천명 가량 된다.

그런데 일반적으로 서방인들은 '시베리아'라고 하면 우랄산맥 동쪽에서 태평양 연안까지로 보는데 비해 러시아에서는 이 지역을 양분해 지리적 구분을 하고 있다. 즉 우랄산맥 동사면(東斜面)에서 태평양 사면(斜面) 하천의 분수령 까지를 시베리아라고 부르고, 태평양 사면의 부분을 극동부라 지칭하고 있다.

광활한 시베리아 지역의 지세를 일일이 설명하기 보다는 바이칼-아무르 간선 철도계획노선을 예를 들면, 자연 지세를 이해하는데 도움이 되리라 생각된다. '바이칼-아므르간선' 을 일명 'BAM' 선이라고 하는데 바이칼호 북방 우스찌끄드에서 극동지역의 아무르(Amura)에 이르는 총연장 길이 3,145km의 노선을 말한다. 이러한 바이칼-아무르선은 7개의 산맥과 수많은 하천, 밀림지대, 툰드라 지대를 통과하게 되는데 터널만도 무려 100여개가 넘는다. 예컨대 무야 터널 같은 것은 그 길이가 40리가량인 15km나 되며, 비교적 짧다고 하는 바이칼 터널도 15리가 넘는 6.7km나 된다.

여기에다 136개의 대철교를 포함한 400개 이상의 크고 작은 다리가 놓이고, 철로 인근에는 2천만km^2의 임야가 벌목되고, 4천km에 달하는 보조육로가 병설되어 이 지역을 관통하는 세계지상 교통로로서의 위용을 보여 주고 있다. 이러한 바이칼-아므르철도의 건설은 러시아의 태평양 시대의 핵심 과제로 되어있다. 이 철도의 건설로 극동지역의 수송조건은 일대 변혁을 가져 오게 되며 시베리아 일대의 천혜의 자원보고를 개발함으로써 무진장이라 할 수 있는 석유, 석탄, 철, 다이아몬드, 석면, 몰리브덴, 구리, 주석, 보크사이트 등 수 많은 종류의 지하자원을 개발해 나간다는 엄청난 계획인 것이다. 이렇듯 천혜의 자원보고지대가 우리 선인들의 경략지였다.[10)]

2) 발해 고토로서의 시베리아

시베리아 일대가 발해의 판도이었던 까닭에 오늘날 이 일대에서 적지 않은 유물, 유적이 발굴되고 있다. 우선 이 지역의 주요한 성터로서는 빠르띠잔스크에 있는 니콜라에프카 성터와 끄라스끼노 성터를 들 수 있다. 니꼴라

---

10) 주 9)와 같은 책, PP. 40~41.

에프카성은 평지성으로 토성이다. 성의 형태는 사다리꼴 모양을 하고 있으며, 남벽은 좁고 북쪽 벽은 약간 넓다. 둘레는 약 2km 가량 된다.

성벽의 높이는 10m, 아랫너비는 20~30m 가량 되며 적을 방어하기 위한 해자 시설을 가추고 있다. 이곳이 바로 발해의 5경 15부 62주 가운데 동경 관할 정리부(定理府) 소재지로 알려지고 있는 곳이다. 이곳에서는 발해시대의 산물인 청동제 부절(府節)이 발견되었는데, 부절이라 함은 물건 하나를 둘로 나눈 것으로 뒤에 이를 맞춰 봄으로서 증표로 삼는 것이다. 발굴된 부절은 왼쪽 부분에 해당되는 것으로 '합동' 이란 반쪽 부분이다. 크기는 길이가 5~6cm, 두께 0.5cm로서 한 면은 다른 한 면의 반절과 붙여 볼 수 있도록 납작하게 되어 있다. 이러한 부절(府節)은 삼국시대인 고구려, 백제인 들에게서도 있어왔다. 그리고 한 면에 타원형으로 돌출되어 물고기 모양이 조각되어 있다. 이러한 형상 속에 동좌효위장군 섭리계(同左曉衛將軍 攝利計)라는 글자가 새겨져 있는데, 여기에 기록된 섭리계라는 인물은 발해시기의 장군 지위에 있던 인물이다.

끄라스끼노 성터는 발해시대 염주(鹽州)로 비정되는 곳으로, 성벽의 높이는 1.5~2m 정도이며 토성이다. 성안에서는 절터와 가마터가 발견되었는가 하면, 최근에는 주거온돌유적이 발굴되기도 하였다. 염주는 발해에서 일본으로 출항하는 항구도시로, 일본과 빈번한 왕래를 하였는데 기록에 의하면 발해에서 일본에 35차례, 일본에서 13차례에 걸쳐 사신들의 내왕이 있었다고 한다. 사신단의 수는 대체로 1백 5명 정도 되었으며, 이때에 많은 물자의 교역이 있었다. 염주 주변에는 수많은 고분군이 널려 있어 당시 상당수의 인구가 이 일대를 중심으로 살아 왔음을 알 수 있다. 우수리스크(Ussurisk)시 서쪽 근교에는 코르사코프카(Korsakovka)와 끄라스끼노 성터 안에 절터가 있다. 이곳은 1993년과 1994년 두 차례에 걸쳐 러시아와 한국 학자들이 공동으로 발굴한 곳이기도 하다.

코르사코프까 절터의 전체적인 발굴은 이루어지지 못했지만 대체로 한

변이 6m정도 되는 정방형의 기단위에 서 있는 건물지 1개소밖에 확인되지 않아 향후 발굴이 지속되면 연해주 지역의 사원 규모의 윤곽이 드러날 것으로 보인다. 이 지역에서의 발굴 유물로는 다양한 형태의 기와조각들이 적지 않게 출토되고 있는데, 특히 막새기와의 연꽃무늬는 고구려 연꽃무늬를 계승해 왔음을 보여 주고 있고, 어떤 것은 신라의 것과 유사한 봉황새가 새겨져 있기도 하다. 이러한 유물들을 통해 발해와 신라간의 교류관계 연구에 제한적이기는 하겠으나 연구의 밑받침이 될 것으로 보인다.

끄라스끼노 절터에서는 석축과 탑지들도 확인되었는데, 유물로는 작은 보살입상과 작은 수인(手印) 그리고 고구려 계통의 붉은 기와를 비롯한 많은 기와편, 장신구 등이 발굴되었다. 보살입상은 전형적인 발해 불상의 자태로 형상이 매우 아름답다. 특히 높이 1m 가량의 상륜부연꽃 장식 토기는 이제까지 동양에서 발견된 것 가운데 가장 큰 것이다.

고분군은 발해묘제의 토광묘 유형의 것으로 대부분 지하로 묘광을 파고 그 안에 시신을 안치하는 이른바 지하식인데, 여기에서 수습된 주요 유물로는 삼채편, 서투편 등 각종 용기의 조각과 옥제품, 청동제 장신구 등이 출토되어 이 지역에서의 민족 지연성(地緣性)을 잘 드러내고 있다. 특히 연해주 지역의 발해 유물 유적은 이 고장 지역개발과 농경지화 그리고 군의 야영 훈련지 및 사격장화 됨으로써 고분군들의 파괴는 물론 매장 유물의 인멸이 극심한 상태이다.[11)]

발해국을 멸망시킨 거란에 대해 발해의 유민들은 줄기차게 조직적인 저항을 하면서, 서경 압록부의 여러 주를 통합하여 정안국(定安國)을 세웠다. 이러한 여파는 타 지역에도 미쳐 거란이 발해를 점령했다 하나 사실상 발해 주민을 제대로 다스리지 못하고 강제 이주정책으로 발해민의 조직화를 막는데 그쳤다.

---

11) 연변대학 발해사연구소편, 발해사 연구 제4집, 연변대학출판사, 1993. 대륙연구소편, 러시아 연해주 발해유적, 1994, 참조.

거란은 발해의 고토에 동단국(東丹國)이라는 위성국을 두고 다스리려 하였으나 강력한 발해유민의 저항을 받아 2년 만에 요양으로 물러났다. 거란의 성종 9년(1029년) 8월에는 대연령(大延齡)이 흥요국(興遼國)을 세우고 고려와 긴밀한 관계를 유지하면서 부흥운동을 벌였고, 거란이 세운 요나라 말기에도 대원(大元)을 칭하다 융기(隆基)로 개원(改元)한 고영창(高永昌)의 부흥운동 등 무려 180여 년간이나 발해유민의 거란족에 대한 저항운동은 줄기차게 이어져 왔다

3) 시베리아 바이칼 호수는 한민족의 원류지

바이칼 호수는 파밀고원에서 동북쪽으로 뻗어 나온 천산산맥과 알타이산맥 줄기들의 지령(地靈)이 응결, 형성된 호수이다. 동북아시아 중심부인 남부 시베리아 쪽에 위치하여 남쪽으로는 몽고초원과 고비사막이 자리하고, 북쪽으로는 밀림과 툰드라의 광막한 대지, 동쪽으로는 흑룡강과 후룬치호 부이루(Buir) 호수 일대에 이르는 지역과 서쪽으로는 중부 시베리아 대저지(大抵地)가 펼쳐지는 광대한 대륙의 중심에 위치해 있다.

바이칼 호수 주변에는 '이만' 이라고도 하는 이르크츠크, 치타, 우란우데, 크린스노야르스크, 톰스크, 노보시비르스크 등의 도시가 자리하고 있다. 이 호수의 수면 면적은 30,500km^2, 길이는 632km, 최대폭 79km, 깊이 1,752m로서 세계 최대의 담수호로서 그 수량은 발트해의 해수량 보다 많다. 호수의 밑바닥은 암반으로 되어 있어 물밑 40m까지 투명하게 보인다. 이 호수로 인해 시베리아 일대의 기후가 조절될 정도의 대호수이다. 호수에는 2만 마리의 물개인 바다표범, 2천종 이상의 동식물, 철갑상어, 연어, 청어 등 다양한 물고기가 살고 있다. 이 호수의 수원은 366개나 되는 대소강과 하천의 물줄기가 모여든다. 이 가운데 가장 큰 물줄기는 몽고 쪽에서 흘러나오는 셀렝가 강이다. 가장 큰 출구는 앙가라강으로 예니세이 강으로 흘러 북극해로 들어간다.

이 366개의 물줄기는 1년 365일의 숫자와 같고, 사람의 인골수 366개, 신고문자 366자, 천계 366, 천안궁 366간 등 천지인의 수와 일치한다. 바이칼이란 어원은 풍부한 호수를 뜻하는데 바이칼은 붉에서 연유된 것으로 추단된다.

이러한 바이칼 호수 주변에는 1만 년 전 한임께서 거처했던 곳으로 당시에는 기후가 온난해 오늘날과 같은 한냉지대는 아니었다. 이러한 사실은 이 지역에서 발견되고 있는 맘모스 등 거대 초식 동물군과 식물류의 흔적으로 입증되고 있다. 즉 바이칼은 우리 고대 민족의 고토로 환인천제가 천산기슭에서 환국(桓國)을 개국하고 천해로 자리를 옮겨 구환(舊桓)의 계레로 12국을 세우고, 64족을 다스렸던 중심지이다. 환인천제의 뜻을 받들어 환웅은 천부인 3개를 하사 받아 흥안령을 넘어 천지에 이르러 천평에 개천하여 천하를 다스리니 이에 인류문명의 기원이 된 곳이다. 단군조선이 웅비하고, 북부여 해모수가 천안궁을 짓고, 대진국의 태조 대조영이 천통의 연호를 계승하여 해동성국이 다 할 때까지 8200년 동안 바이칼 일대와 만주, 캄착카반도, 중원일대 모두가 우리 한민족의 영향 하에 있었다.

바이칼 호수와 부이루(Buir-부여-비류) 호수 사이의 대지는 북부여와 고구려의 조상들이 살았던 고토이기도 하다. 오늘날에도 바이칼 근방에는 스스로 고려인이라 부르는 부리아트(Briat)족들이 살고 있으며 우리의 전래무속신앙과 유관한 무풍(巫風)을 그대로 유지하고 있다. 고고학적 측면으로 볼 때에도 우리나라 선사문화와 밀접한 중석기시대(BC : 8천년 전후)인 이른바 세석기 문화권으로 통칭되는 만주, 몽고, 신강지역을 비롯하여 섬서, 사천, 운남 등지에 분포되어 있다. 이러한 세석기문화의 시원은 시베리아 바이칼호 부근에서 비롯되어 몽고방면으로 남진한 코스와 만주방면으로의 동진코스로 전파되어 왔다.

4) 러시아의 시베리아 지역 점령과 한인들의 이주농업

발해국과 정안국이 멸망한 이래 여진, 몽고족의 쇠락 이후 이 지역은 기후상으로나 지리적으로 자연히 정착민의 수 가 줄어들면서 무인지대화 되었는데, 17세기 이래 러시아의 동방침략이 지속되면서 무저항지대라 할 수 있는 시베리아를 통한 태평양 진출을 위해 적극적으로 이 지역을 장악해 나갔다.

1860년 청과의 북경조약 체결이후 본격적인 러시안인들의 시베리아 진출이 두드러진 가운데, 우리나라 두만강 연안의 농가들이 전래적으로 연해주의 남부 우수리 유역 포세이트의 일부 비옥한 지역에서 춘경추귀(春耕秋歸)하며 짓던 농사가 정착농가화하기 시작하였다.

1862년 두만강 연안의 13가구의 농가가 노우 고르드만 연안 포세이트에 이주를 비롯하여 이듬해인 1863년에는 남우수리 찌진허 강가에 10여 가구가 이주해 농사를 지었다. 1864년에는 이주자수는 대폭 늘어나 60여 가구 300여명의 한인들이 집단적으로 몰려들었고, 이어서 1868년에는 165가구, 1886년에는 766호에 이주자는 1,880명이 넘어서게 되었다. 이러한 이주자의 수는 해를 거듭해 점차 늘어나는데 특히 이 시기에 잇단 국내의 흉년이 겹치면서 연해주로의 이민 집단자수는 대폭 늘어났다. 그리하여 1870년에 들어서면서 이곳의 정착민은 무려 8,400여명으로 증가되었다.

특히 수이푼 강가 여러 곳으로 흩어져 조금이라도 농사짓기에 좋은 땅을 찾아 나섰는데, 꼰스딴띠눕스끼, 까자께비첿까, 뿌찔롭까, 꼬르사꼽까 등지로 이주자는 계속되었다. 1872년에는 사마르끼 강가에 최초로 한인 집단부락인 뽀랄고슬로벤노에 촌락이 건설되는데, 한인 이주자는 만주, 간도지역 못지않게 시베리아 고토에 대한 개발, 개척이 성행하였다.[12)]

12) 졸고, 연해주지역의 한인이민과 녹둔도의 영속문제, 한국북방학회론집 제3집(1997), PP.223~228.

이러한 한인들의 시베리아 연해주 일대로의 발길은 역사적으로 오랜 민족지연성을 바탕으로 한 농가인구의 이주, 개척하고자 하는 의욕이 뒤따랐기 때문이다. 그리고 나라를 빼앗긴 울분과 이 지역을 중심으로 독립운동기지화 됨으로서 시베리아 연해주 일대는 제2의 정안국(定安國)과 같은 위치로 발돋움하고자 하였던 지역이기도 하다.

5) 정계비문상에도 시베리아 연해주는 우리의 영토

1712년 백두산에 세워진 정계비문에 의하면 동위토문이라 하여 '동쪽으로의 국경은 토문강으로 삼는다.' 고 함으로써 토문강의 흐름을 살펴 볼 때 시베리아 연해주 일원은 우리의 영토인 것이다.

간도문제로 인해 저술하게 된 우리의 북방영토문제의 해답서라 할 수 있는 『북여요선(北輿要選)』이라 하는 책이 있는데 이 책 중 '찰계공문고(察界公文攷)' 편에 의하면

"..... 비의 동쪽 토문강의 근원은 석퇴와 토퇴를 지나서 빈포(彬浦)에 이르러 물이 비로소 솟아나 비스듬히 북증산의 서쪽 능구, 황구수, 대사허, 소사허, 구등허, 양양구 등에 이르기 까지 5, 6백리 정도 흘러 송화강과 합류하여, 동쪽으로 흑룡강에 이르러 동해바다로 들어간다.

토문강의 상류로 부터 하류의 바다에 이르기까지의 이동이 진실로 계한(界限) 안의 땅이나 우리나라는 당초 변경에서의 분쟁을 우려하여 유민을 엄금하고 그 땅을 비워 두었다. 이를 기화로 청이 이 지역을 자기네 영토라 하여 먼저 점거하고 아라사에게 1천 여리의 땅을 할양하였는데 진실로 토문을 한계로 하여 경계를 정한다면 이 같은 일은 결코 용납할 수 없는 일인 것이다.

그러나 본래 정한 계한도 아직 원만한 감정을 못보고 있어 민생이 곤경을 당하고 이에 따라 변경문제가 더욱 불어나게 되니 이는 국가 간 외교문제라

는 점에서도 바람직한 일이 못된다. 요컨대 이 지계(地界)의 옛 계한을 다시 밝힘은 한 · 청 · 아 3국에 유관한 것으로 상호가 기일을 앞서 정해 두고 적당한 사람을 파견하여 이들이 회동, 먼저 백두산의 정계비를 조사하고, 토문강의 근원에서 부터 강류를 따라 물이 바다에 들어가는 곳에 이르기 까지 착실히 답사하여 공정한 관점으로 지도를 그리고, 피차가 각국 통행의 법례에 비추어 공정하게 타결한다면 계한은 저절로 분명해 질것이요, 변경에서의 분쟁도 불어날 리가 없을 것이다. 이는 본국 변민의 안정문제에 그치는 것일 뿐만 아니라 3국간 돈독한 친선에 관계됨이니 어찌 아시아 동방의 다행이 아니겠는가!"

碑東土門之源 歷石堆土堆 至杉浦水始出 施至于北甑山之西陵口黃口水大沙壚 小沙壚 九等壚 兩兩溝等處 流于五,六百里之許 與松花江 併合東至于黑龍江 入于海 土門江之自上源 至下流入海以東 固是限內地而我國則初廬邊嚴禁流民 遂虛其地故 淸國謂之己疆 先爲占居 至有割讓俄人千餘里之地 視之當年定界土門之限 不容若是而原定之界限 尙未妥勘 民生以之受困 邊案從又滋案 揆以交際 寔屬未協 治此兩國和好約定之日 我疆我理 又所不己也 總之此界之申明舊限有關乎韓淸俄三國互相先期聲明三國各派委員會同 先勘白山之定界碑 自土門之源 順流之于入海處 歷歷踏勘 公眼繪圖 彼此援照各國通行之法例 公平妥決結則界限自可分明 邊一 無由滋生矣 不但本國邊民之安揷乃己實是三國和誼之友睦 豈非亞州東隅之大幸.[13)]

위와 같은 내용의 요지를 정리한다면, 토문강의 근원에서 부터 송화강으로 유입되는 물은 동쪽으로 흑룡강에 이르러 바다로 들어가니 이 계한은 간

13) 金魯奎, 北輿要選 二卷 一冊, 察界公文攷, 1925, 참조.

도지역은 말할 것도 없고 시베리아 일대가 이 계한에 들어 있으니 우리의 땅임이 자명하다는 것이다.

이상과 같은 엄연한 사실과 기록상의 주장이 있음에도 불구하고 시베리아 영유권에 대한 주장을 이제까지 단 한 번도 제기하지 못했으니 참으로 안타깝기 이를 데 없다.

6) 연해주 한국병합을 우려하고 있는 러시아 당국

위와 같은 지연을 갖고 있는 운명의 땅이어서인지 모르나 나라를 잃고 이곳으로 망명한 동포들은 신한촌을 건설, 독립운동의 발판으로 삼기도 하였다.

그러는 가운데 불행하게도 홍범도, 김좌진, 이청천, 조성환 장군의 독립군단 3500명이 구 소련군의 배반으로 기습을 받아 전사 303명, 행방불명 250명, 포로 97명 등 총 650여명의 사상자를 내게 한 이른바 흑하사변(일명 자유시 사변 : 1921. 6. 28)이 일어 난 곳인가 하면, 춘원 이광수의 작품인 〈유정〉이 꽃 피던 곳이기도 하다.[14)]

러시아 당국은 한국인의 발돋움이 점차 높아짐에 따라 도둑이 제발이 저리다는 속담처럼 연해주지역으로의 한국인 유입에 대해 신경을 곤두세우고 있다. 몇 해 전 러시아 일간 〈코메르산트 데일리〉지 보도에 의하면, 연해주로 한국인 유입을 막아야 하며 그렇지 않을 경우 연해주가 한국에 병합될 가능성이 있다는 기우 아닌 기우에 찬 보도를 한바 있다. 이러한 판단은 러시아 내무부 소속 보안군 보고서에 의해 밝혀졌다.

연해주 보안군 사령관 알렉산드르 바실리에프 소장 명의로 작성된 이 보고서는 한국정부가 연해주 지역의 한민족수를 늘리는 장기계획을 시도 실천하려하는데, 이는 연해주에 한민족 자치주를 설치한 후 궁극적으로는 이 지역을 합병시키려는 목적이라고 하면서 앞으로는 한국인에 대한 연해주

---

14) 金昌洙, 러시아연해주지역의 항일독립운동유적, 중국동북지방 및 연해주에서의 한민족사의 재구성, 고려학술문화재단, 1994년 11월 11일 국제학술심포지엄, PP.115~153.

비자발급을 연해주 정부나 연해주 내무부의 허락을 받은 경우에만 한정시켜야 한다고 하고, 특히 연해주로 러시아 각지에 흩어져 살던 한국인들이 이주해 옴으로서 1989년 8,300명(연해주 인구에 8.3%)에 불과하던 연해주 한인 숫자가 올해(1996년)는 1만 8천명(0.8%)으로 증가했으며, 금년과 내년쯤 되면 15만 명 이상으로 증가될 것이라 전망하면서 이러한 인구의 증가가 한국정부의 후원 하에 이루어지고 있다.라고 결론짓고 있다.

요컨대 러시아 당국의 전망이 사실이던 기우이던 시베리아 연해주 땅은 지구상 그 어떤 민족보다 한국인과의 깊은 민족지연성을 간직하고 있는 지대인 동시에 백두산 정계비문에 의하더라도 연해주 일대는 우리의 영토이었음이 분명하다.

4. 대마도는 본시 조선영토

1948년 1월 25일자 서울신문에는 "대마도는 본시 조선영토"라는 제목하의 기사가 실려 있는데, 내용인즉 과도정부 입법의원회의에 허간룡(許侃龍) 의원이 "대마도는 본시 우리의 영토이니 대일강화회의시에 반환 요구를 해야 한다."라는 취지의 기사이다.

이 당시는 미군정기로 과도정부 입법의원 60명이 동의, 서명, 날인하는 등 전폭적인 지지를 받은 바 있었다. 입법회의에서 이처럼 뜨거웠던 영토의식은 남북분단의 상처와 뒤이어 발발한 6·25전쟁, 휴전이후 냉전체제하의 극심한 남북한의 대립상황과 급변하는 내외정세로 인해 대마도 영유권 논의는 뒷전으로 밀려나고 말았다.

이후 한일 양국 간의 국교정상화를 위한 회담중 독도문제가 제기되는 가운데 대마도 문제가 간헐적으로 뜻있는 인사 간에 논의되어 오다가, 일본측의 독도영유권 주장이 점차로 노골화 되어 오는 와중에서 반사적으로 대마도문제 역시 부상하기 시작하였다. 이렇듯 대마도 영속문제는 우리 민족 내면 깊숙이 민족 고토로서 자리매김해 오면서 한일문제가 대두될 때마다 떠올랐다. 이러한 사실을 감안하면서 차제에 대마도의 지리적 인접성과 함께 역사성 그리고 그 땅에 남아 있는 지울 수 없는 우리 민족의 유풍과 생활사 및 역사적 산물을 통해 민족의 고토의식을 회고해 보고자 한다.

해 맑은 날 부산 태종대에서 바다 저 멀리 바라보노라면 주변의 여타 도서와 마찬가지로 바다 한 가운데 떠 있는 산 모양을 하고 있는 섬이 한 폭의 풍경화처럼 친근감을 느끼게 한다.

이 섬이 곧 대마도이다. 섬 전체의 면적은 709km²로, 일본 안에서 3번째 큰 섬으로 꼽힌다. 이 섬은 제주도의 10분의 4가량의 넓이로 거제도 보다는 약간 넓은 편이다. 섬에는 높이 200~300m의 산들이 대부분 해안선 까지 뻗어 있다. 섬 전체 면적의 90%가 산지이며, 평지라야 평야를 이룰만한 논밭은 되지 못한다. 산간 계곡의 흐름에 따라 논, 밭뙈기를 얼마간 부칠 정도이다.

1975년에 개통한 대마항공의 활주로는 대마도내에서 가장 넓은 평지이다. 이 활주로는 인위적으로 주변의 야산들을 깎아 정지했기 때문이다. 이러한 대마도의 지세에 대해 기원 3세기의 기록인 중국의『삼국지 위지 동이전』「왜인전」에 언급하기를 "땅의 형세를 보면 길은 겨우 기어 다니거나, 사슴이 걸어 다닐 정도로 좁다. 토질 또한 매우 척박해 농사로 연명할 수 없어 생계를 주로 어업에 의존하고, 때때로 해상로를 이용해 교역으로 삶을 지탱해 나간다."고 하였다.

대마도는 우리나라 남단으로 부터 1백 여리가 좀 넘는 거리로 50여km 가량 떨어져 있으며 일본 구주(九州) 본도로 부터는 400리가 좀 못되는 거리인 150여km쯤 떨어져 있다. 이러한 지리적 여건으로 인해 2차 대전 이전까지만 해도 대마도 주민들 간에 응급을 요하는 환자나 출산에 어려움을 겪을 때 혹은 긴급한 물자조달을 위해서는 의례히 일본 본토를 제쳐 두고 곧바로 부산으로 달려와 위급을 면하고 생필품을 조달해 갔다. 대마도 주민들은 국적은 비록 일본인이나 생활권은 어디까지나 우리나라 남해안의 여타 도서주민들처럼 경상도 지역을 생활권으로 삼아왔다.

대마도의 해안은 리아스식 해안으로 그 경관이 매우 빼어나다. 해안선의 총 길이는 945km에 남북 72km, 동서 16km로 섬에는 해발 518.2m의 백악산(白岳山), 375.5m의 원견산(遠見山), 328.6m의 홍엽산(紅葉山) 등 섬 전체가 산세로 뒤 덮여 있다. 대마도는 두개의 섬이 연이어져 있는데 섬 주변에는 10여개의 암초가 가로 놓여 있기도 하다.[15]

행정관할 상으로는 일본 나가사키 현에 속하며 남쪽의 지대를 하현(下縣)이라 하고, 북쪽을 상현(上縣)이라 한다. 우리나라 남해안과 가장 가까운 곳이 상현인데 이곳에 어악산이 있고 이 산 밑으로 높고 낮은 산들이 사방으로 흩어져 있으며 산자락 밑으로 계곡물이 모여 좌호천(佐護川)을 형성하면서 계곡 좌우로 약간의 평지를 이루고 있다.

상현 북단에 위치한 와니우라(일명 : 화조진)항은 예전부터 우리나라와 직항하던 항구이었다. 와니우라에서 서남쪽으로 약간 떨어져 있는 사스다무라(佐須拿浦)는 근세에 들어와 대마도주가 대륙교통의 시발지로 개척한 항구이다. 도주의 거소이었던 이즈하라는 섬의 중앙지로 도내 행정의 중심지요, 대마해협상의 중요 항이기도 하다.

대마도내의 주 농작물은 고구마이며, 이밖에 극소량의 쌀, 밀, 콩 등을 심기는 하나 명맥을 유지할 수준이다. 해안가는 리아스식 해안 특유의 경관에다 바닷결이 부드러워 진주, 도미의 산지로 인기가 높다. 산이 많은 관계로 목재가 흔하며 특히 땔감으로 숯을 많이 구워 낸다.

인구는 1950년대 말 까지만 해도 7만에 달하던 것이 1955년 말에 67,140명으로 감소하기 시작, 해마다 줄어들고 있다. 가구수는 13,157호가 되나 잔류 주민은 대부분 노약자, 어린이, 부녀자로 젊은 층은 내지로 떠나가는

15) 서울신문사편, 日本 對馬 · 壹岐島綜合學術綜合報告書, 同社刊, 1985. P.46.

추세이다. 한 때 화전이 성해 숲을 많이 구워 화전을 이루었는데 현지에서는 이 화전을 목정소(木庭所)라 지칭하고 있다.[16)]

대마도라는 명칭이 최초로 등장한 문헌으로는 위에 언급한바 있는 『삼국지 위지 동이전』이다. 이후로 우리나라 『삼국사기』와 『일본서기』 등에 나타나고 있어 그 지명의 유구성 내지 국제사회에서의 이 섬에 대한 인지도는 높았던 것으로 보인다.

대마도라는 명칭 이외에 널리 사용되지는 않았으나 도사마(都斯麻), 집도(集島), 대해국(對海國) 등으로 기록되어 오기도 하였다.[17)]

이러한 문자 상의 상이한 자형에도 불구하고 발음은 한결같이 쓰시마로 불려 왔다. 『삼국사기』 권 3 신라본기 실성니사금 7년에 왕은 대마도에 영을 설치하고 병기와 군량을 저축하여 우리를 습격하려고 한다는 말을 듣고 그들이 움직이기 전에 우리가 먼저 장병을 뽑아 격파하자고 하였다.

이러한 사실에 대해 조선시대에 편찬된 『증보문헌비고』에 "호공(狐公)이라는 사람이 대마도인으로 신라에 벼슬하였음을 보아 당시 대마도가 우리 땅이었음을 알 수 있으나 어느 시기에 저들의 땅이 되었는지 알 수 없다. 만일 대마도가 본래부터 왜인의 땅이었다면 그곳에 영(營)을 설치한 것을 신라가 기록하지 않았을 것이라." 기록 하였다.[18)]

고려시대에 들어 와서는 상인들의 교역과 표류민 송환이 있었는데 중기에는 토산물을 바치는 일이 빈번하였다. 『고려사』 권 25 고려 원종 4년 4월 기록에 따르면 대마도와 통교한 이래 해마다 상의례적으로 특산물을 바쳤는데, 한 번에 배 두 척을 넘지 못하게 하였다. 만일 다른 배가 일을 빙자하여 외람되어 우리의 연안에 나타나 소란을 일으킬 때에는 저들 스스로가 엄하게 처벌하고 금지할 것을 정약하였다. 이후 공민왕 17년 7월에는 대마도

16) 졸고, 대마도는 우리 땅이었다, 한배달 제6호, 1989, P.22~49.
17) 한국일보, 1978년 1월 14일자, 〈特別企劃 對馬島〉 기사 참조.
18) 三國史記 卷三3 新羅本紀 實聖尼師今 七年 및 增補文獻備考 참조.

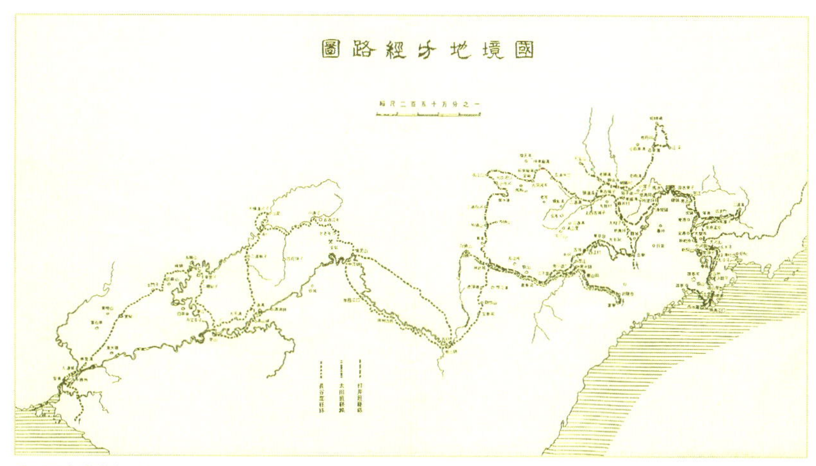

國境地方經略圖 : 간도협약 체결이전에 작성된 축척 5만분지 1의 지도로 압록강 · 두만강 이북 넘어 다수의 韓人거주자 지역을 접경지명 중심으로 작성된 〈國境地方經略圖〉이다.

만호가 사자를 보내 특산물을 진상하였고, 그해 윤 7월 고려에서는 이하생을 대마도에 보낸바 있다.

이해 11월에는 대마도 만호 숭종경(崇宗慶)이 사자를 보내어 조공하였는데 왕은 종경에게 쌀 1천석을 하사하였다. 여기에서 말하는 숭종경은 대마도주 종경무(宗慶茂)를 말하는데 유의할 점은 고려 정부는 대마도주에게 만호라는 벼슬을 내림으로서 수직왜인화(受職倭人化)가 이루어졌음을 확인할 수 있다는 점이다.

고려사에 의하면 고려 선종 2년(1085) 이래 대마도주를 대마도구당관으로 칭하였는데, 이러한 사례로 제주도의 성주를 탐라구당사(耽羅勾當使)로, 일기도주(一岐島主)를 일기도구당관(一岐島勾當官)이라고 한 사실로 알 수 있다. 구당관직(勾當官職)은 고려시대 변방지역 내지 수상교통의 요충지를 관할하는 행정책임자를 지칭하는 관직명이었다.[19]

19) 高麗史, 恭愍王 十七年(1368년) 閏七月條.

이렇게 볼 때 탐라, 대마도, 일기도가 고려의 변방지역으로써, 그곳의 도주를 행정의 책임자로 보고 이들 도주에게 고려정부가 구당사(勾當使) 또는 구당관(勾當官)이라는 직명을 부여한 것으로 보여 진다.

고려 공민왕 17년(1368년) 윤 7월조에 "對馬島萬戶遣使來獻上物閏七月講究使李夏生遣對馬島十一月對馬島萬戶崇宗慶遣使來朝賜宗 一千石"이라 하여 대마도주에게 만호라는 관직까지 주었고, 현지의 토산물로 조공을 받았고, 대신에 1천석의 곡물을 하사하였다는 사실은 결코 이국인에게 대한 조처가 아니었음을 알 수 있다. 그 이전인 문종 36년(1082년)에도 대마도로부터 사신이 방물을 받쳐왔다.

그러나 이들의 궁핍한 생활로 인해 동서남 해안으로 무분별하게 자행하는 노략질로 인해 이를 더 이상 방치할 수 없어 1419년 대마도정벌에 나섰다. 즉 以善治善 以武制盜策을 실현하였다. 그리고 세종대왕은 유대마도서(諭對馬島書)를 통해 對馬爲島 隷於慶尙道之鷄林 本是我國之境 載在文籍 昭然可考라 하여 대마도가 본시 우리나라 경상도 계림에 예속되어 있는 지역이었음이 문적(文籍)에도 있으니 잘 생각하라 하였다.[20]

『동국여지승람』 권23 동래현조 대마도 항목에 국내 여타 지역과 동일하게 기술하고 있다. 이밖에 대마도(對馬島)가 아국(我國)의 번속(藩屬)관계임을 此島主不過朝鮮一州縣太守 受圖章食朝 大小請令 我國藩臣之義라 한 사실과 임진왜란 발발 전해 통신사 황윤길과 김성일이 일본으로 가는 도중 대마도에 도착했을 때 의전관계로 대마도주를 힐책한 내용이 『징비록』에 실려 있다. 즉 도주 종의지가 번신(蕃臣)으로서의 예를 갖추지 않았다고 함에 그 잘못을 하인에게 물어 하인의 목을 베어 바쳤고, 이에 따라 사례사(謝禮使)를 우리나라에 보내왔음을 『선묘보감(宣廟寶鑑)』에 기록하고 있다.[21]

20) 金鍾烈, 對馬島와 朝鮮關係, 新天地 第三卷 第三號(1947.3), PP.72~73.

21) 東國輿地勝覽, 卷23 東萊縣條, 對馬島 項目 참조.

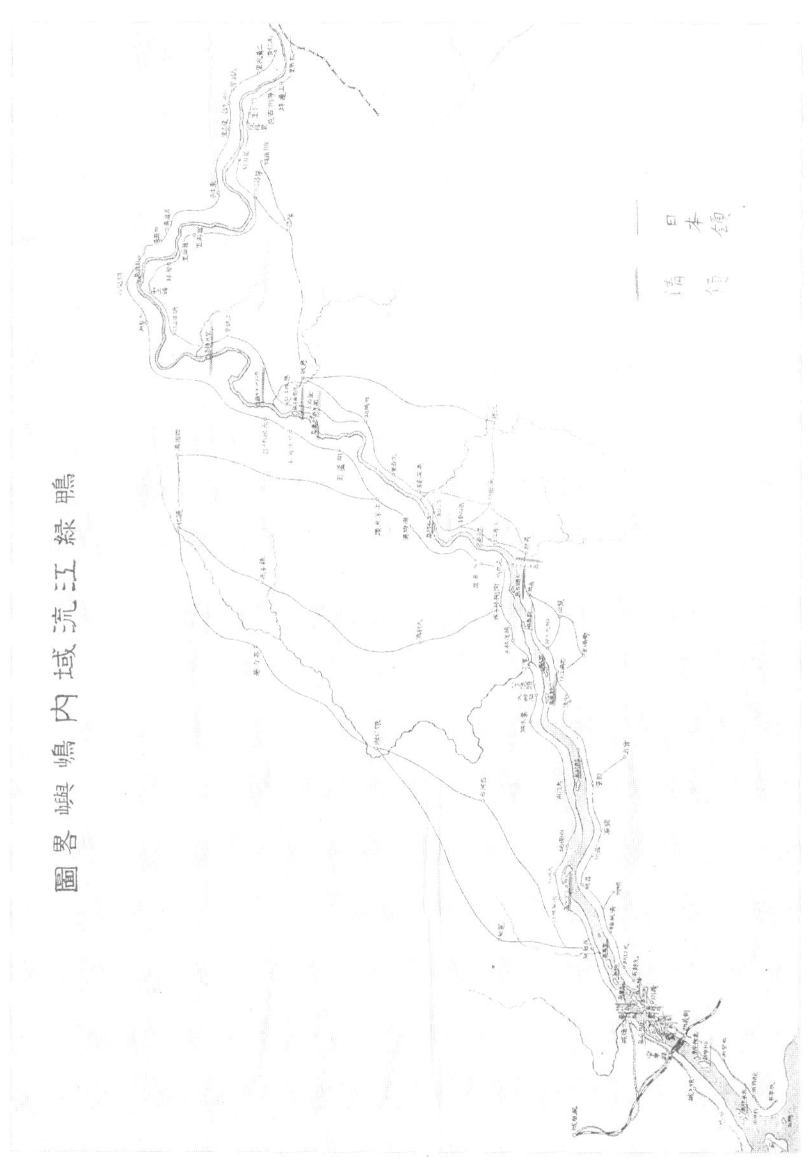

江床島嶼圖 : 日帝治下의 豆滿江 및 鴨綠江 江床島嶼圖

이러한 대마도에 대해 조선왕조가 변경의 도서관리 정책에 철저를 기하지 못해 때로 공도정책(空島政策)을 써 왔는가 하면 소극적인 해방정책(海防政策)을 폄으로써 변경지대의 영토관리가 해이해 짐에 따라 사단이 발생하고 말았다.

그러나 우리나라는 변경의 도서들에 대해 영유권을 포기한 바는 없었다. 그런데 불행하게 국운이 점차 쇠락해지는 가운데 상대국은 강성해져 국권을 상실하는 지경에 이름에 어찌 올바른 변경의 도서 관리를 할 수 있었겠는가? 오늘날 대마도 영속문제에 대한 논의가 비현실적이냐 아니냐를 떠나서 엄연한 역사적 사실에 대해서는 밝혀 놓아야만 한다. 이러한 정서는 조선시대 김중곤의 노비문건에도 대마는 두지도(豆只島)로 본시 우리나라 땅이라고 전해질 정도로 한국인의 심정에 묻혀있는 땅이다.

5. 북방국경하천 경역실상

강과 산은 신이 내려준 자연지형의 하나로 비교적 인간의 도움을 요하지 않는 경계선이 되어왔고, 되어오고 있다. 강은 접속의 성격이 강해 정치적 국경, 문화적 인위적 경계간의 괴리를 가져오는데 외관상 명확한 경계로서의 속성을 가지고 있는 듯하나, 실제는 위치 경계선의 선택, 수로의 변경 등과 관련, 다양한 문제점을 내포하고 있다. 호수 역시 자연적 국경을 연결하는 국경으로 이용되고 있는데 강, 만, 해협, 내륙해 등 다른 국경수역과 유사점을 가지고 있다.

우리나라 북쪽 경계를 지도상에는 물론 지리적 지식으로도 이를 당연시하고 있으나 결코 이는 올바른 우리나라 북쪽 땅 경계라 할 수 없다. 왜냐하면 백두산 정계비문상의 해석과는 너무나도 상반되기 때문이다. 정계비문을 굳이 논하지 않더라도 우리나라의 북방경계선은 청의 강희제의 명에 의해 작성된 지도에 표시되어 있는 바와 같이 그 경역이 압록강 · 두만강을 훨씬 넘어선 북쪽경계선을 긋고 있는 것으로도 짐작할 수 있다.[22]

오늘날과 같은 국경인식의 고착은 일제에 의한 교육 내지, 지도상의 왜곡에서 비롯된 것이다.

일제는 만주대륙을 그들의 수중에 넣는 것을 전제로 한반도 관할구역을 일제식민통치 구미에 맞도록 행정관할 편의위주의 경계를 그었기 때문이다. 면밀한 인문지리적 여건을 고려함이 없이 개략적인 하천관리 수준에서 경계문제를 일단락 지었기 때문이다.

우리나라 북방 하천경계 상에는 북한 · 중국간 변경주민들의 잦은 교역상의 필요에 따라 지난날 나룻배 이용처를, 근래에는 교량으로 대체하고 있는데 근간 북한측 숭선과 중국측 남평을 잇는 다리가 놓여 졌는가 하면, 두만강하류지역 개발에 따라 권선–훈춘 간에 이른바 국제친선교량을 가설 개통시킴으로서 교량수는 계속 늘어나고 있는 실정이다. 압록 · 두만강 국경하천 상에는 지도상의 표기에 나타난 바와 같이 28개처의 교역처가 있다. 이 가운데 16개처(이중 4개는 일제 때 가설된 것임)는 교량을 놓아 이용하고 있으면서 하천경계 문제에 제대로 대응하지 못하고 있다. 오늘날 압록강 · 두만강을 경계로 하고, 북한–중국 간의 교역처를 살펴보면 다음과 같다.

22) Du Halde Description de la Empire de la Chine 첨부문에 Pere Regis의 비망록에 Observation Geogaphiques Sur le Royaume de Core' e Tires des Du Pere Regis이라는 글속에 봉황성(鳳凰城) 동쪽으로는 조선의 서방국경을 표시하고 있음.
J. B. Du Halde, Description De L' Empire de la Chine et de la Tartaries Chinoise, 1735.

* 압록강제방상의 교역처명

교량 및 제방	북한측 위치	중국측 위치
압로강(일명 : 중조우의교)	평북 신의주 방적동	요녕성 단동시 진흥
청성단교	평북 삭주군 청성노동자구	요녕성 단동시 관수자치현 장전진 하구
상하구-청수철교	평북 삭주군 청성노동자구	요녕성 단동시 관수자치현 장전진
집안-만포철교	자강도 만포시 만포읍	길림성 집안시 유림
임강-중강 인도교	자강도 중강군 중덕리	길림성 백산시 임강현 임강
팔도구-두지 나루	양강도 김형직군 순창리	길림성 백산시 임강현 팔도구
장백-혜산인도교	양강도 혜산시 혜산동	길림성 백산시 장백현 장백
이십일도구-보천교	양강도 보천군 보천읍	길림성 백산시 장백현 이십일도구
호산제방	평북 의주군 의주읍	요녕성 단동시 관적자치현 호산향 호산
태평만제방	평북 삭주군 옥강리	요녕성 단동시 관전자치현 태평만진
위원제방	자강도 위원군 위원읍	길림성 집안시 유림
운봉댐(1965년 완성)	자강도 자성군 운봉노동자구	길림성 집안시 청석진
수풍댐	평북 삭주군 수풍노동자구	요녕성 단동시관전 자치현 장전진 납고초

* 두만강제방상의 교역처명

교량 및 제방	북한측 위치	중국측 위치
숭선-삼장 인도교	양강도 대홍단군 흥암노동자구	길림성 연변자치주 화룡현 숭선
노과-남평 인도교	함북 무산군 독소리	길림성연변자치주 화령현 노과
덕화-무산 인도교	함북 무산군 칠성리	길림성 연변자치주 화룡현 덕화진 남평
삼합-회령 인도교	함경북도 회령시	길림성 연변자치주 용정시 삼합진
개산툰-삼봉 인도교	함북 온성군 삼봉노동자구	길림성연변자치주 용정시 개산툰진
도문-남양 인도교	함북 온성군 남양노동자구	길림성 연변자치주 도문시 집중
양수-온성 인도교	함북 온성군 고성리	길림성 연변자치주 도문시 양수진
사타자-새별군 인도교	함북 새별군 류달리	길림성 연변자치주 훈춘시 사타자
권하-사해 인도교	함북 선봉군 사해리	길림성 연변자치주 훈춘시 포은동
쌍목봉로	양강도 삼지연군 신무성노동자구	길림성 연변자치주 안도현 백산 자연보호구
백금-계하 나루	함북 회령시 계하리	길림성 연변자치주 용정시 백금
부유-유선교	함북 회령시 유선동	길림성 연변자치주 용정시 부유

위와 같이 북한-중국 간에는 양대 국경하천 사이에 무려 28개 처의 왕래지점을 두고 있다.[23)]

빈번한 국제분쟁의 요인이 하천경계분쟁으로 야기된다는 사실을 다소라도 일제가 감안했더라면 그 같은 경계획정은 하지 않았을 것이다. 오늘날 북한 중국 간에 문제되고 있는 수풍발전소 댐, 1966년에 준공된 운봉호 수력 발전소 등 이들에 대한 관할 운영문제는 안중에도 없었다.

더욱이 강상도서(江床島嶼)의 귀속문제나 운항문제도 접경국문제로 본 것이 아니라 내국문제로 안이하게 대처하였기 때문이다. 광복이후 일제의 경계정책을 그대로 답습, 국경관리를 해온 북한-중국 간에는 일일이 열거하기 어려울 정도의 숱한 문제에 부닥치고 있다.

그러기에 심지어는 뗏목운송협정 까지 맺고 있고,[24)] 이를 관리하는데 해마다 번거롭기 이를 데 없는 의정서에 매달려 회합을 벌이고 있을 정도이다. 두만강의 경우도 압록강의 경우 못지않으나 가장 두드러진 문제점으로 1938년 러 · 일간에 격전을 치룬 핫싼국경전투를 대표적 사례로 들 수 있다.

이 전투는 바로 북방삼각국경지대를 형성하는 장고봉(張鼓峯) 고지를 둘러싸고 양측의 대접전이 벌어졌었는데 이 또한 토자비(土字碑) 경계표석 건립을 지형상의 위치를 무시하고 세웠기 때문이다. 오늘날 두만강 최하류 16.5km에 달하는 구간은[25)] 북한측과 러시아가 맞대고 있는 국경지대로 이 지역 국경 및 하천관리는 거의 일방적이라 할 정도로 러시아 측 주도하에 관할되어 오고 있다.

---

23) 現代ゴリア, 1997年. 10月號, 內外通信 綜合版 제22집 - 권선 · 훈춘국제다리 개통-, 1997年 第63號, PP.163-164, 1936年(昭和11年) 〈鴨綠江及 · 圖們江橋梁架設ニ關スル覺書〉 PP.0370 ~0375에서 발췌 정리하였음.

24) 북한 · 중국간의 압록강과 두만강에서 목재운송에 관한 의정서, 1961. 11. 24.

25) 북한 사회과학원 력사편찬연구소, 「력사사전 Ⅰ」, 사회과학원출판사, 1972, P.552.

6. 해양경계문제

삼면이 바다인 우리나라는 내륙의 땅 경계 못지않게 바다를 사이에 둔 나라와의 경계도 매우 중요시되고 있다. 먼저 현안의 문제로 대두되고 있는 독도문제도 영해 경계선을 어떻게 긋느냐 하는 문제와 맞물려오면서 동해상의 독도는 우리의 동쪽 바다를 지키는 귀중한 땅으로 세계적인 주목을 받고 있다.

이 땅을 올바로 지킬 때만이 우리나라 해상의 보고인 동해를 올바로 관리할 수 있다. 최근 미국국무부가 발간한 『바다의 직선기선과 그에 따른 EEZ 영역』을 살펴보면 바다 경계싸움의 의지를 분명하게 알 수 있는데 주요국의 배타적 경제수역은 다음과 같다.

* 배타적 경제수역 국별 면적 (1997년 기준)[26]

순위 나라	면적(단위 천km^2)	EEZ면적대비(%)
1. 프랑스	10,263	8.9
2. 미 국	9,711	8.4
3. 인도네시아	5,409	4.7
4. 프렌치폴리네시아	5,030	4.4
5. 뉴질랜드	4,833	4.2
6. 호 주	4,496	3.9
7. 러시아	4,490	3.9
8. 일 본	4,470	3.9
9. 키리바시	3,550	3.1
10. 브라질	3,168	2.7
11. 대한민국	451	0.35

26) 조선일보, 1997. 7. 19일, 3면.

여기에다 남서해의 광활한 해면을 맞대고 있는 중국 측의 기선을 바탕으로 2백 해리 경제수역 선포를 감안한다면 우리나라는 꼼짝없이 중·일 양국의 경제수역에 갇히는 꼴이 된다.

일본의 직선기선 획정 의도는 태평양시대에 해양경제활동을 장악, 영유권 문제가 제기되고 있는 중국과의 조어도(釣魚島-센카쿠열도), 우리나라와의 독도, 러시아와의 북방 4개 도서 문제 해결과도 결코 무관하다고 할 수 없다.

이러한 의미에서도 동해상의 독도를 중심으로 우리의 영해를 올바로 관리해야만 해저자원의 개발, 해상수송로의 확보, 유사시의 제공권방어를 통한 해상안보를 지켜나갈 수 있다.

이밖에 한일양국의 경계가 되고 있는 대한해협은 넓게는 200km, 좁게는 불과 50km 안팎의 거리를 두고 양국 간의 수상교통로가 되고 있음과 동시에 국방상 중요한 해협이 되고 있으며 또한 국제해양항로로서도 주요한 몫을 하고 있다.

이러한 통로 인근에 자리 잡고 있는 대마도는 전통적으로 우리나라에 속해 왔으나 역시 경계의 미정으로 어느 때부터인지 일본 땅으로 둔갑되고 말았다. 일본은 이 섬을 근거지로 임진왜란, 청일전쟁, 러일전쟁, 태평양전쟁에 이용하였고 최근에는 한일해저터널 굴착에 매달리고 있다.

이 위협적인 경계의 땅이 또 다시 침략기지화 될 때 국경지대의 갈등, 마찰의 파고는 높아질 것이다. 서해 또한 남·동해 못지않게 어업 및 대륙붕 개발에 따른 문제가 제기될 때 바다경계문제는 내륙에 못지않게 심각한 문제로 대두될 것이다.

한국의 영해는 동해, 황해, 동지나해로 반폐쇄해(半閉鎖海 : semi-enclosed sea)이다. 동해의 경우 북한을 포함하다 보면 4개국이 면해 있는

셈이고, 황해 · 동지나해 또한 하나의 대륙붕으로 연결된 평균 수심 50m도 되지 않는 이 일대 역시 북한을 포함 4개국이 인접해 있다. 이러한 반폐쇄해 해역 중 우리나라의 영해 범위는 1952년 1월 18일에 선포된 〈대한민국 인접 해양의 주권에 대한 대통령 선언〉에 표명한 평화선(Peace line)에 따르고 있다.[27)]

1952년 4월 28일 미일평화조약이 발효하게 됨에 따라 이전까지 한국의 영해를 지켜주던 맥아더 라인(MacArthur line)이 소멸될 상황 하에서 한국은 인근해의 어업자원을 보호하고 해상안보에 대처하지 않을 수 없었다. 이후 한국은 보다 적법한 영해관계를 규율하는 국내법을 1977년 12월 31일에 제정하고, 이듬해 9월 20일에 영해법시행령을 공포함으로써[28)] 영해의 범위가 명시적으로 나타나게 되었다. 동법에 따르면 영해의 폭은 원칙적으로 12해리로 하고 대한해협의 일부 수역에서는 예외적으로 3해리를 적용, 구체화하고 있다.

즉 부산 동래 앞바다에 있는 1.5m 바위(35도 09분 59초 N, 129도 13분 12초 E)로 부터 생도(35도 02분 01초 N, 129도 05초 43분 E)를 지나 거제도 앞바다에 있는 홍도(34도 31분 52초 N, 128도 44분 11초 E)에 이르는 직선기준선에서 3해리까지로 하였다.[29)]

영해의 한계도 내륙 영토의 한계와 마찬가지로 선(線)으로 나타내야 하는데 이러한 선을 긋기 위해서는 연안 쪽에 기준선을 설정해야 한다. 영해의 한계설정을 위한 기준선을 일명 영해기준선(Territorial base line)이라 칭한다. 영해기준선은 사실상 모든 해양경계선의 기준이 되는데 영해를 포함한 접속수역, 경제수역 등 일체의 수역이 그 범위를 정함에 있어 영해기준

27) 李錫龍, 한국의 해양경계선 : 衡平의 原則의 適用, 國際法學術論叢 제40권 제1호(통권77호), P.177.

28) 領海法 第一條 및 同施行令 第三條.

29) 朴椿浩 · 柳炳華, 海洋法, 民音社, 1986, P.57.

선 12해리, 24해리, 200해리 등 일정한 한계선을 긋고 그 수역에 해당되는 범위 내에서 국가관할권이 미치게 된다.

따라서 이러한 기준선을 여하히 획정하느냐 하는 점은 당해 국가의 이해와 국제관계에 중대한 영향을 미친다. 영해기준선의 설정은 해안선의 모습이 매우 불규칙하고 다양하다는 점에서 기준선 설정에 난점이 있다. 영해기준선은 일반적으로 간조선(干潮線) 또는 저조선(低潮線-Low water line)을 기준으로 하는데, 우리나라의 경우 영일만, 울산만, 남해안 및 서해안에서 적절한 지점들을 연결하는 직선 기준선을 사용하도록 규정하고 있다.

1982년 UN해양법 협약 제5조에는 "별다른 규정이 없는 한 일국의 정상적인 영해 기준선은 당해 국가가 공식적으로 인정한 대규모 지도상에 표시된 간조선 또는 저조선으로 한다." 라고 되어 있다.

위에서 말하는 대규모 지도란 확정된 것은 아니지만 대체로 8만분지 1 이상의 지도를 말하는데, 1해리를 1인치로 나타낸 것이다. 간조선을 지도상에 표시하는 방법은 높은 밀물(Higher high tide)과 높은 썰물(Higher low tide) 그리고 낮은 밀물(Lower high tide)과 낮은 썰물(Lower low tide) 등을 19년간의 썰물 높이를 평균한 중간썰물(Mean low tide) 높이를 지도상에 표기하고, 낮은 간조선 역시 19년간의 낮은 썰물 높이를 평균하도록 하고 있다.[30] 그리고 인접 국가나 대면국가 간에 바다의 폭이 24해리 이내인 경우 별도의 합의가 없으면 등거리 중간선의 원칙에 따라 경계선을 정하도록 하고 있다.

이러한 제반 원칙에 준해 평화선 선포 당시의 그 범위를 살펴보면 서해는 124도 E선이며, 남해에서는 점(32도 N, 124도 E) 및 점(32도 N, 127도 E)을 거쳐 거제도 및 독도를 지나 점(38도 N, 132도 50 E)을 거쳐 함경북도 경흥군 우암령에 이르는 선으로 둘러싸인 수역이 되는데 이 평화선은 좁게

30) 주 29)와 같은 책, PP.35~36.

는 20해리 넓게는 200해리에 달한다.

이러한 영해 설정의 논거는 18세기 이후 근대에 이르기 까지 3해리가 일반적으로 통용되어 왔는데, 3해리의 적용 동기는 공해자유의 원칙을 옹호하여 영해를 국가관할권이 실제로 행사될 수 있는 일정한 거리 까지 제한하려는데 있었다.

공해자유주창론이 거세지면서 영해의 범위를 제한하여 무기의 힘이 끝나는데서 영토의 권력도 끝난다(Potestas terrae finitur ubi finitur armorum vis)[31] 라고 하여 영토관할권의 실효적 행사가 가능한 곳 까지를 영해로 인정하였다. 따라서 영해의 설정은 내륙의 영토와 영해사이의 실질적 연결을 요구하면서 부터 비롯되었다.

한국의 획기적인 영해관리정책은 1952년의 〈인접해양주권에 관한 선언〉이라 하겠다. 대한민국정부 국무원 공고 제14호로 공포된 이 선언은 일명 평화선이라고도 하며, 상대국인 일본은 '이라인(李line)' 이라 하고 있다. 이 선언의 본래 목적은 어업자원의 보호 보존과 이용, 광물 및 해저자원의 보존과 이용이 주된 목적이나, 공해상의 자유항행은 방해하지 않는다고 하여 관할권 내용이 주로 경제적 부면에 국한되고 있음을 분명히 하고 있다.

1953년 12월 12일에는 어업자원보호법을 제정, 위의 수역에서 어업활동을 규제함과 동시에 우리의 영토인 독도를 확고하게 지켜 나가고자 하였다. 1965년 12월 12일에는 한일어업협정을 체결하고, 한일 양국 사이에 있는 해양을 어업과 관련하여 전관수역, 공동규제수역 및 공동자원조사수역으로 구분하였다. 이후 연안의 해안으로 부터 50~100해리 정도 떨어진 외측한 계선에 어업전관수역을 설정하였는데 이는 국제해양법상 논의되어온 200해리 배타적 경제수역 설정의 추세를 감안한 것이다.

무엇보다 이 선언의 핵심 부분은 동해안에 있어서 북위 38도 동경 132도

31) 鄭鐘五, 大陸棚의 境界劃定에 관한 硏究, 仁荷大大學院 學位論文, 1989. 2, PP.49~50.

50분의 점으로 부터 북위 35도 동경 130도의 점에 이르는 선에 있어서 독도에 대한 확고한 영유의지와 어업자원 등의 보호에 두었다.

다음으로는 대륙붕개발에 따른 노력을 들 수 있다. 우리나라가 대륙붕개발에 본격적인 관심을 가지게 된 것은 1969년부터이다. 우리의 주변국들인 일본이나 대만 등은 하나같이 에너지자원의 빈곤으로 대륙붕개발에 따른 반사적 이익에 혈안이 됨으로써 대륙붕에 대한 관할권 주장과 함께 해저탐사를 서둘렀다.

이에 우리 정부에서도 1969년 4월 15일 제2 · 제4해저광구에 석유탐사계약을 미국의 Gulf회사와 체결하면서 해저광구개발에 관한 입법화를 추진하여 1970년 1월 1일 해저광물자원개발법과 동년 5월 30일 동법시행령을 제정, 실시함으로써 한국은 7개 해저광구를 설정하였다. 이리하여 한반도 주변의 대륙붕에 7개광구가 명시되고, 내측 광구인 제5광구 이외의 6개광구 외연은 한국 대륙붕의 일방적인 일본, 대만, 중국과의 경계선을 의미하게 되었다.

1996년 2월 우리나라는 85번째의 유엔해양법협약 당사국이 되었고, 200해리 배타적 경제수역을 선포하였다. 따라서 경제수역 선포와 동시에 연안국으로서의 수산자원 보존과 관리에 관한 권리를 행사하고 의무를 이행할 목적으로 유엔 해양법협약의 경제수역 제도와 일치하는 내용의 배타적 경제수역법과 배타적 경제수역에서의 외국인 어업 등에 관한 주권적 권리의 행사에 대한 법을 입법조치 하였다.

이리하여 우리나라는 내륙의 면적보다 3.5배 이상 넓은 인접해양을 경제수역으로서 적법하게 확보, 관리, 경략할 수 있게 되었다.

1) 중 · 일과의 관계

영해상 가장 밀접한 관계에 놓여있는 일본과는 1965년 6월 22일 한일 양국외상이 교환공문을 통해 한국 측의 직선영해기준선을 인정하였고, 이해

12월 18일 한일관계가 정상화 되면서 동일자로 한일 양국 간에 어업에 관한 협정을 체결하였다.

1970년 11월 11~12일 양일간에 걸쳐 비정부차원의 민간 기업으로 구성된 서울회의에서 한국 · 대만간 협력위원회가 조직되어 이해 12월 12일 동경에서 해양개발특별위원회를 공식 조직, 세부운영절차를 규정하였다.[32)]

1974년 1월에는 2개의 관련조약을 체결하였는데, 그 하나가 〈양국에 인접한 대륙붕 북부의 경계설정에 관한 한국과 일본 간의 협정〉이고, 다른 하나는 〈한일대륙붕공동개발협정〉이다. 위의 협정에 의거, 양국은 24,101평방 해리에 달하는 수역을 공동개발구역으로 설정하였다.[33)] 이에 따라 양국간의 공동개발협정은 1978년 6월 14일 해저광물개발에 관한 특별조치법을 제정, 1978년 6월 22일 동경에서 양측의 비준서 교환으로 발효되었다. 공동개발구역은 우리나라가 자연적 연장에 따라 관할권을 주장해 온 해역과 일본이 등거리 선에 따라 관할권을 주장해 온 겹치는 부분이다.

우리나라는 육지연장론에 의거 오키나와 해구를 황 · 동지나해의 외측한계로 보아 양국의 대륙붕은 동 해구를 경계로 본 반면에 일본은 동 해구에 의해 일본 육지영토의 자연적 연장이 단절되는 것으로 볼 수 없다고 하면서 일본의 조도(鳥島) 및 남여군도(男女群島)와 제주도 사이를 경계선으로 해야 한다고 하였다.

그러나 한국과 일본의 대륙붕은 자연연장론에 의거 오키나와해구에서 단절되고 있음이 확실함에 일본 측 주장은 설득력을 지니지 못하고 있다. 위의 양국 주장에서 걸림돌이 되고 있는 것으로는 조도와 남여군도인데 이 군도의 위치는 일본 후꾸에도 서남쪽 33.5해리, 제주도에서 동남쪽 89해리 되는 지점이며, 조도는 이 남여군도 북서쪽 18해리 되는 곳이다.

남여군도는 남도와 여도 외에 여러 개의 작은 섬과 암초로 구성되어 있으

32) 주 31)과 같은 책, P.53.
33) 金燦奎, 中國의 海洋法과 起線, 大韓國際法學論輯, 1983, PP.81~85.

며 전체 면적은 4평방마일 이내의 무인도들이다. 이 섬들은 자체의 대륙붕을 가질 수 없는 것들로 한국 측의 자연연장론에 의한 대륙붕경계획정 주장의 정당성에 영향을 미칠 수 없다.

다음으로 중국과의 관계인데 중국은 1970년과 1974년 한일대륙붕공동개발협정이 체결된 이후 계속해 이의를 제기해 왔고, 중국과 협의 없이 설정한 한일대륙붕공동개발구역은 중국의 주권을 침해하는 것으로 중국은 이를 용인하지 않는다고 하고 있다. 중국 측의 대륙붕 경계획정에 관한 입장은 대체로 다음 몇 가지로 요약되고 있다.

첫째, 자연연장 개념의 적용
둘째, 교섭과 협의를 통한 경계획정
셋째, 모든 관련사정 등을 고려하는 형평원칙에 관한 협의 원칙

중국은 1992년 2월 위와 같은 기조 하에 영해법을 제정하였는데 동법 제3조에 "中華人民共和國領海基線採用 直線基線法劃定,由各相隣基点之間的直線基線組成."이라 하여 영해기선채용을 밝힌바 있다.

그런데 중국이 상해 연안 약 70해리에 위치한 동도(童島)를 한국이 1969년 미국의 Gulf회사와 제4광구 탐사, 개발계약을 맺을 때 중국 측의 기점으로 인정치 않았으나 만일 중국 측이 이 섬을 기점으로 연안국과의 해양경계획정을 주장 해 올 때 문제는 복잡해질 수밖에 없다. 이밖에 황해와 동지나해의 대륙붕에는 육지영토의 자연연장에 기초하여 단절된다고 할 만한 특수사정이 존재한다고 할 수 없으므로 중간선에 의한 경계선 획정은 무난한 것으로 보여 진다.

2) 북한 · 러시아와의 관계

끝으로 북한 · 러시아와의 관계인데, 북한과 러시아는 우리나라 북방3각

국경분기점이 되는 두만강 하구로 부터 영해 외측까지 해양경계선을 긋고 있다. 1985년 4월 17일 북한 러시아간 영해경계획정을 위한 "북한 · 러시안 국경에 관한 협정(Agreement between the union of the Soviet Socialist Republics and the Democratic People,s Republic of Korea on the Delimination of the Soviet – Korean Nation Border)"이 체결되었고,[34] 1986년 1월 22일 양측은 "경제수역과 대륙붕경계선협정(Agreement of the Economic Zone and Continental Shelf Boundary Between the Union of the Soviet Socialist Republics and Democratic People,s Republic of korea)"을 맺었다.

양측은 영해경계선이 끝나는 지점에서 부터 한국과 일본을 포함한 4개연안국 모두에게 등거리 접합점 근처까지 이어지며, 주로 등거리선 방식을 취하고 있기는 하나 실제는 두만강하구에서 출발한 양측 경계기준선으로 부터 등거리에 있지 않고 등거리 선에서 대략 4도 가량 기울어져 있다.

1977년 8월 1일에는 이른바 해상경계선을 선포하고 동일자로 이를 실시하였는데 그 내용을 살펴보면 다음과 같다.

> "조선인민군 최고사령부는 우리나라에 조성된 정세의 요구로부터 조선민주주의 인민공화국의 경제수역을 믿음직하게 보호하며, 민족적 이익과 나라의 자주권을 군사적으로 철저히 지키기 위하여 군사경계선을 설정한다. 군사경계선은 동해에서 영해의 기산선으로 부터 50마일, 서해에서는 경제수역경계선으로 한다. 군사경계선 구역 안의 수상, 수중, 공중에서 외국인, 외국군용선박, 외국군용비행기들의 행동을 금지하며 민용선박, 민용비행기(어로선박 제외)들은 해당한 사전합의 혹은 승인 밑에서 군사경계선구역을 항행 및 비행할 수 있다. 군사경계선 구역안

34) 주 33)과 같은 책, PP.93~94.

의 수상(水上), 수중(水中), 공중(空中)에서 민용선박, 민용비행기들은 군사적 목적을 가진 행동과 경제적 이익을 침해하는 활동을 할 수 없다."[35]

이상의 내용을 간추려 보면 첫째, 영해측정 기선으로부터 동해에서 50해리, 서해에서는 북한경제수역 범위로 하고 둘째, 이 수역내의 수중, 수상, 공중에 있어 외국인 및 외국의 군용선박과 군용항공기의 활동을 금지하며 셋째, 민용선박 및 민용항공기는 자기들과의 사전합의 또는 승인아래서만 이 수역 내에서 항행과 비행을 할 수 있다. 넷째, 민용선박이나 민용항공기의 활동이라 할지라도 군사적 목적을 가진 것과 경제적 이익을 침해하는 것은 금지한다는 것이다.

이상과 같은 군사경계선 설정의 목적은 우리의 입장에서 분석해 볼 때 국제적 측면에서는 한국정부의 지위를 약화시키고 상대적으로 북한 측의 지위를 강화함과 동시에 서해 5도를 비롯한 한반도 주변해역에 있어서의 우리의 관할권행사를 위축시키고자 하는 의도를 내포하고 있는 것으로 보인다. 북한은 수역의 기선을 만구폐쇄선으로 하되 북위 38도 36분 48초, 동경 129도 30분 30초를 A점, 북위 41도 46분 13초, 동경 131도 31분 15초를 B점으로 하여, 강원도 간성 북방 군사분계선이 끝나는 지점에서 A점, A점에서 B점, B점에서 함경북도와 러시아 국경인 나주리를 연결하는 선을 해상군사분계선으로 하고 있다.

그런데 북한 측은 영해의 폭을 공식적으로 선언한 바 없으나 중국, 러시아 등의 12해리 영해 선포와 맥락을 같이 하고 있는 것으로 보인다. 그리고 북한은 인근국가들과의 군사수역은 가상 등거리선 너머에 이르는 경제수역을 선포하고 있다. 이러한 사실들은 북한 측이 제3차 국제해양법회의에서 경제

35) 金燦奎, 西海5島의 戰略的 法的 地位, 國際問題調査研究所, 政策研究, 1980.3, PP.136~137.

수역의 경계선은 등거리선 · 중간선이 되어야 한다고 주장한데서도 알 수 있다.

여하튼 북한은 군사경계선 설정 공포에 앞서 1977년 6월 21일 바다자원을 보호 관리하고 적극 개발 이용하기 위하여 경제수역설정에 관한 정령(政令)을 채택, 이해 8월 1일 부터 시행한다고 하였는데 내용은 아래와 같다.

"북한 경제수역은 영해의 기산선으로 부터 200해리이며, 200해리 경제수역을 그을 수 없는 수역은 바다 반분선까지로 설정한다. 수중해저, 지하의 수역 안에서 생물 및 비생물 자원에 대한 자주권을 행사한다. 한 외국인들과 외국선박 및 외국항공기들이 경제수역 안에서 고기잡이 시설물설치 탐사, 개발 등 경제활동 장애로 되는 행위들과 바다물이나 대기오염을 비롯하여 인민과 자원에 해를 주는 모든 행위을 금지한다."고 규정하고 있다.

위의 내용상 중요한 점은 200해리 경제수역을 설정했다는 점과 그 영해의 기산선에서 200해리 범위로 하고 200해리 경제수역을 그을 수 없는 수역에서는 바다 반분선 까지를 그 범위로 한다는 점이다. 경제수역의 범위 역시 북위 38도 36분 46초, 동경 132도 36분 52초를 C점, 북위 40도 6분 27초, 동경 133도 36분 38초를 D점으로 하여 강원도 간성 북방 군사분계선이 끝난 지점에서 A점, A점에서 C점, C점에서 D점, D점에서 B점, B점에서 러시아와의 국경인 나주리를 연결하는 수역으로 하고 있다.

여기서 주목을 요하는 것은 휴전협정에 의거한 서해 5도에 대한 북한 측의 태도라 하겠다. 즉 휴전협정상 서해 5도가 유엔군 총사령관의 군사통제하에 있음은 인정하나 주변바다는 자기네 관할이라고 주장하고 있다는 점이다. 따라서 서해 5도에 이르기 위해서는 사전에 북한측 허가를 얻어야 하며 통과선박의 검문검색을 받아야 한다고 군사정전위원회 제346차 및 347차 본회의에서 주장한 바 있다는 점이다.

일본과의 관계에서는 일본의 200해리 어업전관수역 설정에 따른 대항요건을 강구해 나가고자 하는 조치를 취하고 있으며, 중국과는 서해 일원의 해저자원 탐사에 따른 견제포석 차원같이 보이며, 러시아와는 동해군사경계선 설정의 협력 요건을 마련코자 하는데 있는 것으로 보인다.[36)]

요컨대 북한은 주변제국과의 관계에서 200해리 수역을 자기들의 독자적 절대 관할권행사 수역으로 보는 유사 영해의 성격을 드러내고 있다.

즉 북한은 영해 12해리에다 50해리의 해상군사경계수역, 그리고 배타적 200해리 경제수역을 덧붙임으로써 인접해양에 대한 관할권을 강화해 나가고자 하고 있다.

이상과 같이 우리나라 영토와 경역의 변천상황을 살펴보면서 과연 우리 땅의 경계가 어데서 어디까지인가를 논하는데 있어 그 준거를 어디에 두어야 할 것인지에 대해 의문을 제기하지 않을 수 없다. 즉 역사상의 경역으로 볼 것인가, 근대국가 성립기로부터 볼 것인가 하는 점이라 하겠다.

각설하고 대한민국 영토의 경계범위는 민족사적 정통성에 입각한 조선왕조의 영역 승계선상에서 논해야한다는 데는 이론이 있을 수 없다고 본다. 즉 경계의 정통성은 조선조의 주권이 일제에 찬탈되기 이전으로 보아야 할 것이다. 그럼에도 불구하고 오늘날 우리나라의 영토상(領土像)은 일제식민통치하에 정해진 땅의 경계가 광복이후 오늘에 이르기 까지 불행하게도 계속 이어져 오고 있어 민족사적 정통성을 훼손하고 있는 실정이다.

36) 최종화, 경제수역시대의 수산정책, 문화일보, 1996. 9. 11, 8면 참조.

四. 조 · 청간의 경역론

1. 정묘호란이후 대청경역과 국경의식

1) 정묘화약(丁卯和約)속의 각전봉강(各全封疆)의 의미

정묘호란은 인조 5년(1627년) 후금(後金)이 인조반정후 집권한 서인의 친명정책과 후금 태종의 조선에 대한 견제정책에 의해 발발되었다. 조선은 그해 정월 14일, 3만 여의 후금군이 파죽지세로 남하하여 25일에는 황해도 황주(黃州)까지 도달하였다.

후금군은 진격을 멈추고 조선측의 화의(和議)를 받아들였는데 무엇보다 명을 정벌하는데 급급했기 때문이었다.

이후 후금은 당시 약정한 화약을 제대로 준수하지 않고 전승국으로 자부하며 압록강 이북으로의 철병 약속을 어기고, 의주에 금의 군사 1천명과 몽고병 2천명을, 진강에 금의 군사 300명, 몽고병 1천명을 주둔케 하고는 철산(鐵山) 앞 가도(椵島)에 주둔하고 있는 명나라 모문룡(毛文龍)의 군대를 토벌하고 이들의 내륙침투를 막는다는 명분하에 조선령 내에 주둔하고 있었다.

다른 한편으로는 경제적 이득을 취하고자 중강개시(中江開市)를 열게 하여 많은 물자를 조달케 하는 일거양득의 이득을 취하였다. 당시의 화약은 우리나라 북방영역사에 결코 간과할 수 없는 "今後兩國 各遵約誓 各全封疆" 이라는 비중 있고 유의해야 할 기록을 남겨놓고 있다.

이 각전봉강의 의미를 되새겨 보면 조 · 청 양국이 상호 서약한 바를 존중, 양국의 강역을 온전히 지켜 나갈 것과 아울러 두 나라 대신간의 사서(私誓)라 하여 두 나라는 각수봉강(各守封疆)하며, 적대(敵對)하지 않고, 영세토록 우호를 이어가자 라고 하고 있는데 각전(各全)을 각수(各守)라 하여 '전(全)'이 '수(守)'로 단지 달리 표기되고 있을 뿐이다.

그런데 이 각전봉강(各全封疆)이라는 문구의 실체를 파악할 수 없는 것이 오늘의 실정이다. 정묘호란 이전에도 양국 간에는 월경문제와 도망자들에 대한 송환문제로 분규가 잦았는데 이러한 문제들은 양국 간의 국경설정이 선행되어 있어야만 하는데 이에 따른 구체적이고 세부적인 기록은 보이지 않는다.

다음은 당시의 화약문(和約文)과 서약문(誓約文)이다.

- 만주군은 평산에서 일보도 진격하지 않기로 맹세하고 다음 날 부터 철병할 것
- 지금부터 만주와 조선은 형제의 나라로 칭할 것
- 철병 후에 만주군은 압록강을 넘어오지 않을 것
- 조선에서 호군의 물품 약간을 보낼 것
- 조선왕족을 만주에 볼모로 보낼 것

丁卯和約(1627年 : 仁祖 5年)에 따른 朝鮮의 誓約文

朝鮮國以今丁卯年甲辰月庚申日 與金國立誓 我兩國已講和好 今後兩國 各遵約誓 各全封疆 若我國與金國計仇 違背和好 與兵侵伐 則皇天降禍 若金國因起不良之心 違背和好 與兵侵伐 則亦皇天降禍 兩國君臣 各守善心 公亨太平 皇天后土 嶽德神祇 監聽此書 金·朝兩國大臣間之私誓 朝鮮大臣等若與金國計仇 一毫不善之心 如此出血白骨現天就死 若金國大臣等 無故因起不良之心 亦如此血出白骨現天就死 二國大臣各行公道 毫無欺罔 歡飮此酒 樂食此肉 皇天保佑穫福萬萬 胡差行條 朝鮮與金國旣已講完和知事 自今以後 兩國各守封疆不許計仇 永世相互 有違此約皇天降禍

2) 병자호란과 국경지대

정묘호란을 치른 지 5년 만에 청 태종은 이전까지 형제지국의 맹약을 깨고 군신관계로 하고, 명을 공략하기 위해 과도한 식량과 군선을 요구해 옴에 조선에서는 배청사상이 고조되었다. 이에 청은 인조 14년 12월 9일 압록강을 넘어 10여일 후에는 서울근교에 까지 진격해왔다.

인조 임금은 이러한 청군의 침입상황을 12월 11일 저녁에 보고 받고 14일 강화로 몽진할 것을 결심하였다. 그런데 이날 오후 이미 청군은 한강 연안에 침입하여 양천강과 김포해변을 장악함으로써 강화행은 불가능하게 되었다. 이에 부득이 도성 남쪽 남한산성으로 피난길을 택하였는데 이 당시 측근 수행자는 5~6명에 지나지 않았다.

17일 왕은 서장대에서 산성 아래로 청군들이 횡행하는 것을 목도하고는 몹시 분격하면서 18일 망월대에서 산성사수를 결심하였다. 당시 성안 병력은 1만 2천명, 문무대관 200여명, 종실 및 속원 200여명, 노비 300여명에 양식은 피잡곡 1만 6천석, 부고에 여타 곡류 4백여석 등 총 1만 4천 여석으로 50여 일간 지탱할 수 있는 식량과 은 7천 6백여냥, 장 2백여석, 소금 90여석, 화약 1만 9천근이 전부였다.

22일경이 되니 연료는 바닥이 나고 성 밖은 초췌할 대로 초췌해졌다. 사흘 후인 25일에 청병은 성 밖에 소나무 울채를 치고 성 안팎과의 연락을 차단시켰다. 청의 공격군은 10여 만에 달하였으며 이들의 침입목적은 조선을 굴복시켜 중원에서 명과 싸우는데 후환을 없애기 위한 것이었다.

12월 15일 성이 완전 포위당함에 29일 주전론자는 포박되어 적진으로 보내졌으며 인조는 해를 넘겨 이듬해 1월 30일(45일간) 출성하여 삼전도에서 항복식을 거행하고 해질 무렵에야 서울로 향해 밤늦게 창경궁으로 돌아왔다. 2월 1일에 청제의 옥인을 수여받고 2일에 청제는 심양으로 떠났다. 6일에는 청의 왕자들이 군사를 대동, 조선의 왕세자 및 봉림대군과 그 부인을 볼모로 하여 북쪽으로 회군하였으며, 2월 9일 청군은 조선에서 완전 철퇴하였다. 그리고 다음과 같은 조서가 작성, 수교되었다.

청군의 조서 전문

(一) 명조에서 내린 고명책인 헌납 그 교호(交互)를 단절, 명의 연호를 버리고 청 정삭(책력)을 받들 것
(二) 왕은 장자 및 차자를 인질로 하고 대신은 아들 또는 동생을 인질로 할 것
(三) 명나라를 토벌할 경우 출병에 기일을 어기지 말 것
(四) 금번 회군시 가도(椵島)를 공취하려 함에 배 50척, 수병창포궁전(水兵槍砲弓箭)을 징발, 마땅히 스스로 방비할 것, 대병장에 돌릴 물품은 호군(犒軍)의 예로 바칠 것
(五) 명국에 대한 전례에 준해 공헌을 할 것
(六) 포로가 압록강을 건너 본국으로 도망한 자는 잡아서 본주로 송환시킬 것, 만약 속환하지 않으면 양측의 편의에 따를 것
(七) 양국신민간에 통혼을 허락 할 것
(八) 신구(新舊) 성원(城垣)은 자의대로 축조함을 허락하지 않는다.
(九) 조선국 소유의 올량합인(兀良哈人)은 일체 송환시킬 것

(十) 일본과의 무역은 이전과 같이 할 것을 허락한다. 단 그 사신을 데리고 내조할 것

(十一) 동변 올량합에 피해 있는 자들이 다시 무역을 하는 것을 보면 즉시 이를 붙잡아 보낼 것

위와 같은 조서(詔書)외에 청제는 일갈하기를 "너 이미 죽은 몸이나 짐이 다시 살려주노니 거의 망했던 종사를 보전하고 이미 잃었던 너의 처자에게 의무를 다 하라. 국가재건에 전념하라. 다음날 자자손손 신의를 어기는 일이 없으면 나라가 보전될 것이다. 네가 교사를 반복하기에 여기에 교시하노라." 하였다.

위의 (九). (十 一)의 두 개 항은 양국민의 월경(越境)과 잡거(雜居)는 각가지 문제를 야기시켜 청과의 국경문제를 발생케 하는 요인이 되었다.

일본인 학자 이나바 이와키치(稻葉岩吉)는 그의 『만주발달사』에 기술하기를 1638년대 청 태종은 남반(欖盤)이라고 하는 압록강 하류지방에서 봉황성을 거쳐 감장변문(오늘날 흥경(興京) : 懷仁)에 달하는 일선에 방압(防壓)공사를 실시한 일이 있다. 당시 청의 호부 측에 의하면 신계는 구계에 비해 500리가 더 늘어났다. 공사에 소요되는 정장(쇠못 : 釘狎)과 승색(묶음 줄 : 繩索)등 봉황성 일대에서 부족했다고 운운하고 있어 구계에 있어서도 그와 같은 공사가 있었음을 추측할 수 있다. 또한 나이또 도라치로(內藤虎次郎)는 간도문제를 조사하면서 그가 편저한 포이합도하연안고적도설(佈爾哈圖河沿岸古蹟圖說)에 의하면 청태종이 숭덕 2년 조선으로 동정하였을 때 양국의 경계를 정한 것은 프루가도(卜兒哈兎) 부근에 있었던 것 같다. 토벽(土壁)의 소재에 의해 고찰하건대 토벽은 당시 변장(邊牆)으로 축조된 것이 아닌가 생각된다. 구지명의 변리, 변외의 칭이 있음은 토벽과 관계있을 수도 있다. 그 연장이 국자가(局子街) 부근에 그친 것은 주요한 부분에만 축조한 까닭일 것이라고 생각한다. 한국인의 구비에 의하면 국자가의 남방 벌가토(伐

加土)는 근년에 이르기 까지 양국 무역의 지점이었다고 한다.

벌가토(伐加土)는 포이합도(佈爾哈圖)의 대음(對音)이므로 양국의 경계선이 포이합도하 부근에 있었던 것은 의심해서는 안 될 것 같다. 도중에 왕왕 석벽의 소황지(小娘地)와 다수의 토루(土壘) 모양이 보이는데 한청국계의 각 방면에서 조사, 연구한 결과에 의하면 이 지방에 있어서의 토성은 모두 여진인의 허지(虛地)에 속하고, 석채(石砦)는 모두 한인의 허지에 속한다. 도중의 석채는 곧 한인의 오래전부터 이 지방에 거주하였던 것을 증명하는데 충분한 것이다. 또 그 토루는 『동국여지승람』에서 보이는 봉수대일 것이라고 상상되므로 이 또한 한인이 설치한 것임을 알 수 있다. 요컨대 간도지방에 한인이 거주하였던 것은 심히 오랜 역사를 가진 것이며, 소위 월간(越墾)에 즈음하여 시작한 것이 아니다.

압록강하류 남반(欖盤)에서 고려문(高麗門)을 지나 양변문(楊邊門), 성창문(城廠門), 왕청문(旺晴門) 간에 달하는 선을 긋고 요소에 대보(台堡)를 구축, 동조변각(東條撤看)이라 칭하고 만족(滿族)이외의 잠입을 방지하고자 하였다.[1]고 하고 있다.

3) 강희제 백두산일대를 청조발상지로 간주

조선의 북계지역에서 발흥한 청은 명과 교체되어 그 위세를 과시하였으나 조선은 고려의 국계를 그대로 계승해왔다. 야인으로 지칭되던 여진인 애친각라(愛親覺羅)가 장백산지에서 일어나 돈화성에 거하다가 그 세를 넓혀 삼성패륵(三性貝勒)이라 칭하고 동변장내인 흥경에 있다가 누르하치대에 와서는 휘하(揮河)를 침공하면서 봉천으로 옮겨 왔고, 청의 태조, 세조를 거쳐 중원을 공략, 드디어 명을 정복하고 북경에 진주하였다.

이렇듯 청 정부는 서남으로 이동해오면서 그렇지 않아도 인구가 희박하던 장백산일원은 세인으로부터 소외되었고, 지도상에도 왕왕이 그 지명조

1) 國會圖書館編, 間島關係拔萃文書, PP.336~338.

차 나타나지 않는 경우가 있어 청조 발상의 영지(領地)로 볼 수 없다. 따라서 조 · 청 양국은 당초에는 이 지대에 대해 정치적 의미를 두지 않았다. 강희제가 등극한 이래 청조실록을 바탕으로 청조발상지를 추리하고자 하는 가운데 '아타리(俄朶里)라는 곳에서 서쪽 1500여리되는 흑도아납(黑圖阿拉-흥경(興京))으로 옮겼다' 는 기록에 의거 아타리가 어디인지 알 수 없어 이를 역(逆)으로 추산하여 찾아내고자 하였다.

그는 칙서를 통하여 "흥경의 동편 1500리 되는 곳에 아타리성이 있다고 하는데 그 사지(四至)는 생각해 보지 못하였으나 이제 와서 판단하니 이곳이 백두산 동쪽인 것 같다."고 하였다.

강희제는 초년에 『성경지(盛京誌)』를 지었는데. 강역지에 오라의 소할은 남으로 장백산에 이르는 1300여리, 그 남은 조선계, 동남쪽 토문강에 이르는 720리는 조선계이고, 영고탑장군의 소할강역은 남으로 장백산에 이르는 1300여리는 조선계, 남쪽으로 토문강에 이르는 600여리는 조선계가 된다고 하였다.

그러나 이 같은 추단은 불란서 신부 듀알드가 만든 『청국지(Du Halde Description de la China)』에 나타난 조선의 국계와는 전혀 달랐다. 여기에는 두만강 밖 녹둔도를 포함하여 흑산산맥(黑山山脈)에서 보계산맥(寶琦山脈)을 거쳐 압록강의 상류에 흐르는 두도구(頭道溝)로부터 십이도구(十二道溝)에 이르는 여러 물줄기와 송화강의 서대원(西大源) 수로의 분수령인 장백산과 그 지맥에서 수건강(修建江) 본류의 서쪽 방향을 거쳐 대소고하(大小鼓河)의 수원에서 압록강과 봉황성의 중간에 이르는 선 위에 점선을 그어 이를 설명하기를 봉황성 '동방에는 조선국의 서방국경이 있다. 도상(圖上)에 점선(點線)으로 표시한 것이 국경이다.' 고 하고 있다.

청조는 1677년 장백산주변을 청조발상지라 하면서 이 지역을 보호할 명분하에 흥경(옛 이름 : 新賓) 동쪽, 이통주(伊通州)에서 남쪽, 도문강에서 북의 지역을 봉금지역으로 하고, 이후 장백산봉금구역에 남황수렵장(南荒狩

獵場)을 설치, 황실(皇室)에서 이곳에서 나는 조개진주, 인삼, 녹용, 호피(虎皮) 등을 채취 · 수렵하게 하였다. 중원(中原)을 지배하게 된 청은 만주통치와 방위를 위해 성경(盛京) 영고탑(寧古塔) 애휘(曖揮) 등에 장군을 배치, 만주 팔기군(八旗軍)을 통솔하게 하였다.

다음은 당빌의 『청국지』 서문 부분의 원문이다.

Preface of D'Anvill, Nouble Atlas de la Chine Tartarie Chinoise.

This Map was copy'd from one in the King of Korea's palace, by a Chinese Lord, sent on an Embassy to that Monarch by the Emperor of China in 1710, attended by a Mandarine of the Mathmethical Tribunal who measured the Road thither from Fong-whang ching according to which the Missionaries adjusted the dimensions of this Country, and connected it with their Map of East on Tartary, by means of several situations determinded on the Frontiers. The Latitude of ingki-tau: the Capital, was observed by the Chinese Mathematicians : and the Divisions, with the names of the Provinces, are marked according to M' D' Avilles' Map of Tartary; which we have followed also in writing some names in the Roman Character, but we have followed is Orthography(which differs much from the Original) only in a very few names.[2)]

2) 稻葉岩吉, 滿洲發達史, 1935, 日本評論社, P.319. 및 Du Halde Description de la Empire de la Chine 첨부문에 Pere Regis의 비망록에 Observation Geogaphiques Sur le Royaume de Core'e Tires des Du Pere Regis이라는 글속에 봉황성 동쪽으로는 조선의 서방국경을 표시하고 있음.

J. B. Du Halde, Description De L' Empire de la Chine et de la Tartaries Chinoise, 1735 .

1930년대에 출간된 일본인 학자 이나바(稲葉岩吉)의『만주발달사』(P.321)에도 J. B, Du Halde, Description De L' Empire de la Chine에 대한 서문을 인용, 한 · 청국경관계사에 결코 간과할 수 없는 부분에 대해 다음과 같이 언급하고 있다.

境界といふことも重ねて約定せられたと想像し得るのであるが，これ又た何等兩國に於ける 當時の文獻の徵すべきものがない. 然ぅに，佛人J .B, Du Halde, Description De L' Empire de la Chineといふ書中には，滿洲方面の實測圖があつて，それたよりに豆滿江外に於て，鹿屯を 包括し，黑山山脈から寶 山に瓦り，鴨綠江の上流に入る頭道溝より十二道溝に至る諸水と，松花江の西大源諸水の分水嶺たる長白山の支脈から，佳江本流の稍　西方を經て大小鼓河の 水源より，鴨綠江と鳳凰城の中間に至る線を，その圖上に劃し，そして至之が說明としては，鳳凰城の東方には，朝鮮國の西方の分界標がある，盖し滿洲は，支那を攻むるに先ちて，朝鮮と戰ひ，之を征服したのであるが，その際 長柵と朝鮮の國境との間に，無人の地帶を置くことを議定した. 此の國境は，圖上點線を以て表出したもの，これである. と認められてある.

此記述は，一七0九年(康熙四十八年)に於て，聖祖(康熙)の命を奉じ，清.韓の國境實測に從事 した西洋人 レージ(雷孝思)の備忘錄より引用したものであるから,決して根據のないものではないと思ふ. 無人地帶は，卽ち間曠地域であるが，何故にこの方法をとつたかといふに，それは鮮人の頻繁なる鼠入に對して，かくすることが，最上の防壓策であると思惟したらしい. 擁正九年中 朝鮮からの咨文には，此邊柵及び空間地帶が，太宗朝に設定されたものといつてある.[3]

3) J. B, Du Halde, Description De L' Empire de la Chine et de la Tartaries Chinoise, 1735.

앞서 언급하였던 화약(和約)에서 경계를 넘어오는 도망자의 송환을 요구했던 것으로 보아 경역(境域)에 대해서도 보다 세부적인 약정(約定)을 맺었으리라 짐작되나 이 또한 두 나라의 당시 문헌을 찾을 수 없다. 그러나 프랑스인 듀. 알드(J. B, Du Halde)의 『Description De L' Empire de la Chine』가운데 만주방면의 실측도가 수록되어 있어 그 대강을 추리할 수 있는데 이에 의하면 두만강 밖에서 녹둔도를 포괄, 흑산산맥으로부터 보계산에 이르러 압록강 상류로 흘러들어가는 두도구에서 십이도구에 이르는 여러 강 줄기와 송화강 서대원의 여러 물줄기와의 분수령인 장백산의 지맥에서 동가강(需佳江-혼강(渾江)을 말함) 본류의 서쪽 약간을 지나, 대소고하의 수원에서 압록강과 봉황성의 중간에 이르는 선을 지도에 그려놓고 있어 그 계역을 가늠할 수 있다.

위와 같은 이나바 이와키치(稻葉岩吉 1876~1940)의 『만주발달사』 속의 기록 이외에도, 동양사학자이며 간도문제를 깊이 있게 다룬 나이또 도라지로(內藤虎次郎:1866~1934)도 프랑스 Pere Regis 등의 『청국지도제작고(淸國地圖製作考)』에서 언급하기를 '강희제는 맨 처음 선교사 등으로 하여금 북경부근의 지도를 만들게 하고 스스로 이를 검열하고 구주인이 채용한 방법이 얼마나 정밀한가를 알게 되었다. 그리고 이는 실로 청제(淸帝)로 하여금 제국전토와 가까이 복속한 달단(韃靼)의 지도를 같은 방법으로 그리게 하려고 생각하게 된 연유' 라 하였다.

1708년 7월 4일(康熙帝 47년 4월 16일)부터 이 사업은 시작되었는데 Bouvet, Regis, Jartoux 등은 이 해 청과 달단과를 경계로 장성(長城)의 위치를 정밀히 측정하는데 착수하였고, Bouvet는 2개월 후 질병에 걸려 참여할 수 없었으나 Regis와 Jartoux는 이 일을 계속하게 됨에 1709년 1월 10일까지는 북경으로 돌아갈 수 없었다.

Regis, Jartoux 및 Fridelli는 강희제가 그들에게 수종케 한 Alle Mand와 더불어 북경을 출발하여 장성으로 향해 동방 달단의 지리연구를 시작하였다. 이것이 바로 오늘날 중국이 지배한 만주의 땅이다. 이 해에 작성된 지도 중에는 만주의 옛 지명인 요동지방, 두만강(Tou man oula)으로 나타난 조선 북방지역인데, 이 지역인들이 입은 어피의복(魚皮衣服)으로 인해 Yupi tase(魚皮韃子)라 이름 지어진 달단인의 주거지로, 달단에서는 Saghalin oula라 하고 지나인은 흑룡강(He long Kcang)이라 부르는 달단 최대의 강 하구까지 퍼져 사는 Ketchin tase(코코달자)의 지명을 중국에서는 Tsao tase(구달자)라 부르며 국인 스스로 Mongon이라 하는 지방 등 북위 45도부터 40도 사이에 이르는 지역들이다.[4)]

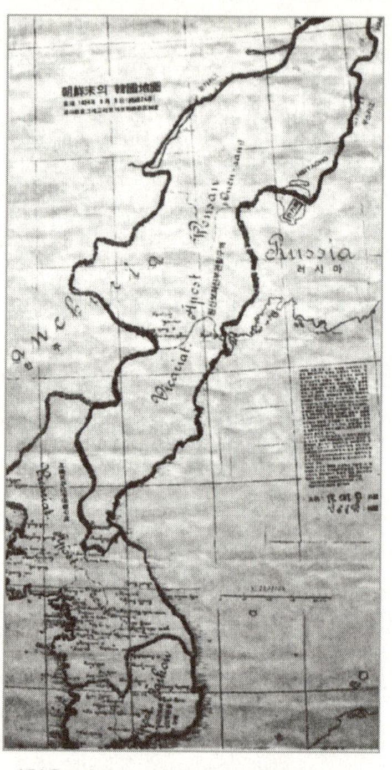

산천을 바탕으로 한 清代 耶蘇會 神父들이 작성한 조선국 지도로 정계비를 중심으로 한 토문강을 국경하천으로 하여 북간도 서간도 지역을 나타낸 지역이다.

1709년 12월 10일부터 1710년 6월 29일까지 전기 3인의 선교사는 북직예(北直隷) 측량에 종사하였다. 이후 이들은 10년간에 걸쳐 마침내 강희 56년 각 성(省)의 지도를 작성하고 계속해 분도(分圖)를 그려 바치니 강희제는 이것을 보고 매우 흡족하였다.

이렇게 만들어진 지도 가운데 주목되는 대목은 위도 40도 38분 20초, 경도 7도 42분 즉 조선의 서쪽 경계선이다. 만주인들은 조선정벌 후 방책과 조선의 경계선 사이에 무인지대를 남겨두었는데 이 경계선은 지도상 점선으로 표시하였다고 한다.

4) 주 1)과 같은 책, P.336.

다시 말해 국경 이외에 간광(間曠)지대를 둔 것이다. 이에 레-지는 흑산산맥을 조선의 북방경계선으로 하였으나 이것으로 청국과의 경계선으로 한 것이 아니고 그 선외에 간광지가 있음을 뜻한 것이다.[5)]

위의 설에 준하는 백두산정계비의 저자 시노다(篠田治策)도 조선의 동부국경은 두만강 이북의 흑산령 산맥에서 압록강 수계를 포함한 봉황성의 남쪽에 있었고, 그 북쪽에 무인지대가 있었을 것으로 추정된다고 하고 있다.[6)]

위와 같은 제설을 단치하고라도 강북의 조선영토는 처음부터 봉금지도 아니고, 간광지도 아니며 다만 정묘호란의 강화조건으로 조선의 영토상에 완충지대를 설정, 양국이 이 완충지대를 침범하지 않기로 약속하고 약 200여 년에 걸쳐 두 나라의 국경지대를 봉금하였으므로 그동안 자연히 무인지대가 형성되었을 뿐 강희제의 청조발상지의 추단이나 청조말의 간도영유권론은 성립될 수 없는 것이다.

4) 봉금령 폐지와 조선인의 이주(移住)

1875년(광서 원년) 봉천성이 봉금령을 폐지하고, 봉황직할청(鳳凰直轄廳)을 설치하고, 산하에 안동현을 두고, 이듬해에 관전(寬甸), 회인(懷仁 : 일명 桓因), 통화현(通化縣)을 설치하고, 회인 · 통화 두 현을 변외북로(邊外北路)라 하여 흥경청에 속하게 하였다. 또한 무민국(撫民局)을 두고, 초민개간(招民開墾)에 힘쓰고, 요동지역에서 이주해 온 조선농민들에게도 문호를 개방하였다.

1883년 3월 봉천과 변민의 교역장정을, 9월에는 길림과 조선상민무역지방장정을 체결, 무역을 촉진하고, 이를 위해 상업지에 있어서 조선인 법적 지위를 인정, 이 장정(章程)에 따라 1885년 오늘날 용정시 지신향(智新鄉)인 화룡욕(和龍峪)에 통상국을 설치, 용정시 광개향(廣開鄉) 광소촌(廣昭村)인

5) 주 4)와 같은 책, PP.336~338.

6) 篠田治策, 白頭山定界碑, 樂浪書院, 1938, PP.22~23.

광제욕(光齋頒)과 휘춘시 삼가자향(三家子鄕), 고성촌(古城村)인 서강보(西步江)에 통상분국을 설치, 회령(會寧), 종성(鐘城), 경원(慶源) 등지와 통상사무를 처리하게 하였다. 이즈음 러시아와 조선 간에 통상이 열릴 움직임이 보이자 한민안무(韓民按撫)를 위해 통상국 분국을 월간국(越墾局)으로 개편, 이에 두만강이북 해란강이남의 땅 길이 700여리, 폭 40~50리에 달하는 광대한 지대를 조선인개간지로 정해 조선인의 이주 개척을 장려하였다.

이는 조선인에 대한 획기적인 정책이었다. 이후 간민이 대량 유입되고, 공동체가 형성되었는데, 이러한 상황의 전개는 두만강 이북쪽이 압록강 이북쪽 보다 다소 늦게 나타났다. 즉 만인들도 주변 곳곳을 개간하는가 하면 산동반도에서 들어온 한족들도 광대한 토지를 차지하여 이를 소작으로 내놓으면서 지주화 되어 갔기 때문이다.

조선인 간토는 처음에는 주로 화룡욕 관할지에 있었으나 초간된 한인 대지주가 된 점산호(占山戶)들이 이를 모두 경작할 수 없자, 조선인간민에 일부를 매각, 토지소유권문제가 발생함에 따라 조선인 자작농 지주도 나타났다.

이러한 가운데 1890년(광서(光緖) 16년) 청조는 치발역복령(薙髮易服令)을 공포, 조선간민이 그들의 소유인 토지상에 머무는 것은 자유이나 머무를 경우 치발역복을 하지 않으면 안 된다고 하였다.

이에 한민들의 민족적 자존심이 크게 훼손당하면서 온갖 불상사가 계속되는 가운데 휘춘 · 영고탑초간장정(揮春 · 寧古塔招墾章程)이 만들어졌다. 반면 압록강대안에서는 조선인 간민을 받아들이면서, 거주권, 귀화인 입적, 토지소유권을 인정하는 등 두만강이북지역과는 대조적이었다. 이러한 양 지역의 차이는 조선인의 다과에 따른 청의 조선인영유권 주장에 따른 대응책으로 보여 진다.

1900년 초에는 북청사변(北淸事變)이 일어남에 러시아군이 휘춘에 침입, 간도, 연변, 조선일부를 점령함에 중국관리와 군경이 길림으로 피란하였는데 이러한 치안 공백기에 조선인의 이주가 급증하였다. 러시아 측은 시베리아(東淸)철도 수축을 위해 많은 노동자가 소요됨에 노동자를 불러들였고 공사를 마친 이후로는 일부노동자는 할빈, 일면파(一面坡), 횡도하자(橫道河子), 목능(穆稜) 등 목단강 목능하 유역에 퍼져 살게 되었고, 우수리강 연안인 무원(撫遠), 요하(饒河), 호림(虎林), 보청(寶淸), 밀산(密山) 등지에도 조선인 빈민들이 다수 이주해 왔다.

2. 채삼(採採)문제와 월경론

1) 조선조 왕대별 채삼 문제

범월채삼(犯越採蔘)문제는 불법채삼범월금단사목(不法採蔘犯越禁斷事目)[7]이 제정되기 이전인 조선조 태종때부터 성행해 오고 있었다.

태종 6년 4월 서북면도순문사의 보고에 의하면 "도내 한잡한 땅에 승도가 초막을 치고 여럿이 모여 인삼을 채취하여 가지고 강이 얼면 월강한다. 원컨대 강계(江界), 이성(泥城), 의주(義州), 선주(宣州) 이북의 초막을 모두 헐어버리고 승려의 출입을 금하도록 하여야 하겠다."고 아룀에 태종은 이를 허락하면서도 단 초막만은 파손하지 말도록 하였다.[8]

성종조인 성종 19년 12월 요동군지휘사가 봉황성지휘사로부터 받은 보고에 의하면 조선측 연강(沿江) 주성(州城)의 군사가 강을 넘어 인삼을 채취해 감으로써 주민들의 생업과 충돌되고 있다고 하였다.

선조 28년 7월에는 평안병사 보고에 의하면 건주위(建州衛)의 호인 90여 명이 만포로 침입하여 마음대로 인삼을 채취하였다. 현재 강변의 군기(軍器)는 낡거나 쓸모없게 되고 군량도 소진되고 진보(鎭堡)도 허하여 장래가

7) 秋官誌, 第三編, 續大典 卷五.

8) 朝鮮王朝實錄 太宗, 成宗, 宣祖, 光海, 仁祖, 顯宗, 肅宗, 英祖, 純祖, 純宗, 高宗實錄編 및 申基碩, 間島領有權에 關한 硏究, 探究堂, 1979, PP.12~13.

매우 우려된다. 그러니 변방의 조처는 강계부사로 하여금 전행케 함이 어떨는지 라고 함에 왕은 이를 허락하였다고 선조실록에 기록되어 있다.

선조 29년 정월 위원에 침입, 채삼한 호인(胡人) 등을 색출하여 소 한 마리, 또는 은 18량을 징수하고 월강죄를 풀어주었다.

선조 32년 7월 평안도 병사 이경준(李慶濬)의 보고에 호인 10여명이 동령상(洞嶺上)에 초막을 짓고 마전령과 수도리 등에서 마구 채삼하니 분통한 일이다. 군관으로 하여금 이들을 추적케 하였으나 초목이 무성하여 추적이 불능하므로 총격으로 위협을 주고 진으로 돌아왔다.

선조 39년 중국인이 삭주지방에 쇄도해 그 수 는 50명에 달하는데 막구잡이 채삼을 하고, 민재를 약탈해 갔다.

광해군 원년 중국인 40여명이 전자동지방에 침입하였다가 도주함에 권관홍인성 영군이 이를 뒤쫓다가 화인에게 맞아 사망하고 군병 여럿이 타상을 입었다.

인조 원년 5월 특진관 이정신(李廷臣)이 왕에게 진언하기를 삼화(蔘貨)의 폐단이 극심하다. 강을 건너 호지(胡地)에 들어갔던 자는 거의 돌아오지 못하고 모두 포살되었다. 이대로 가면 강변의 사병 십중팔구는 잃게 된다고 아뢰었다.

인조 7년 정월 금사(金使) 아지호(阿之好)가 숭정전에서 접견시 역관에게 말하기를 양국이 이미 화의를 맺은 뒤인데 귀국인이 범월, 채삼 수렵을 일삼고 이것으로 인하여 많은 인명이 살해되는 일이 있으니 이 어찌된 일인가 라고 하였는데 도승지는 입을 다물고 대답을 못하였다.

인조 9년 윤11월 금사가 휴대한 국서에 말하기를 아국은 맹약 이래 한 번도 월계한 사실이 없는데 귀국인은 자주 월범하니 왕은 유의하시라 하였다.

인조 11년 9월 금사 용골대, 이추, 강가태 등 호인 39인과 말 170여필을 이끌고 만포 채삼인을 압송해 가겠다고 칭하고, 의주에 와서 국서(國書)를 전하였다.

인조 13년 11월 20일 이보다 앞서 위원 경내인 추구배(吹仇非)와 벽단(碧團) 두 곳 보(堡)의 주민 36인이 강 건너 삼을 캐다가 잡혀 금나라로 부터 문책당하게 됨에 위원(渭原)군수 허상(許詳), 첨사(僉使) 이현기(李顯基), 만호(萬戶) 김진(金進) 등 3인이 처벌(誅懲)당하였다.

인조 13년 12월 금사 마부대(金使 馬夫大)가 와서 국서를 올렸는데 양국맹약(兩國盟約) 이래 귀국의 백성이 국경을 넘어 인명을 해치니 통탄할 일이다. 라 하였다.

인조 15년 10월 청은 월경한 조선인 채삼자 2명을 압송해 심문하게 하였다.

인조 16년 정월 평안절도사의 보고에 1월 2일 청사 용골대(龍骨大)가 와서 격문을 주고 복사하게 하였는데 내용인즉 '자기 나라 변경에 들어와 조선인이 채삼 수렵하는데 그대로 방치할 수 없다.' 하다.

인조 17년 6월 위원(渭原)주민의 월경채삼사건(越境採蔘事件)으로 인하여 군수 이구(李球), 고산리첨사(高山里僉使) 이여각(李如覺)을 의금부(義禁府)에 가두어 벌하였다.

인조 17년 12월 청국사신이 승지를 관소로 초치 도망쳐 돌아온 자, 채삼한 자 및 귀화한 자 등의 일에 대해 힐책하였다.

인조 19년 11월 2일 심양관(瀋陽館)의 재신(宰臣)이 말하기를 10월 11일 범문정(范文程) 등 본국의 월경 채삼자 60여명을 붙잡아 관소(館所)에 와서 고하였다.

인조 21년 9월 심양에 인질로 간 왕세자 빈객(賓客) 임광(任㶊)의 보고에 의하면, 용골대 등이 세자앞에 와서 말하기를 "강계인들이 대거 월경, 채삼하다가 청인에 의해 40여명이 잡히고, 그 밖의 50여인은 총과 활을 쏘아 청인 2명을 살해시켰는데 이 중 36명이 청인에게 잡혔다. 그 중 1명은 강계부사의 전령패를 차고 있었다."라고 하면서 그 패를 제시하면서 "이처럼 병기를 가지고 침범한 이 사실을 어떻게 처리하여야 할 것인가?"라고 힐난하였다. 그리하여 이 사건으로 강계부사와 상토(上土), 만포(滿浦), 고산리(高山里)의 첨사(僉使)

그리고 외괴(外怪), 이동(梨洞)의 두 권관(權官)도 처형되었다.

인조 24년 회호부(淮戸部)의 자문(咨文)에 영고탑 소속 연목(年木), 연고(年庫)지방에 귀국인 채삼자 10명 운운 하다.

현종 원년 전해 12월 평안관찰사 김여옥(金汝玉), 동 절도사 김징(金徵), 강계부사 성이성(成以性) 보고에 채삼하지 않고서는 주민이 살수 없어 채삼할 것을 허하였으나 14인이 자성(慈城)에서 벌(筏)을 만들어 타고 월경, 채삼하다가 그 중 3명이 살해되었다.

현종 10년 10월 5일 이산군(理山郡)의 범월자 김유례(金有禮)를 경계상에서 효시(梟示)하다.

현종 10년 11월 25일 강계부민 하득명(河得明) 등 범월 월강자 6명 경계상에서 효시, 동행자 30여명 정배(定配)하고 만포첨사(滿浦僉使) 윤창형(尹昌亨)은 불단속죄로 파직당하다.

현종 13년 1월 12일 월경주모자를 참형, 기타는 3차에 걸쳐 처단하다.

현종 13년 1월 25일 월경추종자를 압송, 3차례 엄벌에 처하고, 효시(梟示)할 것을 정율(定律)하다.

숙종 14년 11월 및 이듬해 윤 3월 의주와 강계부민 범월자를 변방상에서 효시하다.

숙종 16년 9월 함경도민 10여명이 휘춘에 잠입, 청인을 포살 채취한 인삼을 약탈한 사건이 일어나다.

숙종 28년 7월 8일 청인이 월경한 홍태망(洪殆望)을 붙잡아 강계부에 와서 공갈하다.

숙종 30년 3월 아산보 백성 김유일이 범월 3명을 살해, 재물 탈취 후 발각, 체포되어 빈자관(賓咨官)으로 넘겨 심문하게 하다.

숙종 36년 7월 위원인 이만지(李萬枝) 등 9명이 월경하여 청인 5명을 살해한 사건으로 국경문제로 확대되다.

숙종 40년 파주인(坡州人) 곽만국(郭萬國)이 강계에서 월경하여 봉천장군

(奉天將軍) 순변병(巡邊兵)에게 잡히다.

영조 3년 예부(禮部)에 이자(移咨), 변금(邊禁)을 신엄(申嚴)케하다.

영조 5년 온성부민(穩城府民) 신정룡(申丁龍) 등 7명이 잠월, 붙잡힘에 지방관이 파직되다.

영조 6년 위 신정룡 등이 강변(江邊)에 효시되다.

영조 8년 박처빈(朴處彬) 등 5명 월강, 청인과 통상하다 의주 강변에서 처형되고, 범월잠상 이영삼(李永三)을 효시하다.

영조 9년 위원의 잠상 김상만(金尙萬) 등 효시, 청인 13명 잠월, 내침하다.

영조 9년年 6월 평안도 고산리의 군관 김창온(金昌溫)이 삼부(蔘夫) 20여인을 이끌고 조총을 휴대, 월경사건 발생하다.

영조 10년 고산리 주민 김세정(金世丁) 등 28명 잠월하여 청인 9명을 타살하고, 인삼 1근 10량을 약취하다.

영조 10년 범월자 서귀강(徐貴江)을 변경에 효시, 온성(穩城) 범월인 김수경(金水京) 등 4인을 변경상에서 효시하다.

영조 12년 김세정(金世丁) 등 3인을 참하고, 김귀동(金貴同) 등 16명 노비(免死爲奴)로, 서운필(徐云必)등 9명 1백대의 매, 고산첨사(高山僉使), 강계부사(江界府使)는 삼천리 밖으로 유배하다.

영조 15년 온성과 종성인 십수명이 청국으로 도망, 청국간민(奸民)이 되다.

영조 16년 9월 강계 팔판동 주민 남 18명, 여 3명이 월강, 채삼하다 체포되다.

영조 17년 산성(山城) 사람 25명이 굶주림으로 인하여 강물이 언 때에 봉천아문(奉天衙門)으로 송치되었다가 조선 영헌서인(領憲書人) 회국사(回國使)에 의해 돌아오다.

영조 26년 유원진(柔遠鎭) 병사 김인술(金仁述) 등 7명이 강 건너 청인 5명을 타살하다. 주범과 종범의 차이는 있으나 월경죄로 전원 참형되고, 처자는 노비로 가산은 몰수되다. 관찰사와 절도사는 파직, 온성(穩城)부사 역시 파직되어 유배 2천리에, 유원(柔遠)첨사는 물고(物故)당하다.

영조 33년 영고탑장군이 월경인 한상림(韓尙林), 이계신(李桂新) 등을 조선인 관리에 회송하였다. 같은 해 종성인 조자영(趙自永) 등 7명이 월강하여 청인 2명을 살해, 조자영 등 7명은 참형, 처자는 노비로 삼고 가산은 몰수, 지방관은 파직 유배하다.

영조 34년 청의 봉황성 거주자 유자성(劉自成)이 사사로이 채삼한 관계로 체포, 처벌되고, 순라병도 처벌되다.

영조 37년 삼수부 갈파진(乫坡鎭) 주민 김순정(金順丁) 등 7명이 월경하여 채삼함에 전원 참하고, 지방관도 파직 유배하다.

영조 37년 강계 백성 박후찬(朴厚贊) 등 10명이 수렵 중 월경하게 되였는데 13차례나 숙의하여 면사(免死)하다.

순조 5년 최종대(崔宗大) 등 6명이 월경, 두도구(頭道溝), 이도구(二道溝) 양분(陽盆)지역에 사냥을 하다 의법, 처단되다.

순조 17년 길림지역으로 서경일(徐鏡一)이 여러번 월경하다 4년만에 체포, 강변에 효시당하다. 관찰사 이하 지방관도 파직되고, 이 해 범월자 김치려(金致礪)를 의주 경계상에서 효시하다.

순조 27년 무산사람 연필원(延必元) 등 2명이 사슴사냥 중 놓침에 월경하게 돼 효시하고, 여타인에게 경종을 울리고 지방관 역시 파직되다.

순종 32년 갑산사람 장고려(張高麗)가 경계를 넘어 채삼하다가 효시되고, 지방관 역시 파직되다.

철종 5년 삼수부(三水府)에서 범월한 장첨길(張添吉)을 효시에 처하고, 지방관은 처벌하다.

철종 8년 범월죄인 김익수(金益壽)를 종성에 이송해 효시하다.

철종 11년 박천(博川)인 명덕성(明德成), 의주의 정윤화(鄭允化) 등이 범월하여 청군을 구타, 살해함에 의법 주살(誅殺)하고, 관찰사 병사(兵使)는 파직, 부윤과 첨사는 정배(定配)하다.

고종 원년 범월한 김명순(金鳴順), 최수학(崔壽學)을 경흥(慶興) 강변에서 효시하다.

고종 3년 경원부 아산진(阿山鎭) 주민 윤재관(尹才官) 등 남녀 75명이 월강, 도주하다.

고종 4년 청인 수 백명이 강을 건너 약탈하는가 하면, 하명경(何名慶) 등은 강 건너 봉천(奉天), 왕청문(汪淸門), 육도하(六道河) 등지에서 사적으로 개간하다.

이상과 같이 조선조 초기부터 채삼문제로 양국간에는 범월자에 대한 처리와 관련 지방관들에 대한 처벌이 반복되어 왔다.

특히 임진왜란 이후 국정을 맡아온 비변사에서는 남북삼상연변범월금단사목(南北蔘商沿邊犯越禁斷事目)[9]을 제정, 이를 시행케 하였는데 예컨대 북경사신 일행이 강을 건널 때 공사의 짐 가운데 삼화(蔘貨)를 지닌 자는 서장관으로 하여금 의주부윤과 평안도사를 대동, 일일이 강변에서 수색조사 후 들여보내고, 원역(員役)은 행수역관이 담당하고, 상인은 그 영장(領將)이 담당해서 검색하게 하되 만일 현장에서 적발된 자가 있으면 그 범인을 사신이 보고하여 본부에 가두고, 본도 감사로 하여금 국경에서 효시하게 하며, 중국 땅으로 들어간 후에 만일 현장에서 적발된 자가 있으면 그 범인을 돌아올 때 강을 건넌 후 가두고, 보고해 역시 도신(道臣)으로 하여금 강변에서 효시하게 하였고, 들어갈 때 조사한 관원 및 행수 역관을 아울러 잡아다 문초하고, 상인의 영장 역시 가두어 죄를 주도록 하고, 수역(首役)이나 영장도 만일 정상을 알고 있었다면 범인과 함께 처단하게 하였다.

이처럼 삼상(蔘商), 범월(犯越)에 대한 조처가 엄격하였는데 이제 그 사목(事目)을 살펴보면 다음과 같다.

9) 備邊司謄錄 第四十冊 肅宗十二年 丙寅 正月 : 丙寅年 10月 初10日 裁可.

一. 동래 왜관에서는 예조에서 예단(禮單)을 준 후 기타 교역에서 일체 삼화(蔘貨)를 금지하도록 한다. 모든 공사의 물화(物貨)는 별차(別差), 훈도(訓導), 수세산원(收稅算員), 감시군관(監市軍官), 개시감관(開市監官) 등을 대동, 수색해 조사한 후 들여보내 교역하게 하며, 만일 삼화가 현장에서 적발된 자가 있으면 동래부사가 가두고 보고한 후 관문 밖에서 효시하며, 수색할 때 혼동해서 주어 들여보내 적발하지 못하여 뒤에 탄로난 자가 있으면 군관, 훈도, 별차 이하를 잡아다 문초하게 한다. 만일 정상을 안 일이 있으면 범인과 일체로 처단하도록 하며 동래부사가 적발하지 못하고 다른 일로 인해 적발되면 역시 잡아다 문초해 다스리게 한다.

一. 남북행상으로 사사로이 삼화를 지닌 자는 만약 고발한데 대한 상을 크게 주지 않으면 수색해 조사하더라도 역시 하나하나 적발하기가 어려우니 와서 고발한 자는 대당(大黨 : 크게 무리 지은 도적떼)을 붙잡은 예에 의해 양인 이상은 당상으로 올리고, 당상은 가선으로 올리며, 공사천은 속량하고, 범인의 재물을 모두 주도록 한다.

一. 서쪽 연변에서 국경을 넘어 저들 변경을 범한 자는 인삼을 캐거나 사냥을 하거나 다른 일이거나 처음으로 창도(唱導)하거나 쫓아 했거나 저쪽 나라에서 일을 저질렀거나 여부를 막론하고 한결같이 모두 국경에서 효시하게 한다.

一. 남병사는 얼음이 녹은 후에 갑산행영(甲山行營)으로 들어가 방어하다가 얼음이 언 후 북청으로 나오는 것이 예부터 정해진 규정인데 근래에는 변방 일이 해이해져 이 규정이 오랫동안 폐지되었다. 지금 이후부터는 옛 규정에 의해 들어가 방어하라는 일을 남병사에게 분부하여 연변에 일러 엄히 금단하도록 한다.

一. 병사가 불시에 군관을 파견하여 연변 각 고을, 각 진보에서 간사함을 발해 매달 말일에 그 유무를 본도의 감사와 비국(備局)에 보고하게 하며, 감사 역시 때때로 간사한 일을 적발하도록 분부해야 한다. 군관이 만일 제사람을 얻지 못하면 반드시 그로 인연하여 침탈하고 소란을 피우는 폐단이 있게 되니 감사, 병사로 하여금 반드시 일찍이 관직을 지내 일을 알고 믿을만한 자를 가려 보내게 하라.

一. 국경을 범해 넘는 사람을 변방 수령이나 변장이 스스로 적발하지 못하고 병사가 적발하면 잡아다 문초한 후 아주 먼 변방에 군병으로 보충하도록 하며, 만일 정상을 안 일이 있으면 범인과 일체로 처단하게 하며, 병사가 적발하지 못하고 감사가 적발하면 변방 수령과 변장은 모두 무거운 죄로 논하게 하며, 갑자기 적발하지 못하고 다른 일로 인해 적발되면 역시 병사와 함께 일체 죄를 논하도록 한다. 만일 국경을 넘은 사람이 저쪽에서 일을 일으켜 나라를 욕되게 하는 일이 있으면 변방 수령, 변장은 비록 정상을 알지 못했다 하더라도 각별히 무거운 죄로 처단하며, 병사, 감사 역시 등급을 올려 죄를 정하도록 한다.

一. 국경을 넘은 정상을 알고도 받아들여준 자나 교사해 지시한 자도 범인과 일체로 처벌하게 한다. 알고도 고발하지 않은 자는 한량과 공사천이면 변방땅 피폐한 고을의 노예로 소속시키고, 출신 및 직명이 있는 사람이면 그 본부에만 한정하여 서북 연변 진보에 군병에 보충하도록 한다.

一. 국경 넘는 사람을 와서 고발하는 자도 역시 남북 삼상을 와서 고발하는 예에 따라 양인 이상은 당상으로 올리고, 당상은 가선으로 올리며, 공사천은 속량하고, 범인의 재물을 모두 주도록 한다.

一. 연변 각 고을 진보의 군민으로 조총이 있는 자는 관가에서 모두 표지를 새겨 장부에 적어 매 5일 점고(點考) 때 조총을 가지고 와 점고를 받게 하되 표지가 없는 자는 적발되는 대로 따져 물어서 죄를 주도록 한다.

一. 옛날 연변에 정해 보낸 파수, 별도로 정한 차원 등에게 조항별로 금단한 일은 전에 의해 거행하도록 한다.

一. 연변 각 고을, 각 진보 감영, 병영 및 호조의 삼세(蔘稅)와 삼상을 금단하는 일은 서북 감사가 조례를 책으로 만들어 올려 보내기를 기다린 후 추후에 정식(定式)하도록 한다.

一. 의주 중강의 봄, 가을 개시와 북도 회령 경원의 개시 때 삼화를 지닌 자는 지방관 및 개시 차사원 일동이 금지하게 한다. 만일 현장에서 적발된 자가 있으면 남북 삼상의 예에 의해 죄를 논하며 지방관과 차사원이 적발하지 못하고 다른 일로 인해 적발되면 역시 잡아다 문초해 죄를 주도록 한다.

南北參商 沿邊犯越禁斷事目

一. 北京使臣一行渡江時 公私卜物中挾持蔘貨者 使書狀官義州府尹平安都事眼同一一 搜檢於江邊後 入送爲白乎矣 後則行首譯官次知 商賈則使其領將次知 檢察如有現捉者則同犯人使臣 啓聞囚禁於 本府 同本道監司梟示 境上爲白乎矣 入去彼中之後 如有現叢者 則同犯人還渡江後 因禁啓 聞亦令 道臣 梟示江邊爲白乎於去時搜檢官及行首譯官 拿問商賈領將 亦爲因禁科罪爲白乎矣 首譯領將 如有知情之事 則與犯人 一體處斷爲白齊

一. 東萊倭館良中 自禮曹單贈給後 其他公私交易乙良 一切禁斷蔘貨爲白乎矣 凡公私物貨 別差 訓導 收稅算員監市軍官 開市監官等 眼同搜檢然後 入給交易爲白乎於 如有蔘貨現捉者 則東萊府使囚禁啓 聞後 梟示館門外爲 白乎於 搜檢時混同入給 不能摘發爲白有如可 隋後現露 則軍官 訓導 別差以下拿問爲白乎矣 如有知情之事 則與犯人一體處斷白乎於東萊府使不能摘發 而因他現發則 亦爲拿問定罪爲白齊

一. 南北行商之私持蔘貨者 若不重推進告之賞 則搜檢叱分 亦難一一摘發進告者 大 捕捉例 良人以上則堂上則陞嘉善 公私賤則贖良爲白乎矣 犯

人財物 以許給爲白齊

一. 西北沿邊 凡有犯越 彼邊者 毋論採蔘 佃獵與他事 首倡隋縱生於彼中與否 一併梟示境上爲白齊

一. 南兵使解氷後入方甲山行營爲白有如可 凍氷後出來北靑 乃是從前定規而近來邊事解弛 久廢此規爲白有去乎 自今以後 依古規入防事 分付南兵使 以爲申飭沿邊 嚴明禁斷之地爲白齊

一. 兵使不時發遣軍官摘奸於沿邊各邑各鎭堡每朔末馳報有無事 於本道監司及備局爲白乎於 監司亦爲時時 摘奸申飭爲白乎矣軍官如不得人則必有0緣侵擾之弊 令監兵使 必擇其曾經官職解事可信者 差送爲白齊

一. 犯越人邊 邊將不能自爲摘發 而現捉於兵使 則拿問後 極邊充軍爲白乎於 如有知情之事 則犯人一體 處斷爲白乎於兵使不能摘發而現捉於監司則與邊 邊將 爲從重論罪爲白乎於監司不能摘發而因他現 發則亦與兵使一體論罪爲白乎矣 如有犯越人生事彼中杳問國之事則邊 邊將維不知情各別重處兵使 監司亦爲加等定罪爲白齊

一. 犯越人知情容接者敎唆指示者乙良 置與犯人一體處斷爲白乎矣 其如而不告者乙良 閑良 公私賤則邊地 殘邑爲奴定屬出身及有職名各人則限己身西北沿邊鎭堡充軍爲白齊

一. 犯越者進古人 亦依南北蔘商進告例 良人以上則陞堂上 堂上則陞嘉善公私賤則贖良 爲白乎矣 犯人財物 而許給爲白齊

一. 沿邊各邑各鎭堡 軍民之有鳥銃者 自官家皆爲各標置簿 每五日點考持使之持鳥銃現點爲白乎矣 犯人則 物無標者乙良 隋其現發 究問科罪爲白齊

一. 從前沿邊定送把守別定差員等條項禁斷事乙良竝依前擧行爲白齊

一. 沿邊各邑各鎭堡監兵營及戶曹蔘稅蔘商 禁斷事乙良 待西北監司條例成冊上送後 追後定式爲白齊.

一. 義州中江春秋開市時挾持蔘貨者地方官及開市差使員一同禁斷爲白乎

矣 如有現捉者 則亦依南北蔘商例 論斷爲白乎於 地方官差使員不能摘發而因他現發 則亦爲拿問定罪爲白齊.

2) 국경문제화 된 이만지(李萬枝)사건

범월의 주요인은 채삼에 있었다. 야생삼의 주산지는 백두산 주변에서 연해주 서부로 뻗은 완달산(完達山) 지대였다. 따라서 이 지역은 질 좋은 야생삼을 찾는 조선인들의 발걸음이 끊이지 않았다. 특히 변방인들에게 채삼을 하느냐 못하느냐 하는 것은 곧바로 살고 죽느냐 하는 절박한 생계수단이었다. 정묘 · 병자호란을 거치면서 조선과 청나라 간에 신속(臣屬)관계가 되면서 양국 간의 국교문제는 일단락되었으나 여진인의 송환과 범월문제는 쉽사리 해결할 수 없는 난제 중 난제였다. 그러한 실례가 역대왕조실록 도처에 나타나고 있는 범월조처사례가 이를 뒷받침하고 있는데 이 가운데 두드러진 사건이 위원 사람 이만지와 관련된 사건이다.

이 사건은 이전과 달리 범월자의 채삼문제에 그치는 것이 아니라 양국 간의 국경문제를 제기케 한 중대 사안이 되었기 때문이다.

숙종 36년(강희 49년) 위원인 이만지(李萬枝), 이만건(李萬建), 이만성(李萬成), 이지군(李枝軍), 이선의(李先儀), 이준건(李浚建), 이준원(李浚元), 송흥회(宋興淮), 윤만신(尹萬信) 등이 야음을 타서 월강하여 청인 채삼자의 막안으로 침입하여 청인 5명을 살해하고 그 삼화를 약탈했다. 이때 청인 1명이 달아나 또 다른 청인 동료 20여명이 위원 북문 밖으로 몰려와 조선인의 청인 습격을 전하면서 범인 체포를 거세게 요구하며 닷새 동안이나 소요를 피우다 순라장 고여강(高汝岡)을 인질로 납치해갔다.

이에 군수 이후열(李後說)은 몹시 당황하여 처음에는 성문을 잠그고 이들의 출입을 막았다. 그러나 계속해 이들의 항의가 그치지 않음에 술과 안주를 가지고 달래는가 하면 은, 비단, 소, 쌀을 내주며 회유책을 폈다. 이러는 가운데 순라장 고여강은 탈출하여 돌아왔고 청인들도 흩어졌다. 그러나 이

사건에 대해 군수는 감사에 보고도 하지 않고 있다가 발각되어 관찰사 이청령(李淸令)은 사건관련자들을 체포하고 이 사실을 조정에 보고, 군수 이후열(李後說)의 처벌을 요구함에 군수는 구속되어 심문을 받게 되었다. 그런데 돌연 구속자 가운데 이선의(李先儀)가 탈옥하고 여타 범인들을 강계로 이송, 심문하려함에 이들이 달아날 수 있도록 하는 동조자가 발포를 하면서 인솔 나졸들을 쫓아버렸다. 국왕은 보고를 받고 즉시 체포하라 하였으나 좀처럼 체포되지 않고 시일만 지연되었다. 이러한 사실을 청국에 보고하기로 하였다.[10)]

그런데 관찰사 권성(權)으로부터 이만지, 이만성 등이 체포되었다는 보고가 있고,[11)] 23일에는 이선의, 이준원이 체포되고, 27일에는 이준건이 체포되면서 범행에 대해 자복을 받았다. 숙종 37년 3월 5일 동지 겸 사은사에게 자초지종의 장계를 휴대하고 갔으나 청 예부 관원 1명과 성경(盛京)의 장경(章京) 1명을 봉황성으로 보내 조선국 관원 1명과 함께 살인된 지역을 조사, 현장검증을 하고자 하였다.[12)]

살해지역을 조사할 길은 압록강, 토문강 일대로 청국과 관계되는 지역은 길이 험하고 먼 까닭에 차관(差官) 수명이 회동하여 조사에 나섰다. 이 사건을 조사함과 동시에 청국은 변계를 아울러 살피려 하고자 한다는 보고가 조선정부에 알려졌다. 사건은 11월 9일 품신되었고, 11월 10일 위원 안찰어사를 임명, 현지로 파견하고 20일에는 역관을 청에 보내 사실을 보고, 23~27일에 위의 일당 모두가 체포되었다. 이듬해 2월 4일 죄인들은 범죄사실을 승복함에 청국에 사신을 보내 보고하기로 하였다. 3월 11일 역관 김경문(金慶門)을 파견, 예부에 보고하였다.[13)]

---

10) 肅宗實錄 卷49, 肅宗 36년 11月 己亥, 原典 40卷, PP.374~375.

11) 肅宗實錄 卷49, 肅宗 36年 11月 辛亥, 原典 40卷, P.376.

12) 肅宗實錄 卷50上, 肅宗 37年 辛卯, 3월 甲午 原典 40卷, P.388.

13) 肅宗實錄 卷50上, 肅宗 37年 辛卯, 3월 庚子 原典 40卷, P.389.

3월 12일 안찰사 정식(鄭拭)이 강변의 상황을 알리고 차제에 양국이 각각 강변에서 자국 백성들을 철퇴시켜 범월의 화근을 근절시킬 것을 청원하였다. 3월 15일 동지사가 심양의 장계를 가지고 돌아왔고, 4월 16일 예부로부터 정식 공문이 도래하였다. 4월 22일 봉계(封啓)가 도착 이 사건을 빌미로 강 연안을 따라 청은 변경을 조사하려 하였다.[14]

5월 27일 조사관 일행이 위원(渭原)에 도착, 이른 아침 필첩식(筆帖式) 1명과 봉황성 장인(章人) 1명을 시켜 정범(正犯) 죄인을 끌고 살해지로 가서 조사하게 되었는데 그 지점은 조선국 측에서는 오로량(吾老梁)이 되고, 청국 측에서는 조유덕(照踰德)이라는 곳이다.15) 그날 오후 처음으로 문초를 시작하면서 사건과는 달리 북도(北道)의 길을 알려주면 더 이상 조사하지 않겠다고 청측은 말하였다. 도차사원(都差使員)을 의주에서 불러와 이미 폐지한 사군과 삼수갑산 육진으로 가는 연변의 파수와 원근 지방도를 상세히 그려오라 하는가 하면 강연안일대도 자세하게 그려오라고 하였다. 무엇보다 총관 목극등(總管 穆克登)의 공문을 내보이며 초지일관 이 일을 감행하고자 하였다.[16]

이리하여 북변에서 온갖 어려움을 겪으며 답사를 시도했던 조사관들이 조선 측의 주선으로 수로로 봉황성에 가서 만나기로 하였다. 의주에 출장해 있던 참핵사 조태동(參拷使 趙泰東)도 강을 건너 봉황성으로 들어갔다. 8월에 다시 회담이 열렸는데 재조사는 8월 2일에 열렸으며, 청국의 황지(皇旨)는 오로지 피살자 및 위원 북문 밖에서 행패를 부린 자들의 성명을 알아내는데 있었으나 여전히 범인으로부터 이것을 알아내지 못하게 되자 산동인 손대(孫大)가 서장을 올려 원통함을 호소, 피살자 5명에 관해서 위원 북문

14) 肅宗實錄 卷50上, 肅宗 37年 辛卯, 3月 乙巳 原典 40卷, P.389.
15) 肅宗實錄 卷50上, 肅宗 37年 辛卯, 3月 乙亥 原典 40卷, P.392.
16) 肅宗實錄 卷50上, 肅宗 37年 辛卯, 5月 甲寅 原典 40卷, PP.397~398.

밖 난동자 28명 중 알고 있는 자를 모두 알려주었다. 이에 심양에 있는 죄수들을 잡아오게 하였고, 조사는 6, 9, 12일 실시, 총관이 열하(熱河)에서 사건 내용에 관해 상주, 그 경위를 밝혔다.[17)]

이에 이미 사명(査明)되었으면 재조사할 필요가 없다고 하여 조사관 모두를 돌아가게 하였다. 조사관이 위원에서 봉황성으로 귀환할 때 만건의 아비 승윤이 길에 엎드려 울며 호소하는 것을 들었기 때문에 총관은 황제에게 이만건(李萬建) 등 4형제와 이선의(李先儀) 등 3형제 모두 그들에게 노부모가 있으므로 모두를 죽이지 않도록 해달라는 장계를 올렸다. 황제는 총관에게 이들 부모의 성명과 연령을 상세히 알아서 적어 올릴 것을 명했다. 재조사가 일단락되자 13일 참핵사는 책(柵)을 나와 귀환하였다. 통관의 말로는 총관이 만포보다 위쪽의 강 길은 다니기 어렵다는 사실을 상주하여 황제로부터 이 답사도 중지하라는 허락을 받았다는 것을 알게 되었다.

10월 18일 청의 회시(回示)가 있었고, 범월자들의 형은 조선국왕과 의논하여 올리도록 하고, 그 중 형제가 3, 4인이 있는 자는 청국의 범례에 비추어 1명을 남겨서 부모를 부양케 하라 하였다. 이에 대한 사후조처를 10월 25일 청국에 알렸다. 이만성, 이만지, 송지군, 이후건, 송흥준은 참수형에 처하고 각 범인의 처자는 노비로 만들며 가산은 몰수하기로 하였다. 윤만신(尹萬信)은 이미 병사했기 때문에 처단할 필요가 없었고 이만성(李萬成)의 형제들 중 하나인 이만건과 이선의의 형제들 중 하나인 이준원은 특별히 살려주어 그 부모를 봉양하도록 하였다.[18)] 관리들에 대해서는 위원군수 윤심(尹菡), 신 군수 이후열(李後說)은 사형을 감하고 극변지로 정배하고, 고산리첨사 신경필(申慶弼), 오로량 만호 임진택(林震澤), 관찰사 권성(權紺), 절도사 오중주(吳重周) 등은 모두 파직하고, 또 수장 김주원(金周元)은 장 1백에

17) 肅宗實錄補闕正誤 卷50上 肅宗 37年 8月 壬午 P.409. 및 篠田治策, 위와 같은 책.

18) 肅宗實錄 卷49, 肅宗 36年 11月 5日~10日 己亥, 原典 40卷, PP .374~375. 및 肅宗實錄 卷50下, 肅宗 37年 8月 乙亥 原典 卷40, P.409.

면 변방으로 정배하고, 파수군 이완(李完)은 장1백에 처하였다. 연강의 조사는 황지(皇旨)에 따라 일시 중지되었으나 다음해 이 사건은 목극등(穆克登)의 백두산 답사로 이어지는 빌미가 되었다.[19)]

이상과 같이 월경문제는 결국 국경획정문제로 이어짐으로써 강희제는 강희 16년(1677년) 4월 대신 각라무묵눌(大臣 覺羅武默訥)등에 변경답사를 명함에 휘발하 방면에서 장백산정 관수(灌水)에 도달하려 하였으나 서북면만 시찰하는데 그쳤다. 강희 23년 재차 주방협령 늑초(勒楚)는 서남방면을 시찰하다 총상을 입고 중단, 이만지 사건은 국경방면에서 종종 발생하는 월경사건류에 지나지 않았지만, 강희제가 이 사건조사와 아울러 은밀히 국경지방도 답사시키고자 하였다.

19) 肅宗實錄 卷50下, 肅宗 37年 11月 乙酉條, P.418.

五. 강희제의 대조청(對朝淸) 경역관

1. 강희제 청조발상지 추단과 답사명령

1677년(강희 16년 : 숙종 3년) 강희제는 청조 발상지를 『청조실록』을 바탕으로 추적하고자 하였다. 즉 흑도아납(黑圖阿拉)이 흥경(興京)인줄은 알지마는 아타리(俄朶里)가 어디인지 명백히 알 수 없어 실록에 쓰인 기록을 토대로 역(逆)으로 이 지역을 확인하고자 하였다.

그는 칙서(勅書)를 통하여 "흥경의 동쪽 1500리 되는 곳에 아타리성이 있다고 하고 그 사위(四圍)는 생각해 보지 못했는데 이제 와서 생각해 보니 그 곳이 백두산 동쪽인 것 같다. 그리고 성경지(盛京誌) 강역편(疆域編)에 오라(烏喇)의 소할(所割)은 남으로 장백산에 이르는 1300여리, 그 남은 조선계, 동남은 토문강계에 이르는 720리가 조선계이고, 영고탑장군(寧古塔將軍)의 관할은 남으로 장백산으로 이르는 1300여리가 조선계, 남쪽으로 토문강에 이르는 600여리는 조선계가 된다."[1]고 하였다.

1) 申基碩, 間島領有權에 關한 研究, 探求堂, 1979, P.10, P.106.

이리하여 우선적으로 백두산을 답사케 해 치산제(致山祭)를 올리게 하였다. 이때 답사의 명을 받은 사람이 내대신(內大臣) 각라무묵눌(覺羅武默訥)이었다.[2] 이에 관해 『길림통지』는 다음과 같이 적고 있다.

"상이 내대신 각라무묵눌과 시위(侍衛) 요색(耀色)에게 유시하기를, 장백산은 곧 조종의 발상지이다. 그러나 지금 확실하게 아는 사람이 없다. 너희들이 먼저 진수 오라(烏喇)장군에게 가서 길을 숙지하고 있는 자를 뽑아 길잡이로 하여 상세하고 명백하게 밝혀라. 그리고 편작(便酌)으로 제(祭)를 올리도록 하라. 큰 더위가 오기 전에 역마를 달려 신속히 거행하라."[3] 하였다.

무묵눌은 강희제의 뜻을 받들고 장백산에 올라가서 조사를 마치고 도성으로 돌아와 복명했다. 복명서에 따르면, 그는 먼저 길림 오라지방에 도착, 장백산을 잘 아는 사람을 찾았으나, 그런 사람은 없고 단지 멀리서 장백산을 바라본 사람들만 있었다. 라고 하였다. 그 가운데 도통(都統) 니아한(尼雅漢)의 조부인 단포록(單布錄)이 원래 탑합상(塔哈上)에 살면서 그 곳을 돌아다녔으나 이제 늙어 은퇴했다고 하는데, 그자의 말에 의하면 '어릴적 액합납관음(厄合納管音)지방에 살고 있을 때 아버지가 장백산 아래에서 사슴을 잡아 등에 지고 사흘밤을 자면서 집으로 돌아왔다.' 고 하는 말을 들었다고 하였다.

이것으로 미루어 보아 액합납관음에서 장백산이 그다지 멀지 않은 것 같아, 이 말을 듣고 그는 6월 2일 액합납관음 지방으로 향해 출발했다. 온득흔하(溫得痕河)라는 곳을 지나 납음강(納音江)에 이르러 지방 관리를 만나서 병사들을 동원하여 전진해 나갔다. 잡목을 쳐내 길을 내어가면서 장백산을 바라보고 대체의 리수(里數)를 추측하게 했다. 지방 관리의 보고에 의하면, 30리를 가서 한 작은 산 위의 나무위에 올라가서 장백산을 관측하였더니 약 백

2) 八旗通志 卷二百八十五 및 陸英額, 吉林外記 卷二, 彊域形勝.
3) 吉林通志 卷一 및 篠田治策 白頭山定界碑, 樂浪書院, 1938, P.64.

7, 8십리 가량 될 것 같다고 하였다. 후에 또한 높은 산에 올라가서 관측하였던 바, 날씨가 매우 맑아 산형이 똑똑히 보이고 여기저기 뽀얀 연운(煙雲)이 떠있는 것으로 보아, 거리는 약 백리 정도일 것이라고 한다. 이에 13일에 출발하여 그 길을 따라 나아가자, 16일 아침 전방에서 학의 울음소리를 들었으며, 17일에는 구름과 안개가 많아서 방향조차 분간할 수 없었다. 그래서 학소리를 따라 전진하다가 사슴 떼의 종적을 발견하여 그것에 의해 산을 찾아 나가자, 곧 장백산 아래 도착했다. 그 부근은 평탄한데 모래가 수리에 걸쳐 널리 깔려 있고 초목이 없는데 다시 얼마쯤 지나가니 백파라수(白波羅樹)가 늘어선 가운데 향목(香木)이 총총히 나있고 노랑꽃이 들에 가득하였다.

더 나아가 장백산을 바라보려 했으나, 운무에 가려져 앞이 전혀 보이지가 않았다. 여기서 그는 성지(聖旨)를 낭독하고, 제를 올렸던 바, 갑자기 구름과 안개가 흩여져 산세가 뚜렷하게 나타났다. 곧 더 나아가 다시 앞을 바라보았더니, 산세가 평탄하고 산정에 안개구름 조각들을 볼 수 있었다. 약 백리를 오르자, 적설의 얼음으로 이루어진 곳이 있고, 산상은 5봉이 이어져 빙 둘러친 호수가 있었다. 그 둘레가 넓고 평활하며 3~4십리, 주위의 산세는 벽을 세운 듯한데, 한가운데의 한 봉우리는 혼자 서있고 군봉은 옆문처럼 솟아 있었으며, 산상의 맑은 샘물은 아주 많았다. 좌변은 흘러서 송갈례 오라(松噶禮 烏喇)로 들어가고, 우변은 흘러서 대납음(大納音), 소납음(小納音) 등의 강으로 들어감을 확인하였다.

이러한 상황을 확인한 후 예를 올리고 산을 내려왔다. 도중에서 백 여 마리나 되는 사슴의 무리를 보았는데, 그 중의 일곱 사슴은 물이 흐르는 산로에서 내려와 한 줄로 서서 죽어 있었다. 양식이 결핍한 시기인지라 산신이 특별히 흠차(欽差 : 황제의 명령으로 보낸 사람)들에게 내린 것이라고 생각되어 산을 향해 머리 숙여 절하고 사슴을 가지고 내려왔다. 내려오는 도중에 산세를 돌아보니, 아직도 연운(煙雲)에 가리어져 산 전체를 볼 수가 없었다.

일행은 28일 납음 지방으로 돌아와서, 7월 2일 길림 오라에 도착하였으며, 다시 영고탑 및 혜령부(惠寧府) 등을 시찰하고, 8월 21일 북경에 돌아왔다.[4] 이렇게 하여, 내대신 각라무묵눌은 칙명을 받들어 전인미답의 장백산(白頭山)을 답사하고 돌아왔던 것이다.

그런데 유감스럽게도 이 당시에 기명한 지명들은 오늘날의 지명과 비교해 판명, 확인할 수는 없다. 각라무묵눌의 소주(疏奏)로 인해서 장백산은 열조가 발상한 중요한 땅으로서 기이한 구석이 매우 많으며, 산신에게 봉호(封號)를 붙이고 제를 올려 길이길이 전례(典禮)를 다함으로써 국가 신명의 보살핌을 입는다는 뜻의 상지를 받고, 다음해 다시 각라무묵눌은 장백산에 올라 경계를 지어 제사의 차례를 오악(五嶽)과 같이 하고 때마다 망제(望祭) 역시 전례(典禮)와 같게 하였다.

2. 一 · 二차 답사

각라무묵눌이 백두산 답사와 치제를 지낸지 7년후인 1684년(강희 23년: 숙종 10) 강희제는 다시 주방협령(駐防協領), 늑출(勒出:勒軸 또는 늑초 –勒楚– 라고도 함) 등에게 명하여 백두산을 답사하게 했다.[5]

그러나 주방협령, 늑출 일행은 백두산 답사 도중 압록강 상류 지방에서 조선인 채삼자로부터 저격을 당해 그 목적을 달성하지 못하고 외교문제만을 일으키게 하였다. 주방협령, 늑출 등이 황제의 뜻을 받들어 장백산을 다시 둘러본 때는 강희 24년 가을 무렵이다. 그들이 압록강상류 삼도구(三道溝)에서 지도를 만들 때, 조선인이 던진 창을 맞고 부상하여 장백산 답사는 이 돌발사고로 중단되고 양국간에 중대외교문제로 비화되었다.

청국 측에서는 이 사건을 극히 중요시하여, 예부로 하여금 문책서를 조선

4) 八旗通志 卷285, 武默訥 疏奏.
5) 吉林通誌, 卷一, 八旗通志, 卷285, 武默訥 蔬奏.

측에 보내 사건의 정황을 알리고 이어서 칙사를 파송하여 죄인을 엄중 처벌하려고 하였다. 예부의 문책서가 조선에 도착한 것은 숙종 11년 10월 9일이었다.[6]

이에 위의 조난사건이 알려짐에 칙사가 도래한 후에 범인이 체포되면 사건의 마무리가 지연될 것으로 판단해 미리 범인을 색출하여 엄중 조사하여 심리를 기다릴 것과 또한 삼도구(三道溝)가 어느 지방과 경계하고 있는가에 대해 물어왔다.

처음에는 조선 측에서도 삼도구[7]에 대해 전혀 아는 바가 없어서 비변사에서 조차 삼도구라는 지명을 들어 본적이 없다고 계언(啓言)하고 우선 역관을 봉황성으로 급파하여 삼도구의 위치와 창을 던진 날짜를 문의해 오게 하였다. 그리고 또 조사 사절이 오는 것으로 보아서 사태가 심상치 않다는 것을 짐작하고 그곳에 사람을 파견하여 수사를 하는 동시에 현상금을 걸어 범인검거를 하게 했다.

동월 22일 함경감사 이수언(李秀彦)으로부터 월경하여 행패를 한 자 등 체포의 건을 상계했으나 이번의 검색은 광범위하고도 준엄해서 해당 지방 관리 중에서는 인책 또는 목매 자살하는 자마저 생기고, 변민들이 소요되는 등 어찌할 바를 몰라 흩어져 달아나는 자들이 많아졌다. 11월 5일에는 비변사도 사태를 우려하여 다음과 같이 계언하여 범월자의 수사, 체포를 중단하게 해 달라고 까지 청원하였다.

이런 상황 중에서 11월 21일, 칙사 호군통령 동보(冬寶 : 終保라고도 씀)등은 칙서를 가지고 서울로 와 희정당(凞政堂)에서 국왕을 접견했고 조정은 이들 사신들을 환대하였다.[8]

사신이 전한 칙서에는 이번의 불상사를 유감으로 생각하며, 범인 및 지방

---

6) 盛京通志 卷十三, 山川條, 長白山 項目.

7) 備邊司謄錄 第三十九册, 肅宗 十一年 乙丑 十月 初十日條.

8) 肅宗實錄 卷之 肅宗 11年 11月 21日條.

관의 처벌은 물론이거니와 또한 국왕의 태만으로 소홀함을 용서키 어렵다며 그 책임을 추궁하기에 이르자 국왕은 매우 우울하고 걱정되어 병을 칭탁하여 청국 사신과 함께 범인을 단죄하는 일을 회피했다.

범행의 주모자로 한득완(韓得完) 등 6명이며, 그밖에 나머지 20여명이었는데, 당초는 쉽게 범행을 자백하지 않고 횡설수설하여 심문자를 곤혹스럽게 하였다. 이에 형조판서 이사명(李師命)으로 하여금 죄인들의 자백을 받은 연후에 국왕에게 상주하게 하였으나 청국 사신이 오게 되자 22일(국왕 접견 다음날) 서연청(西宴廳)에서 먼저 한득완 이하 연루자들을 조사, 이들을 취조하게 하였다.[9)]

이렇게 하여 다음날인 23일에는 청국 사신의 말에 따라 평안감사 및 연루죄인 등을 속히 상경케 하여 조사와 단죄를 매우 엄하게 하려고 했으므로 우리 측에서는 청국 차사에게 뇌물을 주며 사건을 확대시키지 않도록 청사의 환심을 사는데 부심했다.[10)]

25일에는 청국 사신이 다시 삼공과 함께 범월자를 조사하여 금삼(禁蔘)을 판매한 곳과 소득의 다소를 묻고, 또 함경감사 이수언과 남병사 윤시달(尹時達), 삼수 군수 이관국(李觀國)을 뜰아래 끓어 엎드리게 하고 물목을 제시하며 그 범인들과 어떤 관계가 있는가를 심문하고 그 도당과 채삼의 수량을 물었다. 그런데 한득완 등이 공술한 바에 의하면 그들은 흉년이 들어 호구하기가 어려워져서 얕은 물을 건너 삼장동(三長洞)으로 잠월하여 채삼에 종사하고 있었는데 때마침 청국 변장 늑출 일행을 만나게 되었으며 그들이 활을 쏘며 쫓아왔으므로 잡힐 것을 두려워하여 이들에게 창을 던지고 달아났다는 것이었다. 또한 김태성(金太成)등 20여 명은 한득완을 따라갔지만 그들은 창을 가지지 않았으며 단지 쫓겨서 달아났을 뿐, 가해는 하지 않았다고 하였다. 그러나 범월 자체가 중죄이기 때문에 이들도 참수를 면치 못했다. 이와

---

9) 肅宗實錄, 肅宗 11年 11月 22日條.

10) 肅宗實錄, 肅宗 11年 11月 23日 및 12月 1日 및 盛京通志 卷 13, 山川 長白山條.

같이 청국 사신이 와서 범인 조사도 일단 종결되고 드디어 단죄 단계에 이르게 되자, 청국 사신은 국왕과 함께 판결을 내리자고 졸랐다.

국왕은 청제로부터 이미 책임을 추궁 당했던 터라, 오로지 근신의 뜻을 나타내며 "과인에게도 잘못이 있다. 그러므로 죄인이나 같다."며 이를 고사했다. 칙사는 "황제께서 국왕도 함께 행사하라 하셨는데 어찌 우리끼리 형벌을 내리겠는가? 또한 못된 백성이 금단(禁斷)을 범하는 것을 국왕이 어찌 모르겠는가? 그리고 설사 그렇다 하더라도 관원이 죄를 짓는 것도 역시 국왕이 아는 바 아니란 말인가?" 하며 반성을 촉구했다. 그래도 국왕이 이를 재삼 고사하였으나 끝내 이를 허락하지 않았다. 하는 수 없이 12월 1일 남별궁에서 청국 사신과 함께 단죄를 내리기로 했다.[11]

이렇게 하여 이들 범인은 일괄하여 범월의 죄로 사형에 처하는 것은 물론이었고, 특히 한득완 등 6명은 범월에다 상국인(上國人)을 상해했기 때문에 사형에다 연좌적몰(連坐籍沒)이라는 가중처벌을 내리기로 했다. 다음에는 지방관의 단죄가 논의되었는데, 후주(厚州) 유사 조지원(趙之瑗)은 유배 3천리에 위적안치(圍籍安置)에 처해야 하나, 이미 인책 자결했으므로 다시 논할 여지가 없었다.

삼수군수는 즉시 파직하여 유배 2천리로 하고, 함경감사와 병사는 당초 국왕의 의견으로는 병사는 도(徒) 3년, 감사는 관직을 삭탈하고 오랫동안 서용하지 않는다는 것이었는데, 칙사는 감사의 파직, 병사는 오랫동안 서용하지 않는 것이 어떠냐고 제의했으나 부사가 이에 이의를 신청하여 한동안 논란 끝에 결국 감사와 병사를 함께 파직하기로 재단했다. 또한 범월자 중에 희천(熙川)과 안주(安州) 백성이 있었으므로 해당 지방관은 이들의 품계를 낮추고 평양감사 역시 품계를 내리게 하였다.

이상과 같은 형량을 내리는 것이 부득이 했지만 칙사는 끝내 국왕의 책임

11) 肅宗實錄, 肅宗 11年 12月 1日條.

을 묻기에 이르렀다. 칙사가 전한 칙서 말단에 국왕을 질책하는 대목이 있으므로 조선 측에서는 미리부터 국왕을 비롯한 제대신이 그 내용에 대해 우려하여 자주 청국 사신의 속마음을 탐문하고 국왕에게는 누가 미치지 않도록 간청했으나 결국 국왕은 다음과 같은 사죄문을 제출하게 되었다.

"소방 오랫동안 태종황제, 세조황제의 은총을 입었다. 전부터 범월의 사건이 있었으나 번번이 관용을 받았기에 그 때마다 감격했다. 지금 또 변민이 법을 어기고 잠월하여 조총을 쏘아 관인을 상해했다. 과인이 추호도 태만하고 소홀한 마음이 있어서가 아니며 또한 금령이 엄하지 않았던 것도 아니었다. 그러나 지금 일이 여기에 이르러 황칙을 받들고 보니 황송하기 이를 데 없으며 운운…"[12] 하며 사죄하였다.

청국 사신은 조사를 마치고 12월 2일 돌아갔다. 한편 조선 측에서는 낭원군(朗原君)등을 보내서 우려한 벌은(罰銀)도 별도로 요구받지 않은데 대해 감사하고 겸해서 연공(年貢)을 바쳤다.

그런데 낭원군 일행이 연경에 도착하자 사정이 돌변하여 청국 측에서는 다시 조선 국왕의 죄를 물어 벌은(罰銀) 2만 냥을 가할 것을 주장하고 이에 대한 예부의 회시를 귀국길에 부탁했다. 이리하여 드디어 좌의정 남구만(南九萬)이 다시 파견되어 진주케 했으나, 부득이 벌은을 물지 않을 수 없게 되었다.

조선에서는 청국의 모욕적 처사에 분개하면서 국왕에게 상주하는 자도 많았다. 교리 이이명(李灑命)과 김만길(金萬吉) 같은 사람은 이번 일은 병정(丙丁)이래 없는 치욕이라고 절규하며 국왕이 분기해야 한다고 촉구까지 했으나 실현 가능성이 없는 일시의 의분에 그치고 말았다.

이와 같이 강희 23년의 백두산 탐사는 그 목적을 이루지 못한 가운데 양국 간의 분규만을 야기시켰는가 하면, 조선 측에게는 벌금이 과해지고 지방관 중에는 책임을 지고 자결한 자가 생겼고, 여타 관리 중에도 다수가 처벌

---

12) 肅宗實錄, 肅宗 12年 3月 乙未, 丁卯條.

되고 범죄자의 대부분이 참수형을 받는 등 대사건으로 번졌던 것이다. 이 사건을 기화로 청의 강희제는 백두산 영역 답사에 가일층 열의를 보이었다.

3. 조청간의 변경답사와 정계비건립

강희 50년, 강희제는 다시 봄이 와서 해빙이 될 때 관원을 파견하여 의주에서 강을 거슬러 올라가서 토문강을 조사하라고 하였다.

전기한 강희 16년의 답사는 휘발하(輝發河) 방면부터였으며, 동 23년에는 서남쪽부터 조사를 시켰으나 아직 그 목적을 충분히 달성하지 못했으므로 이번에는 다시 의주에서 압록강을 거슬러 올라가 백두산지방을 살피게 하였다. 그래서 예부는 그 상유(上諭)에 바탕을 두고 조선왕에게 아래와 같이 통첩했다.

"예부에서 통지하노니, 강희 50년 8월 4일, 대학사 온달(溫達)등이 계주한 첩지를 받들라. 금년에 목극등이 봉황성에서 백두산에 이르는 우리 변경을 조사함에 있어서, 그 길이 멀고 강이 크므로 해서 아직 그 곳에 도달하지 못했다. 그러므로 명년 봄 얼음이 풀릴 때를 보아 별도로 차원을 파견하여 목극등과 마찬가지로 의주에서 작은 배를 만들어 물을 거슬러 올라 갈 것이며 만약 그 작은 배로 전진이 불가능하면, 곧 육지로 토문강에 가 우리 지방을 조사토록 하라. 이번 행정(行程)은 특히 우리 변경을 조사하려 함이니 그쪽 나라와 교섭하라. 다만 우리 변경의 길이 멀고 또한 지경이 심히 험하므로 만약 중도에 저해가 있으면 조선국과 상의하여 실행하게 하라. 이 사유를 해당 부로 하여금 조선국의 올 해 진공관원(進貢官員)에게 알게 하여 해당 왕에게 보내라"고 명하였다.[13]

13) 肅宗實錄 卷51, 肅宗 38年 2月 24日 丁丑條 및 篠田治策, 白頭山定界碑, 樂浪書院, 1938, PP.101~102.

이에 조선은 몹시 당황하여 참판 권상유(權尙游)를 평안도로 파견하여 접반(接伴)하도록 하였는데, 청국 사신이 함경도로 들어온다는 말을 듣고 도중에서 돌아오게 했다. 그리고 다시 참판 박권(朴權)을 접반사로 임명하여 함경도 관찰사 이선부(李善簿)와 함께 후주로 가서 그들을 맞이하게 했다.[14)]

목극등은 흥경의 변문을 떠나 작은 배를 만들어, 두도구(頭道溝)에서 압록강으로 들어가서 강을 거슬러 오르기 10일 만에 후주에 도착하여 조선 접반사들과 만났다. 그리고 다시 4일 동안을 거슬러 올라가서 혜산에 도착한 다음, 배를 버리고 산으로 들어가기 90여리, 산이 점점 험해진다는 것을 이유로 접반사와 관찰사를 동행시키지 않으려 하면서 먼저 무산으로 가서 일행을 기다리라 하였다.

이에 접반사 일행은 표면상으로는 접반이라는 직무를 띠었지만, 국경사정이라는 막중국가대사에 입회하지 못함은 매우 불리하다 생각되므로 장문의 편지를 써 목극등의 백두산 등반을 가능한 한 막아보고자 하였다. 즉 도로가 몹시 험해 위험하므로 화원(畵員)을 파견하여 도사(圖寫)시키면 지세가 분명해질 것이니, 각하 스스로 갈 것까지 없다. 만약 굳이 가겠다면 우리 두 사람 중 한 사람만이라도 수행하기를 허락해 주기 바란다고 하였다.

서면의 요지는 다음과 같다.

> "엎드려 아뢰오니, 大人께서 황송하게도 황명을 받고 먼 곳까지 오셨습니다. 산천을 넘고 건너 험준함을 맛보며, 지기 드높아 용기를 잃지 않고 끊일 줄 모르는 의와 충, 실로 공경하며 탄복하는 바 큽니다. 본관 등은 외람되게도 중임을 맡아 사신을 맞이하여, 성심을 다해서 국왕의 존경하는 그 뜻을 다하지 못하고 있습니다. 더구나 궁벽한 군읍이라 물력

14) 위와 같은 책, 肅宗 38年 3月 20日條.

이 잔박하여 공봉의 절차를 다하지 못해 황송하기 그지없습니다. 전해 듣기에 각하는 양강의 수원을 조사하려고 지금 장백산으로 가시려고 합니다. 본관들은 이에 우려되는바 적지 않습니다. 대체로 산정의 큰 못이 물이 넘쳐 서쪽으로 흘러 내려 압록강 상류가 되며, 산 아래에서 산정에 이르는 그 사이가 수 백리입니다. 여기에 그 대안(對岸)을 깎아지른 듯이 가파른 절벽에다, 깊은 골짜기인 까닭에 사냥꾼(獵夫)도 기어 올라가야 합니다.

지금 각하는 천금같이 귀한 몸으로 경솔히 이 예측하지 못하는 땅을 밟으시려고 합니다. 가령 신명의 보호가 있으시다 해도 가는 도중 반드시 거꾸로 떨어지는 일이 없으리라 장담 할 수 없습니다. 이것을 본관들이 심히 걱정하는 것입니다. 뒤돌아 보건대 교계(交界)를 빠짐없이 조사하는 일은 실은 황상께서 폐방을 어여삐 여기시어, 간민(墾民)이 금단을 범하고 월강하여 일을 일으키는 폐를 막으시려는 데서 나왔습니다. 그리고 대인이 반드시 몸소 보고 조사하시려는 것은 역시 직분이 그러한 소치이지만, 산로가 험하기가 그와 같아서, 귀체를 지탱하기가 어렵습니다.

국사를 생각하는 성심이 절실해야 한다지만, 자신의 몸을 생각하는 것 또한 필요한 고로, 각하도 이에 상황을 헤아려 신중한 방책이 있으시기를 바랍니다. 이에 매우 외람된 공론, 죄를 면치 못함을 모르는바 아니나, 말씀을 드리자면, 지금 각하 일행은 단지 필첩식과 통역 각 1명 및 용병 20명만으로 행장을 간추린 것으로 알고 있습니다. 그러나 타고 가는 말과 소요되는 식량을 실은 23필의 말에는 모두 마부가 딸렸으며, 또한 따라가는 폐방의 관리 역시 5~6명으로 타고 가는 말마다 마부가 딸려 있고, 길잡이꾼과 길을 여는 자 등을 가하면, 그 수가 거의 70여명이 되지만, 1인이 각 10여 일의 식량을 소비해야 합니다.

그리고 길이 험해서 말이 약해지면 그 무게만큼 짐을 실을 방도 밖에 없으며, 만약 말이 못갈 지경이 되면 인부가 등에 지고 가야 할 것입니다. 그렇게 되면 대동해야 하는 것은 말 1백 필에 이르며, 사람은 130여 명이 될 것입니다. 장백산이 높고 큰 것은 해내 제일로서 성하가 되어도 빙설이 사라지지 않는데, 더욱이 요즘은 연일 우기가 이어지고 있는 것으로 보아 이는 장맛비의 징후입니다. 만약 산골짜기 안에서 돌풍과 폭우를 만나게 되면, 허다한 인축이 사상의 화를 면치 못할 것이다.

복망하건대, 각하는 연로 가는 곳마다 어질다는 말이 자자하게 퍼져 있습니다. 지금 만약 불행히도 무슨 일 생긴다면, 단지 각하를 연민하는 마음만이 아니라, 황상의 애휼의 정치에도 위배되는 것이니 본관 등의 우견으로는 압록강이 산정의 큰 못에서 발원하여 맥이 갈려서 연접하고, 골짜기가 분명한 것은 일견하여 명백합니다. 만약 각하의 수행원 중에서 재치 있고 민첩한 자 3, 4명을 골라, 폐방의 통역 및 길잡이 꾼과 함께 보내서 조사하게 하고, 또 화원에게 도사해 오게 하면, 수원과 산형이 명료할 것입니다. 이것을 가지고 돌아가서 상주하는 것도 아마 불가하지 않을 것입니다. 각하는 지금 어떻게 하겠습니까? 또한 묻고자 하는데, 각하가 본관 등을 수행시키지 않고 먼저 무산으로 가서 대기케 하겠다고 들었습니다.

이는 틀림없이 본관 등이 노쇠하고 지친 정상을 연민하여, 극히 동정하는 뜻이겠지만, 본관들도 이미 방상의 명을 받고 흠차의 행차로 상접하는 것인데, 자신은 편안한 땅에 머물면서 각하만을 험로를 가게 하는 것은 이는 실로 의리상 감히 허락되지 않는 소치라 생각됩니다. 바라옵건대 각하께서 양찰하시어 특별히 본관 중 한 사람이라도 뒤에 배종하는 것을 허락해 주시면 천만 다행이겠나이다."[15]

15) 篠田治策, 白頭山定界碑, 樂浪書院 1938, PP.103~105.

그러나 목극등은 동행의 요청을 거절하고 조선 측의 하급관리 수명만을 대동하도록 하고 결국 우리 측 대표의 동행은 이루어 지지 않고[16] 후세에 국가 막중대사인 정계지사(定界之事)에 소극적이었다는 비난을 받게 하고 말았다.

백두산정계비의 건립 상황은 『숙종실록 권51』, 『유하집(柳下集) 권9』, 『통문관지(通文關誌)』, 『동문휘고(同文彙考)』 등 여러 문헌에 기재되어 있으며, 『숙종실록』에 접반사 박권의 상계가 수록되어 있다. 이들 문헌들에 의해 당시의 상황을 되돌아보면, 목극등 일행은 강희 51년(숙종 38년) 5월 4일, 허천강(虛川江)을 건너 혜산에 도착, 다음날 아침에 접반사 박권 등과 회견하였다. 이 때 토민 애순(愛順)이라는 자가 있었는데, 지난 날 그 땅에 잠입하여 산삼을 채취했기 때문에 산길을 잘 알고 있어서, 목극등은 그를 데려다 만나보고 그 죄를 용서해 주고 길안내를 하게 했다.

6일에 필첩식 소이창(蘇二昌), 대통관 이가(李哥)와 장정 20명, 우마 4~5십필, 인부 43명, 접반사 군관 이의복(李義復), 순찰사 군관 조대상(趙臺相), 거산 찰방 허량(許樑), 나난 만호 박도상(朴道尙), 역관 김응헌(金膺憲) 김경문(金慶門), 도자(導者) 3명, 부수(斧手) 10명, 말 41필, 인부 47명이 함께 산으로 올라가고, 포소륜(布蘇倫), 악세(鄂世)로 하여금 그 나머지 인원을 이끌고 허정령(虛頂嶺)에서 서쪽으로 돌아가게 했다.

8일, 검천(劒川)을 떠나 곤장우(昆長隅)에 이르러 전기한 바와 같이 박권 등이 연로하여 걷지 못한다는 이유로 동행을 허락하지 않고 그들과 헤어졌으며, 9일 화피덕(樺皮德)에 이르자 길은 매우 험준했다. 10일에 강을 건너서 11일 드디어 백두산 정상에 올라 천지 앞에 섰다.

이 날은 일기가 맑아서 사방의 전망이 수 천리, 경역의 장백 동서 대산이 바로 부르면 대답할 것 같은 거리 안에 있었다. 목극등은 모든 사람들을 돌아다보고, "나는 대청일통지(大淸一統志)를 관장하며, 황제의 뜻을 받들고

16) 同文彙考 原編, 卷 18 勅使回帖.

각지를 탐력(探歷)하여 족적을 천하에 남겼노라! 이 산의 준험 기고함은 중국의 여러 명산에 미치지 못하지만, 그 웅장한 모습은 그것들을 능가한다."

그러면서 언덕 뒤로부터 3, 4리를 내려가, 압록강의 수원을 만났고, 또 동쪽으로 가다가 돌아서 한 짧은 언덕을 넘자 샘이 하나를 보았고, 여기서 서쪽으로 3, 4십보를 지나 물주기는 두 갈래로 갈라져서, 그 한 갈래는 서천과 합쳐지고, 또 한 갈래가 갈라져 흐르다가 서천과 합쳐지며 또 한 갈래는 동쪽으로 흘러 내린다. 그런데 그 흐름은 매우 가늘며, 또 동쪽으로 한 언덕을 넘으면 곧 샘이 있었고, 동쪽으로 일백보 가량 흐르면서 중천이 갈라지고 동쪽에서 흐르는 물이 이에 합쳐지는 것을 보았다.

목극등은 중천(中川) 중간에 앉아 역관 김경문(金慶門)을 보고 이곳을 분수령이라 이름하고 비를 세워 경계로 정한다고 하였다. 그 위치는 수세(水勢)가 갈라져서 팔(八)자 모양을 이루었는데 그 곳에 불거져 나와 있는 작은 바위가 마치 엎드린 호랑이의 형상이었다. 또 목극등은 이 산에 이런 돌이 있는 것은 심히 기이하다. 그래서 석비의 받침돌로 하라고 하였다.

다음 날 12일, 목극등은 토문의 원류는 땅 속으로 잠행하여 경계가 분명치 않은 것을 보고, 애순을 길잡이로 하여 김응헌(金應憲), 조대상(趙臺相)에게 수계(水系)를 확인토록 했다.[17]

김응헌(金應憲), 조대상(趙臺相) 등은 60여리를 갔다가 해질 무렵에 돌아와서, 물은 과연 동쪽으로 흐르고 있음을 복명했다. 이에 목극등은 돌을 깎아 문자를 새겨 위에서 말한 빗돌 위에 정계비를 세웠다.

위와 같이 목극등은 정계비 건립공사를 마치고 산을 내려와서 무산에 도착하여, 그 곳에서 대기하던 우리 측 접반사 일행과 다시 만나, 후에 기술하는 바와 같이 정계비와 수류 발원 지점 사이의 물이 없는 땅에 경계표 설치를 협의했다.

---

17) 申基碩, 間島領有權에 관한 硏究, 探求堂, 1979, PP.21~22. 上揭書, PP.108~112.

정계비 건립의 상황은 전기한 바와 같았으나, 목극등과 동행한 조선의 역관 김응헌, 김경문이 무산에 있을 때, 접반사 박권에게 제출한 보고서는 당시의 실황을 적나라하게 기술하고 있는데 그 내용의 개요는 다음과 같다.

"총관 일행이 강을 건너 강 북안에 머물다가, 9일 그 쪽 지경을 떠나 화피덕(樺皮德)에 머물렀다. 10일 돌아와서 강을 건너 우리 지경으로 가서 장백산 아래인 박달곶(朴達串)에 머물렀다. 11일 아침 일찍 떠나서 산 등성이를 올랐다. 사람들은 예로부터 양강으로 경계를 이룬다고 말하기도 했으나, 지금은 이 산 속의 지척간을 대국의 땅이 아닌 너의 나라 땅으로 만들었다.

그리고 걸어서 산정으로 올라가서 수원을 두루 살펴보았다. 소위 장백의 산형은 반쯤 펼쳐진 우산처럼 되어 있으며, 위에 대지가 있는데, 바로 우산 꼭대기가 되는 곳에 그 대지가 있다.

그리고 언덕 등성마루의 사방은 펼쳐 놓은 우산 폭과 같다. 못 북쪽의 혼동강(混同江) 수원은 과연 평지로 넘쳐서 물발을 이루고 있음을 바라보아서도 알 수 있다. 압록의 근원은 산 남쪽 조금 아래에서 샘의 맥이 비로소 나온다. 대체로 양 갈래의 세류가 있으며, 수십보를 흐르다가 합쳐져 하나가 되어 남쪽으로 흐른다.

토문강의 수문은 압록이 수원처럼 분명치가 않다. 다만 압록 동쪽 갈래의 동쪽편 한 언덕 등성마루를 격하여 내(川)가 있어 동쪽으로 흐른다. 압록의 동쪽 갈래가 또 갈라져서 하나의 작은 갈래가 되어 동쪽으로 사라진다. 그 동쪽 언덕의 물이 서로 합쳐진다. 토문강은 이 산에서 백여리를 내려가면, 소위 상엄(裳嚴)이라는 곳이 있으며, 비로소 그 곳에서 발원한다. 연지봉, 소백산 모든 못의 물은 난잡하게 어울려서 동쪽으로 흐르며, 꼬리는 상엄(裳嚴) 쪽을 가리킨다. 그리고 물이 또 끊어져 보이지 않는다고 한다. 총관은 양 강 사이에 있는 등성마루 아래에 앉아

하급직 등에게 말하기를 '이번에 우리가 여기에 온 것은 오로지 변방을 살펴보려고 온 것이다. 그리고 이 언덕의 물은 하나는 동쪽으로, 그리고 하나는 서쪽으로 갈라져서 양 강이 된다. 이것을 분수령으로 정한다. 그리고 비 하나를 세워 이를 경계로 삼는다.' 고 했다. 하급직 등과 군관, 차사관 등도 상의를 한 후 말하기를 '토문의 발원은 이것으로 정하는 것이 가하다. 만약 그 압록이 서쪽에 또 한 갈래가 있다면, 비 둘을 만들어 하나를 서쪽 갈래에 세워 압록의 경계로 하고, 하나를 이곳에 세워 토문의 경계로 하면 좋겠지만, 그렇지 않고 오직 여기에만 세우면 후일 압록의 서쪽 발원은 어디에다 그 경계를 할 것인지 모르게 될 것이다.' 라고 했다.

그러자 총관은 손가락으로 이것을 가리키며 말하기를 '이것 역시 압록의 발원이며, 그 밖의 서쪽 물도 역시 압록의 발원이다. 그리고 물은 처음부터 어려운 땅에서 다투어 흐르지 않으려고 이리로 오지 않는다. 작년에 한인(漢人)이 너희 나라의 갑산 땅으로 넘어와서 호란을 일으키며 돌아다녔는데, 이것 역시 다른 것이 아니라, 크고 작은 강역은 스스로 금한(禁限)이 있다는 것을 모르기 때문이다. 내가 이 산을 보건대 서쪽은 험난해서 넘기가 어렵고, 동쪽은 땅이 평평해서 넘기가 쉽다. 그리고 이 언덕은 지나고 넘는 요로이기에 이곳에다 비를 세우면 피아간 범금(犯禁)을 나타낼 수 있다. 지금 이 서쪽 발원에 비 하나를 세우겠다는 말이 무슨 뜻인지 모르겠는가?'

세 번을 묻고는 드디어 질문을 허락하지 않았을 뿐 아니라, 통역관 등에게 이 문제는 단지 하나의 짧은 물가이며, 더구나 사람이 살만한 곳도 아니다. 그런데 어찌 상국이 이를 아끼고 아까워할 리가 있겠는가. 비를 세울 계획은 오로지 복잡함을 방지하기 위해서이다. 그래서 이 요지에 세워두고 오가는 사람들에게 이를 알리기만 하면 그것으로 충분하다. 여기서 그 쪽에 이르기까지 넓이는 1, 2십리에 지나지 않고 길이는 수십 보에 지나지 않다.

그런데 별도로 비 하나를 또 세우겠느냐? 하는 총관의 말에 어찌 잘 따르지 않겠는가. 만약 다시 이렇게 하자 저렇게 하자고 강청해서 그의 노여움을 사게 되면 끝내는 이익이 없고 손이 있을 것으로 생각되어, 해가 진후 수행하고 돌아와서 박달곶으로 갔다.

12일 이른 아침, 총관은 대통관과 발집고(潑什庫) 1명에게 김애순과 함께 말을 타고 동쪽으로 흐르는 강을 따라 가며 다시 조사하라고 했다. 하급직인 김응헌, 군영 조태상(趙台相)도 역시 따라 갔으며, 60여 리를 가서 그 수변을 돌아보았더니, 산에서 동쪽으로 흐르기 30여리, 그 동안 혹은 흐르고, 혹은 끊어져서, 아직 길게 흐르는 것을 보지 못한다 해도 전면에 수도가 있다고 말했더니, 총관이 산위에 있었을 때 망원경으로 보고 그 굽이치는 모양을 알고 있었지만, 이 재조사로 지금은 수도가 이러하다는 것을 의심할 여지가 없다고 했다.

역관이 강을 확인하기 위해서 떠난 후에 총관은 김경문을 곁으로 오라하여, 한동안 보내주지 않았다. 그 한적한 산에 대해 이야기 하며 말하기를 '대인이 와서 이 산을 보고 반드시 그림으로 그려 황상에게 진상해야겠다.' 고 했다. 총관이 말하기를 '황지(皇志)를 받들어 변경을 조사하여 이미 강의 발원을 알아냈다. 그리고 이 산의 형승은 다른 산과 다르다. 또 데리고 온 화공이 있으니 어찌 도화를 그려서 진상하지 않을 수 있겠는가?'

다시 물어 말하기를 '중신이 명을 받고 와서 접대하게 되면서, 반드시 모두 대인을 따라가게 해주기를 간청한다. 대인이 연로하여 보행이 어렵다 해서 억지로 뒤에 남게 하고, 단지 소생 등만이 배행하게 되면 이 산과 같은 형승을 국왕에게 전달할 방법이 없으므로 바라옵건대 도화 1매를 소생에게 주어, 이것을 중신에게 맡겨서 국왕에게 진달하는 것이 어떻겠는가?' 했다. 그러자 총관이 웃으며 말하기를 '네 말도 역시 일리가 있다. 네가 만약 오지 못했으면 어찌 이 산과 방불한 것을 그릴 수 있겠는가. 여기에도 역시 금제(禁制)가 있다. 그러면 내가 두 질을 정사하게 하겠다. 하나는 내가 가지고 돌아가서 황상에게 바치기 위해서이고, 하나는 네가 가지고 돌아가서 국왕에게 바치도록 하라. 도화(圖畵)를 그리는 것이 이를지 늦어질지 그것은 아직 모르겠지만, 이미 계획이 되어 있으니 그려서 주겠다. 비문은 오늘부터 새기기 시작하려고 한다. 함께 산에 오를 자는 6명이며, 역시 비에 그 이름을 새기고자 하니, 군관 2명, 차사관 2명, 하급직 2명 등의 관직 성명을 열거하여 제출하라.' 하였다.[18]

백두산 정계비는 이렇게 하여 건립되었으나, 당시 이미 중대한 착오가 있었다. 즉 목극등이 두만강의 수원지라고 믿고 건립한 정계비의 위치는 토문강의 수원지, 즉 송화강 상류의 발원지였다. 게다가 당시 조선 측 관리 중에서 두만강의 수원이 아니라는 것을 알고 있던 자도 있었다.

목극등은 정계비를 세우고 무산으로 내려와서 접반사 박권 등과 회담했는데, 그 때 박권은 그에게 그가 사정(査正)한 그 경계 원류에 대해서 다음과 같이 물었다.

"임강(臨江) 원근에 한 물이 있으며 흘러서 대홍단수와 합쳐지는데 그것은 분명히 백산에서 동쪽으로 흐르는 물이다. 그것이 진짜 두만강이며 흠차가 알아냈다는 수원은 대홍단수의 상류이다."

그런데 목극등이 조사하게 한 것은 박권이 지적한 것과는 달랐다. 박권은 그가 지적한 진짜 두만강의 원류는 이곳에서 떨어지기 10여 리에 지나지 않으며, 흠차가 잠시 가서 보면 실정을 알 것이라고 권했으나 목극등은 끝까지 고집하며, 너희 나라에서 지략 있는 사람이 말하기를 "동쪽으로 흐르는 물이

18) 同文彙考 原編, 卷 48, 接伴使請偕行白山帖, 勅使回帖, 同書, PP.114~117.

끊어진 후 백 여리를 가서 비로소 솟아난다고 했다. 지금 내가 찾아낸 수원이 그 말과 서로 부합된다. 임강대(臨江臺) 상변에서 흘러와서 합치는 물은 반드시 두 강의 발원이 아니고 이것은 대국 지방의 여러 물이 합류하여 여기 와서 모이는 것이다."라고 단언하고 자리를 떠난 후, 상대를 하지 않았다. 이때 목극등은 이미 본국에 보고서를 낸 후였으므로 지금 다시 자기의 주장을 변경할 수 없었던 것이다. 그래서 그는 계속해서 다음과 같이 말했다.

> "나는 이미 필첩식을 황상에게 보냈다. 내가 과연 오심을 했다면, 국왕이 황상에게 상주한 연후에 다시 조사하는 것이 옳다."

목극등 자신도 백두산상의 애매모호한 수원에 대해서 실은 내심 확신이 없었다는 것은 위에서 한 말로 보아서 짐작할 수 있다. 조선 측에서 수행한 차관(差官), 군관, 역관 등은 역시 총관과 영합하여, 그것이 두만강의 상류가 아니라는 것을 알고 있는 자도 입을 다물고 지적하는 자가 없었다.[19)]

4. 정계비(定界碑) 설치후의 조처

1) 설책(設柵)상황

목극등 일행이 1712년(숙종 38년) 5월 15일 입비작업를 끝내고 무산으로 내려와서 다시 조선 접반사를 만나 말하기를, "입비정계는 황지(皇旨)이다. 피아가 간민범월(墾民犯越)의 폐단을 막는데 있어서, 유원(流源)이 단류되는 곳이 모호하니 목책을 설치하여 표계를 분명히 하는 것이 어떠냐?"고 말했다.

이에 박권이 말하기를 "목책은 그 부근에 수목이 없는 곳이 있고, 또 영구

19) 肅宗實錄 卷52, 肅宗 38年 12月 7日條.

적이지 못하므로, 오히려 그 편리 여부에 따라, 흙으로 쌓거나, 혹은 돌을 모아 쌓거나, 하여 책과 같은 구실을 하게 하면 어떻겠느냐?"라고 하였다. 이에 양측은 토 · 석퇴(土 · 石堆)설치 공문을 교환하고 헤어졌다. 주고받은 그 공한 내용은 다음과 같다.

"뜻을 받들어 변방을 조사한 신 목극등은 조선 접반사와 현지 관찰사에게 이첩하여, 변지(邊地)를 명확히 하게 한다. 나는 친히 백산에 올라가서 압록과 토문의 두 강을 조사해 보았더니, 이는 백산에서 그 근원이 발원되어 동서 양변으로 분류한다. 발원과 강북을 대국의 지경으로 하고 강남을 조선의 지경으로 정하는 것은 오래전부터의 일이니 의논할 것이 없다. 그 외는 양강의 발원지가 되는 분수령 안에 비를 세우는데 있다.

토문강의 발원에서 흐름을 따라 내려가며 조사해 보건대, 수 십리를 가서 그 물의 흔적을 볼 수 없게 된다. 암류(暗流)를 누비고 가기 백 리에 비로소 큰 강이 나타나서 무산에 이른다. 양 강안에는 풀이 드물고 땅이 평평하므로 사람들은 변계가 있는 것을 모른다. 오고가는 경계를 넘어 집을 지음으로서, 길을 복잡하게 하기 때문에 이를 접반사와 관찰사에 의논하여, 무산과 혜산에 가까운 물이 없는 곳에 단단하게 지킬 수 있는 것을 설립하여, 사람들로 하여금 변경이 있다는 것을 알려서, 경계를 넘지 못하게 하면 황상이 백성을 염려하시는 뜻에 부응하고, 또 양국의 변계에서의 사건이 없을 것이다. 그러므로 이에 상의를 위해 자문(咨文)으로 조회한다."

이에 우리 측 대표들이 조회에 답하기를

"전일 책의 설치 여부에 대해 물었다. 본관 등은 목책은 장구한 계책이 아니므로, 흙을 쌓거나, 혹은 돌을 모아서 설책(設策)하거나, 농사일이 한가한 무렵에 역사(役事)를 시작하는 문제와, 귀국의 관리, 감독여부를 물었던 바, 이미 경계를 정한 후이니, 표계를 세울 때 와서 감독할 필요는 없다고 하였다. 그리고 농민은 사역하지 않아도 되며, 하루가 급한 것도 아니므로 감사가 주관하여 편의하게 공사를 시작하여 1, 2년에 완료한다면 역시 아무런 지장이 없다.

그리고 매년 사절(使節)이 올 때 공사의 상황은 역관을 시켜서 본관에게 전언하면 되고 황상에게 따로 전주할 필요가 없다. 변경의 사건이 없게 하는 방책은 이밖에 다른 방도는 없다 하였기에 본관 등은 사퇴(辭退) 후 국왕에게 그대로 아뢰었다."[20]

라고 회답하였다.

이후 목극등은 작은 배를 만들어 다시 두만강을 따라 내려가 강구까지 시찰하고 귀로에 오르면서 그 경과를 다음과 같이 황제에게 보고하였다.

"4월 29일 후주강(厚州江)을 출발하여 30리를 가자 조선국왕이 보낸 접반사 박권과 함경도 관찰사 이선부가 와서 접반했다. 30일 강을 건너 조선의 말을 타고 그 북변 2백 여리 가서 혜산에 도착하자 조선국왕이 호조참의를 보내서 잔치를 베풀었다. 예의와 태도가 심히 공손했다. 모두 황상의 은덕에 감읍하여, 대국의 사절을 공경했다. 혜산을 출발하여 검천도구(劍川道溝)에 도달하여 조선의 두 사신이 나이가 많은 고로 부사와 함께 그 길로 무산으로 가게하고, 신은 일로 행장을 간추리고 기마와 종자를 줄였다. 그리고 조선 관원 수인을 대동하고 백산으로 올라가서 못물을 보았더니 서쪽은 압록이오, 동쪽은 토문이라. 드디어 분

20) 同文彙考, 勅使問議立柵便否刺次, P.744

수령 위에 비를 세워 기록으로 남겼다. 북쪽으로 흐르는 물은 아직 어디로 향해서 흐르는지 알 수 없으나, 토인이 말하기를 '오룡강(烏龍江)' 이라고 한다. 토문을 돌아 내려와서 지금 관찰하는 일을 마치고 귀경한다."

조선에서는 무산에서의 암복 잠류가 명백하지 않은 곳에 표지를 설치하여 경계를 분명하게 한다는 것과 이 공사는 농한기부터 시작한다는 것, 청국측이 와서 감독할 필요가 없다는 약속 하에 그 공사에 착수케 했다.[21)]

그런데 비를 세울 때 목극등이 확정한 수류는 드디어 북류하여 사라져서 두만강의 원류가 아니라는 것이 명백해졌으므로 정계비에서 수류발원지 사이에 어떻게 표지를 세울 것인가 하는데 의문이 생겼다. 당시 표지 설치 공사를 시찰한 홍치중(洪治中)의 상소 내용에 의하면 의문의 요지는 다음과 같다.

"대체로 청국 차사는 단지 물이 나오는 곳과 물줄기가 갈라지는 첫 번째와 두 번째 갈래가 합류하는 곳만을 보았을 뿐 맨 나중에 흐르는 물줄기는 끝까지 찾지 않았다. 그러므로 개천에서 보이는 물은 다른 곳으로 향해 흘러 사라지며 중간에 다른 첫째 갈래가 있어서 두번째 갈래와 합쳐지는 것을 모르면서 개천에서 물이 두강으로 흘러들어 간다고 오인했다.

이것은 처음부터 경솔한 소치에서 나온 것이었는데, 지금에 와서 강원(江原)을 잘못 판단한 것을 알게 되었는데도, 단지 청국 사신이 정한 것이라는 이유로 즉시 표지 설치를 이 물에 하게 되면, 하류는 이미 그들의 땅에 들어가서 방향을 알지 못하게 될 것이며, 경계의 한계는 더욱 근거가 없어져서 후일 처리하기 어렵게 될 우려가 없지 않다.

경계 표시를 비가 선 곳으로부터 아래로 내려가서, 나무가 없고 돌이

---

21) 황철산, 백두산 등산연로의 유적, 문화유산, 1957년, 4월호, P.26.

있으면 돌무더기로 하고, 나무가 있고 돌이 없으면 곧 나무를 베어 책을 설치하도록 하였다. 그런데 이 일은 일시에 마쳐야만 하는 일이 아니며 오직 견고하게 하도록 힘쓰고, 물이 나오는 곳에서는 공사를 중지하고 조정에 돌아가서 의논하여 정하기를 기다려, 명년에 공사를 계속할 때 문제로 삼아도 늦지 않다."

西北彼我兩界全圖

라고 하였다.

차원 등 모두가 이에 찬성했다는데 나중에 들은 바로는 허량(許樑) 등이 미봉하기에 급급하여 조령을 기다리지 않고 목책을 둘째 갈래 수원에 이어 설치했다고 한다. 이 목책이 있는 곳이 지계(地界)의 분기점이 되는 곳이다. 양국의 정계(定界)는 중대 문제이다. 그럼에도 불구하고 조정에서도 모르는 곳에 한, 두 차원이 마음대로 경계를 정했다. 이는 매우 중대한 문제로 엄히 징계해야 한다.

이에 영의정 이유연(李濡筵)이 말하기를 수원을 이미 잘못 알았는데도 차원배(差員輩)들이 감사에게 보고도 하지 않고, 평사(評事)의 지휘도 받지 않고 임의대로 표지를 설치한 것을 심하게 탄핵하고, 구금하여 심문할 것을 요청하자, 왕이 이에 따르려고 했으나, 형조판서 박권이 말하기를 목차사(穆差使)가 정한 것이므로 이에 따름도 무난하다고 하는 등 조정의 논의가 분분하였다.

후에 차원 허량(許樑) · 박도상(朴道常) 등을 출두시켜 실황을 진술케 한 바에 의하면, 입비 아래로 부터 25리는 목책 혹은 돌을 쌓고, 그 밑에 물이 나오는 곳 5리와 건천(乾川)인 30여리는 산이 높고 골짜기가 깊어서 물의 흐름이 분명하기 때문에 표지 설치를 하지 않았다. 또 그 아래 물이 솟아 나오는 곳 40여리에는 모두 설책을 하였다. 더구나 그 사이 5~6리는 나무나 돌이 없고 흙이 차져서 단지 토퇴(土堆)를 설치했다. 전후의 실정이 이러한 것에 지나지 않다고 말함에, 임금께 아뢰어 관할도로 하여금 관계자를 사문하여 자백토록 한 다음, 그 결과에 따라 피차의 같고 다름을 참고하여 재심사 여부를 결정키로 했다.

이와 같이 목극등이 두만강의 수원이 아닌 분수령 위에다 정계비를 세운 것을 당시 우리 측 차원들도 알고 있었다. 여하튼 "백두산정계비 설책 공사는 흉년으로 인해서 중단하다."라는 기사가 실록에 보이는 것으로 미루어 숙종 38년 중에는 공사중이었고, 이듬해 9월 까지도 완성을 못보고 흉년으로 그 공사를 중지했던 것으로 보인다.

이 설책의 흔적에 대해 을유감계담판을 마치고 난 이후 이중하(李重夏)는 목책의 흔적을 어렴풋이 총림(叢林)사이에서 볼 수 있다고 하였는가 하면 당시의 수행원이었던 무산군수 지창한(池昌翰)은 형체를 확인 한 바 없다고 하였다. 그러나 목책과 흙무더기의 자취는 확인할 길이 없어졌으나 놀랍게도 1948년 북한의 청진교원대학 백두산 탐사대에 의해 돌각담의 자취를 확인 발표하였다.

발표 내용은 다음과 같다.

"현존하는 석퇴와 토퇴가 이어져 있는 방면은 두만강 상류가 아닌, 비면의 문자와 일치되는 토문방향이다. 즉 정계비 아래 골짜기 토문강원을 따라 약 32~36km 까지는 목책, 돌각담 또는 흙무덤을 설치한 것이 확실하다. 이 흔적은 오늘날까지 정계비가 서 있던 분수계의 동쪽 골짜기 우안(右岸)을 따라 대략 사람의 머리만한 돌들을 모아 돌담 모양으로 된 것이 일렬로 늘어서 있다. 돌담 모양의 돌각담은 토문같이 양안이 절벽으로 된 곳 까지 있고 그 아래는 어느 정도 더 가 보아도 그런 것이 없다.

돌각담의 총 수효는 106개이고, 돌각담이 처음 있는 지점으로 부터 끝나는 곳까지의 거리는 5391m에 달한다. 흙 둔덕이나 목책은 전혀 볼 수 없다. 이는 설책 당시 허량 등이 비가 서 있는 아래로 부터 25리는 목책 혹은 돌을 못 쌓고 그 아래 물이 나는 곳의 5리와 물이 마른 내 20여리는 산이 높고 골짜기가 깊어서 내의 흔적이 분명하므로 표시하지 않았다고 한 말과 일치한다.[22] 다만 25리라고 한 거리와 실측된 5391m와는 다소 차이가 있으나 이는 산길이라는 점을 감안할 때 충분히 이해가 된다."

22) 졸저, 韓國國境史研究, 法經出版社, 1992, P.40.

요컨대 목극등이 백두산을 등반하고 송화강으로 유입하는 토문강 상류에 정계비를 세운 다음 그 구체적인 후속 조치로 정계비로 부터 수류 발원처 사이에 토퇴와 석퇴를 쌓아 경계를 표시케 함으로써 정계비문상에 명기된 토문강이 분명히 두만강이 아님을 입증케 함으로써 설책문제의 시비는 일단락 된 것이다.

2) 관련자문(咨文)

가) 칙사문의입책편부자(勅使問議立柵便否咨)

명을 받들고 변경을 답사한 대인 목극등은 조선접반사, 관찰사에 자문을 보낸다.

> "변경을 답사하는 일로 우리가 친히 백산에 이르러 압록 · 토문 양강을 살펴보니 모두 백산 밑에서 수원이 발원하여 동서 양변으로 분류한다. 본래 정해지기를 강북은 청국의 경내이고, 강남은 조선의 경내로 되어 해가 지난 지 이미 오래나 의정하지 않았다. 그밖에 양강이 발원하는 분수령 가운데 비를 세우고 토문강 수원에서 물을 따라 내려가며 살펴보았더니 수 십리를 내려가서는 물의 흔적이 보이지 않고 반석 밑으로 암류한다.
>
> 여기서 1백리를 더 내려가야 거수(巨水)가 무산 양안으로 흐르는 것을 볼 수 있다. 이곳은 풀이 없는 평지이므로 사람들이 변계를 알지 못한다. 그러므로 서로 경계를 넘어서 집을 짓고 또 지름길로 교통이 번잡하므로 이것을 접반, 관찰에게 같이 의론하여 무산, 혜산에서 가깝고 또 물이 없는 땅에 어떻게라도 설책하여 굳게 지키고 여러 사람이 경계가 있음을 알고 감히 경계를 넘어 사단을 일으키지 못하도록 하려한다. 이렇게 하면 황제가 생민(生民)을 염려하는 지극한 뜻에 부응하게 될 것이다. 또 그대는 우리 양국의 변경에서 일이 없어야 함을 생각해야 한다. 이것을 상의

하기 위하여 자문(咨文)을 보낸다."

강희 55년 5월 28일[23]

勅使問議立柵便否咨

奉旨査邊大人穆等移咨朝鮮接伴使觀察使爲査邊事我親至白山審視鴨綠土門兩江露邊白山根底發源東西兩邊分流原定江北爲大國之境江南爲朝鮮之境歷年已久不議外在兩江發源分水嶺之中立碑延土門江之原暗流而下審視流至扱十里不見水痕迹盤石繼暗流至百里方現巨水流於茂山兩岸草稀地平人不知邊界所以往返越結舍路經交雜故此於接伴觀察同商議於茂山惠山相近此無水之地如何該地堅守使衆人知有邊界不敢越境去事廬可以副皇帝軫念生民之至意 且介意我兩邊無事爲此相議咨送 .

康熙五十五年 五月二十八日

나) 설책편의정문(設柵便宜呈文)

조선국접반사 의정부우참찬 박권(朴權)과 함경도관찰사 이선부(李善溥) 등은 삼가 글을 올린다.

"경계를 살피고 목책과 표목을 세워서 후일의 폐단을 막는 일은 엎드려 생각하건대 청대인이 황명을 받들고 폐방을 찾아 험조한 곳을 다 지나고 교계를 답사하여 분수령 위에 비를 세워 계표로 하고, 또 토문강의 수원이 보이지 않게 흘러 분명하지 못함을 염려하여 이미 도본으로 친히 입책의 편부를 지시하고 또 대면해서 문의하였으되 오히려 더 상세하지 못할까

23) 設柵便宜呈文, 康熙五十五年 五月二十八日字.

염려해서 이 자문을 보내 다시 문의하니 이는 황상의 어진 마음을 본받아서 소방에 생사(生事)하는 단서를 염려하는 까닭에 이 같이 자세한 사정을 거듭 말하니 감격한 마음 비유할 데가 없습니다.

합하가 설책의 편의로서 문의를 하였는데 직등의 생각으로는 목책은 장구한 계책이 아니므로 혹은 축토도 하고 혹은 취석도 하며 혹은 설책도 하되 농사의 여가를 이용하여 작업을 시작할 뜻을 시사했고, 청국인의 감독여부를 물어 보았으나 대인이 말하기를 '이미 정계한 뒤인즉 표목을 세우는데 청인이 감독하는 일은 없을 것이고 농민의 출역도 불가하며 또 하루가 급한 일이 아니니 감사의 주장대로 형편에 따라 작업을 시작해서 비록 2, 3년 후에 마치더라도 또한 무방하다. 매년 절사(節使)가 올 때 작업한 상황을 통역관에게 일러 보내면 황상께 전달할 길은 없지 않을 것이라.' 고 말하므로 직등은 돌아온 뒤 이 뜻을 우리 국왕께 보고하였습니다. 자문중(咨文中)에 양국이 무사한 길은 이밖에 다시 더 말할 것이 없고 또 회답해도 이 이상 말할 것이 없습니다. 합하는 이해하기 바랍니다."

강희 50년 6월 초3일[24]

設柵便宜呈文 1

朝鮮國接伴使議政府右參贊朴權咸鏡道觀察使李善溥謹呈爲審呈境界樹柵立標以社日後之弊事伏以僉大人欽承皇命○○故邦○○險阻査○交界水嶺上立碑界標而又慮土門江源暗伏潛流有欠○○旣以圖本親自指示立柵之便否復爲面詢適○其不缺詳盡有此送咨吏問之擧其○以仰體皇上一視之仁俯軫小邦生事之端委曲○復一至於此感激欽歎無以爲諭日者閤下以設柵便宜俯賜詢問

24) 勅使問議立柵便否咨, 康熙 五十年 六月初三日字.

職等以木柵非長久之計或築土或聚石或樹柵○農○始○之意及大國人監督與否仰稟則大人以爲旣已定界之後立標之時○ 無大國人未監之事而農民不可出○且非一日緊急之事監司主張隋便時後雖至二三年後完畢亦且無妨每年節使之來以擧行形上言及通官轉至俺處○式不無傳達皇上之道爲敎故職等辭退後以此意狀聞于國王咨文中兩國無事之道此外更無所爲矣且回咨則有所不敢謹以呈文仰差伏惟閤下曲加悲不勝幸甚合行且呈頃至呈者

康熙 五十年 六月初三日

위 ○표는 자체(字責)가 불명한 것을 나타낸 것임.

六. 간도지역 개간문제와 국경회담

1. 봉금지대화(封禁地帶化) 전후의 간도지역 상황

광서 7년(1881년, 고종18년) 9월 9일 청정(淸廷)에 오대징(吳大徵)은 토문강 동북안의 황무지인 구장(舊章)을 변통하여 개간할 것을 주청하고, 곧바로 토문강 동북안 일대의 황무지는 조선과 불과 강 하나를 사이에 두고 있음으로 사사로이 개간하는 것을 금한다고 하였다.

논의 끝에 청정(淸廷)은 이를 실행토록 하라고 하면서 예부로 하여금 조선국왕에게 조회하기를 "개간은 관이 경작에 관계하여 소속 변계관(邊界官)으로 하여금 우려가 발생하지 않도록 명안(銘按) 오대징에게 명해 해당 관원을 독려, 거주민으로부터 약속을 받아 경계를 넘는 일이 없도록 하려 한다. 만약 이것을 준수하지 않으면 즉시 엄하게 법에 따라서 징벌하도록 흠차(欽差)한다. 뜻을 준수하여 먼저 신뢰토록 하라. 그리고 조선왕에게도 알게 하라." 함에 조선정부에서는 다음과 같은 내용으로 주청(奏請)하였다.

"폐방은 천조(天朝) 중 외방(外方)에 있는 일가로서 내복하는 것과 같다. 대소 간에 양측의 경계는 원래 하늘이 한계 지워 준 토문이 있다. 길림과 함경, 평안의 땅으로 나뉘어 예속시켜 3백년을 내려오면서 강역이 편안하고 조용하여 다른 일이 없었다. 그런데 요즘 폐방이 편하므로 해서 한가하자 우민(愚民)들이 금단(禁斷)을 넘어 범월하여 사사로이 땅을 일구어 씨를 뿌리고 있다.

그러나 다행히 천조의 혜량을 입어서 징책을 받지 않고 내부를 명하셨다. 폐방은 이런 모든 일에 대해 부끄러움을 느낀다. 그러나 생각건대 습속이 이미 다르고 풍토가 같지 않다. 해당 백성은 이미 본방에서 생장하였던 자들인데 경작을 했다는 한 가지 일로 곧 귀국 판도에 예속시켜 만일 정교(政敎)에 따르지 못해서 양 변경에 일이라도 생기게 되지 않을지 우려된다. 또한 조선은 북은 러시아, 동은 일본과 경계를 잇고 있으므로 다른 곳의 변민들에게도 토문과 같은 일이 있다.

그런데 그 나라가 천조의 예에 따른다면 사대와 근린과는 체제가 훨씬 다르다 할지라도 일이 있을 때 한 가지로 보기 쉬우므로 이를 우려하여 자문을 보내서 서둘러 알린다. 귀부에서 천폐에게 전달하시어 길림장군으로 하여금 휘춘, 돈화 지방의 조선 유민을 송환시켜 본국 지방관에게 넘겨서 적의 복귀시키도록 조치해 달라. 길림 변지의 조선 백성이 땅을 일구어 씨를 뿌린 것은 길림에서 마음대로 조세를 거두고 나중에 또한 금령을 엄하게 하면 유민도 역시 다시 강계를 범하지 않을 것이다."

라고 하였다.

정계비 건립 이후 생겨난 간광지대는 우리나라에 대한 일방적인 범월금지 조치이기는 하였으나 지속적으로 단속되어 왔음을 다음과 같은 사실들을 통해 확인할 수 있다.

강희 53년(숙종 40년), 경원(慶源)의 변경 20리 지점과 훈융(訓戎) 변경

30리 지점에 청인이 가옥을 짓고 개간하면서 도로를 닦으며, 영구 거주하고자 하는 자가 있었다. 이러한 정황을 당시 북병사의 현지 보고에 따르면 경원부의 변방 군관이 변복을 하고 강변으로 나가서 물고기를 잡고 있는 청인을 만나 이곳까지 와서 당신네들이 집을 짓고 농사를 짓는 연유를 물음에 청인이 답하기를 '이곳의 땅이 기름지며, 앞으로 청인들이 대거 이곳으로 몰려 올 것이라는 풍설이 나돌고 있어, 많은 사람들이 몰려오기 전에 먼저 농사를 지을 땅을 차지해 개간을 해 나가고자 한다.' 는 것이었다.

그렇다면 청국 황제의 칙허나 또는 영고탑 장군의 명령이 있었는가 물으니 그런 사실은 없다고 하였다. 그 후 훈융 변경의 휘춘에 살고 있던 호인(胡人)이 와서 세 채의 집을 짓고 살고 있음이 밝혀졌다.[1]

이밖에 채삼을 하고 짐승을 잡는 청국인들이 경계상을 왕래하는 일이 끊이지 않았다. 이들이 조선의 변민과 몰래 매매 거래가 이루어지는 것을 우려하여 우리나라 조정에서는 이해 12월 김경문(金慶門)을 북경 정부의 예부에 보내 아뢰기를 "강 하나를 사이에 두고 공광(空曠)이었을 때도 간민이 금단(禁斷)을 어기고 범월할 우려가 있었는데 지금처럼 땅을 맞대고 있으면 의외의 사건이 일어나지 않으리라 보장하기 어렵다."[2]라고 하면서 철수를 간청했다.

이에 청제는 즉시 봉천장군과 영고탑 장군에게 사실여부를 조사 보고하게 하고 당해 지역에 살고 있는 자들의 집을 부수고 강변으로 부터 멀리 떨어진 곳으로 옮겨 살게 하였다.

그리고 이후로도 이 지역을 계속해 엄하게 단속할 것을 약속하였다. 이 같은 조처는 그 후로 전례가 되어 변경문제 해결에 준거가 되었다. 이로부터 17년 후인 옹정 9년(영조 7년)에 압록강구에서 문제가 발생하였다. 즉 봉황성 변외의 초하(草河)와 애하(嗳河)의 두 강물이 돌아 흘러서 중강으로 들어가는 곳에 분우초(奔牛哨)라는 곳이 있는데 '강심타(江沁陀)' 라 한다. 이 타

1) 肅宗實錄 卷55, 肅宗 40年 8月 辛未, 原典 40, P.545.
2) 肅宗實錄 卷55, 肅宗 40年, 8月 丁丑, 原典 40, PP.535~536.

(陀)의 중주 · 서부는 봉황성 관할에 속하였고, 타(陀)의 동부는 조선의 속령으로 양국 간의 밀무역 장소가 되어왔다. 이에 청의 현지 관리인은 이곳의 방비를 위해 동절에 초소를 지었다가 해빙기에 철수시킬 것을 청원했다. 그러나 청의 세종은 이 땅이 조선국과 경계를 접하고 있기 때문에 일단 조선국의 의향을 물은 후에 조처하라고 하였다.[3)]

조선정부에서는 봉천장군 나소도(那蘇圖)의 제의는 변경의 방비보다는 땅을 개척하는데 있음을 알고 있기 때문에 응할 수 없었다. 이 문제에 대해 당시 좌의정 조문명(趙文命)은 말하기를 '순치(順治)때부터 책(柵) 밖 백 여리의 땅을 버리고 피차가 서로 접하지 못하게 한 것은 그 뜻이 심원함이었습니다. 더욱이 요즘 변민들이 날로 간악하여 월경해 옮겨 삶으로써 죄를 지을 우려가 적지 않습니다. 지금 만약 수로 방신(防迅)을 아주 가까운 곳에 설치하여 중강의 시장이나 또는 그 인근에 방신을 두면 갖가지 간교한 폐단이 발생하지 말라는 보장이 없습니다. 소방이 아무리 금지하려고 해도 제대로 방지할 방도가 없을 것이며 끝내는 원래대로 돌아가게 되리라 생각됩니다. 바라옵건대 이전대로 구례(舊例)에 따라 조처해 주기를 간청합니다.' 고 하면서 이 같은 뜻을 물어서 방책을 세워야 한다고 하였다.

청의 황제도 이에 동의함으로서 이 문제는 일단락되었다. 이 때로 부터 15년이 지난 영조 22년 봄 청국측은 다시 봉황성의 기름진 땅을 이용하려고 이 방면의 책(柵) 철거를 꾀했다.[4)] 즉, 봉천장군 달이당아(達爾黨阿)는 분우초(奔牛哨) 지방의 밀무역 도삼자(盜蔘者)들이 날뛴다고 하면서 또다시 이곳에다 방신을 설치하고 특별히 수군을 확충하여 경비를 엄하게 해야 한다고 주청하였다. 이 소식이 조선에 전해지자 조선은 즉시 진주사를 차출하여 사실여부를 확인케 하였다.

절사 배신(陪臣), 조관빈(趙觀彬) 등이 북경을 다녀 올 때, 관동 연로에 떠

3) 英祖實錄 卷29, 英祖 7年 辛亥 6月 庚申, 原典 42, P.265.

4) 英祖實錄 卷63, 英祖 22年 丙寅, 閏3月 辛亥, 原典 43, P.208.

도는 소문과 의주의 역관이 공한을 가지고 봉황성으로 왕래할 때에 들은 소문에 의하면 책 밖을 개간한다는 것이다. 또한 '분우초에 주둔해 있는 무장병들도 책 밖을 개간한다.' 라고 하는 말이 연도에 파다하다는 것이다.

이렇듯 전해들은 말이라 믿기지 않아 주청하여 묻지 않았으나 변방 관리들로 하여금 재차 봉황성에 탐문하게 했던 바 봉황성의 답변 역시 상세하지 못하였다.

그 후 의주 부윤 권일형(權一珩)의 보고에 의하면, "성경 부도통이 중강으로 월변해 와서 그 땅을 돌아보며 심사한다고 하였다. 만일 땅을 개간하기 위해 둔(屯)을 설치한다는 것이 사실이라면 왕래길은 서로 통하게 되어 나라에서 금단을 지탱할 수 없게 된다. 따라서 잠월이 더욱 증가하게 되어서 간악한 폐단이 백출하여 봉강(封疆)에 범죄가 발생하는 것은 자명하리라. 그런데 지금 분우초 부도통이 심사하는 땅이 지난 옹정 9년 방신을 중단하여 파한 곳으로 지금에 와서 또 둔을 설치하고 땅을 개간하는 일은 토문, 중강 양강의 일에 비하면 매우 심각한 문제가 아닐 수 없다. 더욱이 무장병이 둔을 설치하고, 변지에 책을 세우고, 땅을 개간하는 것은 경계(境界)에 관계되는 중대한 문제이다."라고 보고하였다.

이 사건이 있은 지 2년 후인 영조 24년, 두만강구 훈융진에서 강 건너 동변 2, 3십리 가량 되는 곳에 또 청국인이 집을 짓고 땅을 일구는 자가 있었는데 그것이 점차 증가의 세를 보이게 되자 훈융첨사 전추경(全樞景)이 통사를 거느리고 대안으로 가서 전례에 따라 사옥의 철거를 담판했다.[5] 그들은 오라(烏喇-길림) 사람들이었으며 자기들은 황지(皇旨)를 받들고 그 땅을 개간하러 왔다고 말하며 곧 바로 철거하려고 하지 않으므로 드디어 북경 정부에 진정하니 이때가 동년 6월이었다. 이때에도 청제의 명에 의해 조선 측의 요구가 받아 들여졌다.

5) 英祖實錄 卷67, 英祖 24年 戊辰, 6月 丁卯, 原典 43, PP.297~298.

도광 21년(헌종 7년) 봄, 청국인들이 평안도 강계부의 상토진(上土鎭) 등 4곳과 만포진 등 6곳에 와서 또 집을 짓고 땅을 일구는 자들이 있어서 강계부사 이시재(李時在)가 역관을 보내서 철거하라 했으나 응하지 않았다. 해를 넘겨 헌종 8년 봄, 또 다시 집을 짓고 땅을 일구는 자가 4곳이나 되므로 다시 건융 13년의 훈융 대안의 조옥(造屋), 간전(墾田)을 부수고 철거케 한 예에 따라 북경 정부에 이첩하여 철거를 간청하자 성경장군에게 명하여 이들 청인을 철거시키고 처벌케 했다. 이 사건에 대해 왕은 흥인군 최응(最應) 등으로 하여금 진공(進貢)할 때 함께 사은의 뜻을 표하게 했다.

이처럼 양강 이북에 청인이 집을 짓고 땅을 개간하는 것을 허락하지 않고 간광지대가 양국 간에 2백여 년 동안이나 존중되었던 것은 분명하다. 즉 정계비 건립 이후도 조선인이 이 지방에 잠입하는 것이 엄금되었으나 범금자가 끊이지 않아서 범금자와 지방관을 처벌한 사례가 여러 차례 있었다.[6]

이상과 같이 200여년 간 지켜 오던 봉금정책이 해가 지날수록 범월사건이 빈발해지는 가운데 1800년대 말에는 우리나라 북방지대에 극심한 재해로 인해 집단적으로 간광지대에 들어가 농사를 짓게 되었다. 여기에다 청의 길림성이 이 지역을 개간하고자 함에 따라 봉금지대는 사실상 무너지고 만 것이다.

2. 돈화현(敦化縣)의 고시와 현지인의 집단 호소

1882년 청은 오랜 기간 동안 지켜 오던 봉금지대를 개방하기로 결정하고 광서 7년 9월초에 이 사실을 조선정부에 알려 왔다. 그리고는 곧 이어 훈춘에 초간국(招墾局)을 설치하고 개간사무를 관장케 하고 조사위원을 파견하여 개간에 적합한 땅을 조사하도록 하였다.[7]

---

6) 通文館誌 및 篠田治策, 白頭山定界碑, 樂浪書院, 1938, PP.128~129.

7) 篠田治策, 白頭山定界碑, 樂浪書院, 1938, PP.133~137.

그러나 이미 이 지역에는 수많은 조선인들이 경작을 하고 있었으며 함경도 관찰사로 부터 지권(地券)을 발급받아 장부에 등록되어 있는 것을 발견하고 이에 대한 처분을 본국 정부에 요청하였다.[8)]

그 결과, 조선의 백성이 청국 땅에 건너와 씨를 뿌린 것이므로 청국 백성으로서 지조(地租)를 바치는 동시에 반드시 청국 판도에 소속되어야 하고, 청국의 정교에 따라야 한다. 또한 연한을 정해 청국 관복을 착용해야 하며 호별을 훈춘 및 돈화현에 신고 · 등재해야 한다.[9)] 소송사건은 길림에서 처리하며 앞으로는 사사로이 월경, 개간을 하지 않도록 엄명한다는 내용이 알려지자 조선정부는 당시 이 지방 지리에 어두워 자국민을 청국에 예속시킨다는 사실에 심히 놀라 우선 유민 송환에 동의를 하였다.

이에 청은 명안(銘按)등에게 명하여 조선 지방관에게 조회하여 쇄환시키려 했으나 그 수가 너무나 많아 시행이 어려움에 1년간 유예를 두어 송환시키고자 하였다.

그리고 광서 9년 돈화현으로 부터 토문강 이북과 이서지역으로 월경하여 개간하는 조선인은 조선경내로 추방하겠다는 고시를 종성과 회령 두읍에 발송하자 이 지역 주민들은 청측이 두만강과 토문강을 오인하고 있음을 알고 백두산정계비를 탐사, 검토하고 지세를 조사하여 종성, 회령, 무산, 온성지역 백성들 모두가 청측 돈화현의 공시가 부당함을 종성부사 이정래(李正來)에게 호소했다.

"토문의 본원은 분수령상의 정계비가 서 있는 곳에 있으며 두만강은 이와 어긋나는 곳인데도 조선 땅에서 발원한다 해서 논란이 될 수 없다. 청측이 토문 또는 도문이라 부르는 것은 분계 입비한 곳에서 발원하는 토문과는 전혀 다른 흐름인 두만을 지칭하는 것이다. 그런데도 토문이남

8) 東華續錄, 光緖7年 10月 辛巳 및 申基碩, 위와 같은 책. PP.38~39.
9) 吉林東南邊務關係當案, 光緖8年 2月25日, 吉林奬軍銘安幇辯, 吉林邊務事의 吳大徵奉褶.

의 청국 유민은 조선의 백성이 춘경추귀하는 것을 월경 범법이라고 무고하고 있다. 마땅히 돈화현에 정당한 경계를 정하도록 해야 한다."

고 하였다. 이는 조 · 청 양국 간의 국경은 두만강이 아니라 정계비에 명기되어 있는 토문강이라 주장한 효시이기도 한데, 이에 대한 이견은 이후에 전개되는 을유 · 정해감계담판으로 이어지나 회담은 무위로 돌아가고 말았다.[10]

3. 국경회담

1) 을유감계담판(乙酉勘界談判)

1867년 청측이 일방적으로 봉금정책을 폐지하고 이 지역에 자국민의 이주를 장려함에 따라 조 · 청 양국 간에 간도귀속문제와 현지의 주민보호문제가 시급한 사안으로 대두되었다. 이에 조정에서는 어윤중(魚允中)을 서북경략사로 임명하고 종성에 파견하여, 청이 두만강을 토문강으로 오인하고 있다는 간도주민들의 탄원을 듣고 이 지역 지리에 밝은 김우식(金禹軾)을 보내 정계비를 조사하게 하니 과연 그 지역 주민들의 말과 부합하였다.

어윤중은 종성부사에 명하여 길림성 돈화현에 공문을 보내 토문강으로 양국의 경계를 해야 하며, 양국이 조사하여 국경을 밝힐 것을 요구하였다.[11] 그리고 다른 한편으로는 사람을 간도에 보내 그 곳 정황을 살피게 하였다.

돈화현에서는 조선인의 쇄환을 재촉하는가 하면, 다른 한편으로는 척간국(拓墾局)이 조선인을 모집하여 양식을 공급하며 개간을 시키고 있었다. 이곳의 조선인들은 말로는 추수를 끝내면 귀환할 것이라고 하나 내심으로는 결코 귀환할 생각이 없음도 알게 되었다. 무엇보다 유민의 수가 너무 많아서

10) 篠田治策, 주 7)과 같은 책, PP. 133~146.

11) 申基碩, 間島領有權에 關한 硏究, 1979, 探求堂, P.71.

쇄환을 실행하기가 용이하지 않으며 청은 경계가 불분명하다는 것을 이용하여 개간한 땅을 빼앗아 길림에 예속시키려 하는 속셈도 확인할 수 있었다.

청국측에서는 조선인들에게 두만과 토문을 가리켜 양강이라 한다고 그럴듯하게 강변하며 송환을 실행하려고 하였다. 그럼에도 불구하고 유민은 날이 갈수록 증가하여 땅을 차지하는 범위가 늘어남에 훈춘 부도통(副都統)은 군사를 파견하여 조선인을 탄압하였다. 유민은 쫓아도 가지 않고 금해도 듣지 않으므로 마침내 민가에 불을 질러 태우고 새로이 이민해 들어오는 자는 매를 쳐서 징계하는 일까지 일어났다.

형세가 이에 이르자 조선정부는 토문강이 경계가 확실하다고 주장하고 양국이 파원을 보내 감계하자고 청국 정부에 제의하였다. 감계제의 사유를 들어 보면 다음과 같다.

> "폐방의 서북 강변은 원래 토문으로 경계를 하였다. 강희 51년 오라총관 목극등이 황제의 뜻을 받들어 변방을 조사하여 돌에 새겨 분수령위에 세워 토문강 이남, 이북을 정하여 조선과의 경계를 정하였다. 폐방은 변민이 이렇다 저렇다 다투어 염려를 끼칠까 하여 토문강 이남의 땅을 비우고 백성들을 들어가 살지 못하게 하였다. 그런데 때때로 집을 짓고 개간하여 변금이 세월이 흐르면서 이완된 것은 지방관의 책임일 따름이다. 그 땅은 실로 우리나라와 관계되어 있다. 그러므로 우리나라 백성이 우리의 땅에 거주하는 것은 마땅한 일로 결코 불가한 일이 아니다.[12] 강의 흐름을 거슬러 올라가면 입비가 있는 곳에 달하게 되며 강계(江系)의 정황을 살펴보면 자연히 그 계한을 알게 될 것이다."[13]

12) 拙著, 위와 같은 책. P.104 및 朝鮮總督府 中樞院, 東部間島及咸鏡南北兩道 特別調査報告書(1). 間道鮮支人 戸口表 大正7年 6月30日 調査.

13) 申珏秀, 國境紛爭의 國際法的 解決에 관한 研究〈서울대 학위논문〉, 1991, P. 274. 勘界使問答, 土門勘界使李 吉林派員秦 揮春派員德賈 在會甯府公堂 會辨時問答. 間島領有權에 관한 拔萃文書, PP.278~279.

라고 맞섬으로서 간도귀속문제는 발단되었고, 드디어 1886년 9월 30일 조 · 청 양국대표들은 회령에서 만나 감계담판을 열었다.[14)]

이 회담에서 청측은 도문강이 경계이니 도문강을 감계하라는 명을 받았다고 하고, 조선 측은 토문강이 경계임에 이를 감계하라는 명을 받았다고 하면서 정계비 답사문제를 둘러싸고 회담 벽두부터 의견이 대립되었다. 즉 청측은 '도문강이 조선의 국경이라는 전제로 하여 이 강 원류지역, 여러 갈래 중 어느 것을 본류로 정할 것인가를 결정하면 족하다.' 라고 하면서 처음부터 정계비는 무시하려고 하였다. 그러나 조선 측은 정계비를 근거로 하여 토문강을 감계하려고 하는데 반해 청측은 되도록 정계비 답사를 회피하려고 하였다.

그러나 끝내는 양측이 함께 백두산에 올라가 정계비를 조사한바 도문강 강원은 이 지점과는 전혀 관계가 없으며 정계비에서 발원하는 것은 송화강으로 들어가는 물줄기뿐임을 확인하였다. 그럼에도 청측은 이 같은 사실에 대해 승복하려 하지 않았다. 이에 우리 측 대표 이중하도 정계비로 부터 토문강 경계론을 굽히지 않았다. 이제 양측 간의 담판내용을 간추려 보면 다음과 같다.

清 오늘 경계조사에 대해서 회의를 여는 것은 총리각국 사무아문의 의주를 거쳐 황지를 받들어 수행하는 것으로 일체의 주문은 북양대신이 조선국왕에게 사본하여 보냈다. 부사가 이곳에 올 때 신변에 휴대하고 왔는가?

韓 8월에 정부로 부터 본관에게 토문 감계사의 직을 수여받았다. 이어서 9월 군기대신의 주문 사본 1통과 북양대신의 찰칙(札飭) 1통을 안변부에 보내왔는데 칙유가 엄중하였다. 본관은 그 뜻에 따라 먼저 이곳에

14) 篠田治策, 白頭山定界碑, 樂浪書院, 1938. PP.229~230.

와서 귀관 일행을 기다렸다. 주문 및 초본은 내가 열람했으나 이번 길에 휴대하지는 않았다. 그러나 근래 변민이 황무지를 개간하는 일로 자주 황은을 입었고 관대한 기간을 주시고 또한 귀관들의 비휼하는 마음으로 현지 백성들이 다행히 아사지경에 이르지 않은데 대해 감사한다. 그럼에도 사태가 이제까지 해결되지 못하고 분규가 거듭되어 귀관들을 원로에 오게 한데 대해 참으로 황공하게 생각한다.

清 총서의 주문 원본은 이미 열람을 마쳤기 때문에 가지고 오지 않았다면 부사는 이 원고를 자세히 읽어 보고 전에 읽은 것과 부합한지를 살펴 보라.

韓 군기대신의 의주를 보니 우리 정부에 보내 온 것과 부합된다.

清 주고는 이미 본 내용과 부합된다. 이번의 경계조사는 이미 원주 안에서 심의한 각 절에 나와 있으니 이에 의해 협상 처리하자.

韓 총서의 주문 원본에 의거 타협, 협상하되 공윤의 두자로 처리해야 한다. 일의 원칙은 오로지 비문을 상세하게 심사하는데 있다. 총서가 명하는 곳인 길림장군서내(吉林將軍署內)에 참고로 해야 할 기록 등이 과연 있는가? 없는가? 만약 그 기록이 있다면 다행이다.

清 길림성 내에 있는 고기록은 오래 되어 낡고 헐어서 하나도 보존되어 있는 것이 없다. 휘춘부도통총아문(揮春副都統總衙門)에도 조회하여 조사해 보았으나 휘춘을 설치한 것이 강희 53년이며, 51년에는 관을 두지 않아 없다고 한다. 그러므로 일을 처리하려면 오직 공윤에 따라야 한다. 이것이 지당하고 불변의 이치이다. 비의 기록만을 상세히 조사하는데 있다고 하는 것은 완전치 못하다 할 수 있다. 당년에 과연 그 비가 있었다고 하면 압록강의 동쪽과 도문강의 강원 서쪽 사이에 강이 없는 곳에 있어야 한다. 이 비의 진위를 상세하게 조사하려면 먼저 도문강으로 부터 흐름을 찾아서 그 원류로 거슬러 올라가야 하며 만약 그 비가 과연 도문강 서쪽에 있으면 소위 동쪽을 도문강이라 하고 서쪽을 압록강이라

하는 근거가 된다. 또한 조선국의 원조회(原照會)에 관리를 파견하여 도문강의 구경계 조사를 요청하였다. 예부는 이를 대주하여 총서가 이를 가지고 논의하였다. 다시 군기대신이 이 뜻을 황제께 올려 윤허를 받고 본관들이 파견되어 부사와 회동하여 여기에 와서 감계하고자 하는 것이다. 이는 도문강의 변계를 조사 결정하려는 것이지 비를 조사하려고 온 것은 아니다. 비는 이미 조사하였다. 도문강을 조사, 정계하는데 한 가지 증거에 지나지 않는다. 그것이 증거가 될 수도 있고 또는 없을 수 도 있어 반반이다. 지금 부사가 말하는 것은 오직 비를 조사하는데 있지만 그것은 도문강 조사에서 논할 것이 못된다. 이와 같이 처리하려고 하는 것은 원주(原奏)에도 부합되지 않을 뿐더러 조선국왕의 원자에도 역시 부합되지 않는다. 본관들이 이번에 파견된 것은 오직 총서가 의논하여 올린 각절만을 조명하는데 있으며 굳이 다른 이의를 만들어 내려는 것이 아니므로 귀측 의사에 응할 수 없다.

韓 폐방은 한쪽에 치우쳐 있어 오직 자신을 지키기만 할 뿐 그 외 단 일보의 몽상도 가지지 않는다. 황조가 동쪽 땅에서 융흥한 이후 폐방의 동북쪽이 평안 무사하기가 3백년이 지났다. 그런데 근년 이래로 폐방이 오늘날 다난한 것은 감히 근거가 없는 일로 귀방을 번거롭게 할 생각을 추호라도 가지겠는가? 실로 북도가 흉작이 들어 생민이 유리하고 있다. 다만 귀국이 금지인 황무지를 개간하는 것을 보고 미련한 우민들은 중외가 일가인지라 적자와 같다고 보고 왕왕 두만연변인 폐방의 옛 금지된 땅을 일구었다. 그 사정을 살피건대 한스럽다고 할까 서글프다 할까 어떻다 할 바를 모르겠다. 그런데 훠춘 사람들이 병사를 데리고 와서 불 지르고 부수고 구축하니 골짜기의 참상을 무엇이라 표현할 길 없다. 내가 생각하기에는 백두산 분수령상에는 성조인 황제가 획정한 석비가 있다. 이는 구축지가 아니다. 훠춘의 제대인들은 아직 원래의 비를 상세하게 살펴보지 않았다. 그런데도 연내에 왕래함이 번거로워졌다.

귀 조회에는 귀절마다 불안한 어귀가 있다. 즉 사식(詞飾)이니, 교뢰(狡瀨)니 하는 것이 그것이다. 어찌 꿈에라도 그런 생각을 갖겠는가. 조정은 이것을 보고 놀라고 죄송하여 본직을 파견하여 귀관들과 회합하여 비퇴를 가리켜 증명하고, 폐방이 애초부터 말을 꾸미거나 무를 유라고 하는 비리한 짓을 하지 않는다는 것을 밝히려 할 따름이다. 처음부터 영토를 확장하려는 생각으로 항변하는 것이 아니다. 폐방의 촌지척지(寸地尺地) 황조와 무관하지 않은 것이 있겠는가? 그런데 어찌 사사로이 이것을 증명하려 하겠는가? 생민이 괴로운 구렁텅이에 빠져 있는 것을 보고 침묵하여 끝내 비석으로 아뢰지 않는다면 강희제가 비를 세운 본의에도 위배된다. 한번 증언하고 알려서, 감추려는 마음이 없다는 것을 밝히고 이후 경계를 표시삼아 백성들에 대한 처분 역시 명에 있을 뿐이다. 폐방은 일석일목(一石一木) 하나 훼손한 일이 없다. 성조께서 정하신 바를 지중하게 여긴다. 항상 귀관들이 논하는 것을 들으면 당년에 과연 이 비를 세웠다고 하지만 그 비의 진위를 가리기 어렵다고 말한다.

폐방은 놀라지 않을 수 없다. 비문의 뜻을 받들어 변경을 조사했다고 하고 있다. 이것이 얼마나 중대한 사건인가 폐방이 감히 위증을 하면 천벌을 받지 않겠는가? 이것 역시 의심할 일이라면 밝혀서 우리에게 알려라! 우리는 조정에 달려가 보고하고 먼저 신속히 강구를 한 후에 그 벌을 받겠다. 지세강형 같은 것은 제2의 문제에 속한다. 우리나라가 공고(控告)할 것은 오직 비퇴 한가지뿐이다. 그런데 이에 의심을 품는데 어찌 굳이 장황하게 논하겠는가? 본관이 명을 받드는 이유는 오직 비퇴를 지중하는 데 있다. 별지에다 써서 알려준 것을 보고 아방의 민생고를 걱정하는데 대해 마음에 사무쳐서 상의하고자 하는 일이 한 두 가지가 아니므로 삼가 재삼 상세히 설명한 후 하나 하나 별지에 써서 회답하라.

清 왕왕 비가 있다고 하는 자가 있는 것을 보면 필시 없다고 함을 이르는 것이 아닌지, 비의 존재 유무를 논하기 보다는 위조물이 아닌지 의심된다. 천조나 길림 각 아문에도 이를 증명할 기록이 없다. 그러니 비에 대해 굳이 말할 것이 없다. 부사가 명을 받은 사유는 오직 비퇴를 지증하는 데 있다고 하였다. 부사는 그 관직을 쓸 때 어찌하여 토문감비사(土門勘碑使)라 하지 않고 스스로 토문감계사(土門勘界使)라 하는가? 조선국왕은 우리 예부의 자문에 어찌하여 구계를 조사 결정할 파견원을 요청하지 않고, 도문강을 조사 결정할 파견원을 요청했는가? 도문과 두만은 실은 하나의 강이며 총서의 원의 안에서 이를 명확하게 지적했다.

부사에 묻건대 조선과 길림변계는 도문강으로 경계로 하는가? 아닌가? 부사는 지금 비를 해결하려고 왔으며 도문강의 구계를 해결하려고 온 것이 아니다. 말하노니 받은 바 조선국왕의 명을 자세히 살펴보라. 본관들은 곧 상관에게 회보하여 품의하겠다. 필요한 점은 도문강 구계를 해결하기 위해 강도 조사해야한다. 전에 이미 비문은 탁본을 하였다. 비도 역시 조사를 해야 한다. 종성부(鐘城府)가 있던 곳, 그리고 도문강 해랑하(駭浪河)역시 조사해야 한다. 이것을 두루 조사한 후에 공론이 있을 것이다. 허심탄회하게 이 일을 논하는 것이 옳다.

韓 이번에 산에 올라가서 두만강 상류가 만약 분수령의 비퇴에 접해 흐르고 있는 것이 확인되면 아국의 말은 참으로 잘못된 망언이다. 그러나 처음부터 접해 흐르지 않을 뿐더러 중령 백여리를 격해 있는데 있고, 비퇴 이하의 수원이 다른 갈래를 이루고 있다. 거기다 과연 강벽문(江壁門)을 한 형상이 있다면 아국의 말이 근거가 없는 것이 아니다. 폐방이 말을 꾸몄는지 아닌지는 그것으로 분명해질 것이다.

清 도문이라는 두 글자는 만주어의 하나이다. 청어로 번역하면 만(卍)자라는 것을 알 수 있다. 한문에서 이것을 쓰려고 해도 본래 글자가 없다.

그 음과 서로 가까운 것을 취할 수 있을 뿐이다. 도문강이라고 하는 것은 또한 만(卍)자강이라고 하는 것과 같다.

韓 토문과 도문의 글자 모양은 현격하게 다른데 어찌 분별하여 말하지 않고 항상 혼칭하는가.[15]

30일의 담판은 이상으로 끝났는데 청국 위원들이 그들이 주장하는 요지를 종이쪽지에 적어 조선 측 위원에게 보냈는데 그 요지는 다음과 같다.

"청국은 두 차례에 걸쳐 귀국에서 일어난 대사에 국노를 아끼지 않고 장수에게 명해 보호하였다. 그런데 신민에 속하는 자가 어찌하여 감격 보은하려 하지 않는가? 천조는 이전부터 속방을 사랑하고 거두었다. 그리고 이 지방이 과연 귀국의 땅이라면 당당히 아조에 있으므로 구구하게 귀국과 영토를 위해서 쟁론하고자 하지 않는다. 석비와 같은 것은 일을 기록하는 것이므로 서로 면밀하게 분계에 따른 증거로 할 것이 못된다.

도문강이 천연적인 경계라는 것은 아국의 전적에 비추어 보아도 명백하다. 조선은 땅은 좁고 호구는 번성하다. 그러기 때문에 구실을 만들어 우리 땅을 일구고 있을 따름이다. 그러나 천조께서는 다 같은 백성으로 보고 일시동인은위(一視同仁恩威)를 베푸는데 어찌 300년 심복인 나라를 모르는 채 박대하겠는가? 귀국 스스로가 억지라는 것을 자각하고 장백산에서 발원하는 도문강으로 경계를 삼을 것을 결정한 연후에 월간의 백성은 법을 마련하여 안치한다는 것을 주상하여 재가를 청해야 할 것이다.

그런데도 만약 전과 같이 고집을 부리고 쟁론하면서 사슴을 가리켜서 말이라고 하듯이 두만이라는 두 글자로서 일시 혼몽케 하려고 의도하다

15) 篠田治策, 白頭山定界碑, 樂浪書院, 1938, PP.147~158.

가 머지않아 반드시 물이 떨어지고 돌이 나오게 되면 가령 조그마한 이를 얻는다 해도 대의를 잃게 되어 누를 창생에 끼칠 뿐만 아니라 잘못을 국가에 끼친다는 것을 두려워한다면 그 관계를 어찌 깨끗이 하지 않을 수 있겠는가!"

청측은 도문강이 국경이라는 것을 전제로 하고 저들의 주장은 움직일 수 없는 사안으로 하고 오직 도문강을 사감(査勘)하는 데 있다고 하면서 조선왕의 자문에는 전기한 것과 같이 단지 사감일뿐 구계를 밝혀야 하는데도 불구하고 이를 도문강의 경계를 감사하는 것이 주된 의무라고 해석하거나 혹은 국난을 구제해 준 은혜를 팔거나, 대국의 위세를 이용하여 협박, 공갈을 시도하여 조선위원에게 자기주장에 동의하게 하려는 수법은 담판위원으로서 그 사명을 욕되게 하는 것이라고 말할 수 있다. 이러한 사안에 대해 조선위원은 다음과 같은 뜻을 가지고 회담에 임하였다.

"황상께서 국노를 아끼지 않으시고 귀국을 보호하셨다. 아국의 백성이 아무리 돈어목석(豚魚木石)이라 할지언정 편안에 치우쳐 어찌 황은을 잊고 모른다 하겠는가? 전국의 백성은 세세대대 영원히 넓으신 자비를 칭송한다. 이것을 어떻게 붓과 종이에 다 옮겨 쓰겠는가! 당당한 천조는 구구하게 땅 때문에 쟁집하지 않는다 하였다. 그런데 우리가 쟁집이라는 글자를 보는 것은 유한지(流汗趾)에 이르러도 알지 못한다. 지금 명을 받아 상세하게 조사하고자 하는 것은 오로지 비가 어느 땅에 있으며 퇴가 어느 방향으로 있으며 물이 어느 곳으로 흐르는가를 지증하기 위해서이다. 다시 한 번 소상하게 알려서 우리나라가 모순되고 기만하는 것이 아니라는 것을 밝히려는 것뿐이며 단 한 발자국도 영토를 넓히려는 것이 아니다. 조사해 보건대 두만도 역시 백두산의 여록에서 발원하여 우리 땅의 내지로 흐른다. 두만이라는 강 이름은 아방의 방언이다. 지금 여기서 말하는 것은 즉 토문이다. 그리고 귀국 사람은 토문과 도문을 혼동해 서 말하는데 우리나라 사람들은 이 말을 들으면 놀라서 눈이 휘둥그레진다. 토문이라는 이름은 본래 부터 그 뜻이 있다. 오라총관이 비를 세우고 한 말이 있는데 동쪽에 토문을 이루고 있다고 했다. 동변 수원을 따라서 내려가면 계속해서 잇닿아 토벽문과 같은 것이 있다. 그런고로 우리나라 사람들은 다만 이 흐름으로 해서 토문강이라 했으며 지금에 이르기 까지 전해 내려오며 그렇게 부르고 있다.

만약 두만을 토문이라고 한다면 동쪽을 토문이라고 한다는 뜻과 서로 부합되지 않고 또 발원이 멀어서 비퇴와 관계되지 않기 때문이다. 다시 분수령이 되는 것을 조사해 보면 압록과 토문을 동서로 나누어 분수가 되는 곳이며 비는 영상에 있다. 그리고 도랑을 굽어보면 개천이 완연하다. 동쪽 도랑에 서서 보면 아래에 석퇴와 토퇴가 보이는데 두만의 발원처와는 아주 멀리 떨어져 있으며 중간 강령(江嶺)과 격하기 백수십리인 땅이다.

즉 폐방의 백성이 두만을 경계라고 인정하지 않는 것은 그것을 근거할 것이 없기 때문이다. 또한 종성의 월변 90리가 되는 모자산(帽子山) 아래 발가토(勃加土)라는 지명이 있다. 항상 종성에 장이 섰다 파하면 귀국 상인들이 짐을 조선 백성에게 운반케 했는데 발가토 까지 오면 자기 나라의 경계라고 하면서 일보도 들어오지 못하게 하였다. 귀국의 문무 관리가 항상 깃발을 세워두고 여기가 경계라는 것을 표시하기 때문에 조선의 백성은 다만 조선의 영토라고 알고 노고를 마다 않고 부역에 종사하기 240년이 되었다. 그리고 장을 폐쇄한지 이제 4년이 되었을 뿐, 두 곳의 상인들에게 물어보면 알 것이다. 바라건대 귀하들이 이런 사정을 숙사주찰(熟思周察)하여 후정을 베풀어서 소방의 백성을 언짢게 여기지 마시고 황상지인의 정치를 내리게 하라."

라고 청국 위원의 논지에 대해서도 일일이 반박하였다.[16)]

이러한 논증으로 청국위원도 조선 측 위원의 주장이 사리에 맞는다고 인정하고, 10월 초 하루 제2차 회담에서 수원 지방을 공동으로 답사할 것을 결정하고, 3일 함께 회령을 출발하였다. 그런데 청국위원은 가는 도중마다 두만강을 따라 상세한 지도를 그리는 일로 날짜를 지연시키기 때문에 조선 측 위원들은 신속히 산에 올라가서 정계비를 살펴 본 다음에 하산 길에 매 지류의 원류를 상세하게 살피자고 주장함에 10월 6일 무산부 공당에서 다음과 같이 담판하였다.

韓 정계의 표한은 비퇴이다. 가서 먼저 비계를 조사하여 만일 두만이 경계가 되면 더 조사할 필요가 없다. 그러나 만약 토문이 경계가 되면 다시 가부를 상의하는 것이 타당하다. 지금 하류를 제도하려고 시일을 허비하면 백산에 눈이 내려 쌓이게 되어 경계를 조사할 수가 없다. 바라건대 사태를 깊이 양찰하여 먼저 비계를 조사한 후 강원을 작도하여 국사를 완수하자. 인명을 상하게 하지 않는 것 또한 다행한 일이 아니지 않겠는가!

清 토문과 두만이 실은 하나의 강이라는 것은 총서의 주의에도 명확하게 되어 있는데 무엇 때문에 다시 상의 할 것인가! 본관들은 토문강 변계를 사정하기 위해서 파견되었다. 조선국왕도 우리 예부에 자문하여 역시 관리를 파견하여 토문강 구계를 사정할 것을 요청했다. 지금 와서 공평하게 일을 처리하려면 총서의 공문에 따를 것이며 굳이 다른 이의가 생기게 해서는 안 된다. 회령에서 정의한지 며칠도 되지 않아 어찌 중도에서 바꾸자는 제의를 받아들일 수 있다는 말인가?

韓 토문의 형상을 답사하기에 앞서 미리 알고 있으면 반드시 장황하게 일

16) 乙酉九月三十日會寧府會辨時에 따른 別紙答辯.

을 하지 않아도 된다. 자문 중에 언급된 것은 토문강의 구경계를 조사해서 밝히라고 한 것이다. 총서 공문의 말미에 당해 장군에 하명하여 경계지를 조사해서 밝히라고 나와 있다. 대체로 구계를 조사해 밝히라는 말은 역시 정계(定界)의 옛터를 말함이다. 비계를 먼저보고 당초에 정한 표지를 알아내면 자연히 공평한 처결을 얻게 된다. 두만강 하류에 이르러서는 어디가 곧은지, 어디가 굴절이 심한지 논할 것이 없는데 무엇 때문에 애써 제도를 먼저 하는가 그래서 충고를 하는 것이다.

清 길림장군에게 강희 연간의 기록을 조사하라고 요청했다. 사람을 보내서 비를 조사하라고 한 것은 아니다. 경계지를 사명하라는 것은 토문강 경계지를 사명하라는 것을 뜻함이다. 조선국왕의 자문에도 언급되어 있다. 토문강 경계지를 조사해서 밝히라고 했다. 부사는 어째서 마음대로 먼저 비퇴를 조사하자고 하는가? 그것은 회령에서 해명을 끝낸 것이 아닌가. 이번에 토문강 구계를 조사하는데 있어 강을 조사하지 않을 수 없다. 종성부는 전에 이미 탁본을 해 두었다. 비와 토문강의 해랑하(海浪河)라는 것도 역시 조사하지 않을 수 없다. 지금 부사는 완강하게 비를 먼저 조사하고 나중에 강을 조사하려고 한다. 그러나 본관들은 아직 그런 공문을 받지 않았으므로 귀관의 말에 따를 수 없다.

韓 이것은 순서를 따라 어귀를 배열한 것에 불과하다. 마음대로 바꾼 것이 아니다. 만약 분수령에 비가 없으면 어찌 길림과 조선의 표계가 되겠는가? 그리고 오늘의 논변이 있을 수 있겠는가. 경계를 조사하려면 비를 자세히 조사하지 않을 수 없다. 눈으로 보면 그 도리가 확연하므로 알기 쉽다. 그리고 이 일을 바탕으로 다른 일에도 참고가 될 수 있다. 비계를 조사해 보면 자연히 동서수원을 시험할 수 있다. 비를 조사하고 물을 조사하는 것은 같은 맥락의 일이다. 일의 선후 순서는 당연히 비를 먼저 조사해야 한다. 그래서 이렇게 거듭 말한다. 그런데 어찌 이를 알아듣지 못하는가? 해당하는 그 하류가 두만과 합쳐지며 상류는 하반

령(下盤嶺)에서 나와서 처음부터 비의 동쪽 수원과 연접되지 않는다는 것을 이미 알려준 바 있는데 무엇 때문에 또 문제를 제기하는가?

清 우리는 파견의 명을 받들어 총서주의(總署奏議)에 따라 토문강지를 조사하라는 말을 준수하는 것이며, 따라서 강 상하 원류를 조사하라는 것이 문제의 정문이다. 비를 조사하는 것은 이 일의 일부로 정문을 고증하는데 불과하다. 부사는 문예로 등과하여 현직에 있다. 글을 지을 때 우선 정문을 버리고 글을 짓지 않을 것이다. 그런데 여파를 필사하는 것을 몇 차례나 보았다. 이번 총서의주에 군기대신에게 칙허를 내렸다. 우리가 이 일을 처리하는데 총서의 의결에 위배하면 이는 또한 황지를 위배하는 것이다. 본관은 부사가 하는 말에 따를 수 가 없다. 그것은 황지에 위배되는 죄를 범하는 것을 두려워하기 때문이다. 이점을 양해하라.

韓 이전에 성조께서 돌에 새기게 한 정계가 있으며 그 비는 이 분계의 근본이다. 이것을 경서에 비유하자면 즉 비는 정문이며 강은 주각이다. 그런데 어째서 비를 여파라 하는가? 그것은 옳지 않다. 귀하가 경서를 연구하고 공부했는데 정문과 주각이 다름을 어찌 모르는가. 더욱이 비면에 봉지한 문자는 강희 성조의 성지이므로 밝게 새긴 글은 천고에 남겨야 한다. 이제 여파운운함은 실제를 모르고 말함이다. 대저 피차를 논하지 말자 이번 길에서 흐름을 따라가며 조사하는 것은 일반적인 사항이다. 목전의 사세도 고려하지 않을 수 없다.

清 경서연구(經書硏究)를 이 일에 언급한다는 것은 걸맞지 않다. 비를 정문으로 강을 주각이라고 하는데 대해 그 뜻을 확연하게 가르기는 쉽지 않다. 이를 사서오경에 비유하면 반드시 먼저 나오는 큰 문자를 정문으로 하고 뒤에 나오는 작은 글자를 주각이라 한다. 부사는 이것을 생각하라 먼저 강이 있지 않은가 강이 있은 후에 비가 있다는 것은 명백하다. 만약 강을 주각으로 한다면 강안에 처음부터 어딘가에 비가 있

다고 한 말은 들어 보지 못했다. 비면에는 동은 토문으로 하고 서는 압록으로 한다고 명기되어 있음을 들은바 있다. 이는 분명히 비가 강의 주각이 되는 것이며 부사가 강을 주각이라 한 것은 깊이 생각하지 않았기 때문이다.

韓 귀하는 문자로 희롱을 잘한다. 그래서 회해(諧)가 있기도 하다. 제왕이 처음 일어나게 되면 강상의 땅은 모두 재제(宰制) 안에 들어간다. 성지를 받들어 어디에서 어디까지인가를 기재한다. 이것이 일월과 같은 경문(經文)이라 하겠다. 산이나 강과 같은 것은 그것을 표기하기에 따라 대방(大方)에도 있게 되고 혹은 소방(小方)에도 있게 된다. 강(江)이 비(碑)에 속하거나 비가 강에 속하기도 한다.

清 강의 흐름은 한결같지 않으므로 모름지기 조사 사명한 후에 주소(奏疏)하여 증거가 있으면 우리가 강을 조사하여 토문강의 주부자(朱夫子)가 되려고 한다.

다음날인 10월 7일에 회담은 계속되었다.

韓 일에 있어 긴요한 것은 오로지 비퇴(碑堆)에 있다. 먼저 비가 서 있는 곳에 가서 동서(東西) 수원을 상세하게 시찰하여 흐름을 따라서 경계를 찾는 것이 가하다. 그리고 지금 하류를 제도한다는 것은 날짜를 허비할 뿐이다 무산, 회령의 강은 경계 사정과는 관계가 없다.

清 도문강 경계조사는 이미 총서의 주명을 거쳤다. 우리는 오직 취지를 준수, 봉행하여 상세하게 원류를 제도, 어람하시도록 바쳐야 하는데 만약 오류가 있는 것을 바쳐서 다시 조사해야 할 경우 그 죄책은 누구에게 돌아 갈 것인가.

韓 이는 백성의 일에 관계된다. 귀하도 역시 독서를 한 사람이다. 모름지기 공평하게 마음을 써 편파적으로 보지 않음이 가하다.

清 대소국의 백성은 하나같다. 편파적으로 하게 되면 한 사람의 백성도 복종하지 않을 터인데 왜 공평한 조사를 거부하겠는가?

韓 대소간이기 때문에 최대한 묵찰해야 한다. 거듭 말하겠다. 오늘 화원이 도착하면 내일 즉시 출발하는 것이 좋겠다.

清 의당 약속한대로 하자.

수원 지방으로 급히 가도록 합의가 되어 10일에 무산을 출발하여, 11일 삼하 강구(三河 江口)에 도달했다.

청국위원이 서두수로 가려고 하자 서두수는 멀리 조선 내지에서 발원하는 지류이므로 만약 이것을 두만강의 본류라고 하여 국경으로 한다고 주장한다면 조선의 영토는 크게 줄어들기 때문에 감계사 이중하(李重夏)는 놀라 청국위원에게 달려가 아래와 같이 담판하였다.

韓 어느 산하이던 모두 살펴야 하겠지만 변지(邊地)의 교계(交界)를 버리고 관계없는 내지를 찾아가려 하는 것은 심히 이해하기 곤란하다.

清 변계가 불명하기 때문에 와서 조사하는 것이 아닌가? 산천을 두루 조사하지 않으면 교계가 어디에 있는가를 알지 못한다. 정류와 지류를 나누지 않으면 강의 발원이 어디에 있는지 가려낼 방도가 없고 교계를 알 수 없다.

韓 지금 비로소 산수를 두루 조사하여 교계를 알려고 한다면 당초 비를 세워 정계를 한 뜻은 어디에 있었는가? 항상 적심을 품고 있다가 속마음을 토로하고 끝내는 의심을 한다. 어찌 이럴 수 있는가?

清 부사를 의심하는 것이 아니다. 조선국왕의 자문원문에 '길림과 조선과의 천연적 경계선인 토문강이 있어 경계를 이룬다.' 라고 하였다. 강은 천고 불변의 것이다. 듣기에 그 비는 백 여근에 불과하다고 하는데 그렇다면 사람들이 그것을 어찌 옮기지 못하겠는가. 더욱이 그 비문

에 분명히 분수령 상에 동쪽은 토문강으로 하고 서쪽은 압록으로 한다고 되어 있다. 비가 원래 서 있던 곳은 토문강원의 서쪽 압록강원의 동쪽인 분수령에 있다. 양강의 발원을 탐사하면 그 비가 과연 원래 설치한 땅에 있었는지 아닌지를 쉽게 알 수 있을 것이다. 그런데 비 옆에는 석퇴나 나무 말뚝이 있다고 한다. 이것은 모두 인력으로 만들었으며 또한 그 비가 세워지고 지금까지 2백년이 되었다. 나무 말뚝이 어찌 썩어 내려앉지 않았겠는가. 만약 그 후에 첨가 설치되지 않았다면 그것이 양국 경계에 걸쳐 있어야 한다. 나무 말뚝은 응당 양국의 지방관이 공문을 보내 함께 이 일을 했을 것이다 그런데 어찌하여 길림과 훈춘에 이에 관한 기록이 없는가? 이것이 두루 산과 강을 조사해야겠다는 취지이다. 우리는 이미 이 일을 해결하기 위하여 마음을 편히 하고 그 실제를 찾으려고 한다. 그래서 서둘지 않는다.

韓 국왕의 자문에 토문강 구계를 조사하자고 요청한 것은 즉 비의 동쪽에 봉퇴(封堆) 이하의 수원을 지칭한 것이다. 우리나라 사람은 비퇴가 연이어 있다는 것, 즉 토문안과 같다 해서 지금까지 그 곳을 토문강이라고 인정하고 있으며 길림에서는 황화송구자(黃花松溝子)라 칭함에 대해서는 모른다. 지금 이것에 대한 명을 받고 왔다. 그러므로 사리에 따라서 보는 바에 의거해서 또는 그림으로, 또는 글로써 상세하게 품주하는 것이 가하다고 생각한다. 즉 비를 옮겼느니 어쩌느니 하는 것은 꿈에도 생각 못할 이치 밖의 설을 내 놓으니 우리나라 사람을 불칙한 곳으로 몰고 가는 행위이다. 천지 신명위에 떳떳하게 대답할 수 있다. 비를 세워 전한 후의 자취를 이렇게 의심을 한다면 상고 삼대 이후의 사적(史籍)도 어찌 믿겠는가. 본관은 귀관이 비를 의심하는 마음이 있다는 것을 모르고 다만 공평한 이치에 의거하여 일체 지형에 상관하는 바가 없이 말했다. 지금의 경우를 보건대 같은 자리에 누워서 다른 꿈을 꾸고 있다고나 할 수 있겠다. 서두수를 답사하려는 것은 굳이 말리지 않겠다.

清 귀국의 왕이 이미 토문강의 구계를 조사하자고 요청했으므로 반드시 토문강의 상하 원류도 조사하겠다. 과연 비 옆의 황화송구자의 하류가 토문강과 상통하면 이것 역시 토문강 강원이라고 할 수 있다. 그 밖의 산수는 상세히 조사 하지 않았기 때문에 그 하류가 송화강으로 들어가는 것을 아는 자가 없다. 이미 송화강으로 들어가면 토문강원이 아닌 것이 분명하다. 그러므로 이 토문강이 과연 어디서 나오는가 하는 것을 조사할 필요가 있다. 그 가운데 잘못이 없고 또 때와 세를 헤아려 타협하여 처리하면 이 일이 어렵다고만 할 수 없다. 부사는 동상이몽(同床異夢)이라고 말하나 이것은 우리와는 생각이 맞지 않다. 우리는 파견의 명을 받들어 토문의 구계를 조사 해결하려고 한다. 토문강의 원류를 일일이 밝히지 못하면 실로 상관에게 복명할 방법이 없다. 이것은 소국의 살을 베어 대국을 살찌우려고 생각하는 것이 아니다. 대국이 그 땅을 얻어도 구우일모(九牛一毛), 천창일속(千倉一粟)에 지나지 않는다. 그러나 소국은 이것을 잃으면 수천의 생령이 생명을 이어가지 못한다. 우리도 양심이 있는데 어찌 이것을 보고 견디겠는가. 역시 반드시 이렇게 되지 않기를 바란다. 그러나 다만 이 일을 해결하는데 서로가 경솔하게 처리 할 수는 없다.

韓 대체로 비 동쪽의 물은 아래로 흘러서 역시 송화강으로 들어간다. 두만강을 말하면 그 발원은 토퇴와 접해 있지 않다. 그러기 때문에 경계지가 지금까지 불명이다. 대저 기백년 동안 황폐하여 백성이 이곳에 살지 않은 연유에서이다. 지금 우리들이 편한 마음으로 일에 대해 논의하자면 다만 지도와 지지(地誌)가 자문(咨文)과 맞지 않아서 지나간 옛날의 일이 판명되지 않으므로 오직 상세하게 제도하여 황상께 올리고 엎드려 상지를 받드는 것이 지당하다. 그런데 이제 와서 이치 밖의 것을 의심하여 다른 형태의 사건을 만들어서 폐방 백성을 황조복재(皇朝覆載)사이에 넣기 어렵다고 하면 폐방이 어찌 이 말을 듣고 하루인들

참고 견딜 수 있겠는가. 귀관의 의사는 항상 비에 의거하는 것에 만족하지 못해서 글로 하려고 한다. 그렇다면 처음부터 비를 조사할 것을 논할 필요가 없었다. 경계는 비에 있으나 비는 의심을 받는다. 그런데 무엇 때문에 다시 입비를 증거로 하여 쓸데없이 구설에 시달리겠는가.

清 비를 증거로 하는 것이 불충분하다는 것이 아니다. 비는 강을 기록했다. 그러므로 강원을 조사하면 비는 그것이 증거가 된다. 강과 비문이 함께 부합되면 한번 조사하고 즉시 완결된다. 강이 만약 비와 부합되지 않으면 다시 타협 협상하여 처리한다. 3백년 이래로 황조(皇朝)는 귀국 백성을 잘 받아들였는데 어찌 우리가 지금에 와서 받아들여 주지 않겠는가. 이번에는 변계를 조사하려고 온 것이다. 그러니 기타의 것을 논하지 않는 것이 좋다. 또한 앞에서 말한 것은 나의 속마음을 표현한 것뿐이다. 부사가 믿든 믿지 않던 개의치 않는다.

韓 전번에는 다망해서 미처 할 말을 다 하지 못하였다. 귀관이 논하는 것은 항상 우리나라의 자문을 증거로 삼는다. 자문에서 칭하는 토문강이라는 것은 분수령 입비의 옛 자리이다. 원래 두만강계를 조사하자고 요청한 것이 아니다. 토문이 두만이라고 하는 하나의 만주어는 폐방 사람은 전혀 모른다. 그리고 또 전음(轉音)이 되었다고 하지만 어째서 토문이라고 명명한 본의를 버렸는지 일체 연구도 하지 않았는가? 천연의 지형은 눈이 있는 자는 모두가 본다. 현재 토문의 지형은 한 사람만의 사언(私言)이 아니다. 하류가 송화강으로 들어가는 것을 모르는 것도 아니다. 그리고 강구 이전을 예로부터 토문강이라고 한 것은 폐방의 옛 지도에도 기재되어 있다.

이것을 어찌 추호라도 속이거나 감추겠는가? 지금 그려져 있는 그림은 진짜 두만강이다. 토문과 두만은 각각 그 자리에 있으며 지금 토문을 해결하는데 있어서 먼저 두만의 경계를 조사하는 것은 우리 국왕의 자문중의 본의가 아니다. 두만의 내지에 있는 각 갈래의 수원이 무엇 때문에 변계와 관계가 있는가? 총서 주의에서 말하기를 그 나라 변계의 해결을 신속히 끝내라고 했다. 그리고 말미에 통전제서(通典諸書)에 도문을 경계로 한다는 인증을 열거하였으며, 또 그 아래에 길림오라연혁(吉林烏喇沿革)이라는 말들이 있다. 말미의 총괄에서 해당 장군에게 명하기를 '경계지를 사명하고 적당한 관리를 파견하여 회합 지증을 명확하게 해서 회의, 집쟁을 면하도록 하라.' 했다.

경계지를 사명하라는 것은 즉 교계의 자리를 조사해서 밝히라는 것이다. 어째서 지난날 원래 도문은 조선의 내지라거나 외지라고 논한 것은 없고 일일이 제도하라는 유지만 있는가. 지금 강을 따라 제도하려면 교계의 발원을 찾아내 동서를 검사해야 한다. 그리고 별도로 교계와 관계없는 발원을 물으며 6백 여리를 오고 가면서 공연히 10여일을 허비했는데 이것은 아마 총서 주의의 본의가 아닐 것이다. 지금 이 서두수 등의 땅은 귀관들도 역시 분명히 조선의 내지라는 것을 알면서도 고의로 살펴보려고 하는 것은 대체로 이비를 의심하는데서 나왔을 것이다. 비는 옮길 수 있다고 치자, 토퇴석도 과연 옮길 수 있다는 말인가? 만약 토퇴를 이설(移設)한다면 천백이 되는 많은 인부가 필요할 것이다. 귀국 사람이 사냥을 하려고 백산을 오가는 자, 거의 없는 날이 없다. 그런데 그러한 대공사를 어찌 듣지도 알지도 못할 리 가 있겠는가?

나무 말뚝은 오래되면 썩어 내려앉는다. 만약 후년에 설치했다면 이 얼마나 중대한 일인가 그런데 길림지방에 공문 한 장 없이 어떻게 하겠는가? 후에 와서 첨치(添置)했다는 설은 우리는 아직 모르는 바인데 귀관들은 어디서 들어 아는가? 또 그것을 증명할만한 것이 있는가? 있다면 제시하라. 지금 서두수로 가는 길을 만류라도 하면 들어 믿어주지도 않을 뿐 더러 귀관들의 의심을 더욱 굳게 할 것이기 때문에 더는 만류하지 않겠다. 그러나 우리 일행은 감계의 명을 받고 왔기 때문에 내지로 따라가서 제도하는 것은 의리상 편치 않으며 이치상으로도 부당하므로 수행할 수 가 없다. 여기 머물면서 돌아오는 길을 기다림이 옳다 고 본다. 양해하라.

清 어제 필담 후에 부사가 또 한 장의 글을 보냈으므로 모두 읽었다. 부사가 이미 만나서 강원을 감정하기를 원하지 않으므로 본관들도 역시 강요하지 않겠다. 다만 부사의 하는 말에 본관들이 변명할 길이 없다. 도문과 두만은 실로 하나의 강이라는 것은 총서 주의에 지증명확(指證明確)하다. 그러나 부사는 강경하게 토문강 이름을 들어 토문과 같은 것이 있다고 했다. 과연 그 이론과 같다면 즉 총서의 주의 안에서 도문강이라고 이름한 뜻을 모르고 잘못 기록한 것인가? 아니면 부사가 토문과 도문이 한 음이라는 것을 모르고 오해를 한 것인가? 부사는 독서에 명리한 사람이 아닌가? 청컨대 세심하게 이를 비교해 보라. 이 강이 송화강으로 들어간다는 것이 토문강과 무슨 관계가 있는가? 초기에 명명할 때 연강이 천 여리인데 어째서 오직 일점을 보고 이름을 붙였겠는가? 반드시 송화강 별파의 강안 형상을 딴 것은 아니다. 이것을 해명해 보라 부사는 해답을 잘 찾아내는 사람인지라 묻겠는데 이것을 일일이 상해(詳解)하여 보라. 자문에 분명히 동위토문이라고 쓰여 있는 것은 토문의 형상을 지칭하는 것이라고 하였다.

특히 동위토문이라는 것은 역시 토문강이며 기서위압록(其西僞鴨綠)이라고 말한 것은 압록강이라는 뜻을 모르는가? 지금 부사는 강을 말하지 않고 단지 토문을 말하고 있다. 거듭 이 비 동쪽에 토문 같은 것이 있다고 하며 끝내 그것을 확증을 삼는다. 부사에게 묻겠다. 비문 가운데 서위압록이라는 네 글자는 무엇이라고 풀이하는가? 반드시 비 서쪽에 압록이 있다고는 말하지 않았다. 비 서쪽에 과연 압록이 있다면 비 동쪽의 토문은 방향에 의거하여 있다고는 하겠으나, 나는 그것이 있을 수 없다는 것을 알고 있다. 이번의 입회 조사는 이 도문강의 구계를 조사하는 것이지만 이전부터 어느 것이 도문강의 정류라는 것은 모른다.

그러므로 이 강 중의 큰 하천을 물어서 두루 이것을 조사해야 한다. 본관들은 지금 특히 어느 수류가 강의 정류인지를 지정하지 못한다.

총서의 원주를 살펴보았더니 길림과 조선은 도문강으로 경계를 한다. 그런데 두만은 지류가 없으며 도문강의 북쪽에 그 지류인 소도문강이 있지만 역시 두만이라 이름이라 한다 하였다. 백두 역시 장백의 이명이며 두만은 도문의 전음이라 한다. 요컨대 도문과 두만은 각각의 곳에 있으며 토문과 두만은 두 개의 강이라고 했다. 토문과 두만이 두개의 강이라 한다면 조선국왕은 총서의 주의를 받았을 때 어찌하여 자문을 보내서 명확하게 변론하지 않고 급거 부사를 파견하여 입회조사를 시키는가? 지금 부사가 말하는 토문과 두만이 각각 다른 곳에 있다는 것을 총서가 심의하는 도문과 두만이 같은 강이라는 것을 인정하지 않는다는 것이다. 부사는 아직 토문강이 어디에 있는지 모르지 않는가? 어느 강이 토문강의 정류인지를 지명하고 본관들과 회합하기 전에 가서 과연 그 강의 발원이 비가 서 있는 곳으로부터 내려가서 토문강으로 들어가 훈융진에 이르러 남으로 꺾어져 바다로 들어가는지 확인하라. 아울러 그 비가 분수령상에 있는지 그리고 동시에 과연 그 비의 서쪽에 압록 강원의 정류인지 여부를 조사하여 하나라도 맞지 않는 것이 있으면 의당 중류를 조사하여, 절충 의견 일치를 보면 지당하다 하겠다. 이것이 공사이며 본관들은 결코 독자적 의견만을 고집하지 않는 점이다. 부사도 남의 말을 오신할 것이 아니다. 의당 두루 답사 목격해야 한다. 각기 평심정기(平心靜氣)로 입회 조사하여 타협하면 안 되는 일 없을 것이다.

다시 말하노니 분명히 조선의 내지라는 것을 알면서도 심사하여 살피려는 것은 대체로 비를 옮겼다는 의심이 가기 때문이다. 비를 지금까지 옮기지 않았다면 무엇 때문에 수류조사를 두려워하며 이미 조사를 두려워하고 있는 것으로 보아 매우 의심이 간다. 명을 받은 대로 경계를 조사하는 것이며 내지에 수행하는 것은 의리부당이라고 했다. 양국이 각각 내지라고 하는데 수행을 부당하다고 하면 이번 도문강 구계를 조사하는 사람이 되풀이 하여 가 볼 것이 있겠는가. 대체로 이 일은 본관들이 파견의 명을 받은 공문에는 도문강 구계를 조사하라는 것이다. 그런데 부사는 언제나 감비(勘碑)라고 하며 또 토문을 사감한다고 하면서 혼자 숨기며 토문강이라는 강(江)자 한 자도 말하지 않는다. 왕명에 오직 감비와 감토문의 일만 있고 토문강 변계를 조사하라는 문자가 없으면 어째서 우리 예부에 자문하여 원자(原咨)와 크게 상부시키지 않는가. 청건대 부사는 가려내서 공개해야 한다. 이 점을 세세히 생각하라. 부사는 회합하여 강을 조사하지 않는다 해도 본관들은 상관의 공문을 준수하여 조금이라도 부사와 회합하고 먼저 가서 비와 토문을 조사하겠다. 즉시 가서 비와 토문을 조사하여 토문강이 어디에 있는가를 지명할 수 있으면 즉시 일이 끝나게 될 것이다. 부사는 명견이 있는 사람이므로 청하노니 즉각 회답하여 시일을 허비하지 말았으면 한다.

韓 논하는바 각절 모두 읽어 보았다. 도문과 압록의 뜻을 여하히 해석하는가 운운했다. 여기에는 적절치 않은 것이 있다. 천하의 많고 많은 강 중 이름을 풀이할 수 있는 것도 있고 혹은 풀이하지 못하는 것도 있다. 황하와 약수는 글자로서 그 뜻을 풀 수 있으며 강타잠한(江陀潛漢)과 이락전간(伊落廛澗)은 글자로 그 뜻을 풀 수 가 없다. 그런데 어찌 일찍부터 하나 하나의 자의가 없겠는가?

총서 원주에서 말하기를 '백두는 장백의 이명'이라 했다. 귀관들도 지금 몸소 가서 목격하라. 백두와 백산은 두 개의 산인가 하나의 산인가? 외국 변지 산천의 이름은 내부대신도 빠짐없이 알기 어렵다. 천하는 넓어서 지리의 도수를 항상 상세히 알기 어렵다. 생각건대 귀관들은 틀림없이 고증이 많을 것이다. 토문강이 어디에 있는지 지명해 보라. 귀관들이 지칭하는 송화강 상류를 우리나라 사람들은 토문강으로 알고 있다. 기백년을 전해 내려오는 강 이름을 지금 귀관들에게 어찌 숨길 수 있겠는가! 그 비의 분수령에 있다는 시비는 답사 당일 함께 보면 될 것이다. 옛 비를 옮기지 않았는데 무엇 때문에 수원 조사를 두려워하겠는가? 벌써 조사하는 것을 두려워함을 보아서 확실히 의심할 수 있다 하는데 우리의 심정을 이해하지 못하는데 있다 하겠다.

서두수는 비퇴 남쪽에 있으며 그 거리를 각 갈래 중에서 비교하건대 가장 멀리 떨어져 있다. 지금 귀관들이 두만 강원이라고 말하며 조사하려고 하는 것은 폐방으로서는 바로 원하는 곳인데 누가 그것을 두려워한다는 것인가? 다만 본관의 마음은 처음부터 성심껏 상대하며 이 일을 한 집안의 일이라고 보았다. 그런데 귀관들은 비를 옮겼다고 의심하며 천리에 가까운 곳에 까지 가는 노고를 아끼지 않으려는 것을 보았다. 그래도 역시 만류하지 않으려는 것은 조금도 의심받을 것이 없는데 무엇이 두려워 그러겠는가. 이때가 춘하의 계절이라면 귀관들의 느린 걸음에 응해주겠으나 지금은 벌써 소설(小雪)의 절기이다. 백산의 적설이 머지않았다. 평야에서 강을 조사하는 것은 엄동에도 가능하지만 백산에서 비를 조사하다가 만약 눈이 내린다면 의외의 일이 생기기 쉽다. 처음부터 비를 먼저 조사하고 강을 후에 조사하자는 것을 누누이 간청하지 않았는가? 어떻게 하겠는가. 충고를 받아들이지 않고 강을 따라가며 제도를 하여 길을 떠난 지 10여일인데 이제 고작 2백리 땅에 도착했을 뿐이다.

앞으로 또 서두수(西頭水), 올강구(兀江口) 등의 수원을 조사하려고 하면 올해 안으로 산에 오르지 못한다. 지금 본관은 명을 받들고 수천리를 와서 아직 한 번도 비면을 보지 못하고 시일을 감강(勘江)하는데 허송했다. 그것이 봉직의 도리에 가한가? 불가한가? 본관의 이러한 뜻이 서두수 등지에 수행하지 못하는 소이이다. 이는 근본을 헤아리지 않고 끝을 다스리는 것과 같다. 수년 동안 서로 잡고 있는 끄트머리는 오로지 이 비에 있다. 당연히 먼저 비를 조사해야 한다. 귀관들이 자세히 조사하려고 하는 위조비라는 의단을 하나하나 고증하고 후에 교계의 수원을 자세히 밝히면 중인들의 눈으로 보는 것이 의당하다는 공변이 있을 것이다. 그것이 어찌 털끝만큼이라도 사를 좇아 논할 일이겠는가. 강역을 상세히 심사하는 뜻은 이것 밖에 없으며 변계를 해결하는 방법 역시 이길 밖에 없다. 그리고 직무에 근신하는 것도 이 길밖에 없다.

그런데 귀관들은 이 이치를 어찌 양해하지를 못하는가? 귀관들은 오직 강을 조사하기 위해서 지연하려 하고 있으며 감비는 여타의 일로 돌리려 하고 있는 것이다. 이렇게 해서 시간이 지나면 앞으로 비를 조사하기 어렵게 된다. 비를 조사하지 못하게 되면 뒷날 조사를 게을리 했다는 비난을 받아도 그 탓을 본인에게 돌리지 말라. 귀관들은 항시 본관의 명이 감계이며 감비가 아니라고 말하지만 어째서 그렇게 곡해가 심한가? 원래 비가 없으면 어떻게 정계를 논하겠는가. 혹시라도 감계를 하려고 한다면 반드시 감비를 먼저 하는 것이 올바른 이치이다. 말하자면 토문은 어디까지나 토문이며 감계는 감비인데 어찌 다시 상의를 하지 않을 것인가.[17]

위와 같은 담론의 결과 양국위원은 3개 반으로 나누어 강원 및 정계비가 서 있는 곳을 답사하게 되는데, 15일 진영(秦英), 가원계(賈元桂), 이중하(李重夏)는 홍토수를 따라 정계비가 있는 방향으로, 덕옥(德玉), 종사관 조창식(趙昌植)은 홍단수(紅丹水) 수원 지방으로, 회도관 염영(廉榮), 우리측 수행원 오원정(吳元貞)은 서두수 수원 지방을 답사하게 되는데 이들의 답사결과는 다음과 같다.

먼저 서두수 경류(經流) 전부를 답사하는 일은 길이 멀고 눈이 많이 쌓였기 때문에 이를 중지했다. 이들 모두는 여러 차례의 어려움을 겪으며

---

17) 李重夏, 勘界使交涉報告書, 茂山府에서의 談判.

각각 답사를 마치고 27일 무산으로 돌아와 상봉하고 11월 7일 각각 답사한 지방의 지도 초고로 회의를 한 다음, 지도의 정본 작성에 착수하였다. 조사결과는 청국위원으로 부터 정식 공문으로 발송되어 조선 측 위원에게 조회하여 조선 위원으로 부터 승인한다는 취지의 회답을 받아 후일의 증거로 삼기로 하였다.[18)]

그리고 11월 8일 부로 아래와 같은 조회와 회답을 하였다.

"아뢰올 말씀은 전월 13일 귀관으로부터 '이번 경계 조사에는 비퇴 강원은 시비가 함께 분분하므로 위원을 파견하여 길을 나누어 현장으로 가서 자세히 조사하고 다시 회합, 상의하여 공평하게 정하는 것이 타당하다고 생각된다.' 운운한 취지를 승인한 것이다.

서두수 강구 지방에서 삼로로 나누어 전진 조사하여 지금 이것을 사명하였다. 청국 감계관 진영(秦煐), 가원계(賈元桂)와 조선 감계사 이중하(李重夏), 수행원 최두형(崔斗衡), 최오길(崔五吉) 등은 중국 장백산(조선에서는 백두산이라고 부른다) 남쪽 기슭 아래에 석비 하나가 있는 곳으로 향했다. 비각이 있는 곳을 분수령이라고 하는데 이곳에서 동남으로 학항령(鶴項嶺)에 이르기 까지를 청인들은 모두 황사령(黃沙嶺)이라고 부르며, 조선인은 이 영의 북쪽 머리가 장백산에 가까운 곳을 분수령이라고 칭한다. 분수령 중간을 허항령(虛項嶺)이라 부르고 남쪽 머리를 학항령(鶴項嶺)이라고 한다. 비 서쪽 몇 걸음이 채 안 되는 곳에 도랑 하나가 있는데 서남으로 흘러 압록강으로 들어간다. 비 동쪽 몇 걸음 안 되는 곳에도 도랑 하나가 있으며 이것이 곧 이알력개(伊吉力蓋)의 평지로 청어로 번역하면 황화송구자(黃花松溝子)이다. 이 도랑은 흘러서 장백산의 동쪽 기슭에 엉키어 흘러간다. 그리고 그 동남안의 상류에는 석퇴가 있으며 하류에는 토퇴가 있는데 합계 180여개가 된다. 대각봉(大角峰)을

18) 篠田治策, 白頭山定界碑, 樂浪書院, 1938, P.178.

지나면 도랑의 형태가 갑자기 좁아져서 양안의 토퇴가 높고 깊기가 여러 장(丈)이 된다. 조선에서는 이것을 토문이라 부른다. 퇴가 다 한곳은 비에서 이미 90리나 떨어진다. 이곳으로 부터 수 십리를 내려가서야 처음으로 하천의 물이 보인다.

다시 내려가서 이 도랑의 동쪽인 사을수(斜乙水)와 이 사을수 동쪽에 동유와붕수(董維窩棚水)가 합류해 낭낭고(娘娘庫)로 들어가며 낭낭고에서 서쪽으로 가서 양강구(兩江口)에 도달하여 송화강으로 들어감을 조사를 통해서 알았다. 또 석비의 약간 남쪽에 이토산(二土山)이 있으며 조선에서는 이것을 가차을봉(可次乙峯)이라고 부른다. 그리고 그 남쪽에 있는 것을 슬지봉(膝脂峯)이라고 한다. 또 남쪽에는 소백산이 있는데 석비에서 40리 가량 떨어져 있다. 소백산 동북 언덕에 도랑 하나가 있는데 도랑의 폭이 매우 넓다. 산 언덕을 따라서 동북쪽으로 수십리를 내려가면 도랑의 형태가 점점 좁아지는데 여름철에만 물줄기를 볼 수 있다. 그 남안은 무봉을 이루고 있으며 그 북안은 대각봉인데 여기서 동쪽으로 갈라져 팔봉에 다다르면 동편에 있는 동유와붕수(董維窩棚水)에 달하는데 이 도랑의 물은 겨울과 여름에는 건천(乾川)이 된다.

여기서 동북쪽으로 10여리를 가면 물 줄기는 평강문석지(平岡們石池) 안으로 들어가 보이지 않는다. 다시 수 십리를 가면 수류가 나타나며 이 물의 서쪽 사을수(斜乙水)와 사을수 서쪽의 이알력개수와 합류하여 낭낭고로 들어가서 송화강으로 흘러든다. 이 사을수의 발원은 팔봉의 북쪽 언덕에 있다. 그리고 소백산 동북 언덕에서 분파한 무봉의 동남 일대에서 동북쪽 까지는 구릉이 높았다 낮았다 해서 봉만(峯巒)이 제대로 보이지 않는다.

여기서 백 여리를 더 가면 홍토산(紅土山)에 도달한다. 이 산은 장백산을 동서쪽을 서로 바라보는데 그 거리가 120리쯤 된다. 홍토산 동쪽은 장산령(長山嶺)이 기봉하는 곳이다. 홍토산에서 서북쪽으로 5리가 되는 곳의 평평한 언덕 위에 둥근 못이 하나 있다. 이 못의 양쪽 각 2, 3리에 두 하천이 있다. 만파(漫坡)에서 흘러나와 홍토산을 감돌며 흐르다가 합류해 장산령 남면에서 동남쪽으로 굽어 꺾어져 산 북쪽을 흘러가서 장파(長坡)를 통과하여 소홍단 지방에 도착하고 약 백여리를 더 가서 홍단수와 합류해서 흘러 내려 도문강으로 들어간다. 이것이 진영과 이중하 등이 동행하여 조사한 산수와 비퇴의 상황이다.

또 청국 감계관 덕옥과 조선 종사관 조창식, 수행원 이후섭(李厚燮) 등이 조사해서 알게 된 것에 의하면 소백산 동남쪽과 황사령 동쪽은 삼급포(三汲浦)에서 차례로 영을 따라 서북행하여, 소백산을 지나서 석비에 도달하기 까지 약 130리 길이다. 그 포 서남쪽 15리에 작은 바위가 있으며 조선인은 이것을 허항령(虛項嶺)이라고 부른다. 또 서남쪽으로 30리에 하천 하나가 있는데 이것이 면수(沔水)이다. 이 면수는 재언덕을 따라 흘러 내려 압록강으로 들어간다.

동남쪽 재언덕을 따라 내려가서 동쪽으로 약 30리를 가면 샘이 솟아나고 있다. 즉 홍단수의 발원처이다. 여기서 내려가면 남쪽에 도준하(刀浚河), 교하(橋河), 유하(柳河)의 세 하천이 있으며 그곳 속으로 들어간다. 굽어 꺾어져서 동쪽으로 흘러 증산(甑山)의 남쪽을 거쳐 노인봉(老人峯)을 지나가기 약 2백여리이다. 소홍단에 도달하여 홍토산에서 발원하는 물과 합류하여 또 동남행한다. 북쪽의 홍기하(紅旗河)에서 흐르는 물이 이리로 들어온다. 그리고 강구지방에 도달하여 서두수와 합류하여 도문강이 된다. 두만강이라고 부른다. 이것이 덕옥, 조창식 등과 동행하여 조사한 산수의 실제 정황이다.

또 청국 감계 회도관 염영이 조선 수행원 오원정과 함께 조사한 바에 의하면 황사령 위의 삼급포 동남쪽에 있는 포담산(蒲潭山)을 보체산(寶髢山)이라고 부르는데 석비에서 약 180리가량 되는 거리이다. 이 산은 2개의 산으로 되어있으며 동남쪽 있는 산을 남보체(南寶髢)라고 하고 서북쪽에 있는 산은 북보체(北寶韆)라 한다. 양 산 중간에는 만령(漫嶺)이 있으며 그 영의 서쪽 언덕에 하천 하나가 있다. 이것이 서북쪽으로 흘러서 압록강으로 들어간다. 영 동쪽 언덕에서 동쪽으로 흐르는 하천이 하나 있는데 이것이 서두수 지류가 발원하는 곳이다. 북보체 동북쪽 언덕에도 하천 하나가 있는데 이는 동남쪽으로 흐르며 남보체 동쪽 언덕의 하천은 동쪽으로 흐른다. 수 십리를 가다가 3개의 하천이 합쳐져서 하나가 되는데 동북쪽으로 향해 수 십리를 흘러 매교(枚橋)의 하평각평(下平角坪)위에 이르러 서두의 경류와 서로 모여 굽어 꺾어져서 동북쪽으로 흘러 강구 지방에 도달하며 홍단수와 소홍단수에서 나오는 홍토산수와 합류하여 도문강이 된다.

이것을 계산해 보면 포담산(蒲潭山)에서 강구지방에 이르기 까지 약 280여리가 된다. 또, 서두수의 경류는 길이 멀고 눈이 깊었기 때문에 전진 조사 할 수 가 없었으나 원주민의 말에 의하면 이 하천의 발원은 길주 북쪽 경계인 학항령(鶴項嶺) 북쪽 언덕에 있으며 그 물이 흘러서 강구지방에 도달한다고 한다. 이것을 계산해 보면 약 4백 여리가 된다는 것이다. 학항령에서 장백산 석비가 있는 곳의 분파까지의 거리는 약 4, 5백여 리이다. 이를 정리해 보면 황사령 동북쪽의 하천은 소백산 이남보다 고르게 도문강으로 들어간다. 이것은 염영이 오원정과 함께 가서 조사한 산수의 실제 상황이다. 실지로 삼로의 인원이 산수와 비퇴를 조사한 것이 명확하기에 상세하게 제도를 하고 또 설명을 붙여 회합 영인하였으며 여하히 경계를 획정하면 공평할까 하는 것은 다시 상의를 거쳤으면 하는데 이 단계에서 귀의는 어떤지 알고 싶다.[19]라고 하면서 서한으로 답장을 올리고자 한다. 이에 오늘의 조회를 배견하고 취지를 알아들었기에 위에 대한 회답을 한다."

19) 光緖 11年 11月 8日附, 三路分進 踏査 報告狀況.

(以書翰御返事申上候 陳者本日貴照會拜見御申越 趣委細了承仕候 不取敢右回答申上度早早)

이에 11월 27일 지도 정본이 비로소 만들어져서 날인 후 담판에 다시 들어갔다.

韓 이제 비퇴와 강원을 심사할 지도가 작성되었다. 귀관들이 공평하게 담론하려는지 모르겠다. 어떻게 하겠는가?

清 비퇴가 강원과 부합되지 않는다. 여기서 상의해 정해야 한다.

韓 비 동쪽의 퇴 아래의 하천은 역시 북쪽으로 꺾어져 내려가 송화강으로 들어간다. 이것은 이미 상세하게 알려진 것이다. 그리고 이미 비퇴를 의심하고 있는 건은 허심탄회하게 논의하는 것이 온당하다. 우리 변경을 위해서는 오직 공평이라는 두 글자가 있을 따름이다.

清 공정이라는 두 글자는 만(萬) 중 아주 적은 것이다. 공정하지 않으면 도문강의 구계를 정할 수 가 없다. 이것을 정리하면 이번에는 변계를 감정하기 위한 해결이 아니다. 어느 수류를 도문강의 정원으로 하고 어느 수류를 소도문강(小圖們江)으로 하는가를 공정하게 상의하여 총서의 원주와 서로 부합시키면 즉시 의정이 된다. 그런 다음에 다시 유민을 위해서 법을 마련하고 우리 대황제에게 간구하여 어떻게 하든 각별히 은총을 내리시도록 간청해야 한다. 우리가 이 일을 잘 해결하여 국가가 잘못을 저지르지 않고 또 백성에게 해가 가지 않으면 얼마나 떳떳한가?

韓 귀관들의 전후의 의논은 항상 비를 의심하는 귀절이 많기 때문에 이에 대해서 한번 설파하려고 한다. 몸소 한번 비퇴를 보고 그래도 만약 명백한 말이 한마디라도 없으면 이 어찌 그냥 있을 수 있는 일이겠는가. 감비는 본시 정계(定界)에 의의가 있다. 귀국 예부에 의거할 구기록이

반드시 있을 것이다. 총서의 원주(原奏)는 이미 읽어 보았다. 그리고 비퇴의 모양과 자리, 이런 것들이 황조의 문헌에 골고루 들어 있다. 폐방의 사정은 근본적으로 유민의 사정으로 연유되어 이런 호소가 있었으며 이후 치민(治民)의 혜택은 오직 귀관들이 상세히 다시 품의하여 황상의 은총을 입게 하는데 있다.

清 총서의 원주 안에서 인용해 보면 황조의 통전 제서가 구기록이다. 비퇴와 함께 오라총관의 정계의 1절에는 귀국왕이 전에 예부에 자문했으며 명백히 예부는 구기록을 발표하지 않고 다만 취지를 물어 길림장군에게 명하여 조사토록 하였다. 이것은 틀림없이 구기록에 기록된 것이 없으며 길림, 휘춘, 영고탑 세 아문 또한 이 안에 대해서는 의거할 것이 없다. 그래서 우리를 파견하여 입회 조사케 한 것이다. 그런데 지금 조사한 것은 비퇴나 강원에 부합되지 않는다. 그러므로 이번 회의는 어느 수류가 도문강의 정원류이며 어느 수류가 소도문인지 상의하여 공동으로 정한 후에 상세히 그 줄거리를 다시 품신하여 어떻게 하던지 경계를 정해서 유민에게 혜택을 주어야 하겠지만 만약 경계를 정할 수가 없다면 본관들이 대신해서 성은을 간청하려고 한다. 하지만 드릴 말이 없어서 대신 황은을 주청하려고 해도 역시 손 쓸 방도가 없다.

韓 임진(壬辰)의 비에 대한 일은 우리 조정에 목극등의 주문과 함경도에 이자(移咨)한 고적(古蹟)이 있다. 폐방이 각공사대(恪恭事大)의 뜻에서도 어찌 성지를 위조하여 촌토라도 사취하겠는가, 혹은 요행히 얻었다 할지라도 어찌 무사하겠는가? 하늘의 해가 위에 있는데 어찌 두렵지 않겠는가? 강류는 역시 부합되지 않으며 전에 산 위에서 노숙할 때 귀측이 말하기를 단지 비퇴만을 보면 월간 백성을 의심할 것이 없다고 했지만 한 갈래의 하천이 동두만과 접해 있지 않으면 처결하기 어렵지 않겠는가. 역시 어느 수류도 경계를 이루고 있지 않다. 오직 돌아가서 우리 국왕에게 복주하고 천폐에게 전주하여 공손히 처분을 기다릴 뿐

이다. 소도문강은 총서의 주고에 이미 소도문강은 정류의 북쪽에 있다고 했다. 그 정류라는 것은 무산 이하의 대하가 이에 해당한다. 대강의 북쪽 그 강류에 버금가는 것이 있으면 그것이 바로 소도문강이다. 당연히 산 속의 각 도랑은 아니다.

淸 비 동쪽의 하천은 도문강과 접해 있지 않았으며 부사가 처결하기 어렵다고 한 말은 본관도 역시 마찬가지라고 생각한다. 부사가 어느 수류가 경계인지 정할 수 없으므로 명일 어떻게 하면 백성에게 혜택을 줄 수 있는가 하는 것을 공정하게 상의해서 공윤에 돌리는 것이 좋겠다.

위 외의 필담으로 다음과 같이 변론했다.

"폐방이 한번 경계를 논의한 이래 항상 함경도안무사에게 보낸 귀 조회의 문자를 접견해 보면 강희의 성지인 정계의 비를 의사(疑似)한 안으로 돌려서 진위를 분별하기 어렵다고 말한다. 또 비를 동쪽 기슭 아래로 옮겼다고 하며, 폐방인을 바로 불칙한 곳으로 모는 것은 그 언사가 이치에도 맞지 않게 엉뚱해서 모골이 송연하다. 오늘날 폐방이 믿고 의지하는 것은 오직 우리의 상국이다. 어찌 기만하고 감출 마음이 싹터서 촌토라도 가로 채려고 하겠는가? 폐국은 그 같은 설을 듣고 난 이후 심신의 편함을 얻지 못해서 한번 감사할 날을 기다렸으며 폐사명을 받고 가게 되어 귀관들과 함께 변론을 하게 되었는데 귀측 논의도 또 실제로 의심한다고 하면서 강원 각 갈래를 하나하나 두루 조사하려고 몸소 답사 목격하며 살피기에 이르렀다. 혹시 일호의 기만 음폐하는 것이 있으면 모두 폭로하여 빠짐이 없도록 해야 할 것이다.

그러나 비계를 조사해 보면 처음부터 동쪽 기슭이 아니고 역시 백산의 한 쪽, 남쪽 기슭 아래 분수령에 있다. 비문을 조사해도 역시 돌에 새긴 82자가 뚜렷하다. 봉퇴를 조사하면 180여개 처이며 수목이 그 위에 났다가 늙어서 고사한 것도 있다. 폐방이 애매한 안을 내어 변명하지 않아도 그것은 명백하게 밝혀져 있다. 조사하기 이전의 설을 반드시 비교할 것이 없지만, 조사를 한 후에는 이치에 닿게 명백히 설파하라. 만약 그것이 강원이라면 비 동쪽 토문의 흐름은 역시 동쪽으로 흘러 북쪽으로 꺾어져 송화강으로 들어가므로 송화강의 1절은 폐방이 처음부터 교계라고 의문했던 것을 귀관들은 모두 아는 바이다. 이것을 종합해 보면 총서의 한 주의(奏議)의 인증과 비면에 명백하게 실려 있는 문자는 함께 황조의 문헌에 속한다. 폐사(弊使)의 허튼소리가 아니다. 오직 목하의 민정을 모두 말하지 않을 수 없다. 상류에 대해서 말하자면 퇴를 설치하여 경계를 표시한 땅은 두만강의 최근 강원과 또 4~5십리가 떨어져 있으며, 하류를 말하면 종성 월변 90리 되는 곳에 2백 년 동안 역수(役輸)의 한계가 있다. 그리고 지금 월간하는 곳은 강안에서 5리 혹은 10리에 불과하다. 멀다 해도 20리에 불과할 뿐이다. 이를 만약 내쫓아서 타경에 유리시키면 단지 민정의 억울함 뿐만 아니라, 황변(荒邊)의 사정을 설득하지 못한다. 지금은 중외가 일가로 골고루 대황제의 적자이다. 바라건대 이런 사정을 낱낱이 그 줄거리를 품의하여 천폐에게 전주, 폐방으로 하여금 유민을 안도케 하여 황조의 무휼정치에 유감없게 해 주었으면 한다."

하였다.

이에 청측이 회답하기를

"정계비 1절은 청국에는 기록이 없으므로 당장에 신빙하기가 어렵다. 귀국에 그 기록이 있다면 어째서 드러내서 공람시켜 상세히 알리지 않았는가. 그 기록이 있다 해도 비가 서 있는 곳의 서변의 물은 압록강으로 들어가고 동변의 물은 송화강으로 들어가는데 그 비문에 실려 있는 동위토문 서위압록이라는 것은 부합되지 않으므로 그 비가 후인의 위작이 아니라면 당년의 착오이다. 오라총관은 강희 연간의 관이었으며 당시 오라아문(烏喇衙門)에는 만주문(滿洲文)이 있었다. 그리고 한자는 즉 귀국과 같다. 그러므로 입비에도 마땅히 만한(滿漢) 두가지 문자로 써야 하는데 지금 이 비에는 만주 문자가 없는 것이 의심스러운 점의 하나이다. 또한 이 비문의 연한은 벌써 2백년 가까이 된다. 그런데 그 동안의 풍우에도 자획 하나 결손된 것이 없이 남아 있을 리가 없다. 지금도 단연 완전하다. 이것이 의심하는 두 번째이다. 다시 그 입비가 있는 곳이 부합되지 않는다. 남쪽으로 40리가 되는 소백산의 북쪽 언덕의 물이 또한 송화강으로 들어간다. 소위 동위토문이라는 것이 있다. 이것이 의문이 제기되는 세 번째의 것이다. 본관들이 이 일에서 의심하는 것을 좋아해서가 아니라 실제로 의심할만하다.

비문에 늑석분수령상(勒石分水嶺上)이라고 하였다. 분수령은 원래 잘못 되지 않았으며 장백산에서 학항령에 이르는 것이 본래 한 가닥의 대분수령이다. 단 지금 비가 서 있는 곳은 압록강과 송화강과의 분수령이다. 남쪽으로 수십리를 가서 소백산에 도달하며 또 동남쪽으로 학항령에 이르면 이곳은 압록강과 도문강의 분수령이다. 당년에 오라총관이 과연 정말로 경계를 정하고 비를 세워 동위토문, 서위압록이라 하였다면 이 비는 응당 소백산 남쪽 분수령에 있어야 하며 소백산 북쪽 분수령에 있을 수 없다.

퇴표처(堆標處)인 두만의 최근 수원은 마땅히 홍토산의 수류를 지칭하는 것이다. 홍토산의 하천은 그 원류가 서북으로 향하며 또 상류의 서북향 물과 함께 송화강으로 들어간다. 이 물이 송화강과 함께 원류를 서로 대하고 압록강에서 상거하기 매우 멀다. 당년에 이 하천으로 경계를 하려고 했다면 그 토퇴가 무엇 때문에 연이어져 있었겠는가. 하물며 퇴는 이곳에 이어졌다 떨어지기를 4~5십리나 되지 않는가. 중간에는 또한 사을수와 함께 소백산에서 발원하는 동유와봉수가 있어서 이것을 한계로 떨어져 있다. 부사는 지금 이곳에 대해 말 할 때 무엇 때문에 이 상류를 삭제하려고 하는가? 말하자면 단청으로 산수화를 그려놓고 자기가 좋아하는 풍경만을 생각하여 자의로 증감하는 것과 같다. 예를 들어 도문강 변경을 획정하면서 송화강수를 잘라버려 꼬리를 삭제하려는 것이다. 종성 월변 9십리에 2백년의 역수 한계가 있다고 말한 것은 중국의 몇 년 기록에 있는가. 청컨대 드러내어 모두에게 보여라. 다음 귀국왕이 도문강 구계를 답사할 것을 청하고 부사에게 명하여 와서 입회 조사케 하였다. 그런데 부사는 시종 도문강 세 글자를 피하며 자기가 받은 왕명도 역시 본관들에게 한 번도 보여 주지 않는다. 또 도문강의 변계도 말하지 않고 모른다고 만 하니 이것이 무슨 마음속인가? 라고 담판 아닌 힐문조에 이중하는 답하기를 제시한 정계비 1절은 귀국에 이 기록에 대한 것이 없으며 운운한 것은 오래 이전의 문헌이라 아마도 모두 조사할 이유가 없기 때문일 것이다. 폐방에 목극등의 주문을 등사한 것이 있어서 보내 왔으므로 일람하라. 그것으로 증명이 될 것이다.

제시한 당년의 착오 운운 한 것은 아직 단정하여 논하는 것은 옳지 않다. 또한 후인의 조작설은 결코 이치에 닿지 않는다. 지금 비면에 만주문자가 없는 것으로 의단(疑端)하는 것은 매우 의외의 논리이다. 황조개국이래 폐방과 주고받은 모든 공문은 문자를 만주문으로 기록하지 않았다. 폐방의 광주 삼전도(三田渡)지방에는 태조 황제의 병자년 동정의 비각이 있으며 수천어가 되지만 만주 문자가 한 자도 없는데 하물며 강희황제 이후에야 문화부흥(文化復興)때였지 않은가? 이에 대해서는 더 이상 다변을 하지 않겠다. 비면의 글자가 세월이 오래 되었는데도 무결 운운 한 것은 오로지 의단을 억지로 찾아내려는데 있는 것이다. 비는 170년에 불과한데 어찌 잔결할리가 있겠는가? 단 토문 이하의 수류가 송화강으로 들어가서 구획하는 것이 없다고 했는데 이것은 지나간 옛날의 일이므로 알 수 가 없다. 그리고 동변의 토퇴가 문과 같은 형상을 이루고 있는 것은 귀관들도 이미 목도한 것이다.

비는 마땅히 소백산 분수령위에 있어야 한다. 소백산 북쪽 분수령에 있을 수 없다 운운 한 것은 소백산 이동과 이서의 물은 서로 떨어지기가 77리인데 이것을 어떻게 분수령이라고 하겠는가. 지금 비가 서 있는 곳은 백산의 큰못 아래에 비로소 동서로 구학(溝壑)을 벌였으며 서로 상거하기 수보가 되지 않으므로 하나의 큰 분수처 라고 하는 것이 가하다. 소백산에서 장백산의 비가 서 있는 곳 까지 40리가 떨어져 있다는 것은 이미 조회를 했기에 알고 있다. 그리고 지금 90리라고 한 것은 잘못 쓴 것이 아닌지 대체로 보아서 비는 마땅히 소백산 허항령에 있어야 한다 운운 한 것은 결코 말이 되지 않는다.

이 영(嶺)은 장백산에서 백 여리나 떨어져 있다. 지금까지의 천하도적(天下圖籍)으로 생각해 보면 귀국과 폐국 양국 사이에 개재하며 산의 이남은 조선에 속한다는 것은 누구나 다 아는 사실이다. 그런데 지금 하루아침에 귀관들의 논리에 따라 장백산을 조선 영토 바깥에 둘 수 있는가. 학항령 분수처에 대해서는 이것은 백산에서 4,5십리 밖에 있는 폐방의 길주땅인데 경계를 논하는데 무슨 관계가 있는가. 항상 오라총관 입비의 일로 잘못을 우리에게 돌리는 것은 공사를 정확하게 분별하는 방법이 못된다. 홍토산의 물은 토퇴와 가깝지만 그래도 4~5십리는 된다. 그러므로 농민이 강안에서 농사를 짓는 사정을 딱하게 여겨 살펴줄 것을 앞에서도 재론한 바가 있다. 사의(私意)를 가지고 증감한 설은 매우 부당한 설이며, 받든 왕명은 곧 토문 감계사라는 명목일 뿐이므로 달리 제시할 것은 없다."

라고 회답하였다.

도문강, 즉 토문강으로 양국의 국경으로 한다고 독단하여, 정계비의 "동위토문의 문자는 국음상동(國音相同)하기 때문에 도문강이라." 고 망단한 청국위원도 실지로 산수의 형상과 정계비가 소재한 지세를 보기에 이르자,

더욱 의혹이 깊어져서 끝내는 "이번은 변계를 감정하는 것이었기 때문에 해결할 수가 없다." 라는 등의 둔사(遁辭)를 늘어놓고, 또 갖가지 구실을 마련하여 경계를 결정하지 않았다.

이로써 양국 위원은 각각 돌아가서 그 실정을 복명하기로 하고, 11월 29일 공문으로 상호 이를 조회하고, 다음날 각자 귀로에 올랐다. 그리고 이중하는 동년 12월 초 6일부로 비문의 탑본과 상호 영인한 지도 및 의견서를 조정에 제출하였다.[20]

을유년의 조청 양국 위원의 담판은 아무런 결정도 보지 못한 채 헤어져 양국 위원은 각기 돌아가 경과보고를 했는데, 청국 위원들의 보고는 다음 해인 광서 11년(1886년) 3월 25일에 황제에게 전주되어 이듬해인 광서 13년 4월 18일에 재감하라는 지시를 받았다. 청국위원의 귀국보고 요지는 실지 답사의 상황을 상술하고 또 자설(自說)을 피력하는 것으로 되어있는데 거기에는 변명할 것 3가지와 고증해야 할 것 5가지가 있다고 하였다.[21]

"먼저 조선 안변부사 이중하와 회합하여, 도문강 양안 산수의 본래 사정과 함께 전 경성부사가 고한 비석과 봉퇴를 일일이 조사하여, 상세하게 제도하여 설명을 붙이고 영인하여 각 1통씩 소지했다. 조사해 보건대, 도문강을 조선에서는 두만강이라고 부르고 있다. 무산부터 상류 7십리 강구 지방에 이르러 강물이 나뉘어져서 두 갈래로 흐른다.

남쪽으로 흐르는 것을 서두수라고 한다. 그리고 평보평(平甫坪)에 도달하면, 그 상류가 다시 동서 이원(二源)으로 갈라진다. 북류하는 것이 홍단수의 상류를 이룬다. 산정에는 큰 못이 있다. 그리고 산북면이 송화강의 강원이 된다. 산 남쪽 기슭에 작은 석비가 있으며, 그 비면에 '康熙

20) 篠田治策, 주 18)과 같은 책, PP.147~192. 李日杰, 間島協約에 관한 硏究, 成均館大學校 博士學位論文, 1990, PP.131~139. 金魯奎, 위와 같은책, 勘界公文攷 참조.

21) 李重夏, 土門勘界事實, 勘界使 李重夏乙酉狀啓之中, 圖們界卞晳考證八條.

五十二年 烏喇總管 穆克登奉旨査邊至此審西爲鴨綠東爲土門' 이라는 문자가 새겨져 있다.

비 동쪽에 도랑이 있으며, 장백산의 동쪽기슭을 조선에서는 이갈개(伊曷蓋)라고 하는데, 그것을 번역하면 황화소구자(黃花小構子)다. 도랑 동남안에 석퇴 백 여 군데가 있다. 그것이 끝나는 곳에서 장백산에 이르는 정동이 대각봉이다. 그리고 비 남동쪽 40리가 소백산이다. 도랑이 있으며 대각봉에서 동북쪽으로 흘러, 석을수와 황하송구자수와 함께 등을 대고 합류하여 낭낭고(娘娘庫)로 들어 가다가 꺾어져서 송화강으로 들어간다. 이것이 각 하천 및 비석의 근본 사정이다."

산수의 형세를 이 같이 말하고 다시 담판 때에 논증한 의견과 같이 조선인이 정계비를 예전에 있던 장소에서 옮긴 것으로 의심했으며, 또 조선 위원이 토문설을 고집하는 것을 반박했다.

그리고 또한 산수의 이름과 방언이 같지가 않아서, 신구 각지도를 비교, 참고하여 공평하게 할 것을 바란다고 하지만, 상호간에 오류가 있으므로 양계라고 다투는 것을 절충할 수 있으면 잘 해결될 것이라고 논하면서 자기들의 논지도 역시 정확하지 못하다는 것을 자백한 다음, 마지막으로 이 사건은 변론할 것이 세 가지이고 고증할 것이 다섯 가지가 있으며, 황후 황제를 위해서 이를 진술, 다음과 같은 견해를 부가하고 있다.

"먼저 지난 해 조선은 도문과 두만을 2강으로 하였으나 우리 아문의 반박을 받았으며 이번에 또 비문을 들고 나와서 땅의 형상이 문(門)과 같다는 설을 또 다시 내 세우고 있다. 그러나 그 말은 이치에 합당치 않아서 실로 이해하기가 어려웠다.

목극등의 비문에 밝힌바 동서이수에 의거 도문이 토문이라는 강희유지는 다른 지지에서도 역시 자주 보게 되지만 오직 방언의 경중 차이이므로 달리 곡해할 우려는 없었다.

조선의 건국은 강희 이전에 해당된다. 땅이 오래되고 사람은 적다. 함경도의 서북쪽은 비어 공활하다. 조선국왕 자문에 의하면 그곳은 백성에게 개간이 허락되는 땅이 아니라 근래에 백성이 몰래 들어가서 경작을 하기 때문에 관리가 수시로 살피는데 이것은 이전부터 폐방의 책임이다. 그곳은 길림성과 접근해 있어서 원래 봉퇴한 금지이다. 종전에는 중강(中江)의 호란(呼蘭)등이 반봉(潘封)의 의를 지켜 유민이 몰래 들어오지 못하게 한 것은 정분의 발로였다. 그러나 근년에 와서 땅이 작고 사람이 조밀해지자 날이 갈수록 점점 더 땅을 점거하여 개간한다. 관리가 봉산(封山)의 금(禁)을 어기고 은밀하게 개척할 계교를 꾸민 것이다.

길림장군이 보낸 서장에 홍단수는 즉 소도문강, 서두수는 즉 대도문강, 포담산(蒲潭山)은 비덕리산(費德里山)이라고 한 것에 대해서는 아직 확실하지 않아 연구가 필요하다.

『황조일통여도(皇朝一統輿圖)』에 열거되어 있는 홍단수는 홍단하로 무산 남쪽에 있다. 무산 북쪽을 흐르는 소도문강은 관계없는 것으로 안다. 서두수는 홍단 남쪽에 있으며 길주 내지의 학항령에서 발원하므로 대도문이 아닌 것으로 안다. 비덕리산(費德里山)은 흑산의 남도문강 북쪽에 있으며 서두수 서쪽 수원인 포담산이 아닌 것으로 안다. 조선의 경계인 무산 이동의 회령 · 종성 · 온성 · 경원 · 경흥의 5부에서 동쪽의 녹둔도 해구에 이르기까지는 도문강이라는 천연의 경계가 있다.

이것이 구획을 짓고 있다는 것은 의심할 바 없다. 그러나 피차 아직도 결정을 못 지은 것은 무산 이서에서 상분수령 목극등 늑석이 있는 곳에 이르는 280여 리 사이뿐이다. 즉, 강희유지에 두 강의 사이에 있는 지역이란 이곳을 말함이다. 이곳은 차례로 세밀하게 연구한 후에 감계할 요량이다. 당해 위원이 리 수를 계산했으나, 토민의 말에 의거한 것이므로 믿을 수가 없다. 모름지기 위도 측량에 의해 확실하게 할 것이다. 280리

사이 서방으로 연이어진 길림 경계로 움푹 들어와서 남쪽으로 꺾어져 증산으로 들어가는 분계설은 산세에 따라 혹은 수형에 따라 강원을 찾아 확정할 것이지 동서를 승직(繩直)해서 잘라 제정하는 것은 안 된다.

길림 장군이 말하는 곳의 정계비는 수척에 불과하다. 잠월 백성이 북쪽으로 이 비를 옮겨놓았는지 사실 유무를 철저하게 신속 규명해야 한다. 회전에 실려 있는 소도문강은 대도문강의 내지 북쪽에 있다고 단정하지는 못한다. 대도문강은 장백산 동쪽 기슭에서 나와 두 하천이 합류한다는 말이 있는 것으로 보아서, 두 하천은 반드시 그 이름이 있을 것이다. 이것은 방언에 의해 조사해 보면 홍단 상류 두 원류의 이름이 되어있는지 고증 되리라 본다.

목극등의 비문을 보면, '奉旨査邊至此審視西爲鴨綠東爲土門故於分水嶺上勒石爲記' 라 고했다. 비문 중에 분계라는 문자가 없는 것은 두 강의 근원을 기록하지 않은데 불과하다. 이것은 비를 세운 곳이지, 분계한 곳이 아니다. 조선인은 이를 분계한 확실한 증거라고 하고 있다.

비문 중 심시운운하고 있는데 강희제의 두 강을 경계로 한다는 뜻을 흠준하고 있으며, 만약 두강을 별개로 말한다면, 압록강의 상원은 압록강이라고 이름하지 않고 건천구(建川溝)라고 칭한 것으로 보면 도문강(圖們江)의 상류도 반드시 도문이라고 하지는 않았을 것이다. 중국의 제의 원류는 침(茝)이라고 하며, 한의 원류는 양이라고 한다. 그런데 침과 양이 제한대천(濟漢大川)의 이름을 가질 수도 있는 것은 대천이 소천을 거느리고 있기 때문이다. 그렇다면 홍단소수도 도문 강원이라고 칭할 수 있지 않겠는가?"

라고 부가하고 있다.

위와 같은 논지 하에 청측은 을유담판의 결렬로 다시 회담을 갖자고 하면서 변경의 사정을 숙지하여 지리에 밝은 사람을 선택하기 어려우니 지난번 회담에 참여했던 덕옥 · 진영 · 방랑 등을 파견하여 조선 위원과 시기를 정해 상세히 조사, 도문 강계를 힘써 확실하게 지정하고자 한다면서 조선정부에 통첩, 신속히 위원을 파견할 것을 독촉해 왔다.

조선 정부는 청국이 반드시 도문설로 압박해 올 것을 우려하여 되도록 이를 천연시킬 방침을 채택하고 서면으로 정계비 및 토문 강계를 고집하며 움직이지 않았다. 그러나 결국 여러 차례의 교섭 끝에 조선에서도 역시 전 감계사였던 이중하를 파견하기로 했다. 그런데 청국 위원들은 재조사의 명을 받는 동시에 이중하에게 다음과 같은 조회를 보냈다.

> "도문강 감계관에게 조회할 일은 흠명독판, 영고탑등처사, 길림장군으로 부터 서면을 접한 연후에 총리각국 사무아문으로부터 온 지시에 길림과 조선의 계지는 무산 이동의 회령 · 종성 · 온성 · 경원 · 경흥 5부의 동쪽에서 녹둔도 해구에 이르기까지는 도문강의 천연적 경계가 있어서, 이것이 분계를 이루고 있으므로 조금도 이의가 없으나, 다만 무산 이서 위의 분수령인 목극등의 늑석입비(勒石立碑)의 땅에 이르기까지의 사이를 분명하게 고증해야할 것이다.
>
> 그러므로 길림 장군에게 명하여, 관리를 파견해서 입회 조사를 재가하여 상호 성립되면, 유지를 공손히 기록하여 처리할 것을 통지해 왔다. 명령서가 도착하면 해당관으로부터 조선 감계사 이중하에게 조회하여 속히 입회, 상세하게 재답사하여 품신하라는 통지가 오는 동안, 귀관은 잘 알아두었다가 그 전에 시급히 올 수 있는지 여부와 또 무산에서 만날 것인가 회령에서 담판할 것인가를 미리 통지해 주면 좋겠다."

고 하였다.

그러나 이중하는 원산해관의 사무가 다망하여 출발 할 수 없었다. 또 조정에서 파견의 명을 받지 못하여 행동 결정을 못하는데다 입회 기일도 지시

받을 수 없다는 취지의 회답을 보내고 쉽사리 움직이지 않았다. 청국 위원은 이 회답을 접하기 전에 다시 이중하에게 서면을 보내서 회담의 지연을 질책했으나 이중하는 이에 대해서 조정으로부터의 명령을 기다려 출발하려고 하는데 지금 전염병이 크게 돌아서 길이 끊어졌기 때문에 시기를 보아 출발할 수밖에 없다고 회답했다.

당시 이중하는 덕원부사로 전임되어, 원산상무감리를 겸임하고 있었는데 전년의 조사에서 토문강 경계를 실지로 크게 논증하였다. 청국 위원이 의혹을 품은 채 헤어졌는데도 불구하고 청국 아문은 다시 무산 이동의 회령 · 종성 · 온성 · 경원 · 경흥 5부의 동쪽에서 녹둔도 해구까지는 도문강의 천연적 경계가 있어 추호도 이의가 없다고 하면서 단 무산 상류에서 감계를 해야 한다며 독자적인 명령을 내려 재감을 하려는 것이기 때문에 자기의 주장은 도저히 관철되지 못할 것을 알고는 재감의 명령을 받았으나 다른 사람으로 교체해 달라고 요청했다.

그리고 국왕에게 상주하여 말하기를

"오늘의 경계 조사는 지난날의 간난위의(艱難危疑)에 비교할 것이 못되며 단지 구지를 밝혀서 유민을 안도시키는데 지나지 않을 따름이다. 그리고 구지라고 말하지만 수원은 하나가 아니며 목책은 다 되어 썩어 내려앉아 지점을 논해도 옛 기록과 맞지 않는다. 조사하는 일은 오늘날 처리하기가 어려우며 촌척의 한계도 오직 지키는 방법을 궁리해야 하며 문서가 오가는 동안에 그들의 의심이 더해지기가 쉽다.

유민에 대해 말하자면 강금(江禁)이 오랫동안 해이해져서 강을 넘어가는 자가 심히 많아, 이제는 소환할 수가 없게 되었으나 그렇다고 포기하는 것도 곤란하다. 그러므로 타국의 영토를 빌려서 유민들을 안주하게 했으면 어떨까 생각한다. 그리고 지난 번 청국으로부터의 조회에 그 땅을 판도에 넣고 그 백성을 청국의 국적에 넣겠다는 뜻이 있었는데 이는 가장 어려운 문제로서 실로 신중한 연구가 필요하다. 이는 신과 같은 무능한 자가 처변 할 것이 아니다. 이미 시험해 보아서 효과가 없는데 또 그 죄책을 잊지 않고 감히 다시 전직을 맡으면 과오가 거듭될 것이다.

신 아뢰옵건대 이는 강토와 백성에 관련되는 중대사로 결정하기가 어렵다. 묘당에서 숙의하여 옛 땅은 도지에서 고증하고 유민의 일은 적의 헤아려 한계를 구획지어 이 땅과 그 땅의 유민을 안정케 한 다음, 충분히 상의하여 결정을 하고 적임자를 선정해 명확하게 지시 실행케 해야 한다. 지난 날 청측 대표와 회담하였던 바 국체정중(國體鄭重)하고 사리타당(事理妥當)하여 신 참으로 곤혹스럽고 번민되어 견딜 수 없었다."

라고 아뢰었다.

그러나 국왕은 칙명으로 그를 감계사로 재임명하였다.

2) 정해감계담판(丁亥勘界談判)

4월 7일 회령에서 담판이 시작되었는데, 청국 위원은 전년과 마찬가지로 멀리 한국 내지로 부터 발원하는 서두수를 도문강의 본류라 하며 이것으로 경계를 하려고 하였다.

이중하는 사태가 심각하다는 것을 알고 청국 위원에게 말하기를

"조선의 본의는 처음부터 영토 확장을 바라는 것이 아니다. 다만 민정의 애처로움을 생각하여 한 번 경계비를 고증하여 숨김없이 밝힌 연후에 경계를 표시하여 백성을 편하게 하도록 천조의 관전을 빌고자 할 뿐이다. 전년 청국총리아문의 『흠정황조통전(欽定皇朝通典)』과 『흠정황조사예고(欽定皇朝四裔考)』, 『일통여도회전지도(一統輿圖會典地圖)』 등을 인용하여 길림과 조선은 분명히 도문으로 경계를 한다고 했다.

또 이번의 자문에 길림과 조선의 경계는 무산부 이동의 회령 · 종성 ·

온성 · 경원 · 경흥 5부의 동쪽에서 녹둔도 해구에 이르기까지 도문강의 천연 경계가 있어서 이것으로 분할이 되어 일호의 의의도 없다고 하였다. 그러나 무산 이서에서 분수령상의 정계비가 있는 곳에 이르기까지는 가려서 밝혀 고증할 것이 있다. 라고 하며, 이미 총리아문의 주의가 이와 같이 된 이상은 폐방은 어찌 감히 강변하여 오랫동안 귀국을 번거롭게 하겠는가. 오직 가려서 밝힐 것을 찾아서 이전대로 준수하자. 사대의 의를 다하도록 힘쓰는 것이 일을 종료시키는 방법이다.

이번 재조사의 길은 다시 도문구계(圖們舊界)와 목총관입비 한계를 심사하여 이것을 황조의 지도와 부합되는 가를 찾아서 완결하도록 하자. 그러나 귀관들이 서두수를 홍단수로 지칭하는 것은 놀랍기 이를 데 없다. 그 연유를 알고자 한다. 이들은 모두 우리나라에서 발원하며 장백산에서 발원하는 도문강 원류와는 관계가 없다. 그러므로 도문강 원류에 의해서 공평하게 이 문제를 해결하는 것이 옳다."

라고 하였다.

이중하는 벽두의 첫 번째 주장에서 총리아문의 주의에 무산 상류에서 정계비까지를 조사하라는 것에 따를 것이나 서두수 혹은 홍단수에 대해서만 다툴 뿐이었다. 이에 청국 위원은 더욱 대국의 위엄을 부리며 다음과 같이 이중하를 협박했다.

"왕년에 귀관과 도문강을 이미 조사했으나 조정의 명의는 강류에 근거하여 강원을 찾아내려는 것이며 먼저 강원을 골라서 강류를 정하라는 뜻이 아니다. 지난해에 함께 도면을 제정하여 상호 기명 조인했기에 각자 다른 말이 없을 터인데 그것을 모르는가? 먹물자국도 아직 마르지 않았는데 또 이의를 들고 나오다니 생각건대 귀국은 아조에 신복하여 번봉된 지가 이미 오래이다. 그리고 근자에 와서 귀국이 환란을 만날 때마다 우리 황상께서 여러 차례 탕금과 군대를 보내 보호하였다. 그런데도 귀국의 왕 및 정부의 제신들은 여하히 각근진직(恪勤盡職) 우러러 황상의 지극하신 은덕에 보답하려하는가 귀관이 다시 명을 받고 도문강원을 두 차례에 걸쳐 조사하였고 3년의 해를 넘겼는데 오류일 뿐 써 놓을 것이 없다.

경계조사(境界調査)건을 보더라도 어린아이 장난과 같다. 국가와 백성을 생각하는 것이 이정도인가? 대체 작은 것으로 큰일을 하는 것이 의인가? 아니면 귀방은 무엇으로 먼저 해란을 지칭하여 도문이라고 하고 이어서 도문을 두만이라 했다가 나중에는 또 송화강원의 황화송구자(黃花松溝子)를 도문강원이라고 하는가? 일오재오(一誤再誤)하며 그 말이 하나가 되지 않고 한결같이 입과 혀로 말을 그럴듯하게 하여 속이려는 것이 아닌가? 참으로 들은바와 같이 몽상외의 말을 한다는 것이 허언이 아니로다.

우리 총서에서 주의할 때 귀국은 봉산의 금을 잘 알면서도 속으로는 영토를 확장하려고 꾀한다. 엄격하게 의를 바르게 하라. 이것은 작은 일하나를 들어 귀국을 책망하는 것이다. 귀정부의 글 가운데도 과실을 뉘우치며 잘못을 알고 있다. 그런데 지금 귀관의 말을 들으니 경외성오(敬畏醒悟)하는 마음이 조금도 없다. 이것이 신하인 자가 임금을 섬기는 도리인가?

예로부터 신하는 임금에게 봉사하여 중임을 받는 자는 반듯이 먼저 이해가 되는 것을 밝히고, 권모술수에 통해 임기응변으로 화를 미연에 방지하여 사후 수습하고 위로 군부를 위해서 이름을 아름답게 하고 아래로는 창생을 위해서 백년의 계를 세워야 비로소 애국 애민하는 좋은 관리의 자격을 잃지 않는 법이다. 소위 애국이라고 말하고 나라를 등에 대고 두려워하지 않는 자 어디에나 있다.

애민이라 말하고 백성의 적을 가지고 일신을 편하게 하는 자 어디에도 있다. 오로지 자기 재질을 자랑하며 사심을 가지고 조그마한 목전의 작은 이익만을 생각하고 선후의 책을 찾지 않고 국가에 무궁한 환을 가져오게 하고 그 백성에게는 불칙한 근심을 가져오게 한다면 이름은 애국이라 할지라도 실은 나라를 그르치는 소치이며 이름은 애민을 빙자하지만 바르게는 백성을 해치는 소치이다. 말하건대 이것은 군자가 취할 일이 아니다.

지금 귀관은 강계를 조사하는데 먼저 비퇴를 말한다. 때로는 복류로서 강변하고 때로는 홍토산을 발원이라고 하며 옛 지혜를 무너뜨리려고 한다. 무슨 의도인가? 분명히 정해져 있는 땅을 정해져 있지 않은 땅으로 만들려고 한다. 또 강류에 근거해서 강원을 살피는 것이 아니라 먼저 강원을 택하여 강류를 정하려고 한다. 총서가 재조사를 주청한 의도와 크게 상반되고 있다. 소위 비계를 지증함으로써 숨김이 없는 마음을 밝히는 것은 변경을 조사한 비로 분계의 비로 삼는 것이며 이것이 또한 숨김이 없는 것이라고 말할 수 있지 않겠는가?

귀정부에 기록되어 있는 승문원(承文院) 고실(故實)에 우리 예부에서 온 자문 본문에, 강희 50년 8월 4일 칙명을 내려 목극동을 파견하였으며 장백산에 도착하여 우리 변경을 조사하였더니 그 나라와는 관계되는 것이 없다고 하는 등의 말이 있다. 이미 귀방과는 관계가 없다. 운운하는 자구가 있는 것으로 보아서 목극등이 세운 비는 변경을 조사한 비이며 분계의 비가 아니라는 것은 의심할 여지가 없다. 하물며 총서 주문이 역시 목극등 비문에 다만 "奉旨査邊至此審視西爲鴨綠東爲土門" 이라고 했으며 비문중에는 분계라는 자구가 없다. 이는 당일 비를 세운 곳이 반드시 당일 분계를 한곳은 아니라는 것을 분명하게 밝히고 있는 것이다.

비가 분계와는 관계없다는 것이 이전부터이며 송화강상의 비로써 증거를 삼고자 함은 총서가 아뢰는 것과 맞지 않을 뿐만 아니라 또한 귀국의 승문원 고실과도 부합되지 않는다. 홍단수상에 경계를 정하는 것을 의외의 말이라고 하는데 내가 의외의 설을 말한다면 총서가 하는 말도

의외의 말일 것이다. 총서의 주의 안에서 분명히 말하고 있다. 압록강 상류는 압록강이라 이름하지 않고 건천구(建川溝)라고 칭하는 것으로 보아서 도문강의 상원도 반드시 도문이라는 이름이 아닐 것이다.

그것은 중국의 제(濟)의 원류를 심(沈)이라 하고 한(漢)과 양(瀁)이 제한(濟漢)이라는 대천의 이름을 가질 수 있는 것은 대천이 소천을 거느리기 때문이다. 그렇다면 즉 홍단소수는 도문 강원이라고 칭할 수 있지 않겠는가? 귀관이 우리의 설을 의외라고 하는 것은 이치에 맞지 않는다. 서두수를 반드시 가서 고증하려는 것은 여러 경전을 고증함에 반드시 제가의 설을 두루 모아 서로 인증 참관하여 절충 논중하는 바와 같은 것이다.

또한 성경통지(盛京通志)에 장백산은 제수가 발원한 땅이며 작은 것은 하(河)로 하고 큰 것은 강으로 한다고 기재되어 있다. 대소로써 이를 나누는 것은 강원을 확실하게 찾아서 살펴보는 한 방법이다. 귀관의 소위 서두수는 여지에 어윤하(魚潤河)라고 주가 달려있으며 홍단수는 홍단하삼지(三池)라고 주가 달려 있는 것은 명목이 부합되지 않을 뿐만 아니라 신빙하기 어렵다. 또 가리키고 있는 그림은 방 (坊)사이 그림 안에 상세한 설명이 없다. 귀관과 우리 일행이 친히 조사하여 기명, 조인한 지도는 신빙할 수가 없어서 방 사이가 이어질 곳의 도본으로 증거를 삼으려고 한다.

귀관이 말하는 황하의 물은 발원처가 하나가 아니며 곤륜산(崑崙山)으로부터 유출한 것을 황하라고 한다함은 옳다. 또한 곤륜산의 산세가 면긍광원(綿亘廣遠)해서 백산이 연면하여 도문강의 수원이 나오는 것과 마찬가지이다. 그래서 내가 먼저 강원을 찾으려고 하는 것은 귀관의 의견과 바로 합치한다.

이번에 총서가 도문 강계 재조사의 일을 주청한 것은 전회에 증명 , 고증을 끝내지 못했으며 이전부터 계측하는 곳의 이수(里數)는 단지 토민의 말에 근거하는데 지나지 않으므로 믿기에는 부족하다. 그래서 몸소 위도를 측량하여 신빙할 근거로 할 것이며 또 분계의 설은 혹은 산세를 따르거나 혹은 수형에 따라서 강원을 찾아가서 확인하는 것을 주로 하는 것이다.

이번의 재조사는 다만 총서의 주의를 준수하는데 있으므로 귀관도 무산 이서로 동행하여 산세에 따라 물 흐름의 양상을 쫓아 확인함이 주이며 총서의 승직(繩直)은 참연제정(縱然齊整)할 것이 아니다. 이번의 재조사는 다만 총서의 주의를 준수하는데 있으므로 귀관도 무산 이서로 동행하여 산세에 따라서 또는 수형에 따라서 그 흐름에 의거하여 거슬러 올라가며 곳곳에서 측량하여 리 수를 명기하고 길을 따라 지증하여 자세히 조사해 밝힌 다음 다시 상의를 거쳐서 경계를 획정하는 것이 요점이다. 그리고 그것이 총서가 재조사를 주청한 본래의 취지이다.

강의 흐름에 삼로가 있다는 것은 이미 조사해서 알려졌으므로 측량 위원을 보내서 연도를 측량토록 하고 한편 본관들은 귀관과 함께 출발하여 따라가며 살펴 궁리해야 하므로 많은 인원과 날짜가 소요될 것이다. 그러므로 귀관은 선발자와 동행자의 성명 및 어느 길로 전진할 것인지를 지금 회시하라."

하였다.

이에 이중하는 즉시 한 장의 글을 써서 다음과 같이 반박했다.

"지금 귀관들이 지적한 것은 폐방을 매우 불칙한 지경으로 몰아넣는 것이다. 그리고 은밀하게 땅을 개척하려고 꾀한다고 말하고 또 기망할 마음이 있다고 했다.

폐방이 3백년 복사 이래 사대의 정성은 하늘이 아신다. 귀관들의 일필일구에서 이와 같이 단정하여 생각하는 것은 너무 심하지 않은가? 본관은 글이 짧아서 말로써 우리나라의 사대의 정성을 다 표현할 수 없다. 인신은 이 같은 말을 듣고 견딜 수 없어 말하지 않을 수 없다. 대성통곡하며 칼을 물고 죽고 싶은 심정이다. 이러한 심정가운데도 구구한 마음을 밝히고 싶다. 또한 귀서의 글 조목마다 말 하지 않을 수 없다. 삼가 이에 기술하겠다.

귀서 중에 지난 날 비퇴에 가서 감정할 때 처음에는 부사가 말하기를 수류가 상접해 있다고 했다. 하고 먹물 자국이 아직 마르지도 않았는데 의의를 내건다. 운운 했는데 이것이 무슨 말인지 모르겠다. 홍토수가 비계(碑界)와 접해 있다는 것은 산에 오르기 전부터 명백하게 설명했다. 당시의 담판을 초래한 것을 조회한 것이 아직 있다. 다시 검토해 보라. 복류라는 설은 목총관이 조회한 것 중의 어귀에 근거한 것이며, 폐정부가 창조한 것이 아니다. 땅 속으로 흐르는 것을 누가 능히 명확하게 알겠는가. 심하게 논책하지 말라.

귀서 중에서 말하기를 부사와 같이 도문 강원을 조사했으나 말하는 것 중의 오류를 하나하나 다 쓸 수가 없다. 라고 했다. 본관이 잘못되어 중임을 맡아서 간다고 하는 것이 뭐가 잘못되었는가? 어찌 입과 혀를 마음대로 놀려 자신을 변명하지 못하겠는가? 귀관들도 역시 본관의 뒤를 따라서 그 시비를 논하라. 전에 본관이 와서 귀관들과 경계를 논할 때 어찌하여 한 마디도 강북땅까지 미치지 않았던가. 어찌하여 지난 날 해란과 송화강을 가리켜 조선의 영토라는 한 어귀가 없었던가. 당시에 말한 것은 단지 비퇴를 조사하기를 요청하고 폐방은 마음속에 감추고 있는 것이 없다는 것을 밝힌 후에 추호도 강경하게 다툰 일이 없다.

그러므로 마지막 조회에는 오직 총서의 주고(湊稿) 및 경계비에 새겨져 있는 비문은 귀국의 문헌에 두루 들어 있으므로 굳이 사의로 의정할 것이 없으니 돌아가서 이를 우리 국왕에게 복주하겠다고 말하고 귀국했다. 담판 초고를 참조해 보고 이를 책하라.

귀서 중에서 말하기를 소위 비계를 지증하여 무은(無隱)의 마음을 밝힌다면 이것은 변경을 조사한 비가 분계의 비가 되는 것이 되는데 이것도 또한 무은이라고 할 수 있겠는가. 백산의 한 조각돌이 오랫동안 청한 양국 3백년의 경계라는 것은 국사와 야사에 실려 있지 않은 데가 없다. 그런데 지난 날 귀관들은 이것을 후인들이 위작한 것으로 돌리고 또 간악한 백성이 비를 옮기지 않았는지 의심한다. 이 말은 모두 이치에 맞지 않으므로 따지지 않아도 자명해질 것이다.

귀서 중에 총서 주고(湊稿) 운운한 것이 있다. 이것은 당일 비를 세운 곳이며, 반드시 당일 분계를 한 곳은 아니라고 했다. 그러면 변경을 조사하여 비를 세우는 것은 정계가 아니고 무엇인가. 이것을 종합하건대 폐방의 승문원(承文院) 정계사적(定界事蹟) 가운데 있는 목총관의 주문자회(奏文咨會)는 모두 자기가 당일 분계한 것인지 아닌지를 분명히 말해주고 있다.

지금 고사를 깊이 연구하지 않고 이를 무심히 보면 이 비가 압록과 송화 양강 사이에 있다는 것은 실로 부합되지 않는다. 그러나『성경통지』에는 장백산 이남은 조선경이라고 하였으며, 또『흠정통전』에는 조선은 도문강으로 경계를 한다고 했다. 도지에 실려 있는 사실이 이렇다면 목총관이 변경을 조사하고 비를 세웠을 때 어째서 장백을 버리고 소백산에 세우고 도문을 버리고 홍단수로 하지 않았는가? 특히 도문의 발원은 비에서 매우 멀어 연이어 토퇴를 설치하여 이와 접하고 있다. 지금 압록강에는 퇴가 없고 동변에 퇴가 있는 것을 보아서도 상상해 알 수 있지 않은가. 또 퇴의 꼬리가 남쪽으로 이어지는 것을 상세히 보면 드디어 분별해 말할 수 있다.

총서 주고에 압록강의 상원은 압록이라고 이름하지 않고 건천구라고 한다는 것을 보면 도문강의 상원도 반드시 도문이 아닌 것과 같은 예라 운운하였다. 이는 실로 귀관들이 전년에 홍단을 살피면서 변계 사정에

숙달되지 못했기 때문이다. 천조 폐방을 애휼하시어, 예로부터 지금에 이르기까지 은총과 비호하시기 어떠했는가? 어찌 조선의 내지를 깎아서 축소하여 비를 홍단의 발원으로 옮기려고 하겠는가? 이를 귀관들이 상세하게 고증하여 실제에 따라서 보고하라. 귀관 및 길림 훈춘의 백성은 폐방과 강을 격해 상거하고 있으나, 폐방의 변방에 대한 일은 조금도 아는 것이 없다. 그리고 폐방의 무산과 장파(長坡) 등지에는 창고 사묘가 있으며 이것을 관적 민부로 생각해 보면 이는 명백히 조선의 지방이다.

지난날의 귀조회 중에도 역시 봉퇴 이남은 조선땅이고 봉퇴 이북은 청국계라고 했다. 그리고 전의 먹물이 아직 마르지도 않았다느니 어쩌니 하며 천만 부당한 홍단수를 들고 나온다니 말이 되는가? 자세히 살펴 보건대 귀국의 일통지도 중에 압록과 도문의 지계에 점획 표시가 명백하다. 홍토수가 대도문강이라는 것은 규명하기에 확실하다. 그 남쪽에 별도로 소백산의 삼지와 홍단하 등의 땅을 주명한 문자가 있으나 이것으론 정확하게 증명하지 못한다. 지난 날 입회 조사할 때, 귀관들은 항상 도지로서 증거를 삼았다. 그러므로 본관은 누차 일견하기를 간청했으나 귀관들은 끝내 한 번도 이를 제시하지 않았다. 귀경 후에 본관은 이것을 북경에서 한 질 구해 보았다.

귀관들은 또 이렇게 말할 것이다. 그것은 시정에서 편찬한 것이므로 방본으로 신빙할 수 없다고 할 것이다. 본관은 참으로 의혹스럽고 억울하기 끝이 없다. 지금 이 일통여도는 전년 입회 조사할 때 작성한 지도의 원본과 별 차이가 없으므로 청하노니 일통여도 중 어느 것이 무엇을 믿지 못하겠는지 하나하나 대답해 보라. 아마도 명백할 것이다. 이를 요약하면 이번 경계 조사에는 폐방에서는 오직 도문 구계를 지키는 것을 알 따름이다. 바라옵건대, 귀관들은 깊이 양찰하여 공정하게 일을 처리하라.

총서로부터 받은 명령과 가지고 온『일통여도』역시 우리에게 보여 주어 공명하게 생각하여 바로 잡도록 하기 바란다. 위원을 파견하여 선발 측량하라는 지시는 명령에 굳이 따르지 않으려고 하지는 않는다 해도 작년 총서의 재조사 명령 중 무산 이서부터 위 분수령의 목극등 늑석 입비의 땅에 이르기까지 고증, 분별하여 밝혀야할 것이 있다고 운운하였다. 즉 고증해야할 것은 정말 여기에 있다. 그리고 지금 귀관들은 기백년 동안 폐방의 내지인 홍단서계(紅丹西谿)의 경계를 가르치라고 하지만 이것은 교계가 아니기 때문에 재조사를 논할 필요가 없다. 귀관들은 깊이 양해하고 다시 알려주기 바란다."

양국 위원은 그 후 수회에 걸쳐서 대략 동일한 논지를 되풀이하며 서로 논박을 거듭하였으며 이중하는 청국이 의문으로 하는 변증해야 할 3가지, 고증해야할 것 5가지에 대해서 하나하나 반박했으나 결국 다시 수원 지방을 조사하기로 하고, 함께 회령을 출발하여 4월 29일 무산으로 향해 백두산통로인 장파에 도착했다.

이때 청국 위원들은 끝까지 서두수를 조사하고자 함에 이중하는 어떻게 하든 그들을 정계비와 가장 가까운 홍토수로 이끌고 가려고 했다. 결국 절충안으로 먼저 중간인 홍토수를 조사하기로 했다. 그리고 수일을 소비하여 이 조사를 마치고 장파로 돌아 왔다. 여기서 이중하는 단연코 서두수 답사는 불필요하다며 거절하여 말하기를

"서두수가 교계와 관계가 없다는 것은 왕년에 누누이 설명하였기에 더 설명할 것이 없는데 이런 길에 귀관들이 또다시 가서 감정을 하려는 것은 이해하기 어렵다. 생각하건대, 도문의 산수와 변경의 형상은 모두 귀국의 일통여지도에 실려 있다. 전년 총리 각아문 주의에 서두수가 대도문강이 아니라는 것을 안다는 어귀가 있다. 이 일절을 보아서도 다시

따질 필요가 없다. 본관은 단연코 귀관의 주장에 따라 먼 그 곳에 가서 조사할 필요가 없는 하천을 조사하지 않겠다."

고 하였다.

그러자 청국 위원은 이중하를 향해서

"귀관은 먼저 홍단수를 조사한 후 장파로 돌아와서 홍토수로 갈 것인지 서두수로 갈 것인지 공의하기로 약속했음에도 불구하고 지금 서두수로 가는 것을 거부하는 것은 무슨 까닭인가?"

하고 항의하자, 이중하가 이에 대해서 말하기를

"내가 하는 말은 곧 총서가 명한 뜻을 준봉할 따름일 뿐, 굳이 타의가 있는 것이 아니다. 도문강의 지증이 확실하다면, 경계는 자연히 분명하다. 이것이 바른 재조사의 요령이다. 귀관과 본관들은 오로지 도문강을 지증하는 그 한 가지 일 뿐이다. 그리고 도문강은 즉 장백산에서 나오는 강이다. 그런데 지금 장백산 입구에 도달하였는데 응당 조사해야할 길을 버리고 도문이 아닌 서두수로 가는 것은 도리가 아니다."

라고 하며 완강하게 서두수 조사에 동의하지 않았다.

청국 위원이 백방으로 따졌으나 서두수는 전술한 바와 같이 조선 내지에서 발원하는 것이므로 이중하가 이에 동의하지 않을 것임이 명백했다.

이에 청국 위원의 한 사람인 방랑이 다소 양보의 의견을 가지고 이중하를 만나 홍토수 서남쪽의 한 갈래인 하천의 가장 긴 것을 찾아서 협정하려고 시도했으나 이중하는

"일토일석(一土一石)이라 할지라도 신하된 자가 어찌 원래 정해진 경

계를 자의로 축소하여 협정하겠는가? 가령 지금 본관이 이를 협정했다 한들 나중에 폐방이 묵과하지 않을 것이다."

하고 이에 응하지 않았다.

청국의 네 위원도 하는 수 없이 먼저 홍토수를 조사한 후인 윤 4월 16일 다시 회담하였다. 그 회담내용은 다음과 같다.

清 홍토수(紅土水)홍토수와 접해 있지 않다. 귀관의 의사는 어떠한가?

韓 비퇴는 홍토수에서 더욱 멀리 떨어져 있기 때문에 표지를 그 사이에다 우리 쪽을 향해서 증설하기를 논의했다.

清 비는 근거로 할 것이 못 된다는 것을 우리는 안다. 그 비는 원래 어디에 있었으며, 누가 옮겼는지는 밝혀 말할 수 없다.

韓 귀관이 비를 옮겼다는 것을 정말 안다면 공문을 보내서 명백히 하라. 이것은 큰 사건이다. 나는 응당 신속히 우리 조정에 알려 변론, 대책을 강구하겠다.

清 우리는 말할 수 없다.

韓 이것은 명백하게 천명해야 한다. 어째서 이것을 공언 못하는가?

韓 비는 옮길 수 있으나 퇴도 역시 옮길 수 있겠는가? 퇴 위에는 수목이 나서 자라며 고목이 된 것도 많다.

清 퇴는 아조가 장백에 기도하기 위해서 왕래하는 길을 표시한 것이다.

韓 목극등이 비를 세울 때에 오고간 구(句) 문안이 있는데 어찌해 그것을 설명하지 않았는가?

清 귀관은 오직 홍토수 외에는 어째서 상의하고 언론하는 것이 없는가? 우리는 항상 성심으로 말하는데, 귀관은 어찌 하나같이 냉담하게 듣는가?

韓 귀언이 항상 우리에게 상의를 요구하는 것은 조선 내지를 축소, 변경하려고 하는 것 뿐인데 우리가 어찌 축지(縮地)를 상의하겠는가?

清 지금은 이미 물의 갈래를 다 조사했다. 귀관에게 청하노니 공평하게 말하라.

韓 공평하게 말한다면, 즉 홍토수다.

清 이게 과연 공평한 말인가?

韓 우리나라 기백년 동안의 구한계(舊限界)를 요구하는 것이다. 땅을 대신하여 생각해 보면 사리는 일찍부터 당연한데 무엇 때문에 그렇게 심하게 격노하는가?

清 그렇다면 이것에 대해서는 또다시 의논할 것이 없다. 당연히 홍단하로 결정하겠다.

韓 그것은 곧 조선의 내지이다. 귀관들이 정했다 할지라도 우리는 그렇게 정하지 못한다.

清 이것은 길림(吉林)땅이다. 어째서 조선의 땅인가?

韓 귀국의 일통여도에 스스로 대도문(大圖們)의 경계가 나와 있으니 청컨대 함께 사람을 보내서 공증하는 것이 좋다.

清 지도는 황제가 내리신 것이나, 총서가 보낸 것이거나, 지도로는 증거가 되지 않는다.

韓 총서가 아뢰는 것은 항상 지도를 인증한다. 이것을 근거로 하지 못한다면 근거할 것은 아무 것도 없다.

清 총서의 공문을 보려고 하는가. 그 뜻은 바로 홍단을 경계로 하려는데 있다.

韓 귀관이 전년의 감계 품보 중, 처음부터 홍토수에 대한 것은 단 한자도 거론하지 않았기 때문에 총서는 처음부터 아직 이 강이 있는지도 모르기에 그런 것이다.

清 귀정부는 이미 누누이 북양대신과 총서에 홍토수에 대한 것을 간청했다. 그런데도 총서의 뜻은 이것을 허락하려하지 않기 때문에 홍단하로 경계를 하라고 한 것이다.

韓 총서 주의 중에는 수원과 지형은 논리가 매우 상세하다. 홍토수가 대도문인 것이 분명하다.

清 총서 역시 아직 상세하게는 모른다. 오직 우리의 품보 여하에 있으며 귀관이 항상 총서 주의를 증거로 내세워도 실로 이익이 되지 않는다.

韓 이번에 상세히 제도해서 봉정하면 반드시 결정이 있을 것인데 내가 어찌 쟁론을 하지 않겠는가. 이 일은 구계를 밝히는데 있다. 그런데 귀관은 별도로 새로운 경계를 정하려고 한다. 대소국간에 3백년 이래로 구계가 있다. 그런데 어찌 오늘날 새로운 경계를 정하려고 하는가.

清 누가 그 구계를 아는가. 귀관이 그것을 아는가.

韓 홍토수가 바로 구계다.

清 귀관은 이미 그 흐름은 접하고 비와 접해 있는 것을 보았다. 그런데도 그림 하나로 홍토수를 주로 하는가? 오늘 이 시비를 결정한 후가 아니면 하산해서는 안 된다. 귀관은 이를 밝혀 말하라.

韓 내 목은 베어도 국경은 축소할 수 없다. 이 나라에는 구지가 있다. 그런데 어째서 이렇게 대드는가?

清 홍토 외에는 주장하지 않겠다고 말했다. 귀정부가 명한 뜻이 정말 이와 같은가?

韓 우리 정부가 본인을 파견, 다만 홍토수 구계가 정해진 정계임을 알고 있을 뿐이다. 홍단(紅丹)과 서두설(西豆說)은 우리 정부도 예상 밖이다.

清 귀정부의 뜻은 오직 홍토수에 있다는 것인가?

韓 그렇다.

清 귀관을 파견한 것은 무슨 일을 주관하게 하려고 한 것인가?

韓 구계를 지증하기 위해서 파견되었다.

清 그렇다면 구계 근거의 증빙이 있는가?

韓 우리나라의 모든 도지에 명백하게 실려 있다. 그러나 우리나라의 도지를 귀관이 믿을 수 없다면 나는 오로지 귀국 지도로 증명하겠다.

淸 그들 모두가 눈을 부릅뜨고 말하기를 그렇다면 이것으로 상호 조회해야 한다.

韓 당연히 그렇게 해야 한다.

전에 조선인이 정계비를 옮겼다면서 백방으로 궤변을 함부로 늘어놓았던 청국위원은 이 회견에서도 토퇴 · 석퇴를 장백산에 기도하려고 오는 사람들을 위한 도로의 표지라고 곡해하며 자신의 이익을 위해서는 이를 금과옥조로 하는 『일통여지도』도 증거가 되지 않는다고 항변하는 등 그 주장이 지리멸렬 상태이었다.

걸핏하면 그들은 화를 내며 이중하를 굴복시키려 했다. 그 후에도 여러 차례에 걸쳐 변론하였으나 쌍방이 굳이 고집을 견지하며 자기주장을 굽히지 않았다. 그동안 각 수원을 조사 측량하여 모든 수계가 겨우 분명해지기에 이르렀다. 이렇게 하여 일행은 5월 2일 무산에 도착하였고, 5일 다시 회령으로 돌아왔다. 회령에서 다시 담판을 벌였으나 5월 16일 청국위원은 홍단수를 포기하고 석을수로 정계를 하겠다고 물러섰지만 이중하(李重夏)는 한 치도 물러서지 않았다.

5월 18일 이중하는 청국위원에게 다음과 같은 조회(爲照會事)를 하고 청측은 19일 조회에 대해 회답(爲照覆事)하는 상호 공문을 교환하고 이번 담판도 끝내 해결을 보지 못한 채 제도(製圖) 한 장씩만 각각 갖고 귀로에 올랐다.[22)]

이중하의 조회 내용은 다음과 같다.

"이번에 도문강계를 재답사하며 두루 수원을 살펴보고 지금까지 세세히 의논하면서 무산부에서 서쪽 흐름을 따라 장백산중의 장산령(長山嶺)

22) 篠田治策, 白頭山定界碑, 樂浪書院, 1938, PP.201~211. 및 申基碩, 間島領有權에 關한 硏究, 探求堂, 1979, PP.59~69.

서변인 홍토수와 석을수의 합류처에 이르러 차례로 하나하나 고증하며 감정하였다. 그러나 아직 정해지지 않은 것은 오직 합류처 이상의 서쪽 원류이다.

본관은 장백산에서 홍토수에 이르는 사이에 경계를 정하자 하고 누차 상의를 하였으나 아직 협정에 도달하지 못하였다. 이것을 종합해 보면 경계는 이미 감정이 다 되었으나 단지 양원(兩源)의 작은 흐름 부분이 깊은 산중 몇 리의 관계에 지나지 않다 해도 곰곰이 생각건대 대소국의 강토문제는 신중을 기해야 하겠다. 청하옵건대 함께 측량한 이수(里數)에 비추어서 이를 제도화하여 총서에 보내 공손히 상주하여 칙재(勅裁)를 청원하여 경계로 할 땅을 정하는 것이 사리에 공평한 것으로 생각한다. 이 단계에서 귀측의 견해를 묻는다."

이상과 같은 이중하의 조회에 청측이 답하기를

"어제 귀서를 배견하고 상세히 알아들었다. 홍토산은 본관과 귀관이 회합하여 수류가 다하는 곳 및 동붕(董棚)의 전면인 동북으로 향해서 흐르는 곳의 물이 접하지 않는다는 것과 비퇴와 쌍방이 연합하지 않는다는 것을 조사할 때 소백산의 동쪽 기슭인 석을(石乙)의 한 하천을 찾아서 알 수 있게 되었다. 그 원류 몇 가지 점이 또한 구계와 서로 부합되지 않아 원래 총서가 주의한대로 차례로 일일이 조사하여 경계지를 획정하려고 했으나 지금 귀관은 이미 측량한 이수에 비추어서 제도(製圖)하여 총서에 보내서 상주하여 칙재를 간청하고 이로써 경계할 땅을 정하려고 한다. 본관은 당연히 측량한 이수에 비추어 상세하게 제도하여 공동 회인한 다음 실제에 의거하여 품보할 것이다. 이 단계에서 귀하의 회답을 받고자 한다."

하였다.

위의 위조회사(爲照會事)와 위조복사(爲照覆事)에 따르면 광서 13년의 감계담판은 일단 이중하가 토문강설을 버리고 도문강설에 동의하여 회령에서 상류인 무산을 거쳐 홍토(紅土)와 석을(石乙) 두 강이 합류하는 점까지는 청국의 주장에 양보하는 바가 있었으나 그 상류는 서로 일치하지 않아 아무런 결정을 보지 못하였다.

대체로 이중하가 광서 11년 감계에 극력 토문강설을 주장한 것은 대소 강약의 세가 다르므로 도저히 이 주장이 관철시키기 어렵다는 것을 간파했을 뿐 아니라 자국의 내지에서 발원하는 서두수를 도문 본류라고 하여 억지로 이것을 경계로 결정해 버릴 우려가 예견됨에 정계비를 유지하고 정계비와 가장 가까운 홍토수를 양보하려고 결심했으나 청측은 되도록 정계비를 무시하고 경계를 정하려고 했으므로 양국 위원의 의견은 근접되지 않아 결국 이 담판도 끝내 성립되지 못하고 말았다.

해를 넘겨 연초인 광서 14년 1월 청측의 북양대신 이홍장(李鴻章)은 다시 조선정부에 상당한 관리를 파견하여 당해 지방에 가서 회동, 강계(疆界)를 획정하도록 재촉하였다. 이에 대해 조선정부는 세 차례나 전 감계사 이중하의 파견을 본인에게 명하였다. 그러나 이중하는 자기의 주장이 도저히 관철될 수 없다는 것을 알고 상주하여 전번 감계에서는 홍토수를 주장했던 것을 밝히고 또한 청국위원의 뜻은 석을수(石乙水)를 고집하는데 있다는 것을 말하였다.

"즉 내부로부터 북양대신의 내자에 의하여 신에게 전에 갔던 곳에 다시 가서 재조사하라는 취지의 훈령이 있었으나 지금 내자(內諮)의 내용을 보건대 길림파견원이 상주한 것은 석을로 칙지를 받아 결정, 소백산을 경계지로 결정하고 아울러 경계비(境界碑)를 설치하고자 하며 전년에 우리나라가 자문으로 말한 것에 대해서는 회답이 없습니다. 신은 청측이 재정한 것이 어떻게 연구되어 나온 것인지 모릅니다. 이전까지 수차례에 걸쳐 조사를 할 때 양국의 관병이 모두 인마를 끌고 왕래하며 산과 들에 연이어 움직이면서 번번이 달을 거듭하여 그 공급하는 부담비가 모두 무산 · 회령 · 종성 · 온성 네 고을 백성들로부터 나오는데 변민(邊民)이 이를 부담하기에 너무 어렵습니다.[23] 국가의 강토는 촌토라도 그보다 더 중요한 것이 없다고 하지만 변민의 부담이 너무나 무겁습니다. 다시 한 번 공문을 보내 조목조목 논변하고, 청국이 허락을 하면 공문으로 청국의 주장을 반론하는 방법도 있지 않습니까?"

고 하면서 파원(派員)으로 나서기를 달가워하지 않았다. 그러나 청국측에서는 이전의 위원이었던 방랑(方朗) 등을 파견하기로 결정하고는 이들로 하여금 이중하에게 회담할 지점 및 날짜를 문의하는 서한을 보내 회합을 독촉했으나 이중하는 움직이지 않았다. 조선정부도 이에 이중하의 의견을 받아들여 이리 저리 핑계를 대며 원을 파견하지 않고 또한 북양대신 앞으로 청국이 석을수(石乙水)를 주장하는데 대하여 홍토수를 주장하며 다음과 같은 요지의 공문을 발송했다.

"귀 서한에 의하면 길림 장군으로부터 귀국 총리아문에 제출한 자문에 조선과 길림의 도문 강계를 입회 조사한바 지금의 석을수가 홍토수와 만나 흘러 들어가서 대도문강이 되며 소백산으로부터 압록강 상원을 측량하였더니 거리가 40리이며 '서위압록 동위토문'의 두 문구가 하나하나 부합됨을 조사해 밝혔다.

따라서 이곳을 경계지로 결정하여 이곳에다 경계비를 설치하려 하니, 귀국왕이 간청하는 사명을 걱정하여 신속히 적당한 관리를 파견하여 길림 위원과 회합한 다음, 지체 없이 신속하게 일을 처리해서 일을 마치면 실제에 따라서 자문 회답하라."

---

23) 日本統監府間島派出所編, 間島問題の顚末と意見書, 間島領有權拔萃文書, 國會圖書館刊, P.378.

했다.

이에 또 다시 전 감계사 이중하를 파견하려고 하자 이중하가 상주하여 말하기를

"신이 절실히 생각하기에는 길림 장군이 상주한 석을수로 정계한다는 것이 어떤 근거에서 인지 알 수 없습니다. 신이 주장하는 홍토수는 이것이 도전(圖典)에 비추어 보면 하나하나가 모두 부합됩니다. 『흠정회전(欽定會典)』을 보고 생각하건대, 대도문강은 장백산 동쪽 기슭에서 나와 두 하천이 합해져서 동쪽으로 흐른다는 것이 분명하게 기재되어 있고, 이 홍토산수의 물은 장백산 동쪽 기슭 삼지의 물과 합쳐져 동쪽으로 흐르며 그 밖에는 또 동쪽 기슭의 물은 없습니다. 따라서 홍토산수 물이 대도문강의 제1수원이 됨은 명백해 의심할 것이 없습니다.

석을수에 이르는 그 발원은 장백산이 아니고 소백산이며, 제일원이 아니고 제이원이며 도전도 이에 의거하고 있습니다. 신의 어리석은 생각일지 모르나 장백산 홍토수 위에 입비를 신청하여 이로써 도전과 부합시켜 강계를 분명히 하면 실로 사리에 합당하다고 봅니다. 신 봉명한 날에 즉일 출발을 해야만 하겠으나 실제 상황을 훤히 알면서도 입을 다문 채 속히 갈 수 없음을 황공해하며 지체할 수밖에 없는 일에 대해서는 벌을 기다립니다."

라고 하였다.

이러한 정황하에서 조선 측은

"작년 8월 중에 도문강계지(圖們江界址) 한 가지 일로 귀대신에게 청한 것을 널리 양해해 주기 바란다. 또 내자에 보면 길림 장군이 상주한 것에 의거하여 시행하고자 한다는데 폐방에서 보낸 자문에 대해서는 아직 하

등의 회답도 받지 못해 심히 의아하기 그지없다. 만약 지금 다시 사찰을 하여 도전을 품준한다고 하면 반드시 장백에서 나오는 도문강 제일원으로 정계를 해야 한다. 즉 계비를 설립하는 것은 응당 홍토수로 해야 하며, 석을수로 해서 안 된다는 것은 다변할 것도 없이 확연 명백하다.

또한 홍토수와 석을수 사이는 수 십리의 공산(空山)으로 황폐하고 추운 땅에 지나지 않는다. 조용히 생각해 보건대, 온 천하의 땅이 왕토가 아닌

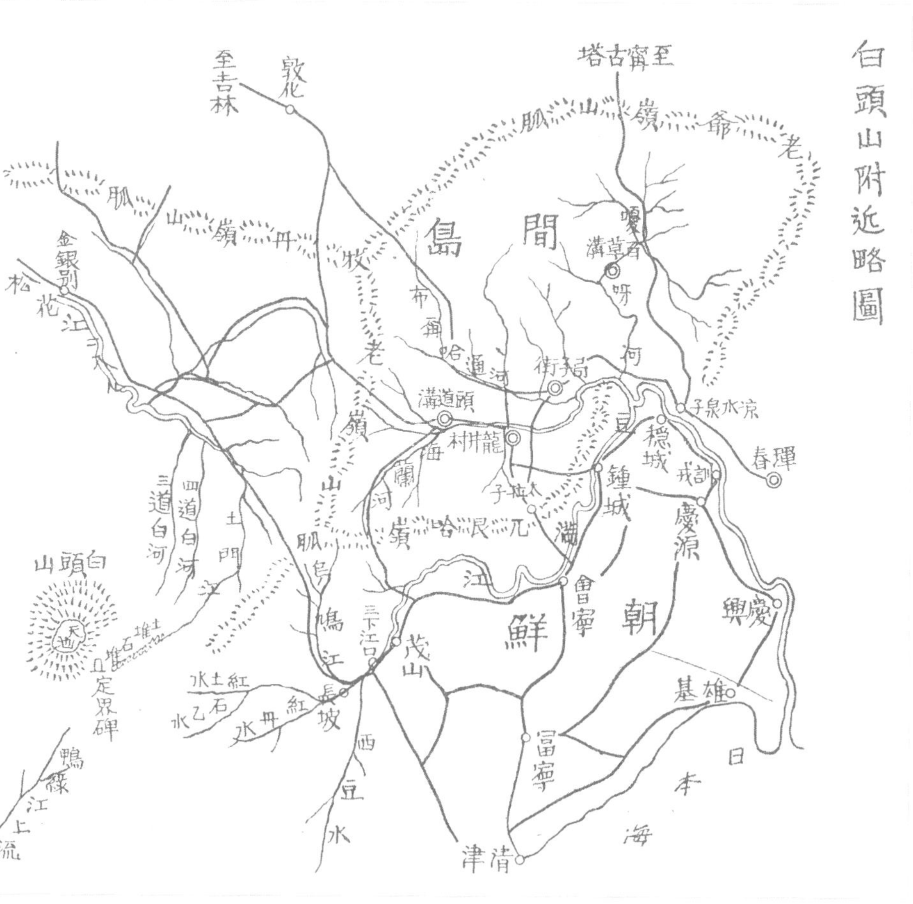

白頭山定界碑 位置圖

것은 아니지만, 어찌 촌토의 땅 때문에 속방에게 그 강토를 보수하지 못하게 하는가! 배신(陪臣) 이중하가 감히 신속히 가지 않고 다시 실제의 상황을 진술하는데 대해 만약 억지로 가서 일에 따르지 않으면 무엇으로 그의 마음을 복종케 할 것인가? 바라건대, 귀 대신으로부터 사정을 상세히 전주하시어 가부 결정을 내리신 후 회답해 주시기를 간절히 바란다"

라는 자문을 보냈다.

위와 같은 자문에 대하여는 총국으로부터 아무런 회답이 없었으나 그 자문은 직접 감계에 종사하는 길림 장군에게 이첩되었다. 길림 장군으로부터 전 감계 위원인 방랑의 의견이라 하며 석을수를 경계로 해야 한다는 이유를 말한 서면을 북양대신에게 보냈고 북양대신은 서울 주재 공사인 원세개(袁世凱)로 하여금 이것을 조선 정부에 이첩하였으나 제3회의 파원 감계 교섭은 끝내 성립되지 않았다.

그러나 이후 조선 정부 내에는 국경 사정을 아는 자가 없어서 일시 이중하의 의견만으로 청국과 교섭을 거듭했으나 제2차 감계 담판에서 크게 양보를 한 것은 전년 이래 강경하게 주장한 토문강설을 전적으로 포기하였다는 점이다. 이는 이중하 자신이 2년 전에 주장한 것과 현격한 차이가 있어 이의(異議)를 제기하는 자가 있게 되자 전기한 공문을 보낸 후에도 조선국왕은 통상사무 독판으로 하여금 서울 주재 청국공사 원세개에게 광서 13년의 감계는 다시 감계해야 한다고 조회를 하게 하자 원공사는 본국 정부의 훈령을 요청한 후 다음과 같이 서면으로 복조(覆照)하였다.

"어제 귀독판이 보낸 내용에 따르면 백산 감계의 건은 국왕이 전 감계를 승낙하지 않으므로 곧 다른 별감의 발령을 해 달라는 요청이 있었다. 당해 사신인 이중하는 급히 출발하기 어려운데 귀국파원이 오래 기다리게 되면 비용이 많이 들게 되므로 다시 날짜를 정해 파견하겠다는 요지와 전품(轉稟)을 청하는 등의 말이 있었다. 위 취지를 문화전대학사(文華殿大學士) 이홍장에게 보고 하였던 바 이에 전보 훈령을 접하였기에 원전(原電)과 함께 귀람케 하고 이 기회에 경의를 표한다."

고 하였다.

1887년의 담판에서 조선은 이미 두만강을 양보하고 그 상류에서 홍토수가 두만강의 상류라는 것을 주장했을 따름이었으므로 청국이 만약 석을수의 주장을 중지하고 홍토수로 양보했더라면 간도 경계 문제는 그때 이미 해

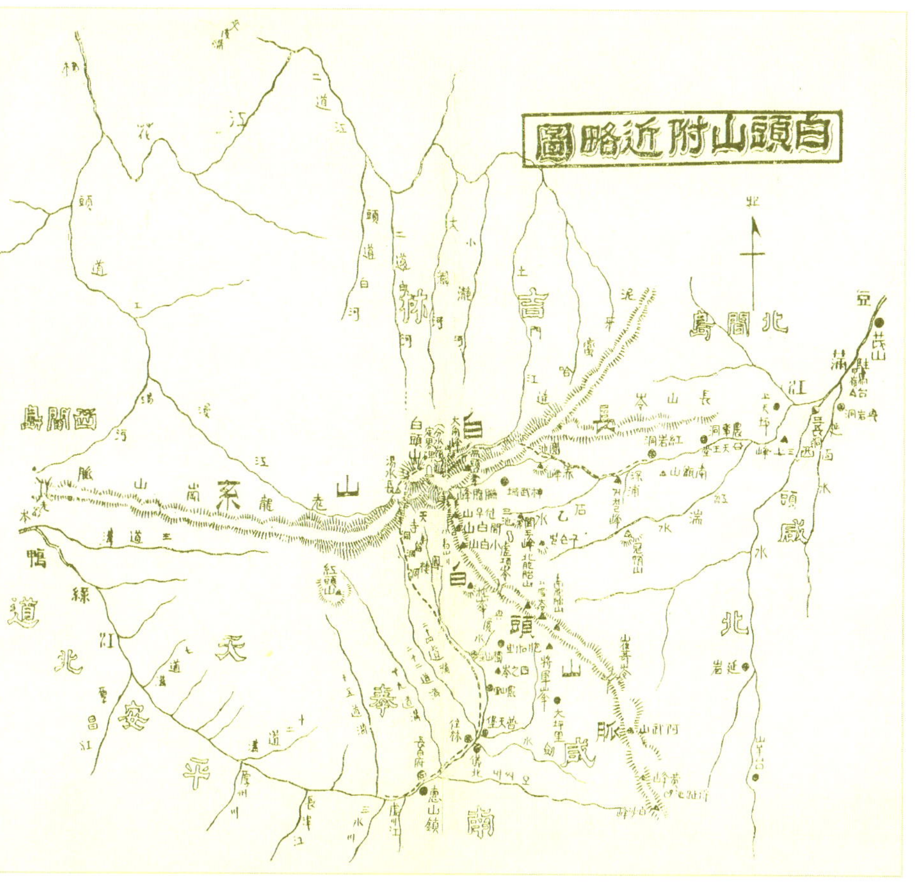

결을 보았겠지만 전기한 바와 같이 홍토, 석을의 두 강에서 나아가 전 감계 전부에 대한 이의가 생겨서 감계담판은 모두 불성립, 무위로 끝났다.[24)]

3) 감계담판(勘界談判) 결렬 후의 간도문제

1887년 5월 27일 정해감계담판(丁亥勘界談判)이 결렬된 이후 1891년 훈춘에 있던 초간국(招墾局)을 국자가(局子街)로 옮기고, 1894년에는 간도전역을 4대보(四大堡)로 나누고 39사(社)를 두는 등의 조치를 취하였다. 1사(社)는 여러 촌락을 합친 것으로, 각 사(社)에는 향약사장(鄕約社長)을 두고, 각 촌에는 촌장을 두어 한민들을 규제코자 하였다. 이 당시 국내는 1882년 임오군란 이후 조선은 청의 위압 하에 놓여 있는데다 간도지역에서는 사실상 이들의 횡포를 막을 길이 없었다.

1900년에는 간도의 국자가(局子街)에 연길청(延吉廳)을 신설하고, 태납자(太拉子)에 분방경력청(分防經歷廳)을 두고 실질적인 지방행정사무를 개시하였다. 1902년에는 지타소(芝他所)에 무민독리사부(撫民督理事府)를 두고 군관을 주둔시켜 간도지역을 자국령인양 관리하였다. 그리고는 간도 거주 한민들을 변발, 청인복장을 하도록 하였다. 이에 불복하는 자는 가차 없이 두만강 남쪽으로 추방함에 하는 수 없이 일부 한민들은 한집에 한 사람씩 변발을 하고, 귀화인양 하여 토지를 소유했는가 하면 계속되는 탄압과 굴욕을 참아내기 어려운 한인들 대다수는 강 건너 귀국을 하고 한 집에 연소자 한 사람씩을 남겨두는 실정이었다.

이러한 저들의 조치에 반대하는 한인들의 토지는 청국관헌에 의해 몰수 당했고, 몰수당한 토지는 청국인 또는 변발 귀화한 한인들에게 나누어 주고 매경(每垧) 2냥 2전씩 세금을 납부하도록 하였다. 이 같은 조치는 의화단(義

24) 주 23)과 같은 책, P.379.

和團) 사건이 일어 날 때 까지 지속되었다.

그러다가 이 사건이 진정되자 다시 청국 관헌들은 한민들에 대한 박해를 가하기 시작했다.[25] 예컨대 1902년 8월 청국은 향약 설치를 강행하였으나 간도 거주 한민들은 총향약으로 임명된 한득신(韓得信)의 집을 파괴할 정도로 적극적인 반항을 하였다. 청병들의 탄압상이 거세지자 한민들은 산지사방으로 피신해야 했다. 이에 청병들은 우리 동포들을 붙잡아 묶어 가두는가 하면, 폭행하고 불로 지지는 등 가혹행위를 서슴지 않았다. 이 같은 악행을 저지른 후 엽전 3백냥 내지 4백냥을 강요하기도 함에, 남녀노소가 집을 버리고 들에서 노숙하는 경우가 적지 않았다.

또 다른 예로 무산대안(茂山對岸) 덕화(德化)인의 소장에 따르면 비적 수백 명이 갑자기 달려들어 총기를 난사함에 맞아 죽은 자 3인, 잡혀간 어린이 12명, 노약자 31명 등 무려 31명의 인명 손실이 있었고, 약탈당한 재물 또한 2천 냥이나 되었다고 한다. 이러한 만행들도 오로지 간도가 자기들의 영토라는 전제하에 우리 한민들을 못 살게 하는 정책의 일환이었다. 이렇듯 처참한 학대와 차별, 탄압 등에 분개하여 1903년 11월 무산진위대장과 무산군수 등은 청병과 대결, 교전하여 이들을 격파하기까지에 이르렀다.[26]

1897년 함경북도 관찰사 조존우(趙存禹)는 간도 현지조사에 착수하여 세밀한 지도를 작성, 정부에 보고하는 가운데 간도 거주 한민이 수만호가 되며 이들은 청인들의 압제를 받고 있는데 그 수가 한민의 백분지 일에 불과하고, 변발을 하거나 청인복장을 한 자는 극소수라고 하였다.

간도 거주 한민들은 그 땅이 조선 땅인 줄 알고 개간 정착해 살고 있었는데 이제 와서 저들이 자기네 땅이라 하면서 내쫓으니 하루빨리 정계(定界)해 주기를 갈망하고 있다고 하였다.[27] 1900년 의화단 사건이 일어남에 러시아 병

25) 篠田治策, 白頭山定界碑, 樂浪書院, 1938, PP.229~234.

26) 甲辰政事, 筆寫本, 筆寫者 未詳(國立中央圖書館 所藏:古朝 31-171) 참조.

27) 金魯奎, 北輿要選, 探界公文攷. 申基碩, 間島領有權에 關한 硏究, 探求堂, 1979, PP.38~40.

력이 연해주로 부터 휘춘에 쳐 들어오고 국자가를 불 질렀다. 이때에 변발 청복을 했던 한인들은 곧 바로 다시 전 모습으로 돌아갔다. 이에 한국정부에서는 진위대(鎭衛隊)를 두만강 연안 육진에 두고 간도 거주 한민 보호에 나섰다.

1901년 3월에는 변경경무서(邊境警務署)를 회령에 설치하고 무산 및 종성에 분서를 두어 간도 한민 보호에 임하면서 송사(訟事)를 처결하였다. 그리고 이듬해인 1902년 정부에서는 토문 · 두만 양 강안(江岸)에 거주하는 백성들의 형편을 두루 살펴봄과 동시에 가호와 인구수를 조사하고 80세 이상의 노인들을 특별히 위무하는 뜻을 표하기 위해 이범윤(李範允)[28]을 시찰사로 파견하였다. 이범윤이 간도관리사로 1902년 5월 서울을 출발하여 6월 25일 종성에서 두만강을 건너 간도에 들어가서 내부대신의 다음과 같은 고시로 현지 한민들을 위무하였다.

> "삼가 생각건대 아열성조(我列聖朝)가 함양(涵養)하신 민인(民人)이 낙토안업(樂土安業)하기가 이에 오백년이 되었다. 그러나 얼마 전부터 변방의 관리가 노래진구(勞來賑救)할 방책이 없고 침어주구(侵漁誅求)의 정령(政令)이 없어 산선주폐(山扇晝閉)하고 우수곤거(憂愁困居)하게 할 수 밖에 없었다. 이로써 갑신(甲申)의 흉겸(凶裙)을 맞아서 유성표박(流星漂迫)하여 변계의 토문과 두만 이북의 황막한 땅으로 전전취거(轉傳聚居)하며 기백만의 유성(流星) 생령(生靈)이 외롭게 살아가며 간신히 목숨을 이어감을 생각하면 어찌 마음이 편하겠는가! 우리 대황제 폐하 일념으로 회수무휼(懷綏撫恤)의 방도를 고려 하셨으나 원격지인 까닭에 덕음(德音)이 미치지 못하고 성교(聖敎)가 달하지 못하였다.
>
> 이에 대황제 폐하의 성수(聖壽)가 하늘에 달해 노인들로 하여금 기로연(耆老宴)을 베푸실 때 구역의 신민들이 경축하는 것이 천지에 울리니,

28) 李範允(?-1922) 間島管理使로 活躍하다 亡國 後 獨立運動에 投身, 沿海州에 根據를 두고 항쟁하다 死亡.

때때로 월간해서 사는 백성들이 본부에 애소(哀訴)하여 성세수역(聖世壽域)에 임하여 한가지로 은자(恩資)를 입도록 제성청원(齊聲請願)하니 본대신은 천폐(天陛)에 주품(奏稟)하여 이범윤(李範允)을 파견, 그 풍토험이산업질고(風土險夷産業疾苦)함을 주찰무유(周察撫諭)하고 인구과다(人口多寡)를 일일이 조사, 나이 80세 이상의 노인에게 은자(恩資)를 베푸실 것이니 인원상록회주(人員詳錄回奏)하여 황복(荒服)의 기민(畸民)도 한가지로 은택을 입도록 하라. 그대들도 황은(皇恩)을 감송(感頌)하고 아비는 그 자식에게 가르치고 지아비는 지어미에게 알려서 점차 향화(向化)함에 따라 다시 그 편적(編籍)을 도모하여 인천우로(人天雨露) 일체(一切) 함영(涵詠)토록 하라."[29]

이 같은 고시를 보고 현지인들은 대 환영리에 자진해 호적에 등록하고 한국 백성되기를 원했다. 이범윤은 그 다음해 까지 호적부 25책을 편제(編制)하고, 부동산 364만7천496원 상당가를 조사하였다.[30] 그리고 이범윤은 현지인들을 청병의 폭압과 비적들의 만행으로 부터 보호하기 위해서는 정부의 출병이 필요함을 역설하였으나 정부는 이를 받아들이지 않았다. 이에 하는 수 없이 이범윤은 현지에서 청장년들을 모집하고 이들로 하여금 사포대(私砲隊)를 조직하고 그 경비는 간도민들의 세금으로 충당케 하였다. 그리고 편성된 사포대는 모아산(帽兒山), 마안산(馬鞍山), 두도구(頭道溝) 등에 영소(營所)를 두었다.[31] 다른 한편 한국정부는 주한청국공사에게 청국관헌의 학대로 부터 간도민의 보호를 위해 이범윤을 간도관리사에 임명했음을 통보하고 이 사실을 현지 관헌들에게 알려달라고 하였다. 이에 청국공사 허대신(許臺身)

29) 篠田治策, 白頭山定界碑, 樂浪書院, 1938, PP.235~236. 및 李日杰, 間島協約에 關한 硏究, 1990. PP.141~147.

30) 梁泰鎭編, 光武六年壬寅 十二月 日邊界戶籍案, 管理邊民事務 徐相懋 編制, 法經出版社 影印, 1992, 解題篇 참조.

31) 咸北勘界成册, 光武 7年, 筆寫本(奎章閣 所藏本).

은 간도가 청령임을 언명하면서 현지 한민들은 잘 보호하고 있으며 결코 법외로 학대함이 없다고 응수해 왔다. 이에 한국정부에서도 백두산정계비 이하의 토문강 이남을 한국의 경계로 확정하고 관을 두어 세(稅)를 정해야 하며 보호관을 두어 그 땅에 주재하여 거주민의 재산과 생명을 보호하자는 정책 하에 1903년 8월 의정부 참정 김규홍(金奎弘)이 상주하여 간도시찰사인 이범윤(李範允)을 간도 관리사로 임명하여 상주시키기로 하였다.

이에 이범윤은 청국 측에서 임명한 향약(鄕約)등을 포박하고 청국에 납세할 의무가 없음을 선언, 각사(各社)에 회장을 두어 소기의 목적을 달성해 나가고자 하였다. 이렇게 되자 청병과의 충돌은 필연적일 수밖에 없었다. 여기에다 의화단 사건으로 러시아군이 간도로 몰려들어 주둔하면서 한국 측을 두둔하는 입장을 취하였다.[32] 이러한 분위기에서 이범윤이 러시아의 세를 업고 적극적인 활동을 벌이자 청은 이범윤을 간도에서 철수시키고 경계(境界)문제를 결정할 것을 한국정부에 제의해 왔다.

1904년 러일전쟁이 발발함에 청은 변경에 사단이 일어남을 염려하여 이범윤을 우선 소환하고 두만강 좌우안의 군대를 철수하고 위원(委員)을 파견하여 경계를 감정할 것을 제의해 왔다.

1904년 6월15일 한국 교계관 겸 경무관 최 · 김과 진위대장 김으로 하여금 청국 연길청지부(延吉廳知府) 진작언(陳作彦) 길강군통령(吉强軍統領) 호전갑(胡殿甲) 등과 같이 종성간도 광제욕(光霽浴) 청관(淸館)에서 중한변계선후장정(中韓邊界善後章程) 12개조를 체결하였다.[33]

이 조약은 국제조약의 성질의 것이 아닌 단순 현지 관헌간의 협약이기는 하나 이 장정(章程)을 토대로 경계확정기에 이르기 까지 종전의 현상을 유지케 하며 상호 분규가 발생하지 않도록 하는데 준거로 삼았다. 이제 동 장정의 주요 내용을 살펴보면 다음과 같다.

---

32) 주 31)과 같은책, P.238.

33) 會約往復改訂存拔合十二條 中韓邊界善后章程 및 間島領有權拔萃文書 解題編, PP.86~87.

"양국의 경계는 백두산정계비를 증본(證本)으로 하고, 양국 정부는 공동으로 이를 심사하되 그때까지는 두만강을 국경으로 하고 무장병의 월경을 금한다. 이범윤이 항상 사단(事端)을 일으키고 있으니 한국정부는 이를 금지시킬 것, 양측이 모두 함께 이범윤의 북간도관리로 인정하지 않을 것, 고간도(古間島) 즉 광제욕(光霽浴) 가강(暇江)의 땅은 종전과 같이 한인(韓人)의 경작을 인정한다."

그러나 이범윤은 이미 러시아군에 가담하여 철수에 응하지 않았으므로 주한청국공사는 또 다시 한국정부에 이범윤의 군대를 철수시킬 것인지의 여부에 대해 조회해 왔다.[34)]

이에 북경 주재 일본공사가 '현재 러일전쟁중임으로 이 문제를 가지고 분쟁을 일으켜서는 안 된다' 라고 청국정부에 건의함에 청측도 이 건의를 받아들여 광서 30년 6월 22일부로 간도문제를 일시 중단하기로 하자고 하였다. 중단 사유로 러일전쟁이 긴박한 상태에서 양국교계로 인한 다툼은 바람직하지 않다. 잠시 상의를 늦추고 각 지방관에게 명하여 사건이 발생하지 않도록 하고 시기를 보아 획정하면 평정을 유지하리라 본다. 그리고 월경방지를 당부한다고 하였다.

이리하여 러 · 일전으로 인해 양국의 간도관리문제에 따른 경계 분규를 중지할 것을 타협하였으니 이범윤은 휘하 장졸을 이끌고 연해주로 망명함으로써 이범윤의 간도관리사의 직분은 끝났다.[35)]

34) 間島省公署 總務廳 文書課, 間島史(上)稿本, 康德 3年, P.41.
35) 拙著, 韓國의 領土管理政策에 關한 硏究, 韓國行政硏究院, 1996, P.76.

七. 제삼국의 간도문제개입

1. 러시아의 간도지역 진입

1896년 5월 러시아는 청의 이홍장과 비밀리에 만주와 조선에서 일본세력을 배제한다는 전제하에 시베리아 철도의 만주횡단을 위한 동청철도부설권(東淸鐵道敷設權)을 얻어냈다.

청국으로부터 열강의 이권획득 노력은 독일이 1898년 3월 6일에 교주만(膠州灣) 조차(租借)를 한데 자극을 받아 이에 뒤질세라 러시아도 1898년 3월 27일에 요동반도조차조약(遼東半島租借條約)을 체결함으로서 25년간 요동반도를 조차할 수 있게 되었다.[1]

이러한 러시아의 대청 조차권에 대해 일본 측은 매우 못마땅하였다. 그러면서도 일・러(日・露)양국은 자국의 이익을 위한 정책을 치밀하게 전개해

1) 金義煥, 朝鮮을 둘러 싼 近代露日關係硏究, 通文館, 1974, PP.7~9.

나가는 가운데 러시아는 한국에 대해 일본의 권익을 인정해 주는 대신, 일본은 러시아의 여순 · 대련 점거를 묵인하는 일로의정서(日露議定書)를 체결하였다.

이러한 와중에 의화단(義和團)사건이 1900년에 일어나자 러시아는 연해주에 주둔해 있던 극동군으로 하여금 만주를 신속하게 점령함으로써 간도지역에 러시아가 진입할 수 있는 발판을 만들었다.[2] 이 당시 러시아군은 군사적 요충지인 휘춘을 점령하고 청병 400여명을 사살, 침입해 옴으로써 청국관헌은 국자가(局子街)에서 후퇴하였다.

이 해 8월 13일 국자가 북방 마패산(磨牌山) 전투에서 청군이 거듭 대패하자 러시아군은 국자가(局子街)를 점령하고 그 승세를 타 동성용가(東盛湧街) 까지 점령하였다. 이후로 러시아군의 군정관은 러일전쟁이 끝날 때 까지 계속 간도에 주둔함으로서 사실상 간도 관할군은 러시아군으로 대체되었다.

이에 일본은 영국과 1902년 1월 30일 한국에서의 일본의 권익을, 청국에서 영국의 이권 보장과 교전시에 중립을 유지한다는 내용의 영일동맹을 체결하여 러시아의 만주철수를 요구하였다. 그러나 러시아는 청을 강압하여 이 해 4월 8일 만주환부조약(滿洲還付條約)을 체결한 후 철수시기를 늦추고 있었다.

이 기간 동안 러시아는 조 · 청 간에 대립하고 있던 간도귀속문제에 대해 우리나라 측에 동조하면서 청측을 견제하는 태도를 취하였다.

즉 청이 한국인에 대한 변발 복식에 대해 부정적으로 대하면서 한국인의 생활유풍을 그전과 같이 지켜 나가는데 협조적이었다. 1901년 5월 조선의 외부대신 이도재(李道宰)와 주한로국공사 웨베르 사이에 간도 조로공동통치조약(朝露共同統治條約)을 비밀리에 맺어졌다고 하는가 하면, 조 · 청 ·

2) 金景昌, 東洋外交史, 集文堂, 1982, PP.469~479. 및 崔文衡, 列强의 東아시아政策, 一潮閣, 1989, P.3.

러 삼국이 행정위원을 파견하여 간도를 공동통치하자는 안을 내 놓는 등 러시아는 적극적으로 간도문제에 개입하고자 하였다.

심지어는 마산포(馬山浦)를 조차(租借)해 주면 간도를 한국령으로 회복시켜 주겠다는 제의를 할 정도로 간도문제에 대해 러시아는 깊은 정책적 관심을 내보였다.

이러한 러시아의 간도에 대한 지대한 정책적 관심도 러일전쟁의 결과로 1905년 9월 5일 일로강화조약(日露講和條約)에 의해 조선에 대한 일본의 우월권을 승인해 줌으로서 간도문제 역시 일본이 개입하게 되었다.[3]

2. 일제의 간도문제 개입

러일전쟁에서 승리한 일본은 곧 바로 일로강화조약(日露講和條約)을 체결하여 한국에서의 일본의 우월권 승인을 받아냄과 동시에 서구 열강들의 묵인 하에 이른바 을사보호조약(乙巳保護條約)을 강제로 조인케 하고 이어서 한국의 외교권을 박탈, 통감부(統監府)정치를 실시하기에 이르렀다.

이후 조 · 청 양국 간에 계류되어 오던 간도문제가 통감부로 이관되면서 간도문제는 일제의 대륙침략정책의 호재로 적극 이용되었다. 당시 일본제국주의자들의 정책노선은 명치이후부터 태평양 전쟁기에 이르기 까지 정한론, 아시아 주의, 대동아공영권이라는 대외팽창주의로 일관되어 오면서[4] 간도문제를 대륙침략의 발판으로 삼고자 하였다.

이러한 정책의 기저에는 일본제국주의자들에게 팽배해 있던 대외위기의식으로부터 탈피, 일본의 독립과 안전을 위해서는 반드시 한반도를 경영해야 하고 완전한 한반도의 경영을 위해서는 만주를 경영하는 일을 정책우선

3) 篠田治策, 白頭山定界碑, 樂浪書院, 1938, PP.234~235
4) 姜在彦, 韓國近代史研究, 청아출판사, 1986, p.375.

순위에 두고자 하였다.[5)]

만주와 한국의 영구지배를 위해서는 중국대륙의 경영이 궁극적으로 이루어져야 한다고 판단, 1890년 일본 제1회 제국의회에서는 당시 군부의 대부격이었던 야마가따 아리또모(山縣有朋)은 "조선을 일본의 주권선, 만주를 이익선으로 할 것"을 공식적으로 주장하기 까지 하였다.[6)] 이러한 일본 위정자들의 대외정책노선 수행에 있어 간도문제는 놓칠 수 없는 호재였다.[7)]

위와 같은 내재적인 요인과 함께 표면상의 명분으로 간도지역 현지 주민들이 기회 있을 때마다 청국관헌들의 가혹한 탄압으로 참혹한 상태에 놓여 있음을 관계지방관과 조선정부에 직·간접으로 호소해 오는데 따른 구실도 십분 이용코자 하였다.

즉, 1903년 11월 20일 경흥감리 황우영(黃祐永)의 변계민 보호 처리에 대한 의견서와 함북교계관 최남융(崔南隆) 등의 1904년 4월 25일자의 영토권 수호의 요청 등이 잇달음에[8)] 당시 대한제국 정부의 참정대신 박제순(朴齊純)으로 하여금 통감인 이토 히로부미에게 간도문제의 외교교섭을 요청하게 하여 일제가 간도문제에 개입할 수 있는 명분을 주게 하였다.[9)]

이렇게 되어 통감부에서는 우선 현지 한민들의 보호를 위한다는 전제하에 비밀리에 사전 현지 조사를 하게하고 이 조사를 바탕으로 하여 통감부 임시간도파출소를 설치하기로 하였다.

일본은 1907년 2월 통감부를 설치하면서 곧바로 간도문제에 개입할 예정으로 비밀리에 동경에서 통감부 간도파출소의 편성 준비를 완료한 상태이었다.

---

5) 內田良平, 東亞時務辭, 東亞月報 1-4號 ; 韓相一, 日本帝國主義에 관한 研究, 도서출판 까치, 1985, PP.1~2.

6) 주 4)와 같은 책, PP.359~360.

7) 李日杰, 間島協約에 관한 國際法的 考察, 國際法學會論叢, 第2號, 1992.12, P.186

8) 間島關係拔萃文書, PP.1~4.

9) 주 8)과 같은 책, P.5 및 森山茂德, 近代日韓關係史研究, 東京大學出版會, 1987, P.232.

그런데 당시 러 · 일 협상안이 진행되던 시기이어서 노령연해주의 배면에 간도파출소를 설치하는 것이 러시아의 오해를 불러일으킬까 염려되어 러 · 일 협상이 성립된 이후로 미루었다. 뿐만 아니라 청국의 반발과 제3국의 오해가 없도록 세심하고도 치밀한 계획 하에 파출소의 위치와 사옥을 준비하고 한국주차일본군사령관에게 협조를 의뢰한 뒤, 이해 8월 18일 청국정부에 정식 통고하고, 다음날인 19일에는 사이또중좌(齊藤中佐) 일행으로 하여금 회령을 거쳐 간도의 중심지인 용정으로 들어가게 하였다. 이들은 간도파출소의 설치에 대한 성명서를 발표하였는데 그 요지는 다음과 같다.

> "러일전쟁이 일어나기 직전 까지만 해도 한국정부에서 때때로 관리를 파견하여 간도 주민들을 보호한 바 있다. 이제 한국의 대외관계 및 한국신민의 보호를 제국정부가 책임을 지게 됨으로써 한국정부의 간청에 의해 통감부는 관원을 파견하여 현지 한민들을 보호하기로 하였다. 목적은 오로지 거류한민의 보호에 있으므로 청국정부에서는 이 같은 사정을 양찰하고 재간도(在間島) 청국관헌에 명하여 착오를 일으키지 않도록 하기 바란다."[10)]

라고 하였다.

이 성명으로 청국조야가 일대 충격을 받음과 동시에 청국 외무부를 통하여 간도는 연길청에 속하며 분명한 청국 영토이다. 이곳을 한민들이 월경잠경함으로써 마적들의 행패를 받은 바 있으나 지금은 그 같은 사례가 없다. 그리고 이곳에는 청국관헌이 계속 주둔하는 의심의 여지없는 청국의 영토이다. 통감부 관리의 파견은 결단코 용서할 수 없다고 일본 정부에 통보하였다.[11)]

---

10) 統監府臨時派出所紀要, P.38.

11) 篠田治策, 白頭山定界碑, 樂浪書院, 1938, PP.250~252.

그리고는 일본이 경계미정(境界未定)을 내세움에 대해 청국 외무부는 8월 10일 일본정부에 감계위원 파견을 요청하였다. 이에 일본은 주청일본대리공사 아베(阿陪)로 하여금 간도의 소속은 다년간 청·한 양국 간의 계쟁지(係爭地)로 두만강을 국경으로 승인한 바 없다. 그럼에도 불구하고 청국은 이 지역에 연길청을 설치하여 오늘에 이르고 있다. 이 또한 한국정부가 승인한 바 없을 뿐더러 스스로 관헌을 파견하여 한국민을 보호해 온 바 있다.

이밖에 청측이 이 지역이 평온하고 마적의 발호가 없다 하나 이것은 사실과 다르다고 반박하였다. 이후로도 청국은 사이또 이하 일본관헌의 철퇴를 강력히 요구하고 거물급의 관원(官員)과 다수의 병력을 간도에 보내면서 일본에 대하여 강경한 결의를 표시하였다.[12)]

3. 청일 양국간의 간도영유권 논쟁

일본의 간도파출소 설치에 따라 청은 간도의 국자가(局子街)에 변무공서를 두고 길림변무독판으로 부도통 진소상(陳昭尙)과 동 방판으로 협도통인 오록정(吳祿貞)을 기용하고 이들에게 대병력을 주어 간도로 출병시켰다. 이 같은 대응은 청측으로서는 두만강 이북을 완전한 자국의 영토라고 하는 전제로, 일본 측으로서는 간도는 소속미정(所屬未定)의[13)] 땅이라는 판단 하에 행동함으로서 양측은 사사건건 충돌하였다.

이러한 가운데 일본 측은 간도관할 5대 방침을 천명하고 간도의 행정을 펴나갔다.

12) 間島關係拔萃文書, P.144.
13) 日帝의 間島問題介入은 間島가 韓國의 領土라는 前提下 이었으나 清에 通告한 內容은 〈所屬未定의 領土〉라고 하였다가 清과 協商時에는 〈韓國의 領土〉라는 原則을 갖고 對應하였다.

1. 간도는 한국의 영토이다.
2. 한인은 청국의 재판에 복종할 필요가 없다.
3. 청국관헌이 징수하는 일체의 조세는 인정치 않는다.
4. 청국관헌의 법령은 일체 이를 인정치 않는다.
5. 청국관헌이 임명한 도향약, 향약 등에 대해서는 일반 한인과 동등하게 취급한다.[14)]

이밖에 변발 · 청장을 한 자는 한인으로 인정하지 않으며 병기의 사용은 정당방위 등 만부득이한 경우가 아니면 사용할 수 없다. 라고 하고 간도의 행정관할구역을 북도소(北都所), 회령(會寧)간도, 경성(鏡城)간도, 무산(茂山)간도 등 4개 처로 나누고, 각 구역마다 도사장(都社長) 1명을 두고, 다시 이를 41사(社)로 나누어 사장(社長)을 두고, 또 이것을 290촌(村)으로 나누어 각각 촌장(村長)을 두었다. 헌병 · 경찰분견소를 당초 신흥평(新興坪), 국자가(局子街), 호천포(湖川浦), 우적동(禹跡洞), 조양천(朝陽川), 복사평(伏沙坪)에 두었던 것을 새로이 팔도구(八道溝), 걸만동(傑滿洞), 동경태(東京台) 등에 증설케 하였다.[15)]

이들 제반 행정조직을 통하여 간도내의 배일세력의 동태파악과 정보를 수집하였다. 호구조사의 실시와 함께 간도파출소 사무관을 명예교장으로 하는 간도보통학교의 설립과 사립학교 규칙의 강화를 통해 반일(反日)민족교육의 규제, 위생시설과 통신 교통기관의 정비, 농업개량을 위해 농사시험장의 설치, 지질 및 광산물 조사와 기타 시장을 개설하는 등 간도경영을 위한 일련의 조치를 취하였다.

이에 맞서 청측은 이 지역에 군수품의 호송과 병력의 교체라는 명분을 내

---

14) 篠田治策, 白頭山定界碑, 樂浪書院, 1938, P.316. 및 申基碩, 間島領有權에 關한 硏究, 探究堂, 1979, PP.79~80.
15) 間島領有權拔萃文書, PP.137~139. 및 李日杰, 間島協約에 관한 硏究, PP.172~178.

세워 무려 4300여명의 병력을 주둔케 하였다. 이에 반해 일본 측은 65명의 헌병을 처음에 파견하였다가 몇 차례의 증원으로 200여명에 달하는 병력을 보강하여 10개처의 헌병분견소에 분산 주둔시켰다. 따라서 이러한 형세로는 일본은 도저히 청병과 대항할 수 없음에 가급적 충돌을 피하고 한민보호와 북경에서의 간도문제를 둘러싼 외교적 담판을 뒷받침하는 데 역점을 두었다.[16)]

반면에 청국 정부는 청일전쟁에 패전한 이후이었음에도 불구하고 간도문제에 대해 강편책을 쓰게 된 것은 국내적으로 혁명의 기운이 태동하고 있었고, 간도지역을 청조발상지라 하여 이 지역을 제대로 관리하지 못할 때 청조의 위신이 실추된다는 우려와 일본에 이 지역을 양보한다면 여타 열강이 또 다른 변경에서 이 같은 전례를 본 따지 않을까 우려했기 때문이다.[17)]

그리고 끝으로 일본이 러일전쟁에서 승리했다고는 하나 또 다시 청과의 대전을 할 처지가 못 된다고 청국정부가 판단했기 때문이다. 그리고는 청·일 양국이 한편으로 외교담판을 벌이는 중에도 현지에서는 끊임없이 분규가 계속되었다.

특히 청의 변무독판 오록정(吳祿貞)의 이른바 영토주의 강행에 대해, 일본은 소속미정의 땅이라는 입장에서 태도를 바꾸어 1909년 8월 3일 간도를 한국의 영토로 확정하고, 대처한다는 강력한 성명을 발표하고 통감부에 병력 요청을 하기에 이르렀다.[18)]

이렇듯 양측의 대립이 지속되는 가운데 양국 간에는 긴장도가 더해갔다. 이러한 시기에 마침 안봉선(安奉線) 개축문제가 부상함으로써 간도관리문제는 일단 외교교섭사안으로 뭉뚱그려지게 되었다.

---

16) 日本外務省編, 日本外交年表竝主要文書 上, 原書房, 1965, PP.317~318.

17) 주 16)과 같은 책, P.117.

18) 間島領有權恢復推進委員會編, 恢復, 青文社, 1986, P.108.

4. 간도협약 체결 내막

간도가 한국령이라고 주장해 오던 일본이 러일전쟁에 따른 전후처리 문제를 해결하고자 하는 가운데 군용철도로 부설한 안봉선개수문제(安奉線改修問題)와 만주지역에 관한 제반 현안문제를 거론하고 있었다. 1909년 2월 6일 일본은 청에 대해 동삼성육안(東三省六案)에 관한 청일간의 외교교섭에 나서면서 시작되었다. 이러한 동삼성육안 말미에 아래와 같은 내용의 간도문제를 포함시켰다.

1. 만철(滿鐵)의 병행선인 신민둔-법고문(新民屯-法庫門)간의 철도부설문제(鐵道敷設問題)
2. 대석교-영구간(大石橋-營口間)의 지선문제(支線問題)
3. 경봉선(京奉線) 철도를 봉천성저(奉天成底) 까지 연장하는 문제
4. 무순 · 연대(撫順 · 煙臺) 탄광의 채굴권문제(採掘權問題)
5. 안봉선 연선(安奉線 沿線)의 광산문제
6. 간도소속문제(間島所屬問題)

이 회담을 통해 청측은 간도문제를 중요의제로 다루고자 한데 반해 일본측은 대륙침략정책과 연관하여 회담을 타결하고자 하였다. 청측은 회담 벽두부터 양돈언(梁敦彦)을 통해 청이 무순탄광문제에 평화적으로 협의에 응해 오면 일본은 연길을 청국령으로 인정할 것인가 라고 함에, 일본대표 이슈인(伊集院彦吉)은 청국이 무순탄광문제에서 양보한다면 아국도 연길문제에 대해 양보할 것이다. 그러나 영유권 귀속문제는 근본문제이므로 아국은 신중히 고려할 것이며[19] 일시에 타결할 수 는 없을 것이라고 하였다.

19) 王藝生輯, 六十年來中國與日本 第五倦, PP.92~93. 및 淸季外交史料. 卷七, P.99.

1909년 2월 17일 제2차 회담에서 일본 측은 "청측이 동삼성오안(東三省五案)에 대해 적절히 대처한다면 일본은 간도에 대한 청측의 영토권을 승인할 수 도 있다."라고 하였다. 이로 미루어 볼 때 일본은 대륙침략의 정략으로 간도문제를 이용하려는 의도가 당초부터 있었음을 충분히 알 수 있다.

제1차 담판의 결과를 이슈인(伊集院彦吉)이 본국정부에 보고하였더니 가쓰라(桂太郎) 총리대신 명의의 훈령을 통해 "청국이 5개안을 수용한다면 간도영유권을 포기해도 좋다."고 하였다. 이리하여 2차 회담에서 "청측이 융통성 있는 방법을 강구한다면 일본은 연길지방에 있어서 청국의 영유권을 인정할 수 도 있으니 이 뜻을 충분히 양찰하고 회담에 임하자."고 하였다. 이에 청측 대표는 "연길은 본래 청령인데 귀국이 한민을 보호함에 따라 이에 이르렀는데 귀국이 이제 청령으로 인정함에 반갑다. 이제 이곳의 월간한민들을 속히 청정부 치하에 두어 행정권과 재판권을 행사하도록 하는 것이 좋겠다."고 하였다.

이에 대해 일본 측은 "간도영유권 문제는 대단한 양보이다. 한국민의 재판은 일본 고유의 권한이다. 기타 행정권은 청측의 관할에 속해도 좋다." 그러나 양측은 이 문제에 대해 이견이 있어 쉽게 접근을 하지 못하였다. 즉 영토권을 인정하면서 재판권을 보류한다면 이는 유명무실한 영토권이다. 그리고 현지민의 귀화문제를 논의하면서 귀화 입적문제에 있어서 강요를 해서는 안된다 라는 의견을 제시하였다. 또한 길회철로문제(吉會鐵路問題)에 대해 언급하기를 "상업상뿐만 아니라 국방, 군무상 중요한데 이 선로 부설로 만족할 것인가?, 그리고 양국 합작으로 할 필요는 없다."고 하였다.

이에 일본 측이 말하기를 "일본 단독으로 부설한다고 하면 청측이 동의하지 않을 것으로 보기 때문이다." 이 문제는 다시 추후 논의로 미루고 또 다시 청측이 연길지역의 재판권 문제를 제기하여 회담은 제3차회기로 미루어졌다.

3월 1일 제3차 회담에서 일본 측은 간도문제에 대해서 재판권과 경찰권을 요구하고 나섰다. 왜냐하면 일본의 간도관할 주목적이 한민을 보호하는데 있느니 만치 재판권은 당연히 일본에 귀속되어야 한다는 것이었다.

"단지 이곳의 일 · 한 양국민의 잡거(雜居)를 허락하면 상의하기 어렵지 않을까 하여 상부지(商埠地) 6개소를 개설하여 일본상민은 상업지이내에만 있게 하고, 상업지 이외에 특정 지계(地界)를 정하여 한민을 살게 할 수 있는데 지계(地界)이내의 자는 일본 영사재판에 의하고, 상업지 이외에 사는 자는 청국 관할에 두게 하는 것이 일본으로서는 최후의 양보 조건이다. 그렇지 않으면 앞서 양보한 영토권문제를 철회하겠다."고 하면서 간도도면(間島圖面)을 제시하였다.

3월 18일 제4차 회담은 청국 외무부 참의(參議) 조여림(曺汝林)과 일본의 이집원 공사간에 회담을 가졌는데 이전의 영토권 양보를 철회한다고 하면서 한국민에 대한 재판권을 계속 주장하였다.

조여림은 재판권문제는 청국안을 승낙하고 상업지대내에 있는 자만 일본 영사재판 관할에 두는 것이 합당하다고 하면서 이 문제에 대해 헤이그에 있는 국제재판소에 제소할 것을 제의했으나 일본 측이 거절하였다. 이후 몇 차례에 걸친 장황한 논의가 제기되었으나 별다른 진전을 보지 못하였다. 그런데 문제의 핵심은 일본이 간도문제를 양보하였으니 청은 동삼성오안(東三省五案)을 수락하라는 것이었다.

일본 측 이집원 공사가 한 달이 지난 5월 17일 동삼성육안에 대한 회담재개를 촉구함에 6월 4일 안봉선(安奉線) 철로문제에 대해 회담을 가졌다.[20] 이어서 6월 25일과 7월 13일 논의가 거듭되었지만 진전이 없자 일본 측은 안봉선 개축문제에 대한 최후통첩을 보냈다.[21]

결국 청은 8월 7일 한민의 재판권과 경찰서의 설치는 양보할 수 없으며

20) 王藝生輯, 六十年來中國與日本 第五卷, PP.133~134.

21) 朝鮮總督府 警務局 文書課, 吉林省 東部地方狀況, 同府刊, 1927, PP. 262~263. 拙著, 위와 같은 책, PP.115~116. 및 李日杰, 間島協約에 관한 國際法的 考察, 위와 같은 책, P.189.

다만 신법철도(新法鐵道) 이하 5안에 대해서는 양보안을 내 놓았다. 이에 대해 이집원은 8월 13일 5안의 각항에 대한 일본정부의 방침을 제시하여 청이 이를 인정할 것을 조건으로 하여 간도의 청국영토권을 승인하고 일본 경찰서의 설립을 철회하였다. 8월 17일 청은 일본에 영사관, 경찰서의 설치를 인정하고 한인의 재판입회와 복심요구권(覆審要求權)을 인정함에 이르렀다.

이에 청일간의 교섭은 급진전하여 중단되었던 길장철도(吉長鐵道), 차관세목(借款細目)이 8월 18일에 타결되었으며, 8월 19일에는 안봉선철도 개축공사에 관한 일청각서(日淸覺書)가 조인되었다. 이리하여 1909년 9월 4일 일 · 청간에 간도협약(間島協約)이 체결되었다.

이처럼 2년간이나 줄다리기를 해 오던 간도문제가 끝을 맺음으로써 일본 정책결정자들은 일본의 대륙진출을 위해 그들의 의도대로 간도문제를 십분 이용하게 되었다. 즉 간도에 관한 일청협약문, 동삼성오안건에 관한 일청협약문 및 간도방면 청한양국 국경에 관한 일청협약 조인서 등등을 체결 조인하였다. 이들 제협약은 일본이 청에게 간도문제를 양보한 대신에 청은 만주의 제반 이권을 일본에 제공하게 된 것이다.

이 가운데 간도협약으로 불리고 있는 협약문은 중국어와 일본어로 되어 있는데, 전문(前文) 및 7개조로 구성되어 있으며, 중국어 명칭은 일중도문강만한계무조관(日中圖們江滿韓界務條款)이고, 일본어 명칭은 「間島に關する日淸協約」이다. 그러나 이러한 간도협약문은 조선과 청과의 문제되었던 영토적 권원(權原)을 밝힌 것이 아니라 단지 지난날 조 · 청간의 간도영유권분쟁이 청 · 일간에 의해 다루어지면서 국경분쟁에 따른 영토적 귀속을 결정하는 법적 권원을 제쳐 두고 간도영유권문제를 빌미로 일본의 대륙침략을 위한 군사적 거점을 합법적으로 확보하고자 하는데 있었다. 다시 말해 일본으로서는 만주의 한 지역에 불과한 간도문제에 연연할 필요를 느끼지 않았기 때문이다.

이에 우리는 일본이 간도가 대한제국의 영토임을 치밀한 논거에 의해 주장하였음이 얼마나 위선적이며 악랄한 침략자들인가를 다시 한 번 확인하게 됨과 동시에 조 · 청간의 간도영유권문제를 청 · 일간에 논의케됨으로서 위의 간도협약은 국경분쟁에 따른 영토적 귀속을 결정하는 법적 권원이 될 수 없는 비극적이며 불법 부당한 협약을 체결한 것이다.

八. 청 · 러의 국경설정이 조선에 미친 영향

1. 러시아의 시베리아 진출과정

강희제는 청제국의 판도(版圖)를 크게 확장했지만, 국경은 불분명하였다. 러시아의 동방침략은 1581년 Yermak가 지휘하는 카자크 부대가 우랄산맥을 넘어 오호츠크해에 도달하기 까지 불과 60년밖에 걸리지 않았다.[1] 이렇듯 급속히 동진(東進)할 수 있었던 요인은 여러 가지가 있겠으나 무엇보다 연수육로(連水陸路)[2]를 이용할 수 있는 지리적 이점에 의거, 주요 거점도시를 형성하고 그 바탕위에서 새로운 지역으로 전진하는 전략을 폈기 때문이다. 특히 러시아인의 흑룡강 유역의 탐사는 적극적인 후속진출을 유도함으로서 이들의 동진은 가속화 되었다.

1) 朴泰根, 國譯北征日記 解說編, 韓國精神文化硏究院編, 1980, P.1.
2) 大橋興一, 帝政ロシアノシベリア開發ト東方進出過程, 東海大學出版會, 1974, PP.134~135.

1651년 6월 러시아인은 우수한 화력을 앞세워 흑룡강 연안의 원주민들을 무자비하게 공격, 탄압, 살해, 인질로 삼는 등 만행을 자행하면서 계속 전진해 나갔다. 이에 청측도 더 이상 러시아인의 흑룡강 연안 진격을 묵과할 수 없어 만주 팔기군(八旗軍) 병력을 출동시켜 하바로프에 주둔하고 있는 러시아군 병영을 급습하여 전과를 거두었다. 이 전투가 청 · 러간의 최초의 접전이었다.[3] 이 하바로프의 접전 이래 청 · 러간의 접전은 계속되었다.

러시아의 흑룡강 유역의 계속적인 진출은 청으로서는 만주라는 배후지역을 적대세력에게 내 주는 격이 되기 때문에 러시아인의 진격을 적극적으로 응전, 방어하지 않을 수 없었다. 아울러 러시아인의 도전을 적극적으로 막고 그 경지를 명확히 할 필요성 또한 절실하게 대두되었다.

1581년 러시아의 카자흐크 부대가 우랄산맥을 넘고 흑룡강을 따라 동방으로 진격하기 근 1세기를 목전에 두고 청의 강희제는 러시아인의 포악성을 강력하게 비난하면서 조속히 흑룡강에서의 철퇴를 요구하였다.[4] 그러나 러시아 측이 불응함에 1671년에 강희제가 친히 성경으로 행차하여 청군을 격려하는 한편, 수비를 엄하게 하였다. 1682년부터는 정예군을 출동시켜 세르빈스크, 도론스크의 두 요새를 점령했다. 그리고 이어서 제이야 요새를 공격하여 요새의 병사들을 사로잡았다. 다음해에는 다시 도구르 요새와 프로로프 요새를 함락시켰다.

여기서 아극살의 수장 이반 도이로크니코프에게 서한을 보내 철퇴할 것을 명령했으나 그들은 따르지 않고 예니세이스크에게 후원을 요청하여 방어 계획을 세웠다. 1685년(강희 25년) 황제는 군사를 독려하여 애훈으로 가서 아극살을 공격케 했다. 동년 5월 수륙군 1만 8천, 야전포 50문, 공성포 40문으로 진격하여 아극살을 불사르고 애훈으로 돌아왔다. 그러나 청군이 철퇴한 후 러시아군이 다시 아극살을 점령하고 성채를 개수, 고수하고자 하

3) 失野仁一, 近世支那外交史, 1940, P.757.
4) 李徹, 시베리아開發史, 民音社, 1990, P.43.

였다. 이 성채의 견고하기란 이전의 배나 되었다. 또 사방으로 나아가서 여러 요새를 쌓고 토인에게서 가축과 양식을 징발했다.

강희제는 1686년 수륙군 2천여 명으로 다시 아극살을 포위 공격케 함으로서 교전이 수개월 되어도 승패가 나지 않고 8월이 되자 성안에 괴질이 돌아 병력이 150여명 밖에 남지 않았으나 이들은 항복하지 않았다. 그러다가 마침내 양국 간에 화의가 성립되어 강희제는 러시아 전권대사의 도착을 기한으로 살포소에게 명하여 포위를 풀어 휴전토록 하고, 9월에 아르바진의 관군을 애훈과 묵이근으로 철수시켰다.

러시아의 전권 대사 코로빈은 흑룡강으로 양국의 경계로 정하며 만부득이한 경우라 할지라도 제이아강으로 한정시키라는 명령을 받고 1686년 1월에 모스크바를 출발하여 다음해 10월 세렌긴스크에 도착했다. 청국 측에서도 회담에 응하려고 1688년 전권대신 색액도 등에게 팔기병 1만여 명의 호위병을 이끌고 출발시켰다. 그러나 회의 장소가 네르친스크로 다시 변경되어 색액도 등은 1689년(강희 28년) 6월 13일 예수교 선교사인 프랑스인 제루빌룽과 포르투갈인 베레일라 등을 대동하고 북경을 출발하여 7월 31일 네르친스크에 도착했다.

한편 도통 낭탄(朗坦)은 육군을 이끌고, 마라(馬喇)는 함대를 지휘하여 흑룡강을 거슬러 올라가 성원했다. 수군 1천 5백과 육군 1천 4백에다, 사적으로 데리고 간 노복을 합해 거의 1만 명에 가까운 인원이 회담 장소 주변에 포진하였다. 8월 22일 제1회, 그리고 그 다음날 제2회 회담이 열렸지만, 양자의 주장 차이가 현격하여 담판은 거의 결렬에 이르렀다. 그러나 제루빌룽이 양자 사이를 분주히 돌아다니며 주선한 끝에 간신히 담판 결렬의 위기를 면하고 드디어 9월 7일 제3회 회담에서 화의가 성립됨으로서 다음과 같은 내용의 조약을 체결하였다.

(1) 고르비치강 및 스타노보이 산으로써 청 · 러 양국의 경계로 하여 산 남

쪽 흑룡강으로 들어가는 계하(系河)는 청국에 속하고, 산 북쪽은 러시아에 속한다.

(2) 아르군강의 다른 한쪽은 청 · 러 양국의 경계로 하고 우안(右岸)은 청국에, 좌안(左岸)은 러시아에 속한다.

(3) 시루카, 아르군 양강의 합류점 북방, 오특하 일대를 중립지대로 한다.

(4) 아르바친성을 파괴하여 양국의 평화를 유지한다.

(5) 국경을 넘어 타국령으로 들어오는 자를 처벌한다.

(6) 도망자는 상호 송환한다.

(7) 노, 만, 한, 몽고어, 나전어(羅甸語) 등 5개 국어로 쓰여 진 경계비를 세운다.

네르친스크 조약은 즉시 실행되어, 아르바친의 수장 베이톤은 수비병들과 함께 네르친스크로 퇴각하였다. 1690년 봄에는 지금까지 아므르강 우안에 있던 아르군스크 요새도 좌안으로 옮겨졌다.

이에 강희제는 사신을 파견하여 러시아의 사절과 회합하여 조약문을 상기한 5체의 문자를 돌에 새겨, 고르비치강 및 아르곤 강변에 세우게 했다.[5] 이리하여 청 · 러 간에는 국경은 획정되었다. 이렇듯 러시아와의 충돌에 따른 국경설정은 강희제로 하여금 만주 방면에서는 흑룡강 상에서 러시아와 국경을 정하고, 서쪽은 외몽고와 티벳 방면까지 번속(藩屬)시켰다. 이러한 정세 하에서 강희제는 백두산을 청조의 발상지로 받듦과 동시에 산상에 정계비를 세워 조 · 청 양국 간에 국경을 확정하고자 하였다.

1860년 중 · 러 국경이 북경조약에 의해 정해지고 이어서 1861년 일명 흥개호계약(興凱湖界約 – 북경속약) 부속지도상에 붉은 선을 긋는 것으로 국경을 확정시켰다. 이후 1886년 휘춘계약(揮春界約)으로 미진한 점을 보완해

5) 篠田治策, 白頭山定界碑, 樂浪書院, 1938, PP.78~79.

왔는데 일제가 1932년 만주괴뢰정권을 출범시킬 당시 까지도 이 조약을 따랐다.

그러나 4300여km에 달하는 중 · 러 국경선은 현실과는 크게 달랐다. 제정러시아의 극동진출정책에 대해 주시해야할 점은 1858년 5월 16일 러시아 무라비욥은 중국대표 혁산(奕山)장군으로 하여금 강압적으로 애휘조약(曖揮條約)을 체결케 하고 그 결과 공전의 대학살사건을 일으켰다는 점이다. 조약체결 당시 흑룡강 북안 즉 프라코에서 동방 애휘부락 바로 북쪽에 있는 동서 260리(淸里), 남북 180리(淸里)에 달하는 청령(淸領)인 만주접속지대가 있었는데, 무라비욥은 이 지역을 노령화(露領化)하고 이어서 흑룡강 북안의 땅을 역시 노령화(露領化)하는 동시에 연해주 일원을 획득하려는 공작을 폈다. 즉 이 같은 음모의 일단으로 흑룡강 북안 청령을 이후 노령(露領)으로 한다는 애휘조약(曖揮條約)체결, 조약문을 러시아대표가 청측을 기만하는 일방적 조문날조(條文捏造)를 감행하였다.

조문 중 청측의 한문(漢文) 및 만문(滿文)에는 할양한 흑룡강 북안에 속한 청의 주민은 종전과 같이 이곳에 거주, 토지소유권이 인정된다 하였음에도 노문(露文) 및 라틴어로 쓰여진 러시아측 조문에는 '이후 3년 이내에 흑룡강 남안으로 전거(轉居)한다.' 라고 고쳐졌다.

무라비욥은 초기에는 청측 주민을 회유, 생업에 종사케 하다가 이들의 생업이 날로 번창해감에 개변(改變)된 조약문을 내보이며 청측 주민의 철수를 휘하의 군대로 하여금 위협하였으나 쉽사리 철퇴시킬 수 가 없었다. 이에 기회를 엿보고 있던 중, 광서 26년 뜻하지 않게 의화단사건(義和團事件) 발발함에 이 와중에 애휘성(曖揮城)으로부터 흑룡강 대안 노령(露領)으로 발포가 있자 이를 기화로, 할양지 주민 5천명을 학살하고 강을 건너 애휘성에 진입, 성시(城市)를 불사르는 등 공전의 대학살사건을 일으켰다. 이렇듯 러시아의 기만과 포악성은 북극의 잔인한 곰으로 변칭되기에 이르렀다. 그러나 청 · 러간에는 1689년 네르친스크조약 체결이후 지지하르협정에 이르기

까지 무려 12차례의 협정을 맺고 이러한 협정을 통해 국경관리를 해왔다. 이를 연대상(年代上)으로 열거해 보면 다음과 같다.

▶**1689년 8월** 네르친스크조약 : 대표자 색액도(索額圖)=피도르 카르-윈

- **체결내용** : 흑룡강 상류 시루가하의 한 지류인 고루비찌찌아하로 국경으로 간주, 이 하천의 분수령에서 바다에 이르는 경계는 스타노비오이산맥(외흥안령)으로 하고, 비다하 부근의 국경은 미획정 상태로 하고, 아루쿤하(河)로 양국국경으로 한다.

▶**1727년 8월** 프라조약 : 대표자 책능백(策凌伯)=우리치스라웨찌지

- **체결내용** : 외몽고 캬흐트(恰克圖)에서 아루쿤하간의 국경확정의 대강을 정하다.

▶**1727년 10월** 아파카이트계약 : 대표자 나언태(那彦泰)=고라시노푸

- **체결내용** : 프라조약을 바탕으로 캬흐트에서 서부국경의 아파카이트간 계비를 세우고 몽고식 악박(鄂博) 63개를 설치하다.

▶**1727년 10월** 캬흐트조약 : 대표 도례선(圖禮善)=우리치스라웨이찌

- **체결내용** : 통상조약을 체결하기 위한 것이나 제3조에 프라조약과 아파카이트 계약의 국경을 재확인한 것이다.

▶**1858년 5월** 애휘조약(曖揮條約) : 대표 혁산장군(奕山將軍)=무라비욥백

- **체결내용** : 아루쿤하 및 흑룡강 좌안은 러시아, 우안은 우수리강에 이르는 곳은 청국에 속한다. 흑룡강 북안 청령 64개 둔을 러시아령에 편입, 우스리강에 대한 청 · 러의 항행권을 인정하고, 청령인 연해주를 청 · 러 양국 공동관리로 한다.

▶**1858년 6월** 천진조약(天津條約) : 대표자 계량(桂良)=프챠-친

- **체결내용** : 청 · 러간의 통상조약이나 제9조에 양국 간의 미획정 국경 부분을 획정하는데 대한 추가조약을 체결, 부속지도 명세서에 약정하다.

주요조문

제 1 조 흑룡강좌안 즉 북안지대 전부를 노령으로 하고 우안인 남안 전체를 청국령으로 한다. 오소리좌안(烏蘇里左岸)인 만주지역은 청령으로, 우안인 우스리강에서 동해에 이르는 연해주는 청 · 러 양국의 공동관리 하도록 한다.

제 2 조 양국의 경계를 이루는 강상 운항은 청 · 러 양국 선박에 한한다.

제 3 조 위의 강류에서 자유무역을 할 수 있다.

▶1860년 11월 북경조약 : 대표 공친왕(恭親王)=이그나치프

- 체결내용 : 오늘날의 중 · 러 국경이 하천국경화 함에 따라 동부육지국경획정의 대강이 정해지다. 애휘조약에 의해 청 · 러간의 공동관리한 연해주를 이후 노령으로 편입하다. 본 조약은 일명 천진조약의 추가조약이라고도 한다.

▶1861년 6월 흥개호계약(興凱湖界約):대표 성기(成琦)=가자케위이찌치

- 체결내용 : 북경조약을 보완하는 세목협정(細目協定)으로 동부국경에 국경표지 8개의 목패설치 부속지도 및 교계도로기문을 교환하다.(일명 북경속약(北京續約)이라 칭하다)

▶1886년 5월 휘춘계약(揮春界約) : 대표 오대징(吳大徵)=파라노프

- 체결내용 : 흥개호계약(興凱湖界約)에서 획정된 동부국경중 동부육경의 재획정을 행한 것을 국경표지 29개를 석패로 설치 부속지도와 교계도로기문을 교환하다.

▶1911년 10월 지지하르(제제합이협정(齊齊哈爾協定) : 대표-주수모(周樹模)=프치로흐토

- 체결내용 : 선통 2년(1910년) 지지하르(齊齊哈爾)성내에서 서부국경에 관해 오늘날 만주리를 중심으로 남북 80km의 경계를 획정한 내용이다. 당시 청의 국력이 취약한 상태에서 네르친스크조약에 의한 정상 국경선을 무시, 만주지역내로 국경을 늘리기 위해 강제적으로 체결하였다. 사실상 양국비준을 보지 못함에 조약효력을 발생하지는 못하였다.

▶**1924년 5월** 중소협정 : 고유(顧維)=카라한

• **체결내용** : 중소간 제반 현안해결의 대강을 협정한 중소협정 제7조 및 봉로협정(奉露協定) 제3조에 만소국경을 앞으로 재확정할 것과 재확정할, 또는 재확정에 따른 현재의 경계를 유지할 것을 약정하다.

▶**1924년 10월** 봉로협정(奉露協定) : 동삼성대표 정겸(鄭謙)=쿠츠네후

• **체결내용** : 네르친스크 제3조에 의한 국경선 논의 이후 1929년 중소분쟁, 1932년 사건 등 기존의 협정선을 무시, 만주로 진출함으로써 당시 만소 서부국경이 되었다. 따라서 서부국경 및 아루쿤하 방면에서 빈발하였던 분쟁은 지지하르협정 효력 문제 여하에 달렸다. 만주리에서 약 10리 서쪽 방향에 바이칼철도선이 국경으로 되고 있으며 그 서편에 러시아 측의 승리를 기념하는 반격문이 들판에 서 있다.[6]

위와 같은 조약 및 협정에 의해 무려 4천3백km에 달하는 중 · 러 간의 국경은 하천 및 산록을 기준으로 육지국경 700km상에 계표는 43개에 불과하였다. 각 계표 사이에 호(壕) · 책(柵) 등의 보조표지는 설치하지 않았다. 제정러시아는 17, 8세기 이래 동방진출을 하기 위해 중국령으로 침략을 기도, 위협적으로 진출하여 국경지방에 정치세력을 부식하고 경제개발에 주력해 온데 반해 중국은 내우외환에 시달리면서 국경문제에 제대로 대응을 해 오지 못하였다.[7]

특히 청인들은 변경에 정부의 통제를 받지 않는 지역에서 아편재배를 대대적으로 하면서 그 터전을 넓혀 나가는 가운데 애휘조약과 북경조약을 통하여 러시아의 극동침략 즉 시베리아, 연해주, 만주일원의 침략은 가속화되었다.

특히 흑할자섬(黑鍵子-가챠케위이찌)을 기습 점령한 후 이곳을 전략기지화한 것은 그 같은 침략의 축소판이었다. 이 섬은 흑룡강과 우수리강이 만

---

6) 平竹傳三, ソ聯極東國境線, 櫻木書房, 1941, PP.18~23.
7) 增田忠雄, 滿洲國境問題, 中央公論社, 1941, PP.25~26.

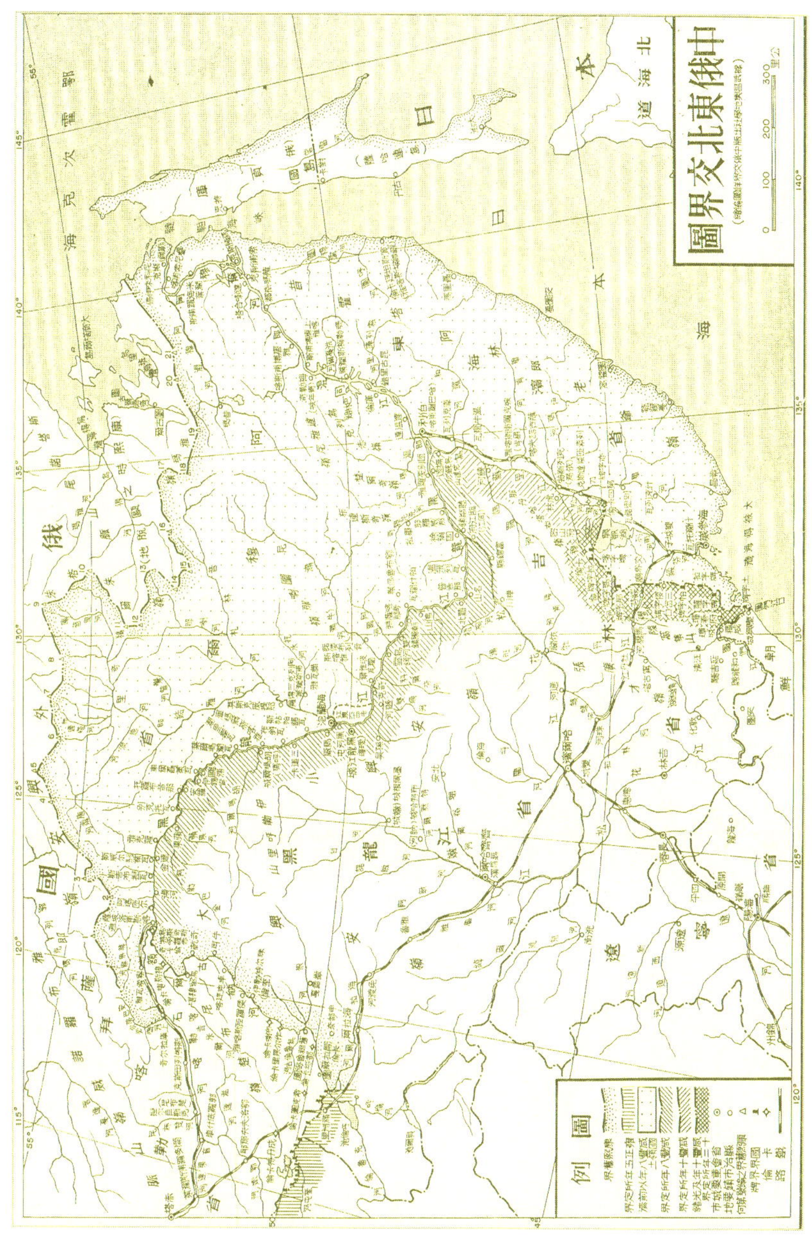

북경조약체결이후 두만강 최하류 土字牌를 비롯한 중·러간의 국경선을 나타내고 있는 지도이다.

나는 합류지로 하바롭스크시 대안에 있는 중 · 러 국경상의 최대도서로 대마도 크기(면적 95km²)의 삼각주이다. 예로부터 이 사주(沙州)는 중국 무원현(撫遠縣) 관할 하에 있었다. 1886년경 섬에 있는 흑할자도상(黑鍵子島上)의 야자패(耶字牌)를 계획적으로 멀리 떨어져 있는 만주방면 오소진(烏蘇鎭)으로 옮겨놓고 흑할자도(黑鍵子島)와 통강자(通江子-가챠케위이찌)수로를 국경하천으로 사칭, 이 섬을 러시아가 획득한 영토로 간주하려 하였다.

이후 소비에트연방정부는 구 제정러시아를 승계하여 흑할자도(黑鍵子島)를 군사기지화한 비행장, 토치카, 병영막사 등을 건설하여 국경진지로 면모를 갖추었다. 가챠케위이찌 수로를 양국 국경의 하천화하고, 이 섬 본류를 항행할 수 없게 하였다. 이에 양국항행수로문제를 해결하기 위한 만소수로회의(滿蘇水路會議)를 열어왔다.

다른 한편 동녕(東寧)이라하는 만인가(滿人街)는 양측의 국경을 갈라놓은 가장 첨예한 군사적 요충지로 이 동녕성(東寧城) 밖에 극동군 정예부대를 배치, 수 백개처의 요새지를 구축해 왔다. 삼정동(三町東)이라는 곳에 오사강(烏蛇江)이라 하는 폭 약 150m쯤 되는 작은 강이 남북으로 흐르고 있는데 러시아는 이를 국경하천이라 주장하고 있다.

따라서 흥개호계약(興凱湖界約)이나 휘춘계약(揮春契約)에 의한 그나마 국경선은 흐트러진 가운데 대호포도하(大瑚布圖河)로 국경 경계로 약정해 버렸다.

그런데 1903년(광서 3년) 대호포도하가 범람하여 본류의 서방 만주 쪽으로 새로운 분류가 생겨 대호포도하가 고갈되어 분류가 본류로 되는 이변이 일어났는데 이 강이 바로 오사강(烏蛇江)인 것이다. 이후 대호포도하가 마른 지대는 삼림지가 되고 그곳에 하상의 흔적이 남아있어 그 위치가 명명백백함에도 불구하고 호시탐탐 만주내륙으로 눈길을 주고 있던 러시아는 국경은 하천 본류로 정한다라고 하면서 새로이 출현한 오사강을 경계로 해야 한다고 강변, 선통 2년 이래 무력 경계를 고수하려 하였다.

수분하(綏芬河)는 일명 뽀꾸라니치나야(국경가라는 의미)라 하며 우라디보스도크로부터 출발하는 우수리철도가 연결되는 만주동부국경의 문호가 되는 곳이다. 수분하(綏芬河)부근의 국경선을 따라 수분하시(綏芬河市)와 크로데고퀴오시를 연결하는 국제철도 제3터널 동방 379m 지점을 경계로 하고 있다.

그러나 중국 측은 제4, 제5터널 중간을 횡단하는 지점이 국경이라 하고 있는데, 1922년 러시아는 비밀리에 제3터널 동쪽에 있는 아고니역에 침입, 병영을 짓는 것이 발각된 바 있기도 하였으며 이후 이와 관련 1929년 중소분쟁이 발생했으나 유야무야로 끝나고 말았다.[8)]

이 같은 중 · 러 간의 국경문제는 동부국경선이 가일층 심한데 흥개호 이남에서 동해로 이어지는 동부국경은 수분하, 동령, 동흥진, 장령자를 거쳐 심산유곡으로 국경선이 지나면서 장장 1,600km에 달하는 요소요소에 국경감시병을 배치해 두고 있었다.[9)]

이러한 국경선상에 흥개호계약과 휘춘계약(1886년)에 의해 설치된 목패, 석패 35개 가운데 10~13개 정도가 남아있을 정도였다. 당시 계표간 거리는 평균 45리 정도로 이 가운데 10개는 평균 160리나 되며 심산유곡에는 별로 세우지 않았다. 잔존하는 납자패, 토자패도 수척에 불과한 작은 것뿐이며, 우리나라와 3각 국경지대를 형성하고 있는 토자비를 비롯한 이들 계비의 위치는 다음과 같다.

8) 주 7)과 같은 책, PP.27~31.
9) 주 7)과 같은 책, P.25.

〔1921년 조사시의 국경표지 상황〕

標識名	所在地點	存否	標識名	所在地點	存否	標識名	所在地點	存否
土字碑	휘춘현 와봉산 록서북	有	제일호표	휘춘현 양관평	有	제이호표 휘춘현	내강취	有
第三號標	巴爾什山	無	第四號標	揮春縣 七道溝 子東嶺	無	第五號標	六道溝 子東嶺	無
第六號標	五道子東嶺	無	第七號標	火廠子 溝南嶺	不明	第八號標	三道河 子南嶺	不明
第九號標	佛多石嶺	不明	第十號標	畑筒摺子 西溝嶺	不明	第十一號標	葫蘆別 南溝嶺	不明
第十二號標	南別利溝嶺	不明	第十三號標	西北溝嶺	不明	第十四號標	秩子營 溝嶺	不明
第十五號 標	北溝嶺	不明	薩字碑	阿吉密嶺	有	第十六號標	梨樹溝嶺	不明
仰字牌	分水嶺	有	酷(파)字碑	東寧縣 老松嶺	有	倭字碑	東寧縣 瑚布圖 河西北	有
第十七號標	東寧縣 八道河子 高山嶺	無	第十八號標	東寧縣 縣公司 嶺東側	有	第十九號標	東寧縣 平崗上	有
第二十號標	東寧縣 平山嶺	有	那字碑	東寧縣 橫山會 處	有	第二十號 一標	東寧縣 穆陸	無
第二十號 二標	密山縣 小西阿 河水源	不明	第二十號 三標	密山縣 카메노 이시카 河水源	不明	瑪字標	密山縣 老虎山 平岡	無
第二十四 號標	密山縣 瑪字標 東北方	無	第二十五 號標	密山縣 圖拉河 水源	無	拉字牌	白稜河 水源	無
第二十六 號標	密山縣 白稜河 河岸	無	喀字碑	密山縣 白稜河北 岸河口	有			

1921년 조사당시 잔존(殘存)해 있던 계표(界標)는 다음과 같다.

土字碑 揮春縣 ~ 臥峰山麓西北 / 第一號標 揮春縣 ~ 楊(洋)館坪

第二號標 揮春縣 ~ 來崗嘴 / 第四號標 揮春縣 ~ 七道溝子東嶺

薩字碑 揮春縣 ~ 阿吉密嶺 / 字碑 揮春縣 ~ 分水嶺

酷字碑 東寧縣 ~ 老松嶺 / 倭字碑 東寧縣 ~ 瑚布圖河西北

第十八號標 東寧縣 ~ 縣公司嶺東側

第十九號標 東寧縣 ~ 平崗上 / 那字碑 東寧縣 ~ 橫山會處

第二十號標 東寧縣 ~ 平山嶺 / 喀字碑 密山縣 ~ 白棱河北岸河口

이상의 13개 비, 표는 대체로 잔존하고 있으나 이 가운데 왜자비(동령현 호포도하 서북)와 제십구호표(동령현 평강상), 제이십호표(동령현 평산령)는 러시아 측에 의해 원위치에서 놀랍게도 옮겨져 최초의 조약에 의해 세워진 국경표지로 인정하기가 어렵게 되어 있다.[10)]

이렇듯 실제 제대로 남아있는 표, 비는 10개에 불과하며, 서부국경은 만주리를 중심으로 남북 국경 80km에서도 정상국경선은 네르친스크조약상의 선뿐이며 1727년 프라-조약, 동년 아파카이토 계약에 의해 재결정한 달이파간달호의 제58왁박에서 아파카이토 제63에 달하는 경계가 바른 국경선임에도 불구하고 1911년 지지하르협정을 강압적으로 체결, 정상국경을 무시하고 7km 내지 20km가량 만주 저지대로 밀고 내려옴으로써 현재는 러시아령 내 약 20km 깊게 마츠에에프스카야역 부근을 통과하게 되어있다. 마츠에에프스카야역 동방 86대피역(아토폴)은 사실상 만주령이었다. 여기서 말하는 40~50리는 얼핏 대단한 넓이가 아닌 것으로 생각되기 쉬우나 넓이가 200리에 달하는 남북간 연장된 면적은 상당히 넓은 지역이다. 요컨대 동부국경인 두만강에서 휘춘, 흥개호에 이르는 국경선은 애매모호하기 이를 데 없다.

10) 平竹傳三, ソ聯極東國境線, 櫻木書房, 1941, PP.57~60.

흥개호에서 하바롭스크에 이르는 밀산, 호림, 요하를 연결하는 국경선은 우수리강이 흘러 자연하천경계를 이루고 있기는 하나 호림-요하간에는 폭 1m~2m 사이가 국경선에 불과하다.

아무르강 하류

특히 동부육지경계은 완전 산악지대로 수분하(綏芬河-뽀꾸라니치나야:국경가라는 의미)에서 휘춘 지방에 이르기 까지는 산악중첩지로, 동녕변은 오사하를 따라 국경선이 평지이며 동녕에서 약간 북으로 가면 수분 하에 이은 심산이며 지옥곡(地獄谷)이라고 하는 비적(匪賊)출몰지인 유곡(幽谷)이 있다.[11] 이 심산 유곡을 중심으로, 1860년 11월 러시아 측 이그나치프와 청측 공친왕간에 대략적인 북경조약의 틀이 마련되었다.

이어서 1861년 6월 카자뷔치와 성기(成琦)간에 이른바 흥개호계약을 체결하고 북경조약의 세목협정을 논의하여 동부국경선에 8개의 목패를 설치하였다. 1886년 5월 휘춘계약에 의해 파라노후와 오대징(吳大徵)은 동부국경 가운데 두만강-흥개호 사이에 이른바 동부육지경계를 획정, 국경표지로 29개의 석패(石牌)를 세웠다. 그런데 이러한 동부육지경계의 길이는 무려 1천 6백리에 달하는데, 세워진 계표는 35개에 불과하였다.

각 표지간의 평균 거리는 18km 즉 45리에 달하였다. 전인미답지에 세운 이 표지는 풍우성상에 흔적도 없이 사라진 것이 18개이며, 러시아 측에 의해 이동된 것이 3개, 설치당시의 위치에 있는 것은 10개 뿐이다. 특히 두만

11) 주 10)과 같은 책, P.73.

강 하구에 세워진 토자패, 휘춘현의 살자패, 랍자패는 높이가 수척에 불과한데다 돌 땅(石地)에 묻혀 빈약하기 이를 데 없다.[12)]

2. 두만강 하류상의 토자비 건립개황

두만강 최하류에서 상류 강안 무이진(撫夷鎭) 관하 망덕산 봉수대 강 건너편 가까운 지점에 토자비를 세운 것이 1861년(철종 12년) 음력 7월초이었다. 이 당시의 정황을 우리 정부에서는 전혀 감지하지 못하고 있었다. 단지 경흥부사의 장계(狀啓)를 통해서 이러한 사실을 뒤늦게 알게 되었을 뿐이다.

이 시기에 우리나라에서 동지사가 북경을 다녀왔으나 1861년 6월 28일에 약정한 흥개호계약이 그 전해에 체결한 북경조약에 관한 추가조관(追加條款)인데 러시아 측이 동부국경지역을 흑룡강에서 우수리강, 쑹가쟈하(河), 흥개호로 이어지는 선에서 산령(山嶺)을 따라 호포도하(瑚佈圖河)를 거쳐 휘춘하(揮春河)와 해안 사이의 산맥을 쫓아 두만강 상류 20리 지점에 이르는 경계를 러시아 측이 일방적으로 획정, 청측의 승인을 강압하여 성사시킨 사실을 알지 못하였다.[13)]

흥개호계약으로 흥개호 이남지역인 만주 동부산지와 수분하류역의 평원을 분할한 산악 동단(東端)의 산령을 위주로 국경을 삼음으로써 러시아 측은 동해 남부의 양항과 흑룡강 방면과의 항행상의 연결점을 확보하게 되었다. 반면에 청측은 영고탑에서 가장 가까운 수분하 하류지역을 상실함으로써 상류지역 교통이 제약을 받게 되었고 이 일대의 최대도시인 휘춘(揮春)

---

12) 주 10)과 같은 책, PP.56~57.

13) 朴泰根, 러시아의 東方經略과 修交以前의 韓러交涉, 韓露關係100年史, 韓國史硏究協議會, 1984, P.44.

이 국경이 접하게 되고 포시엣트만을 상실함으로써 길림성은 내륙화되어 해안으로의 진출이 막히게 되었다.

러시아 측은 흥개호계약에서 약정한 우수리강 합류점에서 두만강구에 이르는 교계도(交界圖)를 작성, 국경선을 그으면서 러시아 글자인 E~Y에 이르는 16자를 기입하고, 흑룡강-우수리강 합류점을 E(야), 쑹가쟈하류 출구는 I(역), 백능하 K(객), 백능하원 JI(납), 횡산회처 H(나), 수분하-호포도하 합류점 O(왜), 호포도하원 II(파), 두만강 상류(청리 20리)지점에 T(토)자 계표를 세웠다.

이 계표는 목패로 청나라 측면은 상단에 O자패라 쓰고 그 아래에 계표에 대한 의의, 거주, 교통의 자유를 보증하는 한문으로 된 280자를 종이에 써서 붙이고, 기름을 발라 부식을 방지하게 하였다.

러시아측면에는 상단에 한 쌍(雙頭)의 독수리(鷲:취) 소인을 새겨 넣고 그 밑에 청나라 측면에 쓰인 같은 내용의 러시아패문을 기재한 종이를 붙여놓았다. 흥개호계약에 따른 회의지에서 가까운 곳을 K(객), (납)자패가 세워지고, 그 북방에 E(야), I(역) 등이, 현지 지방관간에 남방의 H(나), O(왜), II(파), T(토)자 등의 각 계패는 청측위원 효기교 (驍騎校) 영안(永安)이, 러시아 측 위원은 토루빈이 순차로 건설하였는데 소요기간은 약 3개월에 달하였다.

그런데 이러한 하천국경상의 계표건설지는 전부 청측 영내에 세워졌는데 이 당시의 계표건설은 엄밀한 의미에서 국경선을 나타내는 것이 아니고 대체로 부근의 하천이 국경이라는 점을 설명하는데 불과하였다.[14] 무엇보다 H(나), T(토)자패의 위치가 관련 조문(條文)과 상치됨으로서 우리나라와의 접경지점에 혼선을 가져오게 하였다.

1861년(철종 12년 : 함풍 11년)에 세워진 계표는 목패들인 까닭에 세월이

14) 주 7)과 같은 책, PP.105~107.

흐름에 따라 풍상으로 부패되거나 산불로 인해 타버려 국경표시의 구실을 하지 못하게 되었다. 목조계패들이 세워진지 15년 후인 1876년(고종 13년 : 광서 2년) 9월 청 · 러 양측 지방관들에 의해 기존에 세워진 목조계패에 대한 공동조사를 하였다. 그 결과 어느 하나도 온전하게 남아 있는 것이 없어 계표를 재건하기로 하였다. 이듬해인 광서 3년 6월부터 8월까지 약 3개월에 걸쳐 영고탑(寧古塔), 삼성(三姓), 휘춘(揮春) 등지의 세 지방관들은 러시아 측 대표 마취닌과 개별회합 후, 삼성부도통 장린(張麟)은 E(야), 영고탑부도통 쌍복(雙福)은 K(객), JI(납), H(나), O(왜), II(파)자패를, 휘춘협령 납목금(納穆錦)은 T(토)자패를 1861년 최초 건립당시인 원 위치에 같은 모양의 양식을 한 목패를 재건하였다.

광서 3년에 보립(補立)한 목패 8개중 1개는 우수리강 연안에 있고 2개는 동부육지국경 북단인 백능하(K : 喀)에 있었다. 2개는 청 · 러 교통의 요충지인 수분하 연안에 세웠는데 동부육지국경의 끝쪽인 두만강연안에는 단 1개의 계표를 세웠다. 이는 모두 함풍 11년 당시 양국관계의 경중(輕重)에 따라 분포된 것이다.

이후 양 지배권의 확대접촉으로 도처에서 계표기능의 불비점으로 인해 문제점이 발생하였다. 광서 5~6년경에는 동부국경 각처에서 러시아군이 불법 월경하여 청국민을 학대하는 사건이 빈발하였다.

이러한 형세하에서 광서 6년 청국정부는 오대징(吳大澂)을 길림변무독판으로 보임, 남쪽은 휘춘에서 부터 북쪽은 밀산(密山)에 이르는 역도(驛道)를 개설, 정변군(靖邊軍)을 주둔케 하고 국경연변에 이민을 초치, 개간하게 하였다. 즉 지형적국경선을 정치적국경선으로 확충하고자 하였다.

1882년(광서 8년)에는 러시아군이 두만강 연안 흑정자지방에 침입한 사건이 있었는데 이는 조선과의 접촉을 위한 요충지를 점령, 각종 시설을 설치함에 휘춘부도통 의극당아(依克唐阿)의 엄중한 항의가 있었으나 반응은 신통치 않았다.

러시아 측이 이듬해(광서 9년) 봄 훠춘에서 흑정자반환회의 개최를 승락함에 영고탑부도통은 출석했으나 러시아 측 대표 마취닌은 나타나지 않았고, 회의는 러시아 측의 무성의로 열리지 못하였다. 1884년(광서 10년) 봄 다시 국경획정준비회의 개최를 제의하고 러시아 측 대표의 불참을 미연에 방지하고자 청측 대표 쌍수(雙壽)가 러시아 영내 횡도하(橫道河) 감시소로 가 세 차례에 걸친 회의와 현지공동조사를 하였다.

이 때 장령자로부터 토자비 설립지인 사초봉(沙草峰)까지 조사가 이루어졌다. 그런데 사초봉 이남의 두만강연안 조사는 러시아 측이 이를 거절하였는데 이때에 토자비 설립지가 조문상의 기록과 다름이 발견되었고, 두만강구 오자패문제 등의 분규에 따라 회의는 하등의 결정을 보지 못하고 정식회의가 열릴 때 논의하기로 하고 끝냈다.

1885년(광서 11년) 말 국경획정본회의에 러시아 측 대표 파라노프를 파견할 것을 확약하고 청측은 이방면 국경문제에 관계하고 있는 오대징을 대표로, 부대표로 현지 훠춘부도통 의극당아(依克唐阿)로 하고 회의지는 러시아령인 암저하(岩杵河 : 노흐키에스크)로 정하였다.

청측은 이 회의의 의제를 흑정자에서의 러시아군의 청인 학대는 명백한 불법행위라는 점을 알림과 두만강변계의 국지적 획계(劃界)에 두고 있어 이 교섭은 간단히 해결되리라 믿었다. 그래서 오대징은 회의성공을 기념하기 위한 동주(銅柱)의 명문을 득의양양 전자(篆字)로 써 놓았다. 회의개최예정시기를 4월중으로 국경회정교섭이 완료될 것으로 예상, 두 달간 봉천(奉天)에 체재하면서 봉천기기국 동주(銅柱)에 다음과 같은 내용을 기입하도록 명하였다.

光緒十二年四月 都察院左副都御使 吳大澂琿春副都統依克唐阿奉 命會勘中俄邊界旣竣事立此銅標銘曰彊域有界國有維此柱可立不可移.

광서 12년 4월 22일 제1차 회의가 러시아령 암저하(岩杵河)에서 열림에 먼저 함풍 11년에 잘못 세워진 토자패의 위치 및 두만강구의 오자패를 세우는데 대해 논의하였다. 즉 토자패는 1884년 러시아 측 축도 4만분지 1의 상세지도를 보고 토자패 원립지는 두만강에서 45청리 사초봉에 있고 흥개호계약국경설명서에 20청리로 밝혀져 4월 26일 제2차 회의에서 조문에 적합한 위치에 토자비를 이설(移設), 재건하도록 양측이 합의하였다.

그리고 E(야), I(역), K(객), JI(납), H(나), O(왜), II(파) 등 7개의 목패는 모두 석패로 바꾸고 부족한 계표는 석패로 증설하기로 하였다. 북부의 JI(납) H(나) 사이에 M(마자패)를, 남부에 II(파)와 T(토)字 사이에 P(랍), C(살) 등 2개의 석패를 보립하기로 하였다.

5월 6일 휘춘에서 3차 회의가 열려 토자패 재건, 3개의 석패 증설, 7개의 목패를 석패로 교체하기로 결정하고 흑정자철퇴 건을 결정함으로써 국경획정회의는 원만하게 종료되는 듯하였으나 H(나), O(왜) 두 개의 목패의 환립지(煥立地)에 대해서는 의견의 일치를 보지 못하였다. 이는 오대징(吳大澂)이 H(나), O(왜) 두 개의 목패의 환립지 문제는 본 회의 목적이 아니라 한 때문으로 청측의 동부국경전역에 걸쳐 준비부족에 연유된 것으로 보인다.

여하튼 토자패 건설을 위해 5월 19일 오대징 일행은 휘춘을 출발, 도중에 일박한 후 러측 파라노후와 합류하여 19일 사초봉 남쪽 십 여리 산록 아래 천막을 치고 다음날인 20일 길이 약 7척의 화강암에 '土字牌 光緖十二年四月立' 이라 쓰고, 러시아측 면에는 T자를 각자화하여 대석 구멍에 세워 놓았다.

이후 오대징은 포시에트를 경유하여 23일 암저하에 도착하였다. 24일 제4차 회의에서 미해결의 왜(倭)·나(那)자 석패(石牌)설립문제 및 토자패 하류의 두만강의 청측항행문제 결정을 보류한 채 회의를 종결하고 다음과 같은 조문을 의결하였다.

一. 토자석패를 재건한다. 그 입패지는 산록끝자락 두만강안지 해구로부터 직선거리 27청리 지점으로 한다.

二. 납(矜), 살(薩), 마(瑪)자 석패를 신설하고 이전의 야(耶), 역(亦), 객(喀), 랍(拉), 나(那), 왜(倭), 박(礡) 7개의 목패를 전부 석패로 바꾼다.

三. 청국령 흑정자지방에 있는 러시아 관민의 시설은 1886년 6월, 즉 광서 12년 5월 러시아령으로 옮겨가도록 한다.

四. 토자패로부터 두만강구에 이르는 30청리간 청국선박의 출입항행건은 파라노흐 대표가 이미 모스크바정부에 청훈하고 있는 중이므로 훈령(返電)에 따라 다시 조문 뒤에 보충 기입하도록 한다.

五. 왜, 나자계패를 이전할 경우 양국대표의 현지조사결과에 따라 재협의한다.

六. 장령자 이북 백능하구에 이르는 사이의 지도 2부는 양국대표의 화압(畵押)조인을 거친 후 양국에 각 1부를 보존한다. 장령자 이북 백능하구에 이르는 사이를 여러 단으로 나누어 각단별 지도 2부를 제작, 슈리-친주임 및 러시아인 제도자의 제작 완료 후 각도(各圖) 및 각도(各圖)의 도로기문(道路記文)에 양국대표가 화압조인 상호 교환한다.

七. 각패의 상호거리가 멀어 경계가 불분명한 곳이 있는데 계패가 부족한 곳에 一, 二, 三, 四 등의 수자 기호를 세워 보충한다.

八. 석패 및 기호표가 서 있는 곳은 각각 상세도 2부를 작성하도록 하고, 장차 이 지도가 완성된 후 휘춘부도통과 코미살이 회합 조인, 1부는 북경에, 1부는 모스코바에 보존 참고하도록 한다.

상기 8개 항의 기문은 노, 만, 한문 각 2부씩을 작성, 만문을 정문으로 하여 화압조인하고 1861년 소정의 국경설명서 뒤에 부착, 영원이 준수하고 교체할 수 없도록 하였다.

상기 8개 조항이 휘춘계약(揮春界約)이라고 알려지고 있는 것으로 광서

12년 6월 3일(서기 1886년 7월 4일 : 露歷 1886년 6월 22일) 암저하(岩杵河-노우키에후스크)에서 화압, 조인하였다.

본 계약의 조인은 토자패 설립 실시이후에 조약내용에 기술, 확인결과를 포함시키고 있어 계약상으로 볼 때 특이점이라 할 수 있다. 그 다음으로는 제2조 후반, 제6조, 제7조, 제8조와 같이 계표설립에 관한 일반원칙 및 기술적 방법을 협정하는 부분을 대부분 포괄하고 있다.

제4조, 제5조와 같이 전연 미해결사항을 조문에 열거하였는가 하면 4조의 경우 본국 훈령에 의한다 하였고, 5조는 양국대표의 현지조사 결과에 의해 결정한다고 하고 있으며, 6조 1단(장령자에서 두만강구)의 지도 조인에 별기 제1단을 특별 취급함으로서 본 계약의 주요목적이 어디에 있는가를 나타내고 있다.

6조는 장령자 이북 백능하구에 이르는 사이의 각부 지도제작 조인의 원칙을 기술하고 있다. 이 계약조인은 6월 상순경에도 미정구간을 여러 단(段)으로 나눈다는 원칙을 언급하였을 뿐 그 후 5구로 분할한다는 방침은 미결상태로 두었고 8조는 실행에 옮기지 못하였다.

이렇게 볼 때 상기 계약은 원칙론에 한정, 세목결정은 이후 절충에 따른다 하여 회담종료를 급하게 서둔 감이 짙다. 이후 양측은 사실상 문제해결을 위한 노력은 수개월간 미뤄두고 있는데 이는 오대징의 의도와는 전혀 달랐다.

즉 개략적 계약 조인을 끝냄으로써 지역적 논쟁을 덮어두고 두루뭉술하게 회담을 마치려 하였다. 그해 6월 3일 휘춘계약 조인을 마친 이후 왜 나자패 설립지 문제를 해결하기 위하여 제5조의 현지조사 조항에 따라 6월 상순 조사가 실시되었다.

이 같은 일정속에 청측대표 오대징 일행이 포시에트에서 러시아군함을 타고 브라디보스도크에 이르러 대대적인 환영을 받은 후 이곳에서 소함정으로 옮겨타고 수분하를 거슬러 올라가 마차로 이동해, 수분하와 호포도하 합류점이 되는 삼산분구(三山分口)에 도착, 이곳에서 1개월간 부근 일대를 조사하였다.

이때 양국위원이 공동조사 형식을 취하기는 하였으나 사실상 러시아 주도로 이루어졌고, 청측은 방관상태였다. 7월 초순 임지에 조사대가 브라디보스도크를 경유 훈춘으로 돌아옴으로써 본 계약 5조상의 미결 조항은 결말을 본 셈이다. 이로써 나자패 재건방법, 나자패에서 호포도하구에 이르는 직선국경선인 왜자패, 이건(移建) 등을 기록한 사명경정(査明更正)을 위한 왜 · 나(倭 · 那)자 양계패기문(兩界牌記文)을 8월 초순에 완성, 훈춘계약에 부가(附加)하였으나 위 계약 4항인 두만강구 30청리상의 청국선박출입허가 문제는 미결상태로 해결을 보지 못하였다.

당시 양측 대표의 절충으로 타결 가능성이 있었으나 러시아 측 대표인 파라노프가 이 문제에 대해 성의를 보이지 않음으로써 해결을 보지 못하였다. 이 해 9월 18일 우수리지역 코미살로부터 훈춘부도통 앞으로 청국선 출입허가에 대한 공문이 통보되었다. 여러 달 동안 이 문제를 타결하기 위해 노력해 온 오대징은 이 공문을 접하고 그의 일기에 "余與巴使費盡 唇舌 竭數箇月之力 始獲有此一電設立地" 라고 적어놓을 정도로 기쁨을 드러내 놓고 있다.

이렇게 볼 때 훈춘계약 제4조는 사실상 해결을 보았으나 러시아정부는 이 허가 조문을 추가로 훈춘계약에 부기하게 함으로서 국제조약보다 격이 낮은 양국지방관간의 교섭문이라는 형식을 취해 지역문제로 처결하게 하였다. 여하튼 훈춘계약에 의해 겨울철 혹한을 피해 토자패 이외의 문자석패를 세우고 그밖에 26개의 숫자기호표를 추가로 세웠다.

토자패의 경우 [土字牌 光緒十二年 四月立] 이라 하고 러시아 쪽에는 러시아 자모로 각석(刻石)하고 숫자기호표지를 봉퇴(封堆)위에 높이 2척의 석패 정면에 예서(隸書)로 흠차대신오의감립(欽差大臣吳依監立)이라 새겨 놓고 좌우측에 아라비아 숫자를 새겨놓았다. 그런데 신설계표 과반수가 훈춘변계에 집중됨으로써 국경획정의 주목적이 어디에 있었는가를 감지케 하고 있다.

휘춘변계 북부 호포도하연안은 하천국경임으로 새로운 계표설립은 없었고 이곳에서부터 북북서 42도 방향에서 직선 국경선 70㎞ 사이인 만주동부 산악지대의 동쪽산기슭을 북상, 여기서 동북행 산록을 따라 흥개호(興凱湖)에 다다르게 하였다.

흥개호부근은 구릉지대로 되어 있어 비교적 계표가 계선 가까이 세워져 있다. 계표가 세워진 위치를 보다 상세히 살펴보면 고개(峠)등의 양국지배권의 접촉지로 교통상 요충지에 주의를 기울이게 하였는데 이는 지배권의 확대에 따라 접촉점의 증가 가능성을 보여주고 있다.

광서12년 당시 11개의 문자계패, 26개의 수자기호표지를 세움으로써 동부국경은 획정된 것으로 보여 졌다. 그러나 이들 석패의 형식은 단순히 표식에 불과할 뿐 하등 국계의 의의를 게시, 설명하는 비문은 되지못하였다. 따라서 계표가 세워진 이후 시간이 흐름에 따라 국계로서의 의의는 잊혀져 주변의 주거민이나 여행자로서는 이 석패가 세워진 연유를 알 수 없게 되었다. 이러한 우려가 휘춘계약 당시에도 없지 않아 청측은 국경획정회의 성립을 기념하기 위해 양국간 교통의 요충지인 휘춘, 암저하, 장령자 고개 위에 높이 12척의 오베리스크형 동주를 세우고 그 표면에 오대징이 봉천에서 써 놓았던 명문을 새겨 국경획정의 유래를 설명해 놓았다.

그런데 이것은 청측이 일방적으로 세운 것으로 조약상의 규정에 의한 것은 아니다. 이 동주는 광서 33년(1907년) 휘춘부도통으로부터 동삼성교섭총국에 동주가 분실되었다는 보고가 있었고 이는 러시아가 1900년 만주점령의 혼란기에 러시아 측이 가져다가 하바롭스크박물관에 진열하고 있어 백두산정계비가 없어진 사실을 상기하게 된다.

휘춘계약 다음으로 중요한 네르친스크조약은 청 · 러 간에 체결된 국경교섭상 가장 오랜 형태의 조약으로 이 시기 국경획정을 필요로 하는 지역은 매우 한정된 흑룡강 상류지역의 양지배권 교통로에 연한 접촉부분을 규정하는데 불과하였다. 무엇보다 동쪽지방의 대부분은 양지배권의 중간지대를 조약문상에서 분할, 막연히 국경지대화 하여 지배권확대의 한계를 가정한데 불과하였다.

캬흐타조약의 국경획정은 네르친스크조약과 동일한 의미의 것이나 중심부분은 캬흐타하 부근의 세렌가 노선 연선(沿線)지역인데 이 부분은 양국지배권의 접촉 분쟁이 있어 국경분할의 필요가 절실한 곳이었다. 여기서부터 동서쪽 몽고지대는 네르친스크조약 동방국경지대와 같이 직접 양지배권의 접촉 없이 엄밀한 국경이 필요하지 않기도 하였고 또한 러시아 측의 국경획정기술이 발달하여 비교적 상세한 국경을 획정할 수 있었다. 애휘조약, 북경조약에 의해 결정된 국경은 네르친스크조약에서 남겨 놓았던 동방 국경지대의 획정에 있었는데 그 중간지대에 러시아 측은 일방적으로 지배권을 확대, 청국 지배권에 접촉해 왔다.

그러는 가운데 양국간의 접촉지대는 계속 증가하였다. 실례로 러시아 측이 일방적으로 회정한 국경이 생겼는데 말하자면 흑룡강, 우수리강과 같이 커다란 하천을 국경으로 정함으로써 하천양안에 발달한 지방경제권이 분할되었고 이 분리력을 완화할 목적으로 약 반세기간 행정경제상의 중간지대를 국경 양쪽에 두게 된 것이다.[15]

북경조약에 의해 획정된 동부국경은 20여년이 지난 시점에서의 현지정세를 처리하기에는 너무나도 미비하고 불충분하였다. 이렇듯 불합리한 문제를 조정하고 국경을 명확하기 위하여 추가조약인 휘춘계약을 체결한 것이다. 지지하르협정은 만주서부국경이 네르친스크 · 캬프타 두 조약 체결 후 200년이 지나 국경지대의 정세가 변화, 여기에서 파생되는 분쟁을 해결하기 위한 국경교섭으로 가장 근대적인 선적(線的)국경이 획정된 조약이다.

15) 주 7)과 같은 책, PP.115~121.

북부국경은 흑룡강상의 도서(島嶼) 등과 사주(沙洲)로 대마도(對馬島) 크기의 흑할자도(가자게웨이찌쯔도)를 비롯하여 1400개의 크고 작은 섬이 있다. 서부국경은 만주리(滿洲里) 중심으로 한 지대이다. 1911년 지지하르 협정은 이전의 여러 국경조약과 달리 러시아 측에 의해 강압적으로 체결됨으로서 청·러간의 국경분쟁을 유발케 한 요인이 되었다.

서·동부국경은 흥개호(興凱湖)로부터 남하하여 두만강구에 이르는 632㎞에 달하는 불분명한 동부육지 국경지대인데 1861년 흥개호계약과 1886년 휘춘계약에 의해 설치된 35개의 계표 중, 1940년 현재 10개가 남아있는데 각 계표간 평균거리 160리에 달하는 먼 거리에 남아 있어 국경선은 매우 불분명하였다. 이상과 같이 청·러간의 국경선은 불분명한 가운데 이들이 맺은 국계 가운데 두만강 하류에 있는 우리 민족전래의 고유 영토인 녹둔도를 불법 부당하게 점유하게 함으로써 우리의 북방영토를 더 한층 축소시켜 놓고 말았다.

九. 되찾아야 할 녹둔도

1. 연해주일원과 녹둔도는 한민족의 생활무대

연해주 일원은 본래 한민족 고유의 활동무대이었다. 고대는 물론 1712년 백두산 상에 세워진 정계비문에 의하더라도 "東爲土門 西爲鴨錄"이라는 문귀는 동쪽의 국경은 토문강으로 한다는 의미이다.

즉 토문강의 발원에서 송화강으로 유입되는 물은 동쪽으로 흑룡강에 이르러 바다로 들어감으로 자연히 이 계한(計限)의 간도지역은 말할 것도 없고, 시베리아 일대가 이 안에 들어 있으니 연해주 일대는 응당 우리의 국토임에 틀림없다. 이러한 사실에 대해 우리나라 국민 못지않게 관계당사국인 러시아도 이 같은 사실을 인지하고 있었기 때문에 그들이 연해주 일대를 점거하면서도 과다한 조선인 이주민에 대해 영토문제와 관련해 우려와 경계심을 표했고, 근간에도 연해주 일대에 집단적인 조선인 정착에 대해 우려를 표하는 현지 관리들의 건의가 중앙정부에 제기 되고 있을 정도이다.

러시아 당국자들의 우려가 사실이든 아니든 시베리아 연해주 일원은 역사적으로 보아 한민족과의 민족지연성이 그 어떤 여타민족에 비해 가장 짙음은 잘 알고 있는 것이다.

이러한 지역이 1860년 북경조약 체결 이후 이 일대가 러시아 땅이 됨으로써 조선인의 연해주로의 이동은 문자 그대로 유이민(流移民)이 되고 말았다.

한국인의 이 지역에서의 거주시기는 매우 오래다. 이와 관련한 기록으로는 1850년대 만주일원을 답사한 여행가의 기록에 따르면 브라디보스독크 주변 지역에 한국인이 살고 있는 것이 목격되었다고 『The Russians on the Amur』라는 책자에 언급되고 있다.[1)]

이 시기에 또 다른 기록으로는 1853년 함경북도 무산(茂山)사람 한일가(韓一歌)가 가솔을 이끌고 남부 우수리 포세이트에 정착해 살았다고 하며, 1862년 겨울 가족단위 이민 13가구가 노우그르드 만(灣) 연안으로 이주했다고 한다. 1863년에는 남우수리 찌진허 강가에 10여 가구가 이주해 농사를 지었고, 1864년에는 이주자수가 대폭 늘어나 60여 가구 308명이 이주해 근 1만여 평(227데샤진 : 1데샤진은 33,333평임)을 개간하였다. 1868년에는 165가호, 1869년에는 766가호가 집단적으로 이민해 왔다. 이리하여 이 일대에서의 조선인수는 러시아의 카자크인 6200명보다 25%가 상회하는 수적 우위를 차지하였다. 1868년 브라디보스도크와 두만강 하류일대를 방문한 바 있는 러시아인 프리쟈발스키에 의하면 포세이트 만(灣) 주변에 있는 2개의 부락과 브리디보스도크 근처에 있는 부락에 약 1천 8백 명의 조선인이 거주하고 있음이 목격되었다고 기술하고 있다.

이들은 어업을 하거나 기장, 콩, 연초를 경작하고 소, 돼지 등 가축을 사육해 생활 해 나가고 있었고, 복장은 러시아 또는 우크라이나 것을 입고 있으며 희랍정교를 믿고 러시아식 이름으로 개명하였는데 러시아인과의 결혼은

1) E. G. Ravenstein, The Russians on the Amur, London, Trubner, 1861, P.231.

거의 하지 않고 있다고 하고 있다.

특히 1869년과 1870년 두 해에 겹친 함경도 일대의 흉년으로 인해 이주자는 급증되었는데, 고향을 등진 이들 대다수는 말로 형언할 수 없는 고난을 겪고 있다고 하였다.

그러나 예외적으로 함경도 무산인 최운실(崔雲實)과 경흥인 양응범(梁應範) 같은 이들은 연추(煙秋)에 정착해 개간에 성공, 추수기마다 풍성한 수확을 거둬 부유해졌다는 소문이 산수갑산 일대에 퍼짐에 따라 두만강 연안은 물론 멀리 내륙으로부터의 이주자가 날로 몰려들게 하였다.[2)]

1869년 6월부터 12월 까지 6개월 동안에 6,500여명에 달하는 이주자가 발생했음이 이를 입증해 주고 있다. 이들은 수이푼강 연안으로 흩어져 조금이라도 경작에 적합한 곳을 찾아 헤맸는데 주로 꼰스딴띠눕스끼에 127명, 카자케프비카에 329명, 뿌질롭카에 150명, 코프카에 280명, 푸칠로프카에 150명, 시넬리코프카에 93명, 포코로프카에 280명이 흩어져 살았다.

1870년에는 7개의 조선인 거주지가 인위적으로 형성되어 330가구 1,616명이 강제로 옮겨 살게 되었는데 1869년에서 1871년간에 걸쳐 약 3만 5천 포대의 비상식량지원을 받아 간신히 연명해 나갈 수 있었다.[3)]

1870년에는 이주민 수효가 8,400여명으로 늘어났고, 1871년에는 8,768명의 이주자 중 130인 25호가 우예루후네 우수리 촌에 208데샤진의 땅을 개간하였고, 1872년에는 201인 46가호가 스챤과 라스도리노에촌에 약 6천여 평(173데샤진)의 땅을 개간하였다. 이 해에 약 1천명의 이주자 가운데 431명, 103호는 아무르주 방면 사마루가천(川)과 아무르강과의 합류점인 부라고 베시첸스크시 하류 주변 지역에 있는 브라고스로웬노예촌을 건설하였다.

한 · 러 수교 이전의 이주민정책과 촌락형성 실태를 살펴보면 조선인의 연해주 지역으로의 이주자들의 경로는 함경북도 두만강 연안에 거주하는

---

2) 海外僑胞問題研究所, 在蘇韓人의 史的考察《僑胞政策資料》 一三輯, 同所刊, 1972, P.56

3) Walter Kolerz, The People of the Soviet Far East, New York, Praeger, 1954, PP.32~33.

주민들이 겨울철 빙판을 이용, 조선 내륙지대에서 배를 타고 동해를 빠져나가 연해주로 상륙하는 길, 그리고 1884년 경흥개시가 되면서 자연스럽게 월강 이주하는 부류, 만주지역에서 바로 훈춘지대를 경유하여 연해주로 몰려든 부류로 구분할 수 있다.

이렇게 하여 연해주 지역에 거주하게 된 조선인 이주민들은 대체로 자의에 의한 촌락 형성이라기보다는 현지 러시아 관리들의 명령에 따라 촌락을 구성하였다. 이 같은 상황을 살펴보면 먼저 1864년부터 포세트 구역에 치진허 마을을, 1867년에 하얀치허에 시디미 마을과 케드로바야파드 마을, 1868년에 수찬구역에 니콜라예프카 마을, 1869년에 수이푼 구역에 크로우노푸카 마을, 1870년에 푸칠로프카 마을과 바라노프카 마을, 1871년에 파타쉬 마을, 1872년에 아다미 마을을, 1875년에 크라스노에셀로 촌락, 1879년에는 암밤비 마을을, 1880년에 랴자노프카에 촌락을 형성하였다.

그리고 치진허와 얀치허 출신 이주자들과 조선으로부터 새로이 건너온 이주자들과 함께 자레치(강 건너 지역이라는 의미) 마을을 건설하였고, 1882년에는 크라베촌을, 1884년에는 페스찬나야 마을과 크로우노프카 마을을, 1885년에 모누가이 촌락을 이루었다.[4)]

그 후 청나라에서 의화단사건이 일어나면서 연해주 일대에서 중국인들이 퇴각함에 따라 자연스럽게 조선인 이주민들이 이 자리를 차지함에 우수리하, 이만하, 하바롭스크, 니코라 에프스크 부근, 카자크, 아무르, 연해주 등지의 사금산지에 산재해 생활하게 되었다.

이처럼 근실한 생활을 하고 있는 조선인 이주민들에 대해 러시아 측의 묵인 내지 유인정책에 의해 대량의 조선인 이주자 발생에 대해 조선정부는 러시아 측에 항의를 제기함에 러시아 정부도 이주방지책을 마련 이주민 입국에 제동을 걸었다. 그럼에도 불구하고 포세트 구내에만도 수천 명의 이주자

4) N. M. Przhevalsky, Travels in the Ussuri Region 1867~1869, Moscow, Geograficheskoy, Literatury, 1947, PP.97~98.

가 모여 들었다.

이주민의 대량 유입은 자연히 이 지역의 소수이기는 하나 원주민과 러시아인들 사이에 마찰이 생겼다. 이에 당시의 총독은 이주자로서 정착하지 못하고 있던 103가구를 아무르 주둔 보병대가 있던 블라고베시첸스크로 강제 이주시키고, 이들에 대해서는 가구당 일정 규모의 토지와 정착에 필요한 식료품, 목재, 씨앗 등을 제공, 경작하게 하고 주둔군에게 필요한 식량과 식품을 생산, 공급하게 함으로써 생업을 유지하게 함과 동시에 점차로 정착단계에 들어서게 하고 러시아정교로 개종케 하면서 귀화토록 하였다.[5)]

1884년 6월 25일 조선정부와의 수호조약이 체결된 이후로는 러시아 측의 조선인 이주정책이 전환되어 러시아 영토 내에 거주하는 조선인들을 세 부류로 구분 · 조처해 나갔다.

첫째 부류로는 1884년 이전에 이주한 자로서 러시아 국적 취득을 전제로 정착허가를 받은 자
둘째로는 첫째의 부류 외에 본국으로 귀환함을 요하는 자
셋째는 일시적으로 러시아령으로 입국한 자

첫째 부류에 속하는 수는 1,845가구 9,000명으로, 이들은 러시아인이 되어 가구당 약 500평(15데샤타)의 토지를 부여 받았고 향후 20년간 지세를 면제 받도록 하였다. 두 번째의 경우는 2년간의 유예기간이 주어졌고 경작하던 토지는 몰수하도록 하였고, 세 번째의 부류에게는 조선정부 및 러시아 정부의 여권을 발급 받도록 하고 여권 발급에 따른 여권세를 징수하도록 하였다.[6)]

이러한 조치가 취해진 이후로도 이민수는 증가하여 1889년에는 수찬에 타우데미 마을이, 1890년에는 안드레프카에 조선인 촌락이, 1904년경에는

5) 해외교포문제연구소, 재소한인의 사적 고찰〈교포정책자료〉 13집, 동소간, 1972, P.57.
6) 대한민국 국사편찬위원회, 한국독립운동사, 권 2 자료편 참조.

연해주에만 32개의 조선인 거주지가 생겨났다. 1905년 34,399명의 조선인들이 연해주 지역에 거주해 있었는데 이 가운데 15,122명(남 7930 : 여 7192)만이 러시아 국적을 취득하였다.

1914년에는 1905년의 약 배가 되는 64,309명으로 늘어났으며 이 가운데 러시아 시민권 취득자는 20,109명이었다. 1917년에는 17만 명(비공식 집계로는 25만으로도 추정), 1920년대에는 매년 1만 명 이상이 두만강을 건넌 것으로 알려지고 있다. 그리하여 연해주지역의 조선인 수는 1923년에는 106,800명, 1926년에는 12만 3천명으로 늘어났고, 1936년 스탈린에 의해 중앙아시아로의 조선인 강제 이주가 있기 전 까지는 25만이 넘어섰다.

조선인 이주자들은 비록 자율적인 집촌부락을 형성하지 못하였으나 일단 모여 살게 되면 자치능력을 최대한 발휘하면서 자율적인 재판제도까지 실시하였다.[7] 이러한 사실은 1904년 연해주 일대의 한국인 실태를 관찰하였던 비숍여사에 의해 다음과 같이 밝혀지고 있다.

> These alien settlers practically enjoy autonomy. At the head of each district is an Elder or Headman with from one to three assistants according to its size. The police and their officers are korean. In each district there are two or three judges with their clerks, who try minor officers. The headman, who are responsible for order and the collection of taxes, are paid salaries, or receive various allowances. All these officials are Koreans, and are elected by the peoples themselves among themselves.[8]

---

7) Kim sung-hwa,Essays on the history of Soviet Koreans, Alma Ata, Nauka, 1965. 및 정태수편역, 소련한족사, 서울 대한교과서주식회사, 1989, PP.26~27.

8) Mrs. Bishop, Korea and Her Neighbour Vol 2, London, P.154. 및 高承濟, 韓國移民史研究, 章文閣, 1973, P.66.

이상과 같은 내용으로 보아 이주자들은 매우 훌륭한 자치제도를 운영하고 있었음 알 수 있다. 이러한 자치제가 가능하였던 것은 이민자들은 한결같이 민족의식을 가지고 불법행위자가 됨을 매우 수치스럽게 생각함으로써 범죄자가 거의 발생하지 않았기 때문이라 할 수 있다.

이주 황색인종의 범죄 발생건수를 살펴보면 1906년에 102건, 1907년에 121건, 1908년에 141건, 1909년에 164건이었는데 이 가운데 조선인의 범죄건수는 1906년에 7건, 1907년 2건, 1908년 3건, 1909년 6건으로 극소수에 불과하였다.

이후로 러시아내의 조선인 거주 분포는 확대되어 1922년 모스크바에 거주하는 수가 1천명이 넘었고, 1924년에는 타시켄트 지방으로 또는 카자흐공화국 등지로 옮겨 살게 되었다. 이렇듯 많은 이주자의 발생은 연해주 일대를 중심으로 무장 항일투쟁 근거지가 되었고 국권상실 이후 항일무장투쟁을 위한 무기 조달은 대부분 브라디보스도크에 있던 신한촌을 통해 이루어졌다.[9)]

신한촌이라는 촌락은 원래 브라디보스도크 중심지에 정착해 있던 초기 이주자들의 터전에 시베리아철도가 개통됨에 따라 러시아인들이 대거 이곳으로 몰려듦에 조선인 이주민들을 시내 외곽지대로 몰아내었다가 그 뒤로 도시가 팽창됨에 또다시 조선인 이주민들을 철거케 하여 시 외곽 멀리 산비탈로 내 몰았다. 하는 수 없이 이곳에 조선인들이 집단부락을 이루어 거주함으로써 불리어진 촌락명이 신한촌이다.[10)]

이곳에서 본국의 3 · 1운동 발발 소식에 접하자 그해 3월 17일 대대적인 만세시위운동을 벌였다. 이렇게 되어 일본군과의 대립상태에 있던 이곳 이주민들은 이듬해 볼쉐비키군대의 습격을 받은 일본주둔군이 전멸당하는 사

9) 한국일보, 1992년 11월 15일자, 〈발굴비사〉-한러관계 1세기 참조.
10) 高承濟, 한국이민사, 장문각, 1973, P.70.

건이 일어났는데 이에 대한 보복조치로 조선인 이민들마저 모조리 참살하는가 하면 공공건물과 가옥을 닥치는 대로 불사르는 만행을 저질렀다. 이 사건이 신한촌 4월참변이다.

이후로도 일본 측은 러시아 측에게 항일세력들에 대한 분열 · 약화에 협조해 줄 것을 요구함에, 당시의 연해주정부측은 조선인의 반일선동 또는 무장세력화에 반대하면서 반입된 무기를 압수하고 국경지대에 카자후인들을 배치하는 조처를 취하면서 조선인 이주민들에 대한 차별정책을 시행하였다.[11]

특히 러시아 당국은 국경지대에 조선인 이주민이 증가하는데 대해 우려와 경계를 표하면서 국경지대에 거주하는 조선인들을 러시아 내륙지대로 이주시키는 법령을 제정케 하는 등 연해주 지역의 조선인 거주자들을 내륙으로 강제이주정책을 펴기까지 하였던 것이다.[12] 이러한 지연성을 갖고 있는 시베리아 일원 가운데 어이없게도 분명한 우리의 영토인 녹둔도 땅이 연해주로 육속(陸續)되었는데 이에 따른 사후관리를 제대로 못함으로 인해 민족전래의 고유영토를 상실당하고 말았다. 그러나 이유야 어떻든 이 땅은 명명백백하게 우리의 역사적 권원(權原)을 주장할 수 있는 곳이다.

2. 녹둔도는 어떤 곳이었나

녹둔도는 유사 이래 우리 한민족의 흥망성쇠를 함께 해 온 유서 깊은 민족고유의 영토로써 민족지연성이 짙은 연해주, 만주일대와 연계되어 있고 해양으로는 동해와 잇닿는 요충지로 지정학적으로나 인문지리상으로 매우 중

11) 海外僑胞問題硏究所, 在蘇韓人의 史的考察〈僑胞政策資料〉 一三輯, 同所刊, 1972, P.57.
12) Robert A.Scalpino and Lee Chong-Sik, The Origins of Korean Communist Movement 1918-1948, Priceton Press, 1967. 참조.

요한 지역이다.

따라서 대륙에서 대양으로 뻗어 나가려는 세력과 해양에서 대륙으로 발돋움하려는 세력들은 이 지역을 의식하지 않을 수 없는 위치이다. 특히 조선왕조가 북방의 변경관리를 해 오는 가운데 크게 관심을 두고 경략해 온 섬 중의 하나가 바로 이 섬이었다. 이를 반증하는 사례로 『조선왕조실록』과 이 시대에 편찬된 여러 지지(地誌)들을 들 수 있는데 그 어떤 변경지대의 도서(島嶼)에 비해 녹둔도 만큼 빈번하게 그리고 상세하게 언급되어 온 섬은 없다.[13)]

이러한 녹둔도가 오랜 세월에 걸쳐 두만강 상류로부터 홍수가 범람케 될 때마다 하류 쪽으로 퇴적물이 밀려들고 강 연안의 뚝들이 깎여 나가면서 유로가 변경되는 가운데, 섬 한편의 바닥이 점차 얕아져 연해주 쪽으로 육속되었다. 이러한 가운데 1860년 북경조약이 체결된 당시에는 완전히 내륙에 접속되어 있어 이 같은 지형적 변화 사실을 모른 채 청 · 러간의 국경비 설치 작업관들은 우리의 고유영토이던 녹둔도를 연해주 일부로 간주하고 말았던 것이다. 이 같은 사실을 뒤늦게 안 조선정부는 이의 반환노력을 시도했으나 연해주 일대를 확보하는데 혈안이 된 러시아로서는 이 섬이 지정학적으로 매우 중요한 곳임을 간파하고, 곧바로 요새화에 착수함으로써 조선정부의 반환요청에는 좀처럼 반응을 보이지 않았다.

러시아의 속셈을 뒤늦게 간파한 청 또한 자신들의 잘못으로 조선의 땅 녹둔도 까지 러시아에 빼앗겼으나 적극적인 회복책을 강구하기에는 역부족이었다. 반면에 러시아의 동진정책을 견제하려던 제3국인 영국과 일본 등이 촉각을 곤두세워 조선이 러시아와 밀약하고 이 땅을 내어 주었다는 오해를 하는 가운데 이 일대를 중심으로 치열한 첩보전을 벌이면서 국제적인 관심을 불러일으키기도 하였다. 요컨대 이 같은 녹둔도에 대해 우리나라가 러시

13) 朝鮮王朝實錄에만 12회나 등장하고 있으며 朝鮮朝後期의 古地圖 및 當該地域 및 여러 鄕土誌에 빠짐없이 기록되어 있다.

아와 수교를 한 현재에 응당 지난날 잘못 귀속된 우리의 땅 녹둔도의 반환 요청을 함은 주권국가로서 마땅히 취해야 할 조처라 본다.

3. 조 · 러 국경선 형성 배경과 녹둔도 문제

전형적인 구라파 대륙국이던 러시아가 동방으로 그 세력을 펼쳐 오면서 자연히 청과의 영토분쟁을 일으키게 되었는데 이로 인해 연해주 일원과 녹둔도가 어이없게 러시아에게 빼앗기게 되었다. 러시아군이 시베리아를 거쳐 태평양연안에 까지 진출할 수 있는 첫 관통로인 아무르강 유역에 까지 나타난 것은 1600년대 중반 경이었다. 이러한 러시아의 진격에 청은 1654년 쑹가리하에서 러시아의 스테파노프 군단을 맞아 접전을 벌였다. 이 시기 우리나라 효종은 나선정벌이라는 명명하에 신유(申瀏)장군을 지휘관으로 하여 이 전투에 참가케 하였다.[14]

역사는 매우 아이러니컬하게도 효종은 지난날 청이 감행한 병자호란시의 치욕을 씻기 위해 오매불망 군비를 가다듬어 왔음에도 불구하고 청을 위해 파병하는 역설적인 입장에 서게 되었다. 물론 이 전투에서 신유장군이 이끄는 우리나라 원병과 청병은 승전을 하였다. 그러나 그 후로도 러시아군은 승복을 하지 않고 계속해서 흑룡강 상류로 진격해 옴에 청은 알바진(Albazin) 성곽쪽으로 재침입해 오는 러시아군과 공방전을 벌인 끝에 1689년(숙종 15년) 9월 7일 청 · 러간에 네르친스크조약을 체결, 양국간의 경계를 획정하였다.[15]

조약은 전문 7개조에 한, 만, 아, 몽, 나전어 등 5개 국어로 된 경계표를 아무르강 남안의 아르큰하에, 북안은 게르페지하를 경계로 하고 이 가운데 가

14) 申瀏, 北征日記 影印本, 韓國精神文化硏究院, 1979 참조.
15) 增田忠雄, 滿洲國境問題, 中央公論社, 1927, PP.73~74.

장 양측의 접촉이 빈번한 교통로는 계선형(界線形)으로 국경선을 정하고 인적이 드믄 동부국경지역은 막연히 외흥안령산맥을 경계로 한다고만 하였다.

그러나 이러한 외흥안령산맥 지역의 국경지대도 자연히 양측의 마찰을 빚게 되어 이 문제를 해결하기 위해 캬프타조약을 맺고 통상로를 세렌가하의 우안 지류인 캬프타하반의 러시아 감시초소와 청측 국경초소인 오르고이르 산상에서 내려다보이는 평지를 양분하였다.

캬프타조약은 청 · 러간의 통상이 확대됨과 동시에 청국에 대한 서방제국들의 관심을 고조시키는 계기가 되었고, 러시아는 청측의 약점을 교묘히 이용해 자국의 영토팽창야욕을 지속시켜 나갔다. 이 시기 러시아의 니콜라이 1세는 동부시베리아 총독으로 무라비브(Muraviev)를 임명하고 흑룡강 좌안(左岸) 각지에 요새를 구축하여 이 지역을 장악하고 연해주정부를 설치, 흑룡강 연안으로 부터 캄챠카 반도를 관할케 하였다. 이 당시 청은 태평천국의 난으로 인해 내정이 혼미한 가운데 러시아의 이 같은 영토팽창정책을 저지할 수 없는 상태이기는 하나 이를 승인하지는 않았다. 그런데 애로호(Arrow)사건으로 인해 영국과 프랑스가 청과 조약을 맺고 외교사절을 파견한다고 할 즈음, 러시아도 이에 질세라 또다시 아이훈조약(愛暉條約)을 체결하였다. 아이훈조약이란 1858년(철종 9년) 4월 16일 아이훈하(河)로 부터 흑룡강에 이르는 좌안을 러시아령으로 하고, 그 우안 우수리강에 이르기 까지를 청령으로 하는 전문 5개조의 조약문이다.

아이훈 조약으로 러시아는 흑룡강 유역을 경략하게 되었고 우수리강 이동 하안지역 일대는 청 · 러 공동관리지역으로 두었다. 그러다가 2년 후 영불연합군이 천진(天津)으로 침입, 계속해 북경으로 진격해 들어감에 청국정부는 열하(熱河)로 피신하는 등, 청조의 운명이 그야말로 풍전등화 상태에 놓여 있음을 기화로 당시 러시아의 북경주재 이그나티프 공사는 영불 연합군 측과 청의 화의를 주선하고 그 대가로 1860년(철종 11년) 11월 14일 북경조약을 체결하였다.

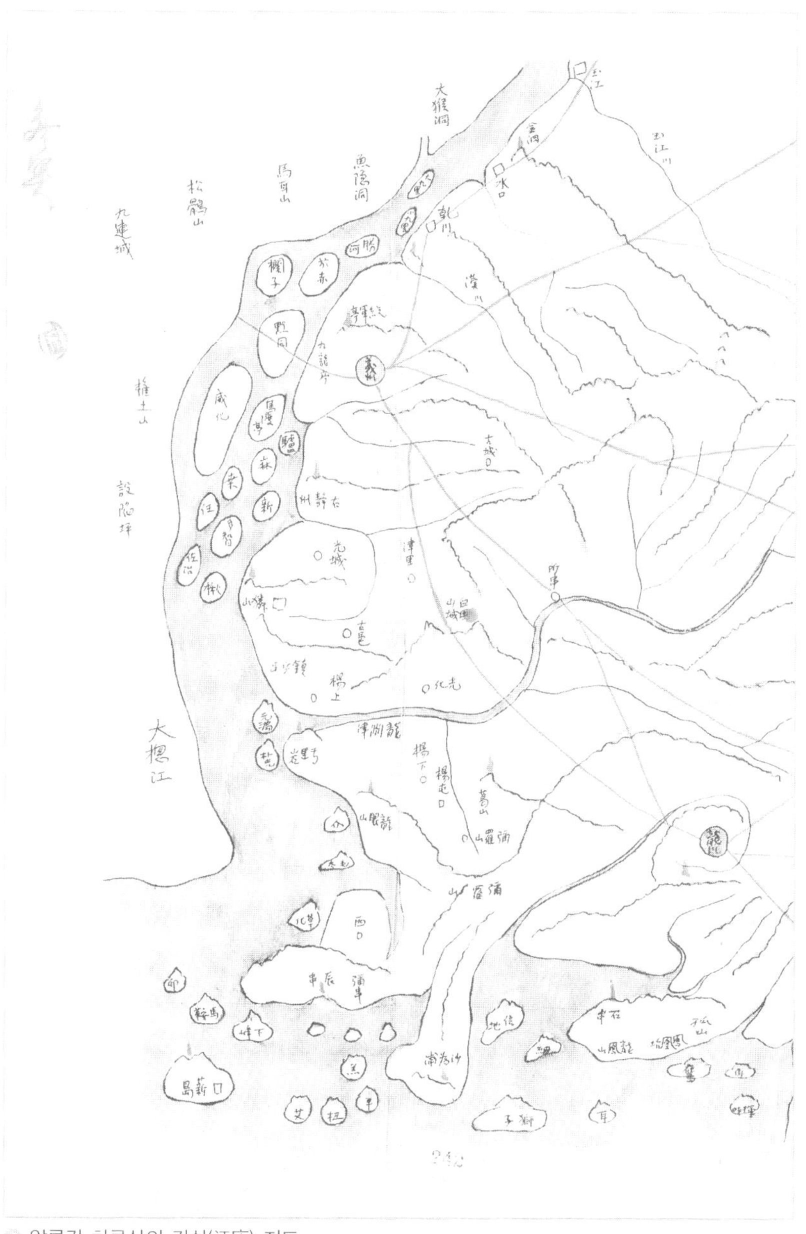

압록강 하류상의 강상(江床) 지도

두만강 건너편 700여리 지점에 國境碑가 있었던 先春嶺 寧古塔지역과 두만강 하류 鹿屯島까지 포함된 동국여지도이다.

전문 15개조의 북경조약을 체결한 러시아는 아이훈 조약 제2조에서 청·러공동관리지역으로 두었던 흑룡강 남쪽 우수리 강동 연해주 지방을 기어코 러시아령으로 확정시켰다.

즉 우수리강과 송화강을 거쳐 흥개호를 지나 백능천하구(白稜川河口)에서 남동으로 향하는 뽀구라치나야, 훈춘천, 하원산령을 넘어 두만강 강구에 달하는 국경선을 설정하였다. 이 결과 우리나라는 역사상 최초로 러시아와의 국경을 접하게 되고 상류로부터 흘러 내려온 토사(土砂)로 인해 연해주에 육속되었던 녹둔도는 우리의 의사와는 상관없이 노령화되고 말았다. 북경조약의 체결로 연해주 공동관리지역을 러시아령화 하여 러시아의 동방진출 목적은 달성되었으나 청과의 세부적인 국경선을 획정하여야 해야 할 대상지역은 이전보다 훨씬 광범위하고 복잡해졌다.

이에 이듬해인 1861년 6월 28일 흥개호에서 청과 러시아는 약 2주간에 걸친 국경회담을 열고 북경조약 추가조관(追加條款) 및 정계도(定界圖), 국경설명서에 조인을 마쳤다. 이 당시 약정된 정계도에는 우수리, 흑룡강, 양강 3각주에서 분류하는 송하찰강(松河察江-우수리강 지류)을 따라 흥개호 호수면을 가로 질러 호안 소읍인 Turii Tog 바로 북쪽에 있는 베레해강(흥개호로 흘러드는 강임)을 좇아 서진하다가, 남으로 돌아 오늘날 우수리스크에서 서쪽으로 향하는 국경역(國境驛)인 나지나야역 삼함구(三含溝)를 거쳐 두만강 하류 경흥도호부(慶興都護府) 관하의 무이보(撫夷堡) 대안(對岸)에 다달았다.

흥개호계약에 따라 우수리강 합류점에서 두만강구에 이르는 교계에는 도상에 붉은 선으로 표하고, 8개처에 목패(木牌)를 세우도록 하였다. 이 경계표지 작업은 3개월간에 걸쳐 이루어졌는데 경계표작업은 철종 12년(1861년) 9월 5일(음력 8월 1일)에 두만강 대안에 토자비를 세움으로서 끝났다. 이렇게 설정된 한로국경선은 당사국인 우리나라에는 사전은 물론 사후에도 일체의 공식 통고 없이 이루어졌다.

이 역사적 순간을 경흥부 무이보 망덕산 봉수대에서 김대흥(金大興)이 목격, 경흥부사 이석영(李錫永)에게 보고함에 부사가 강가로 나아가 필답을 통해 전후사정을 알게 되었다. 부사는 그들의 갖고 있는 국경조약 관련 문건을 필사하여 북병사 윤수봉(尹守鳳)에게 보고함으로써 그 내용이 조정에 알려지게 되었다.

보고문은 당시 한 · 러 국경설정의 실상을 생생하게 전해주는 유일한 희귀의 자료가 되고 있는데, 이제 내용을 우리말로 풀이해 보면 다음과 같다.

> 북병사 윤수봉(北兵使 尹守鳳)이 장계를 올리기를, 7월 30일(음력) 망덕봉화대(望德 烽火臺)의 봉화수(烽火手) 김대흥(金大興)이 달려와서 '강 건너 수풀 우거진 곳에 오랑캐들이 말을 타고 와서 막을 치고 있다.' 고 함에, 경흥부 관아 바로 뒷산에 있는 망덕봉 봉우리로 여러 관속들과 함께 올라가 자세히 살펴본바, 과연 버드나무 숲 사이의 모래 언덕 위에다가 이쪽을 향해 흰 천막을 치고 있었습니다. 출입하는 자를 살펴본 바 그 수가 십여 명쯤 되는데 저들의 복장 색깔은 희거나, 붉고, 검은색 등 다양했습니다. 그 가운데 한두 명은 강변으로 나와 옷을 벗고 목욕을 하였습니다. 목욕을 한 다음 다시 옷을 입을 때 부사와 여타 관속들이 함께 좀 더 자세히 살펴보니 그 생김새, 복색 등이 중국사람 같지 않았습니다.
>
> 복색으로 말하면 지난 5월 조산진(造山鎭 : 우리나라 최북방 전초기지이었음)에 나타났던 이양선(異樣船)의 뱃놈들과 매우 흡사하였습니다. 이들이 타고 온 말들은 백마를 비롯하여 흑마, 황마 등인데 수풀속이라 자세히 볼 수 없지만 아마도 10여 마리는 되는 듯 했습니다. 중국인이 저들 땅에 왕래하는 것은 별로 이상할 바 없어 보고드릴 필요조차 없는 일이오나 뭇사람이 온종일 지켜보았으나 도무지 중국인 같지가 않고 역시 전자에 이양선으로 왔던 자들과 확실히 닮아 보였습니다. 이러한 이양선 뱃사람들이 말을 타고 있으니 어찌 의혹이 없을 수 있겠습니까? 진시(오

전 7시-9시)에 와서 온종일 머물다가 이곳에서 잠을 자니 더욱 의심스럽기 이를 데 없습니다. 무엇보다 저들이 어느 곳으로 상륙했는지 알 수가 없으며, 질편한 벌을 이리 저리 멋대로 왕래하니 지극히 수상쩍기 이를 데 없었습니다. 나라의 변방을 지키는 소임을 맡은 본인으로서는 그냥 지나칠 수 없어 이에 사실대로 보고하는 바 입니다.

그들을 조사할 여유도 없고 또 강 건너 저쪽 땅에 있기 때문에 배도 없어 문정(問情)하기가 쉽지 않으므로 여러 관속들에게 엄히 일러 계속 동정을 살피도록 하였습니다. 다음날(8월 2일) 또 다시 지방 관속을 거느리고 뒷산에 올라 강 저편 풀숲을 바라보니 말 탄 자들이 천막이 있는 곳에 와서 안장을 내리고 말을 풀어주고 있는데 그 수가 15, 6명가량 되고, 말은 20여필이 되었습니다. 새로 온 자들은 어제 유숙한 자들과 인사를 나눈 다음 그 중 5명이 강가로 와서 "통사는 있는가?"라고 외쳐 댔습니다. 이곳 두만강물은 이편에서 저편까지의 강폭은 활을 쏘면 화살이 날아가 닿을 정도의 거리이어서 상대편의 모양이나 말소리를 족히 구분할 수 있습니다.

이들의 생김새나 말소리로 봐서 어제 보던 자들이 아니고 저편 땅 중국인 같아 보였습니다. "이곳에 통사는 없소!"라고 답한 즉 그 중 한자가 백지를 들어 내 보이면서, "나는 훈춘 사람이니 걱정하지 마시오"라고 했습니다. 배가 없어 강을 건널 수 도 없고, 또 국법상 국경을 함부로 넘나들 수 없은즉 불러들이지도 못하고 대답을 하지 않고 있었더니 몇 시간 족히 지난 후 나무를 엮어 뗏목을 만들어, 한 자가 우리 쪽으로 건너 왔습니다. 부사 본인은 곧 강가로 달려가서 장졸을 시켜 상륙을 못하게 한 즉 그 자가 백지 한 장을 내 보였습니다. 부득이 펼쳐본즉 아라사와 정계(定界)하는 글이었습니다. 본부에는 원래 통사가 없으므로 필담(筆談)으로 묻기를 "이 글을 우리 조선인에게 보이는 것은 무슨 까닭이오?" 한 즉 그자 역시 필담으로 "당신 나라와는 아무런 상관이 없소."라고 하고는 다시 말하기를 "일후에 다른 나라사람들이 두만강을 올라오면 못 오게 하시오! 그래서 이 글 쪽지를 지방관에게 보이는 것이오."라고 하였습니다.

또 제가 묻기를 "천막을 치고 있는 자들은 도대체 어느 나라 사람들이오?" 한 즉 그자가 답하기를 "아라사국 사람들"이라 했습니다. 또 묻기를 내가 이 글을 읽어 보니 "이번 행차(行次)는 정계 때문에 온 것 같은데" 한 즉 그자가 답서하기를 "타국사람들을 강으로 올라오지 못하게 하시오! 또한 그들을 조선 땅에 근접 못하도록 하시오!"라고 하기에. 제가 묻기를 "그대는 무슨 벼슬에 있소?" 한 즉 나는 "훈춘의 효기교(曉驥鼓) 백(伯)이며 또 한사람은 영고탑 효기교 영(永)이오"라고 했습니다.

이에 "정계비는 어디에다 세우는가?"를 물은 즉 "바닷가에 세운다."고 함에 그러면 "무엇 때문에 이곳까지 왔소?" 하니 "아라사인들이 길을 잘 몰라서 이곳까지 온 것이라고"하였습니다. 그렇다면 "어제 와서 오늘도 안돌아가니 무슨 까닭이오?" 하니 "오늘 돌아간다."고 하였습니다. 또 묻기를 "당신은 어젯밤 어디에서 머물렀기에 이제야 뒤늦게 왔소? 우리들은 저들의 뒤를 따라 온 것이오. 오늘은 저 사람들하고 같이 가오" 하였다. "어디로 가지요?" " 바다섬(海島)으로 가오" "지금 훈춘에서 온 인마는 얼마나 되오?" 그리고 그 밖에 "러시아 사람들의 인마는 역시 얼마나 되오?" 한 즉 그자가 말하기를 "훈춘에서 온 사람은 16명에 말 21필, 아라사인 13명 말 10필이라" 하였습니다. 또 묻기를 "그대 이름은 뉘시오?" 한 즉 똑똑하게 백홍(白興)이라고 썼습니다. 다시 한 번 이 자의 복장을 살펴본 즉 머리에는 올라(兀羅)를 썼는데 위에 옥로(玉鷺-해오라기 털)와 표피(皮-담비꼬리)를 달았고, 윗옷은 검은색 휘리를 입고 아래는 검은 석새 발장을, 발에는 우피로 된 월옥을 신었습니다. 허리에도 장도 1자루 담뱃대 하나 부싯돌 등을 차고 있는데 역시 중국 사람이 분명합니다.

아라사인들이 서로 떠들썩하기에 우리들 중에서 해마다 개시(開市)에

다니는 자에게 물었더니, 이 자가 바로 휘춘위 부통관이랍니다. 기미(1859), 경신(1860년) 두해에 회령과 경원 두 개시에 다녀간 적이 있다는 것입니다. 이에 되말(胡語)을 약간 아는 자를 통해 "이국선이 어디에 정박하고 있는가?"라고 물은 즉 그자가 말하기를 "동해변에 정박하고 있다."라고 합니다. 또 묻기를 "배 안에 어떻게 마필을 실을 수 있소?" 한 즉 그자는 그 "배에는 마필을 태워 싣고 다닐 수 있소. 저들은 배에서 내려 말을 타고 온 것이오."합니다.

이러는 동안 강 저편의 한패들이 부르므로 그자는 문서를 도로 집어넣고 강을 건너가려고 하므로 조금 더 지체해달라고 간청하고 그 서류(俄羅斯國分界之書)를 베꼈습니다. 그 종이를 자세히 본 즉 당초지이며 종이의 너비 길이와 글자의 크고 작기를 그대로 본떠서 위에 올리는 바입니다.

1861年 7月 30日字(陰) 慶興府使 李錫永의 牒呈報告(原文)

北兵尹守鳳啓七月三十日成貼慶興府使李錫永牒呈望德烽燧金大興馳告內江越邊草林之中騎馬胡人來到下馬設其依幕云盖此望德烽燧卽府衙之後故率各班諸人而等峰頭許察則柳林間沙丘之上向我地設立白色依幕出入者似不過數人而服色段或白或黑或赤其中一二人出江邊脫衣服入水沐浴後還着服巾之際府使與衆人同時詳察其人形服色則非類於大國人肖似於今年五月日造山鎭來泊異樣小船厥騎之人服色者馬匠段或黃者出沒於深林之間故未能詳細似不過十餘匹彼地彼人往來容或無怪事不當牒報而衆目厥睹小無淸人之形似是異樣船人矣異樣船之人騎馬來到不無疑貳之理辰時來到終日逗韻仍爲止宿於者極涉雅惑又況未知下陸於何處而平蕪草沒若是忽來者沸極殊常其在重邊固圉之道不可尋常看過故慈　以 牒報而當問情之不暇而旣在彼地且無舟楫猝難

探情故別加加嚴飭瞭察春守初二日成貼同府使馭報又率各班諸人等而等後峴望見彼地則深草之中騎馬之人己到依幕處解鞍放馬者人爲十五六名馬爲二十餘匹而新來者與昨日留宿之人互有拜揖之狀有傾五人出江邊高辭呼曰通辭有守今此江水自我邊至彼邊不過一惟之間而可辨人形人語故聽其言觀其象則非若作所覩之人也 應是彼地大國之人以此處初無通答辭之則其中一人持白紙出視曰我是揮春之人勿慮也慾渡旣無舟楫之通目無越境之法意則不可招來故不爲應答者恰爲數三時則渠輩聚柴作 而一人來 來泊我邊故府使下往江邊飭其將卒等使不得等屹出給一張白紙故不得己披見則其爲書意與俄羅斯國分界之書也 本府旣無通辭故以書問曰此書見我國之人有何意也 彼人碁書曰與國無事且日日後他國人順江上行不許行此書見地方官次書問設幕在人果何國人耶彼人答書曰俄羅斯國人次書問觀其此書今番之行以定界而來耶彼人答書曰不許他人行走不許他國人近界書問汝是汝國何官耶彼人答書 曰我是揮春驍騎校永次書問界牌則欲立於何邊耶彼答書曰立海邊次書問然來此何意耶彼人答書曰他國人不知路來此次書問然則他國人昨日來此而今日不去何也彼人答書曰今日回居次書問汝去夜宿於何處而今 追後來耶彼人答書曰我們從後遷來次書問今來揮春人馬畿許俄羅斯國人馬畿許彼人答書曰揮春人十六名馬二十一匹外國人十三名馬十四次書問汝姓名誰彼人答書而郎伯與是如歷歷書之祥察來人之服色則頭着彝免羅而上懸玉鷺及貂尾上着黑三升揮里下着黑三升拔長服足着牛皮月玉腰帶粧刀一箇一箇火金等屬果爲大國人我人非互相宣傳故 人中抄問開始年年往來之人則答以爲此人郎揮春副統官也 己未庚申兩年會源開市邑內到者分明云云故其中以略知胡語者使之委問異國船之泊於何處則彼人答云泊於東海邊又使委問異國船中安有匹馬之理則彼人答云異國船中果在馬匹而下陸乘來云云於斯之問因其江越邊渠類之厥招還收來書欲爲越去故懇請暫留謄出厥書而詳察其紙則此果唐草紙紙之廣長及字樣大小模依移本上送

이상이 우리나라 한 · 러 국경설정에 따른 배경과 현지 보고 내용이다.[16)]

4. 역사적으로 본 녹둔도의 경략과 관리

1) 녹둔도의 경략과 관리

역사상 녹둔도에 관한 기록이 문헌에 최초로 나타나기는 『세종실록지리지』이다. 여기에 '공주(公州)를 거쳐 동류해 25리에 이르면 사차마도에 도달하고 여기서 강물이 나누어져 5리쯤에서 바다로 들어간다.'라고 하고 있다.

세조 원년(1455년) 8월에는 이전까지 사차마도(沙次槻島), 사마도(沙槻島), 사침마도(沙諶槻島), 사차마도(沙次麻島)라 하던 것이 녹둔도(鹿屯島) 또는 녹도(鹿島)로 명명되었다. 그리고 세조는 함길도 도절제사인 양정(楊汀)과 도사 강효문(康孝文)에게 조산구자(造山口子) 녹둔도 농민이 들에서 일할 때 야인들이 배를 타고 침입, 약탈할 것이 우려되므로 진장과 만호들에게 엄중히 방비하라는 밀유를 내렸는데, 여기에서 조산구자라 함은 녹둔도와 조산포와의 지리적 근접성을 말해 주는 것이다. 그리고 녹둔도에 상당한 경작지가 있었음과 아울러 국왕이 직접 이 섬의 방비에 대해 지대한 관심을 기울이고 있음을 알 수 있다.

이러한 녹둔도의 지명 및 위치에 대해 『경흥도호부지』도 『세종실록지리지』와 마찬가지로 '두만강물이 공주(孔州)를 거쳐 동쪽으로 흘러 23리가량 다다르면 사차침도(沙次침島)에 도달하는데 여기에서 강물이 갈라져 5리쯤 흘러가다 동해바다로 들어간다' 라고 하고 있다. 또한 경흥의 옛 지명이 공주(孔州), 광성(匡城)이며 사차마도가 녹둔도라 하고 있다.

16) 朴泰根, 1860년 北京條約과 韓 · 露國境의 成立, 영토문제연구, 창간호(1983), PP.61~64.

『동국여지승람』 경흥도호부 관방조(關防條)에 녹둔도는 육진개척이래 변방의 전초기지이었음을 다음과 같이 기술하고 있다.

> "경흥관하의 무이보와 조산보에 관방소가 있고, 무이보는 경흥부에서 북으로 26리 지점에, 조산포영은 경흥부에서 동쪽으로 35리이고, 수군만호 1인을 두고 있다. 녹둔도는 조산보와 10여리로 조산만호 소할이었고 본포(本浦)수군이 세종조에는 90명이 방수하고 있었다. 이밖에 경흥부 56리 지점에 토성이 있는데 둘레가 1247척, 높이 6척으로 두만강에서 동해 바다로 들어가는 조산포(造山浦)와는 20리 지점인데 병선을 두고 있었다. 이곳은 조산만호 소관으로 여름이면 조산포의 수군이 이곳을 방비하였다."

라고 기술하고 있다.

조선조 성종 17년(1486) 2월에는 영안도(永安道 : 함경도를 말함)경차관으로 다녀온 홍문관 전한(弘文館 典翰)인 정성근(鄭誠謹)이 녹둔도에 대해 보고하는 가운데 조산군민들이 봄에 녹둔도에 들어가서 경작하고 가을에 추수를 마치고 본보로 돌아오는바 내왕할 때 반드시 삿대를 저어 배를 움직이는데(이러한 배를 주즙(舟楫)이라 함)농민들이 몹시 괴로워하며 군민 모두가 유거방술(留居防戍)하기를 바라고 있다고 하였다.[17)]

그러나 섬의 토질이 차지지 않아 흙벽을 바를 경우 모래와 풀을 섞어서 쓰고 있어 비바람이 한번 스쳐 가면 곧 무너져 남는 것이 없으며 만일 적이 쳐들어오면 무엇으로 막아낼 것이며 큰물이 밀어 닥치면 섬 전체가 침몰할 듯하니 농민들이 여기에 상주 하는 것 또한 두려워하고 있다고 하여 이러지도 저러지도 못하는 딱한 실정을 아뢰고 있다.

17) 成宗實錄, 成宗17年 2月 戊戌條, 造山軍民等禪於出入慾留戍鹿屯島 然野出沒無時 且遇沒不可居.

중종 5년(1510년) 3월 경신조에 좌의정 유순정(柳順汀)은 녹둔도에 적의 침로는 물이 깊고 왕래하기는 어려우나 우리 백성들의 경작로는 물길이 얕아 다니기 쉬우니 조산만호로 하여금 설보하도록 하자고 하였다.[18)]

중종 9년(1514년) 10월 임인조에 지중추부사 안윤덕(安潤德)이 비변대책을 임금께 올리는 말미 가운데 녹둔도 방비에 관한 항목이 들어 있으며, 동왕 37년(1542년) 5월 기사 가운데는 봄철 농사를 지을 때면 조산보의 군민이 녹둔도로 들어감으로 본보(本堡)가 빌 정도라고 하고 있다.[19)]

이후 선조 때 정언신(鄭彦信)은 녹둔도에 둔전을 설치하자고 하였고, 백두산정계비 건립시 접반사 직무를 수행하고 병조참판을 지낸 박권(朴權)도 그의 『북로기략(北路紀略)』『경흥부 녹둔도조』에 "경원에 야인의 소란이 있은 후 군량미 저축이 긴요해 녹둔도에 둔전을 설치, 부사로 하여금 경작에 힘쓰나 경작력이 점점 떨어져 어렵다"[20)]라는 말을 하고 있다.

선조 17년 정월 녹둔도에 둔전을 두었으나 북방지사(北方之事)라 어렵다고 하였고, 동왕 19년에는 조정에서 선전관을 파견하고, 둔전관을 두어 설책하였고, 농기구와 농우를 들여보내 농 · 군이 경작에 힘쓰도록 하였다. 이후로도 녹둔도 둔전문제 부활에 대해 조정의 논의가 분분했으나 계속 반대에 부딪혔다.

실례로 선조 21년 함경감사 권징(權徵)은 임금을 알현하고 진언하기를 "북도에는 일식(一息-경작의 단위를 말함) 또는 이식(二息)의 공한지가 많이 있는데 하필이면 녹둔도에 둔전을 두려 하는지요."라고 하면서 공한지를 개간, 둔전을 두어 2천 여석을 거둘 땅이 있으니 녹둔도에 둔전 설치는 불필요하다는 반대의견을 내 놓았다.[21)]

---

18) 中宗實錄, 中宗5年 3月 庚辰條, 賊路水深往來難險我國人往耕之路水淺易行使造山萬戸設堡防戍地.

19) 中宗實錄, 中宗37年 5月 申丑條, 當春農作時 率其軍民 空其本堡.

20 朴權, 北路紀略, 利 其四, 邊胡 慶興府條,..慶源賊變後慾儲軍糧設屯田鹿屯島使府使元豪開墾然本府力薄取耕甚小.

21) 宣祖實錄, 宣祖17年正月條....有司措解弛 今年屯田亦難其北方之事.

이처럼 육진개척이래 녹둔도 경략 관리는 지속되었음은 물론 세조이후로 경작과 변방방어기지화 되어 왔음을 알 수 있다.

2) 녹둔도의 지리적 상황

녹둔도는 조선조 후기에 제작된 고지도에 예외 없이 나타나고 있어 그 위치나 규모에 대한 개략적인 윤곽은 쉽사리 파악할 수 있다. 그러나 이들 지도들이 현대지도와 같이 정밀도는 결여하고 있다 하더라도 민족 고유의 영토의식을 뚜렷이 보여주고 있다.

이 섬은 지리적으로 두만강 물줄기가 최하류로 흘러들러 바다에 들어가는 입구에 위치해 있음으로서 홍수로 인해 강물이 범람하게 되면 자연히 상류의 토사가 섬 주변으로 밀려들어 퇴적되면서 수심이 점차 얕아졌다.

정조 때 우리나라 북방 변경지대에 남다른 관심을 기울이고 있던 이계 홍량호(洪良浩)가 경흥부사로 있을 때 그가 작성한 『관북제읍녹강식목계(關北諸邑錄江植木啓)』가 있는데, 북변방어책으로 부족한 병력으로 진보를 지켜나가기 어려우니 그 방편으로 두만강변에 식수를 하고 또한 수해에 대비토록 건의할 정도로 변경방어 상의 어려움과 홍수로 인한 자연재해가 끊이지 않고 있던 지역이다.

이계가 주장한 식류(植柳)의 이점으로 폐강역(弊疆域), 어치돌(御馳突), 방치책(防齒策), 자신유(資薪楢), 장풍기(障風氣)라는 5개항인데, 특히 두만강변이 급한 물살로 강 연안이 깎이고 돌출하는 곳이 생기는 등 홍수가 날 때마다 강변의 침식현상이 일어나 강 연안 일대가 수세충결(水勢衝決)로 변화가 심해지고 한쪽 땅 모퉁이가 잘려 나가는 등 국토의 감축을 가져오니 이를 방지해야 한다는 것이었다. 말하자면 자연재해로 인한 국토의 감축과 외적의 침입에 따른 국토의 유린 등 변경지대의 재란을 매우 우려해 이 방책을 제시했던 것이다. 그의 우려는 금기이입피지(今己移入彼地)라는 표현을 빌려 오늘의 이 땅이 내일 피안의 땅이 되면서 강 하류로 퇴적층이 심화돼

가고 있음을 언급하고 있어[22] 이미 녹둔도의 운명을 예언이나 한듯한 감을 갖게 한다.

녹둔도의 연륙(連陸)시기에 대해 일본외교문서 가운데 수록되어 있는 1890년대의 『녹둔도관계잡철』속에 당시 부산에 주재하고 있던 일본영사 다찌다(立田革)가 우리디보스도크를 순회 중 경흥감리 김우현(金禹鉉)과의 대화중 김우현이 말하기를 "수십 년 전 강류가 변해 섬 서방으로 흘러 동쪽은 거의 수류가 없어짐에 따라 녹둔도는 연해주에 육속되었다."라고 하고, 이밖에 일본 양속함(良速艦)에 승선, 이 지역을 정찰 한 가와가미는 "20~30년 전부터 강물이 서쪽으로 흘러 현재는 조선 연안 쪽으로 강류가 나 있고 동쪽으로는 노령과 연접되어 노령화되었다."고 하고 있다.[23]

5. 녹둔도관계 외교문서상의 수록 내용

일본외교사료관에 소장되어 있는 『녹둔도관계잡철』은 녹둔도를 연구하는데 매우 중요한 자료가 되고 있다. 이 문서철은 3개의 대 항목으로 나누어져 있다.

첫째, 朝鮮政府 鹿屯島 淸國 讓與ノ 風說
둘째, 鹿屯島開港ニ關シ 久水領事代理 咸鏡道巡廻 一件
셋째, 鹿屯島オ 露國ガ占領ニ 關スル 件

우선 첫 항에는 3건의 기밀보고서라 하여 녹둔도의 청국정부 양여의 풍설에 대한 진상조사를 한 보고내용이다.

22) 洪良浩, 耳溪集 卷21, 目疎此.
23) 日本外務省, 鹿屯島關係雜綴(自明治19年11月 至明治23年9月) 機密第十五號 川上書記生浪速艦乘組巡廻中見聞報告件 中(明治23年8月15日) 金禹鉉 證言 참조.

둘째 항에는 ガシユゲウイシチ」開港一件 關係, 久水領事代理 邊境巡廻一件이라 하여 1886년 10월 26일부터 1887년 7월 16일 까지 약 10개월간에 걸쳐 녹둔도 주변지역 순항보고서로써, 우리나라 동북변경의 국경도시인 경흥, 경원, 회령 등지의 실상에 대한 정탐사항 등이 포함된 11건의 보고서가 들어 있다. 녹둔도의 정황을 살피기 위해 인근의 경흥부의 지세, 부내의 호수, 민가에의 러시아인 왕래사정, 부내의 행정 및 치안실정, 과거 육진의 정황, 두만강의 수계, 경흥감리와 러시아 관리간의 접촉상황 등 다방면에 걸친 내용들이 기록되어 있다.

셋째 항에는 녹둔도 露國デ 占領ニ 關スル件 등 10여건의 문서와 별첨 부속지도가 들어 있어 녹둔도에 대한 지리적 연구에 매우 의미 있는 자료가 되고 있다.

이상과 같은 내용들을 좀 더 이해의 편리의 도모하기 위해 도표화 해보면 별표와 같다.

〔일본외교문서에 나타난 녹둔도 관련 발췌사항 요약표〕

연월일	문서번호	보고자	가구	인구	거리	면적	기타
1886. 11.15	기밀 제158호	彬村濬	–	–	–	–	한러통상 이후 조선정부 러(露)측에 녹둔도 반환 요청
1890. 5.29	기밀 제46호	近藤眞鋤	–	–	–	–	1870년경 러(露)인 이주 시작, 녹둔도 반환 요구
1890. 6. 2	기밀 제53호	近藤眞鋤	2,30호	–	–	–	미국인 스토리 프리레씨 두만강구 순회
1890. 6.29	기밀 제8호	岩栢廷九	–	–	경흥에서 연추70리	–	
1890. 7.4	기밀 제14호	立 田 革	30호	노병 9名	경흥까지 100리	주위 팔정	두만강 상부 대안 70리는청령 하류30리는 러(露)령 1870년경 러(露)인 이주, 녹둔도 반환 요구
1890. 7.10	기밀 제70호	近藤 眞鋤	–	–	연추–경흥 70리	–	연추 러(露)국관리 출장 집무
1890. 7.12	기밀 제3호	二橋 謙	–	노국 퇴역병 7.8名	–	–	영국신문 러시아가 녹둔도점령보도, 웨벨에 녹둔도 반환 요청 전달
1890	기밀 제9호	久水 三郎	조선인 140호	노병 7名	–	–	경흥감리사무 김우현 녹둔도 러(露)에 반환 요구했다고 증언 후 문불명. 러(露)병 1천명 주둔. 녹둔도 2~30년전 출입 엄금, 상용여권발급
1890	기밀 제70호	近藤 眞鋤	–	주거인 조선인 의복착용	포세일 90리 연추에 100리	–	섬에 산은 없고 연추 코미설(관리) 주재
1890	기밀 제72호	近藤 眞鋤	–	–	–	–	주거 경작 수십년전(년대미상) 만호철폐
1890	기밀 제76호	久九 三郎	140 여호	7,80명	–	조산문 10리	퇴역노병 순회 근무
1890. 7.16	기밀 제10호	久水 三郎	–	–	–	경흥에서 70리	여권발급 수수료 한전 백문 녹둔도 이르는 강폭 최광3丁, 최협 1丁, 하류2, 3개지류 광폭1丁. 협4,5간
1890. 8.15	기밀 제15호	上立一郎	50여호	노병9명	–	주위 20리	경흥감리사무 김우현의 증언

*각 보고서마다 상위점이 많은데 이는 현장 확인이 불가한데 기인됨. [24]

여러 보고서 내용 중 몇몇 사항을 문서 단위별로 개괄하여 보면 먼저 일본 외무대신이던 아오끼(靑木)가 서울에 와 있던 곤도(近藤)에게 러시아의 녹둔도 점령 소문의 사실여부와 점유방법이 어떠했는지를 전문으로 타전해 온바 있다. 이에 곤도는 서울에서는 그 같은 소문을 들을 수 없고 다만 원세개의 말을 빌리면 러시아가 청로속약(Russo-Chinese Additional Convention) 제1조에 의하여 녹둔도를 점유한지 수년이 되었다고 밝히고 있다.[25]

이후 아오끼대신이 경질되고 오노(大畏)가 외무대신이 되면서 좀 더 구체적인 훈령이 내려지는데 여기에 러시아가 녹둔도를 점령 러시안 주민들을 이주시키고 있다는데 이에 대해 보고하라고 함에 녹둔도의 위치도를 함께 송부하고 있음을 알 수 있다. 그리고 다찌다영사가 이제까지 궁금하게 여기던 청 · 러간에 맺어진 통상약장류찬 권23 제13안(通商約章類纂 卷23 第13案)을 기재 보고하고, 군함 양속함(良速艦) 항해보고문과 동함대에 승선 활동하던 가와카미(川上)의 녹둔도 조사보고문을 싣고 있다. 이밖에 러시아가 녹둔도 이외에 다른 지역도 또 점령하지 않을지 모르겠다고 의문을 제기하는 등 당시 녹둔도에 대한 열띤 국제적 관심을 보여주고 있다.

6. 녹둔도 노령화 후의 반환노력

1882년(고종 19년 : 청 광서 8년) 5월 청국주재 러시아 영사 뷰철(Evgeni de Butzor)이 청의 직예총독을 통해 우리나라와 통상수교할 것을 제의해

24) 日本外務省, 鹿屯島關係雜綴(自明治19年11月 至明治23年9月) 150쪽 분량을 요약 정리한 것임.
25) 위 鹿屯島關係雜綴(自明治19年11月 至明治23年9月) 중 機密第三 號靑木과 近藤間의 電文과 近藤의 서울에서의 淸俄續約 第一條에 따라 鹿屯島 占有한 事實 通報.

왔다. 이에 우리 측은 "양측이 통상을 하려면 러시아로서는 청국의 길림에 월입(越入)해야 하는데 현 상황으로 어렵지 않겠는가? 단지 아국과 우리나라가 두만강 한쪽에 접하고 있으니 후일 양국간에 조약성립을 보아 양국이 파원하여 그곳 강구에 이르러 녹도 북쪽에 계패(界牌)를 세워 양국 월계(越界)민이 발생하면 청아조약 조관(淸俄條約 條冠)에 따라 변리키로 하고, 해상통상으로 해삼위와 원산항이 가까우니 각국의 수륙통상장정을 보아 처리함이 타당할 것으로 사료되니 그 뜻을 전해달라."고 하고 수교제의를 거절하였다.[26)]

이 당시는 한청 양국간에 간도문제가 제기되어 우리나라 서북경역 지대의 사정이 전반적으로 복잡다단하던 시기로 선뜻 러시아의 제의를 받아 드리기 어려웠다. 특히 러시아 측의 녹둔도 불법점유에 대해 청과의 조율이 되지 못한 상태인 까닭에 통상 문제를 논의하게 되면 반드시 이 문제가 선행되어야 하는데 청과 간도문제로 시비가 벌어지고 있는 상태에서 청을 통한 협조가 마땅치 않았던 것이다.

1883년(고종20년) 어윤중(魚允仲)이 서북경략사로 임명되어 이해 정월 28일 임금을 알현함에 고종이 말하기를 "녹둔도는 본시 우리나라 땅이라고 하는데 이번에 가서 귀정지울 수 있겠는가?"라고 하자, 어윤중이 답하기를 "이 섬은 중국 훈춘계와 상접하고 두만강 사이에 있어 귀정지사(歸正之事)는 용이하지 않을 듯합니다."[27)]라고 답하였다.

그리고 이해 10월 4일 어윤중이 서북 변경지를 순방하고 돌아와 고종에게 복명하였다. 고종은 녹둔도 사정에 대해 하문하니 "녹둔도는 본래 우리나라 땅으로서 신이 조산(造山)에 도착하여 지형을 살펴보니 섬 동쪽에 모래가 쌓여 저쪽 땅과 연접되어 있고 섬에 살고 있는 사람들은 모두가 우리나라

---

26) 柳永博, 對淸關係에서 본 鹿屯島의 歸屬問題, 領土問題 제2호(1985), PP.16~17.

27) 魚允中, 從政年表. A. N. Petrov, Koreans and Their Significance in the Economy of for Easter Region, Moscow, East Asia Co, 1929, P.45.

사람들이고 다른 나라 사람들은 하나도 없었습니다."라고 하였다.

1885년 11월 러시아 웨벨공사가 김윤식(金允植)대신에게 조아육로통상조약을 언제 체결함이 좋겠느냐고 함에 청아감계시(淸俄勘界時) 우리나라에서도 파원해 회감 연후에 논의함이 좋겠다고 함으로써 한 · 러 국경 감계에 동참할 뜻을 분명히 하였다.

위의 회감(會勘)이란 훈춘계약에 따른 감계를 말하는 것으로 여기에서 녹둔도 귀속문제를 제기하고자 하였던 것이다. 그러나 당시 청측대표인 오대징(吳大澂)의 무성의로 이 뜻은 이루지 못하였다. 이러한 일련의 과정에서 원세개의 다음과 같은 유감의 뜻을 알게 되었다. 즉 '청국관리의 지리적 미숙으로 불합리한 약서(約書)를 만들어 조선에 탄식을 끼치게 하였다'는 발언과 함께 '이 땅이 아라사에 점유된 지가 오래되어 쇄환하지 못하고 있는 바 언제 복취할 수 있을는지 모르겠다.'라는 염려를 함께 하게 되었다.

1886년 11월 15일자 일본외교문서 가운데는 녹둔도 지역 정탐보고서 중 한로통상 수교 후 조선정부는 러시아에 녹둔도 반환요청을 하였다고 하고, 1890년 6월 29일자 다찌다(立田革)의 보고에도 녹둔도 반환 요구설을 기록하고 있다. 또한 위의 정탐자들과 동일한 임무를 수행하고 있던 후다바시(二橋謙)도 조선정부가 웨벨 공사에게 녹둔도 반환 요청 사실을 본국정부에 보고하였다고 하고 있고, 구미즈(久水三郎)도 당시 경흥감리 사무 김우현(金禹鉉)으로 부터의 전문(傳聞)이라고 하면서 녹둔도 반환요청사실을 기술하고 있다.

이상과 같은 제반 사실은 당시 조선정부가 청 · 러 간의 잘못 획정된 국경으로 말미암아 우리나라 고유의 영토인 녹둔도를 불법 부당하게 점유한데 대한 반환노력임과 동시에 분명한 입장 표명을 해왔다.

十. 국제법적 측면에서 본 원상회복지역

1. 백두산정계비의 법적성격

백두산정계비가 조 · 청 양국간에 어떤 의미를 주고 있는가에 대해서는 1885년 을유감계담판 때와 1887년 정해감계담판을 통해 분명하게 드러났다. 감계담판이 열리던 시기는 백두산정계비가 선지 170여년이라는 시간이 지난 후 이었다. 이 당시 조 · 청 양국 대표간에는 백두산정계비의 성격에 대해 상반된 주장이 여러 측면에서 제기되었다.

이에 당시 제기되었던 상반된 주장들이 어떻게 해석되어져 왔고 어떻게 해석되어야 할 것인가를 국제법적인 측면에서 검토해 보고자 한다. 백두산정계비에 대한 가장 큰 시각적 차이는, 청측은 기본적으로 목극등의 정계비 건립을 정계로 보지 않으려 하였다. 단지 변방을 심찰(審察)하는데 있었다고 주장하면서 정계비로서의 성격을 부여하지 않으려고 하였다.

그 첫째 이유로 강희 50년 8월 4일 칙명으로 목극등을 파견한 목적이 장백산에 가서 변경을 조사하는 것은 조선과는 하등의 관계가 없다는 문구가 있으며, 목극등이 세운 비에도 변경을 조사하는 비일 뿐, 분계의 비가 아니라는 것이다. 따라서 총서 주문(總署 奏文)에도 목극등의 비에 "奉旨查邊之此審西爲鴨綠東爲土門"이라 기록되어 있지 않느냐 라고 주장하고 있다.[1] 그러나 청측의 이 같은 주장은 곧 바로 서위압록동위토문(西爲鴨綠東爲土門)이 분계를 나타내는 의미를 왜곡시키고 있는 것이다.

사변(查邊)을 위한 비(碑)라면 굳이 양대 강으로써 경계를 나타내는 문구나 비면에 양국대표의 성명을 기입할 필요가 없는 것이다. 이점은 정해감계담판(丁亥勘界談判)때 우리 측 이중하(李重夏) 대표가 자세히 논박한 바가 있다.[2] 강희제의 유시(諭示)에 분명히 양국 국경지대에서 살인사건이 일어남으로서 양국사이에 설정된 간광지대를 둘러 싼 변방 주민의 월경문제를 명확한 국경설정을 통해 방지하고자 하는데 목적이 있다고 하였다. 따라서 청측의 사변론(查邊論)은 백두산정계비 건립 배경을 무시한 자의적인 주장에 불과하다.

둘째로 청측은 정계비 건립시에 조선 측 대표인 접반사 박권(朴權)과 관찰사 이선부(李善溥)가 참석치 않음으로써 국경조약으로서의 불성립을 들고 있다.[3] 그러나 우리 측 대표의 불참은 목극등의 완강한 동행의 반대에 기인된 것으로 어디까지나 강압에 의한 불참이었던 것이다. 즉 접반사 박권과 관찰사 이선부를 연로하다는 이유로 무산에 대기하게 하였던 것이다.[4] 접반사 박권의 간곡한 동행요청에 대해 목극등은 종주국(宗主國) 사절로서의 고압적인 자세로 두 번 다시 동행요청에 대한 말을 꺼내지 못하게 하였다.

이렇듯 억압된 분위기에서 우리나라 군관과 차사관 및 역관 등 하급관리

1) 篠田治策, 白頭山定界碑, 樂浪書院, 1938, PP.204~205 및 卞哲攷證 八條(奎章閣本) 참조.
2) 篠田治策, 白頭山定界碑, 樂浪書院, 1938, PP.208~209.
3) 清季外交史料 7, PP.36~37 및 間島問題覺書 寫本 明治42年 6月5日(起草) 同年 6月7日「發送」.
4) 同文彙考原編 卷 18, 勅使回帖 및 揄田治策, 위와 같은 책, PP.105~106.

만이 목극등 일행을 따라 백두산을 등반, 주변의 수계(水系)를 탐사하고 천지 남쪽 10여리 지점에 정계비를 세웠던 것이다. 감계의 권능문제를 말하더라도 목극등이 하산하여 우리 측 접반사 박권과의 설책에 따른 공문 교환을 보아도 권한 있는 감계대표로서의 활동을 입증하고도 남음이 있다.[5)]

목극등이 무산으로 내려 와서 하는 말이 "토문강은 수류가 땅 속으로 복류해 물줄기로서는 경계가 분명치 않으므로 설책을 하여야 하지 않겠느냐?" 고 말하고, 또한 "입비 경계는 황지(皇旨)에서 나왔다. 피아간 간민범월(墾民犯越)의 폐단을 막는데 있으니 강의 원류가 단류되어 경계가 모호한 곳에 목책을 설치하여 표계를 분명히 하는 것이 어떠냐?" 고 함에, 접반사 박권은 "목책은 장구지책이 되지 못할 뿐더러 부근에 수목이 없는 곳도 있어 형편에 따라 흙 또는 돌로 책과 같은 구실을 하게 하는 것이 좋지 않겠느냐?" 라고 함에 목극등도 동의하고 토 · 석퇴(土 · 石堆) 설치에 따른 공문을 교환하였다.

이밖에 설책공사시기, 감독문제에 관한 문의에 대해 목극등은 말하기를 공사는 농한기에 하도록 하고, 이 일이 시각을 다투는 것이 아니므로 2~3년 내에 해도 무방하다고[6)] 하면서 작업관련 보고도 역관을 통해 자기에게 직접 하라고 하였다. 이 같은 사실로 미루어 보아 양측 대표간의 정계비 건립은 물론 추후 후속조치 등 결코 정계업무 수행상 그 어떤 하자도 있을 수 없다.

이밖에 청측은 정계비의 존재를 무시하는 발언을 주저하지 않았는데 예컨대 비의 무게가 100여근에 불과해 후세 사람들이 옮겨 놓은 것이 아닌가? 의심된다고 하고 정계비에 잇대어 쌓은 토퇴 · 석퇴도 누군가에 의해 이설(移設)해 놓은 것 같다고 하는가 하면, 비문의 잔결이 없는 것이 위조물이 아닌가? 여겨진다고도 하였다. 이에 덧 붙여 비문에 만주어가 없는 것 또한

---

5) 李漢基, 韓國의 領土, 서울대출판부, 1969, PP.342~343.

6) 同文彙考原編 卷18, 設柵便宜呈文 및 間島領有權 拔萃文書, P.63.

의심하지 않을 수 없다고 하였다.

이렇듯 의심에 의심을 받고 있는 백두산정계비와 석퇴 · 토퇴는 국제법상 어떠한 법적 성격을 내포하고 있는가를 살펴보고자 한다. 백두산정계비문은 조 · 청 양국의 국경이 백두산 정상의 분수령을 기점으로 하여 서는 압록강, 동은 토문강으로 할 것을 명백히 규정한 국제법상의 국경조약이다. 청측이 일방적으로 봉금지대이었던 간도지방을 개방한 후 양국간에 충돌이 심각하기 시작한 1885년 을유감계담판시 까지 동 정계비상의 합의 내용이 그대로 효력을 유지해 왔다. 이렇게 볼 때 1712년에 세워진 백두산 정계비문은 조약체결 능력 있는 당사국이 파견한 관리들에 의해 분쟁지역의 지리조사 까지 완료한 후, 하자 없이 합의한 내용을 양국이 상호 인정하는 절차에 따라 확정시킨 완전한 의미의 국제조약이다.

물론 이후 비문 해석상의 이견이 있었지만 비문 내용을 개정 또는 폐기시키기 위한 여하한 형태의 명시적, 묵시적 합의가 양국간에 이루어진 바 없다. 1887년 정해감계단판시 청측은 정계비문의 국경조약적 성질을 극력 배제하려고 하였지만, 주장하는 자가 이를 증명할 수 있는 충분한 입증책임을 다 하지 않는 한 인정될 수 없다.

또한 비문 가운데 국경표준획정을 특정의 분수령과 그 강줄기에 따르도록 하였고 그 이상의 부가적인 방식을 국제법상 규정하고 있지 않기 때문에 분수령이 확인되는 한 여하한 확장해석도 용납할 수 없다. 이처럼 양국간 협의된 국경조약은 국경의 최종성과 안정성의 원칙이 적용되어 국경획정단계에 보다 독자성과 안정된 효력이 부여된다.[7]

국제법상 하나의 조약이 법적 효력을 갖기 위해서는 일정한 성립요건을 갖추어야 하며 일단 유효하게 성립하여 효력을 발생한 조약은 체약국의 명시 또는 묵시적인 합의에 근거를 두고 소멸하게 된다. 성립요건이란 조약체

---

7) 李重夏, 勘界交涉報告書, 筆寫本 및 주 1)과 같은 책 가운데 勘界談判 部分 참조.

결 능력 있는 당사자가, 조약체결권자에 의한 체결로 하자 없는 합의로 가능하고 적법한 조건내용을 갖추어 일정한 조약체결절차를 완료함으로서 유효하게 성립한다.

이렇게 볼 때 백두산 정계비문은 조약으로서 성립요건을 갖춘 것이며 그 후에 비문해석에 대한 이견이 있었지만 이를 합의개정 또는 폐기시키기 위한 어떠한 형태의 명시적, 묵시적 합의가 양국간에 발생하지 않았다.[8)]

요컨대 백두산 정계비문은 우리나라 북방문제를 풀어 나가는데 있어 매우 중요한 법적기준이 된다고 하겠다.

2. 백두산 정계비문에 대한 해석문제

백두산정계비문 해석에 대한 쟁점은 '동위토문' 가운데 '토문' 이라는 두 글자이다. '토문' 이 문자 그대로의 토문이냐, 아니면 청측이 주장하는 것과 같이 토문이 두만을 지칭하는 것인가 하는 문제이다. 이에 대한 해석상의 차이야 말로 간도귀속문제의 관건이 된다. 을유감계단판시에 토문, 두만 별개설을 주장하는 우리 측과 토문, 두만 동일설을 주장하는 청측 입장과의 대립이었다.

이는 국제법상 지명의 혼돈으로 인한 분쟁에 해당된다. 백두산 정계비문상의 토문강이 두만강이라는 청측 입장이라면 재론의 여지없이 그 자체로서 완전한 국경획정을 구성하므로 새로운 국경획정이 필요하지 않다는 점에서 백두산정계비의 해석문제가 우선한다. 반면에 정해감계담판에서 두만강의 국경임을 전제로 이 강의 지류인 홍토수(紅土水)와 석을수(石乙水)인가의 선택에 관한 분쟁이었다는 점에서 위치인식의 착오로 인한 분쟁에 속

8) 申珏秀, 國境紛爭의 國際法的 解決에 관한 硏究〈서울대 학위논문〉, 1991, P.8, PP.123~127.

한다. 착오의 성립은 착오대상인 사실 형태가 조약체결 당시에 존재하고 조약에 대한 동의의 불가분의 기초를 구성하며 착오를 한 국가가 착오의 발생에 기여하지 않았거나 착오의 발생 가능성을 예견할 수 없었던 경우에 국한된다. 백두산정계비의 경우 착오의 사실은 입증키 어렵다. 왜냐하면 목극등은 정계비 건립을 주도하였으며 접반사 박권이 오인(誤認)의 가능성을 지적하였음에도 불구하고 이를 무시하였다. 그리고 동 비가 건립된 지 270여 년 동안 청측이 착오의 성립 여부에 관해 아무런 이의도 제기하지 않았다는 사실은 묵인에 의한 금반언(禁反言)의 효과를 가져 온다는 점도 간과해서는 안된다.[9)]

요컨대 백두산 정계비문의 해석문제는 토문강이 원래의 발음대로 표기된 실제의 강이라고 보는 우리 측 입장과 토문강이 두만강의 중국명인 '도문강'을 오기(誤記)한 것이라고 보는 양측의 대립이라고 볼 수 있다. 이 점에도 양측의 다툼은 저조한 지명의 혼동과 관련한 여타의 분쟁과 구별된다. 따라서 백두산 정계비상의 토문강은 저조한 국경조약의 해석방법에 따라 비문을 중심으로 백두산정계비의 건립과정과 관련한 준비작업 및 동 정계비 건립이후 답습한 관행과 당사국의 의도를 고려하여 결정되어야 한다. 위 정계비문상의 토문강은 국제법상 추후관행 및 준비 작업에 비추어 보아도 석퇴와 토퇴로 연결된 실제의 토문강이며, 청측이 주장해온 토문강이 아니다. 다만 국경분쟁에서의 입증책임은 특정사안을 주장하는 당사국에게 각기 배분되므로 사안별로 상이한 입증책임을 지게 된다. 국제분쟁은 국제법상의 분쟁인 경우보다 사실에 대한 분쟁인 경우가 대부분이다. 이는 사실에 관한 분쟁의 중요성을 간과할 수 없기 때문이다. 영토분쟁에 있어서는 재판부가 사실에 대한 결정을 내림으로서 분쟁이 해결되는 경우가 적지 않다.

국제재판에서는 무엇이 사실인가를 확인하는 일이 재판부 행위의 중요임

9) 金燦奎, 韓國의 領土, 서울대출판부, 1969, P.115

무가 되기도 한다. 조 · 청 양국간의 백두산 비문상의 해석 차이에 따른 다툼도 비문상의 토문강에 대한 확인 조사에 문제의 핵심이 놓여 있다. 사실조사의 범위는 그 근거가 되는 조약의 해석과 밀접한 관련이 있다. 조약의 해석은 조약 당시의 진실한 의미를 확립시키는 데 의의가 있는 것이지만 객관적 의미를 규정하기 어려운 이유는 하나의 용어가 대개의 경우 1개 이상의 뜻을 가지고 있기 때문이다. 즉 토문이 문자 그대로 토문이냐 ,아니면 청측이 말하는 도문의 오기냐 하는 동일성의 확인문제라는 특성을 갖고 있다. 그런데 비문상의 국경선은 동위토문(東爲土門)을 명시하고 있으므로 토문에 대한 확인이상으로 확대해석은 당연히 금해야 한다.

정계비가 세워진 분수령상은 조 · 청 양국의 권한 있는 관리들이 공동으로 실측하고, 백두산 일대를 조사한 후에 입비한 지점이며 따라서 1712년 입비당시의 토문은 사실상의 토문강과 별개의 강이 될 수 없다. 분쟁해결의 관건인 국경선의 확인은 토문강의 흐름을 확인하는데 그쳐야 한다. 청측이 주장하는 바와 같이 1712년의 합의 이전으로 거슬러 올라가 토문과 도문의 혼동을 근거로 토문대신 두만강을 국경선으로 확인하기 위해서는 청이 조약체결 당사자의 의도와 합의 및 해석이 유지되어 온 사실을 입증하지 않으면 안된다. 백두산 정계비상의 토문강은 저조한 국경조약의 해석방법에 따라, 비문을 중심으로 백두산정계비의 건립과정과 관련한 준비작업 및 동 정계비 이후의 당사국의 추후관행을 고려하여 당사국의 의도를 검토함으로써 결정되어야 한다.

조약의 해석에 있어서 가장 중요한 것은 조약문 자체의 문리적 해석이다. 청국측은 백두산정계비의 문리적 해석과 관련, 조선 측이 주장하는 토문강은 송화강의 지류인 황화송구자(黃花松構子)로서 이 강이 북류하여 백두산 정계비상의 "동위토문"의 구절과 합치하지 않으므로, 동류하고 있는 두만강이 정계비상의 토문강이 되어야 한다고 보았다. 이러한 청측 주장은 "서위압록(西爲鴨綠)"이라는 표현과 함께 해석할 경우, "동위토문(東爲土門)"은 국경을 구성하는 강의 방향을 정하는 것이 아니라 백두산 동쪽에서의 토문강을 국경으로 한다는 의미라는 점에서 타당성이 없다. 따라서 문리적 해석에 의하면 정계비상의 토문강은 실제로 존재하는 토문강이 되어야 한다.

또한 토문강은 지명으로서 비엔나조약법협약 제31조 제4항 상의 특별한 의미(Special meaning)를 가지는 용어에 해당되지 않으므로, 통상적 의미(Ordinary meaning)에 따라 해석되어야 한다. 국제조약의 해석에 있어서 추후관행(Subsequent practice)은 중요한 역할을 담당한다. 그러나 백두산 정계비의 해석과 관련, 추후관행은 매우 제한된 성격을 가진다. 백두산 일대지역은 정계비의 건립이후에도 약 300년에 걸쳐 조 · 청 양국간에 봉금정책이 상호간에 잘 지켜져 왔기 때문에 추후관행이 매우 빈약하다. 그리고 추후관행이 설사 존재한다 하더라도 당사국이 전혀 인지하지 못한 상태에서 행하여진 것이므로, 『비엔나조약법 협약 제31조 제3항 b』에 해당하는 추후관행을 구성하기 어려운 상황이다.[10)]

이제까지 백두산 정계비문의 문리적 해석에 관해 논증해 보았다. 결론적으로 백두산 정계비문의 토문강이 사실상의 강으로 봄이 국제법상으로나 역사적 사실과도 부합되는 것이다.

3. 국제분쟁사례를 통해 본 백두산 정계비문제

1794년 영 · 미간 St. Croix강 사건, 1900년 프랑스령가이아나 Japoc사건 및 1914년 네덜란드와 포르투칼 간 Timor섬 국경분쟁사건의 경우, 국경조약상에 표기된 강이 실제로 존재하지 않아 분쟁이 발생하였다.

1895년 브라질과 아르헨티나 간 Misiones강 사건의 경우 국경조약상의

10) 申珏秀, 國境紛爭의 國際法的 解決에 관한 研究〈서울대 학위논문〉, 1991, PP.128~135.

강과 동일한 명칭을 가지는 강이 2개 존재하는 백두산정계비상의 토문강에 관한 분쟁과 구별된다. 따라서 백두산정계비의 해석은 국경조약상의 지명이 착오에 의하여 조약당사국의 의도와 다른 지명으로 표기되었는지 여부의 문제로 귀착되게 되며, 또한 토문강은 지명으로서 『비엔나조약법 협약 제31조 4항』 상의 『특별한 의미(Special meaning)』에 따라 해석되어야 한다.

착오의 존재에 관한 입증책임은 이를 주장하는 중국 측이 부담하게 된다. 비문상의 위작이란 토문강 명기를 위작 또는 착오론으로 보고 있는데 위작은 비를 가짜로, 착오는 잘못 알았거나 잘못 표기했다는 의미의 법률문제이다. 불완전한 국경획정이라 하더라도 1922년 콜롬비아-베네슈엘라 국경분쟁에 관한 중재판결에서 인정된 국경획정의 가분성(可分性)에 따라 기 획정부분에 관한 한 효력을 가지며 미획정부분은 장래의 문제로 남아 있게 된다.

1885년 을유국경회담이 열렸을 때 까지 270여 년 동안 정계비문상의 토문강의 위치에 대하여 아무런 이의 없이 존중되어 왔다는 사실은 Rann of kutch 사건에 관한 중재판결에서 파키스탄 중부국경지대의 국경종점과 삼중접합점을 연결한 수직선이 1914년 Kutch-영국령 인도간 국경협정의 내용을 넘어 체결되었음에도 불구하고 양 당사국에 의한 4반세기간의 수락을 이유로 계속 효력을 가진다는 것과 맥을 같이 한다.[11)]

일반적으로 국경조약 형태에는 아무런 제한이 없다. 즉 조약이 문서이던, 목각(木刻)이던, 석비이던 간에 형태상에 구애를 받지 않는다. 조약의 본질은 국가 간의 합의의 여부에 달려 있다. 합의가 있는 한 형식에 구애되지 않는 것이 조약의 특징이다.

즉 백두산정계비문과 같이 그 내용이 비석에 쓰였다 하더라도 조약 성립에 하등의 제약을 받을 수 없다. 국경조약의 성립요건은 당사국간에 국경을

11) 주 10)과 같은 책. PP.126~128.

획정하려는 의사가 존재하는지 여부가 중요하며 합의의 양태에 좌우되지 않는다.

기록된 문자에 대한 시비문제도 정계비문상에 만주어가 없다면서 비의 진위를 의심하였는데 이 당시 동양제국의 외교문서가 한문자(漢文字)이었음을 상기한다면 논란의 여지는 좁혀진다. 즉 비문 자체가 한문(漢文)인 까닭에 만주어가 해독 상 개재될 여지가 없다.[12)]

4. 국제법상으로 본 간도협약의 무효성

1909년 9월 4일 청 · 일간에 체결한 간도협약은 국제법상으로는 물론 여러 측면에서 무효이다. 무엇보다 동협약의 체결 당사국으로서의 무자격을 들 수 있다. 당사국인 대한제국이 아닌 일본이라는 점이다. 일반적으로 조약은 당사국간에만 효력을 가지므로, 제3국에 대한 효력은 동의를 필요로 하며 제3국의 의무를 설정하는 경우 서면에 의한 명시적 동의가 있어야 한다.[13)]

따라서 보호관계에 있는 국가간에 있어서 보호국이 체결한 조약이 피보호국의 조약이 되기 위해서는 조약이 피보호국을 대리하거나 또는 피보호국의 이름으로 (On behalf of or in the name of the protected state) 체결되어야 한다.

간도협약의 경우 그 어떤 곳에도 일본이 한국의 이름으로 동 협약을 체결하였다는 사실이 나타나지 않고 있어 일본이 보호국으로서 정당한 권한이 없이 간도에 대한 한국의 영유권을 포기한 경우 제3국으로서 동의를 하지 않은 한국에 대해 아무런 효력을 가지지 못한다.

---

12) 篠田治策, 白頭山定界碑, 樂浪書院, 1938, PP.188~190.

13) 비엔나조약법 협약 제 34조 및 제 3조 ; 申珏秀, 주 10)과 같은 책, PP.196~197에서 再引用.

일본이 간도협약을 통해 청국과 합의한 내용이 보호관계에 따라 설정된 보호국의 권한을 넘어 선 경우 동협약은 월권행위(Ultra vires act)의 결과로서 한국을 대리하여 체결한 조약으로 간주될 수 없다. 결국 간도협약은 한국에 대하여 『Res inter alios acta』를 구성하므로 당사국인 일 · 청간에만 효력을 가지게 된다.[14)]

을사보호조약 제1조를 보더라도 대한제국의 이익을 보호한다고 한 것은 법의 일반 원칙에 의할 때 결코 영토권의 처분을 포함시킬수는 없는 것이다. 보호관계란 보호관계에 내재하는 보호의 의무를 부담하므로 피보호국의 주권을 본질적으로 침해하는 행위를 할 수 없음은 재론의 여지가 없다.

영토는 국가구성의 본질적 요소이고 영토의 처분은 국가의 주권에 관한 본질적 사항이므로 보호관계에 있어서도 피보호국의 동의 없이 보호국의 임의로 처분할 수 없는 것이다.[15)] 국제법상 보호관계는 중세적 개념에 의한 종속국과 유사한 관계, 이익과의 교환으로 보호를 약속하는 르네상스적 개념, 국제관계에 관한 능력을 박탈하는 변질된 개념, 국가가 아닌 영토에 대하여 병합이 아닌 이에 상응하는 통제를 확보하려는 보호령적 개념으로 발전하여 왔다. 이렇듯 보호관계는 다양한 형태에 개별성이 인정되므로 일반적인 원칙이 적용될 수 없다.

보호국과 피보호국간의 법적 관계는 각각의 구체적 사실관계에 따라 달리 결정되게 된다. 보호국의 피보호국에 대한 권한은 기본적으로 보호관계를 설정한 조약에 의하여 결정되나 보호국의 태도 및 제3국에 의한 보호관계의 승인조건도 영향을 미친다.[16)]

간도협약은 일본이 강박에 의해 체결한 이른바 을사보호조약에 기초한

14) 申珏秀, 주 10)과 같은 책, P.197.
15) 盧泳暾, 統一을 前後한 時機의 韓國의 領域 및 國境지대에 관한 硏究, 1995, 統一硏究論叢, PP.230~232.
16) 申珏秀, 주 10)과 같은 책, PP.197~198.

것인데 이 조약에 규정한 일본의 보호권 범위를 벗어난 것이다. 더욱이 일본이 한국을 배제한 가운데 간도협약을 체결한 것은 일본이 한국을 강박하여 맺은 을사보호조약으로 이 조약 자체가 원천적으로 무효인 것이다. 국제법상 조약은 하자 없는 의사표시에 의하여 체결되어야 하며 사기, 강박 기타 부정한 방법에 의해 체결된 조약은 하자있는 의사표시에 의한 것으로 무효이다.[17]

이러한 조약상의 무효에도 절대적 무효와 상대적 무효가 있다. 상대적 무효는 단순히 무효로 할 수 있을 뿐이며 무효를 주장하지 않는 한 유효한 조약으로 존속하는 것이다. 따라서 상대적 무효는 피해국이 그 하자를 치유할 수 있는데 명시적으로 추인하거나 아니면 포기, 금반언, 묵인 또는 시효 등이 작용할 여지가 있다.

반면에 절대적 무효는 당연한 무효로서 치유의 여지가 없는 것이다. 절대적 무효에 속하는 경우로는 국가대표에 대한 강박 또는 국가 자체에 대한 강박에 의하여 체결된 조약과 국제강행규범을 위반한 조약을 들 수 있다.18) 그런데 을사보호조약 자체가 치유의 여지가 없는 절대적인 무효이기는 해도 중국 측이나 일본으로서는 한국이 일본병합시 까지 약 5년간 국제적으로 대한제국의 보호국으로서 지위가 인정되었다는 점을 들어 간도협약의 유효성을 내 세울 우려 또한 배제할 수 없다.

다음으로 간도협약이 제 3국인 대한제국에 효력을 부여할 수 있는가 하는 문제이다. 다시 말해 간도협약이 을사보호조약과 무관하게 그 자체로서 대한제국에게 효력을 미칠 수 있는가 라는 점이다. '국제법상 조약은 당사국에게만 효력이 있을 뿐 제 3국에는 하등의 영향을 미치지 않는다' 라는 원칙이 확립되어 있다. "서약은 제 3자에게 해롭게도, 이롭게도 하지 않는다." 라는 고전적 법원칙은 법의 일반원칙과 상식에 의해서 뒷받침되는 것으로

17) 盧泳暾, 주 15)와 같은 책, P.226.
18) 盧泳暾, 주 15)와 같은 책, P.227 및 李丙朝 · 李仲範, 國際法新講, 一潮閣, 1983, PP.24~25.

국제법에서도 오래전부터 판례와 학설로서 인정되어 왔다.[19]

간도협약의 경우 제3국인 대한제국이 청 · 일간에 체결한 동 협약상에 간도영유권을 포기할 의무를 관계국에 서면으로 동의한 바 도 없다. 따라서 청 · 일간에 체결한 간도협약은 제3국에 대한 조약의 법리로도 대한제국이나 이를 승계한 대한민국에 대하여 유효하다 라고 주장될 수 없다.

무엇보다 일본은 대한제국의 영토인 간도 땅을 일본의 이익을 위한 대가로 청에 양여하였다는 사실로도 보호국의 권한을 논하기 이전의 어불성설의 조치로 동 협약은 무효인 것이다.

세계 제2차 대전 전후 처리 과정을 통해 보더라도 간도협약과 을사보호조약을 포함해 일본이 대륙정책을 수행하면서 체결한 일체의 조약과 이권 및 특혜는 무효 또는 원상회복토록 하는 조치들이 취해졌다.

그 예로 1943년 12월 1일 카이로 선언은 일본으로 하여금 만주, 대만, 팽호제도 등 일본이 중국으로 부터 도취(盜取)한 모든 지역을 반환케 하였으며, 1945년 7월 26일 미 · 영 · 중 3대연합국은 포츠담선언은 카이로 선언의 제 조항은 이행되어야 한다고 했다.

이해 8월 14일 일본은 위 선언을 수락하였고, 다음 달인 9월 2일에는 항복문서에서 위 선언들을 수락한다고 명기함으로서 카이로 선언에 대한 법적 구속력을 재확인 하였다. 일본이 중국으로 부터 도취한 모든 지역이란 1895년 청일전쟁 이후 약취(掠取)한 모든 지역으로 보아야 하며 반환은 원상회복을 뜻한다고 보아야 한다.

위의 선언을 간도영유권문제와 연계해 볼 때 일본이 간도 땅을 제물(祭物)로 하여 청으로 부터 탈취한 이권과 특혜지역은 모두 반환되었으나 청에 불법 부당하게 귀속된 간도지역은 원상회복되지 않고 있다.

1952년 4월 28일에 체결한 중일 평화조약만 보더라도 동 조약 제4조에는

19) 盧泳暾, 주 15)와 같은 책, P.232.

중일 양국은 전쟁의 결과로서 1941년 12월 9일 이전에 체결한 모든 조약, 협약, 및 협정을 무효(Null and void)로 한다고 규정하고 있다.

1941년 12월 9일 이전이란 일본이 중국에 대해 침략을 감행한 때부터 태평양전쟁을 일으킬 때까지의 기간을 말하는 것이다. 즉 이 기간에 걸쳐 체결된 모든 조약을 무효화한 것이다. 1941년 이전의 기간에는 당연히 1909년 청 · 일간에 맺은 간도협약도 포함되어야 하며 또한 이 조약 역시 무효화되어야 한다. 따라서 중국 자신에 의해서도 명백하게 무효화된 오늘날 중국의 간도지역 점유는 명명백백하게 부당한 점유인 것이다.[20]

5. 국제법상으로 본 녹둔도영속문제

녹둔도라는 지명은 세종조에 육진개척이후 명명된 것으로 그 이전에는 여진어를 차음(借音)한 사혈마도(沙狂磨島), 사혈마(沙狂麻), 사차 · 사혈(沙次 · 沙狂), 사차마도(沙次彝島)라 불리어져 왔던 것이 세조 원년 이후부터 녹둔도, 녹도라 표기되었다.21) 두만강 최하류에 위치해 있던 이 섬은 시점이 명확하지는 않으나 홍수로 인해 상류로부터 밀려 내려오는 토사의 퇴적으로 인해 서서히 연해주 쪽으로 육속되었다. 이러한 섬이 1860년 청 · 러간에 체결한 북경조약과 이보다 2년 전인 1858년 애휘조약에 의해 청 · 러간에 공동관리 해 오던 연해주를 러시아령화 함으로써 두만강 최하류 지역이 러시아와의 국경을 맞닿게 되었다. 이 같은 구체적 사실은 흥개호계약(興凱湖界約)에 의해 청 · 러 양국이 국경획정에 따른 국경계표작업으로 드러났다.

즉 청 · 러 양측은 녹둔도가 분명한 우리나라 영토임에도 불구하고 녹둔도의 육속사실을 무지 내지 무시하고 두만강변에 위치한 경흥부 대안에 토자

20) 주 15)와 같은 책, P.233.

패를 세움으로서 사단은 벌어졌다. 이 당시 경흥부사로 있던 이석영(李錫永)은 두만강변인 경흥부 대안상의 토자패 건립상황을 중앙정부에 알렸으나[22] 이에 대한 적극적인 대응책을 강구하지 못하고 청측에 의존하는데 그침으로써 영토권 수호에 따른 실효적 조치를 취하지 못하였다. 뒤늦게 고종이 북변문제가 여러 분야에서 제기되는 상황 하에서 서북경략사로 어윤중(魚允中)을 파견하면서 녹둔도의 영유권 문제를 언급, 다시 찾을 수 있는지를 살펴보라고 하였다. 이에 어윤중이 임무를 마치고 돌아와 고종(22년 : 1882)에게 아뢰기를 녹둔도는 본시 우리나라 땅인데 신이 조산에 가서 그 지형을 살펴보니 섬 동쪽으로 모래가 쌓여 강 건너 편으로 연계되어 있고, 이 섬에 거주하고 있는 사람들도 모두 우리나라 사람으로 타국인은 없었다고 아뢰었다.[23] 이후 1886년 8월 우리나라에서 조 · 청 · 러 3국공동감계안을 제의하였으나 청측의 무성의와 러시아의 지연책으로 실현되지 못하였고, 청 · 러간에 흥개호계약에 따른 국경재감시에 청측 대표인 오대징에게 이 문제를 러시아 측에 거론하여 줄 것을 요청하였으나 묵살당하고 말았다.[24]

그러나 녹둔도 영유권 반환의지는 계속되어 왔음을 1886년부터 1890년까지 수집 보고된 녹둔도관계 기밀보고서인 일본외교문서에 조선정부가 조로통상수호조약(朝露通商修好條約) 체결 후 러시아에 녹둔도의 반환을 요구하였다고 기록하고 있고, 경흥감리사무 김우현(金禹鉉)이 증언하기를 조선이 웨벨공사에게 녹둔도 반환요청을 함에 본국정부에 알아보겠다고 약속하였다고 하고 있다.[25]

이와 같은 제반 사실로 보아 분명히 한국정부의 녹둔도 영유권 반환의지는 지속되었다고 보아야 할 것이다. 즉 청국 · 러시아의 일방적인 국경획정

21) 世宗實錄 地理志 咸吉道條에 沙次磨島, 世祖 元年 八月條에 鹿屯島라 적고 있다.
22) 朴泰根, 1860년 北京條約과 韓 · 露國境의 成立, 領土問題硏究 創刊號(1983. 10), PP.61~63.
23) 從政年表, 三, 高宗二十年 癸未 十月 十八日條.
24) 恒屋盛服, 朝鮮開化史 (全), 1901, P.136.
25) 日本 鹿屯島關係 機密文書 第十五號(1890年 8月 15日字).

에 대하여 조선은 결코 묵인을 하지 않은 것이므로 이 당시 설정된 국경선은 한국에 대하여 효력을 가지지 않는다. 다시 말하자면 국경획정은 인접국의 사후동의 또는 묵인이 존재하지 않는 한 인접국에 대하여 하등의 효력이 인정되지 않는다. 이는 국제법상 한국과 러시아간에 공인된 국경이 존재하지 않는다고 보아야 한다.[26)]

그러므로 녹둔도의 영유권문제는 기본적으로 1860년 북경조약 체결 당시 한국과 중국의 영토를 할양받은 러시아 중 어느 국가가 녹둔도에 대하여 우선적, 실효적 지배를 확립하였는지 여부에 따라 결정되어져야 한다. 국제판례에서 확인된 바에 의하면 “어느 누구도 가지지 않은 것을 줄 수 없다.(Nemo dat quod non habet)”[27)]는 원칙에 따르면 북경조약에 의한 영토할양에 있어서 양수국인 러시아는 할양국인 중국이 보유하고 있던 영토 이외의 것을 할양받을 수 없기 때문이다.

녹둔도에 대해서 유의해야 할 점은 연륙시기이다. 즉 북경조약 체결 이후인지 또는 그 전인지 하는 문제이다. 녹둔도는 15세기 중엽 세종조 육진개척이래 실효적 지배를 계속하여 온 한국의 영유권이 인정되어야 하기 때문이다.

국제법상 중시되고 있는 국경분쟁의 결정적 시점인데 북경조약이 체결된 1860년이 선결적인 결정적 시점을 구성한다. 국경조약 체결이후에 행하여진 러시아의 행위는 권원창출효력이 부여되지 않고 오직 국경조약의 해석에 있어서의 추후관행으로서의 지위만이 인정될 뿐이다. 따라서 위에서 언급한 바와 같이 러시아의 녹둔도에 대한 관할권행사는 우리나라가 러시아에 대하여 정식으로 국경획정을 요구하여 왔다는 점에서 묵인에 의한 권원창출을 가져 온 것으로 볼 수 없다.[28)]

27) A. J. I. L. Vol.22. 1928, P.879.
28) 申珏秀, 주 10)과 같은 책, PP.56~57.

또 다른 문제로 녹둔도와 연해주 사이의 연륙된 부분에 대해서는 수로변경의 이론이 유추 적용되어야 한다. 연륙현상을 일종의 첨부(accretion)의 집적에 의한 결과로 보아 녹둔도로부터의 첨부된 지역으로 구분하여 귀속하는 방안도 제기될 수도 있다. 연륙현상이 자연분리(avulsion)에 해당하는 사례로 항행의 이점을 중시, 연륙부분을 준설로 수로를 복원하는 방안이 고려될 수 있으나 연륙현상이 첨부와 자연분리 가운데 어느 경우에 해당하는가에 관한 판단은 시간적 요소가 아닌 공간적 요소를 기준으로 삼아야 할 것이다.

두만강을 끼고 있는 녹둔도는 강이 수로를 천천히 변경시키는 경우 국경도 이에 따라 변화한다. 강물이 어느 강안에든 첨부한 것은 첨부된 국가의 관할권에 속하게 된다. 그러나 강 전체로서의 외형이 바뀌는 경우 사정은 다르다. 강이 수로 상부에서 댐에 의해 봉쇄되고 새 수로가 생기는 것처럼 옛 수로를 버리고 새로운 수로를 형성하는 경우 그것은 종래의 강이 아닌 새 강이 된다. 이러한 경우 국경은 종래 수로가 말라붙었더라도 그 중간선으로 남아있게 된다. 국가간의 목적은 강을 그들간의 자연적 국경으로 수락하는데 있었으므로 강이 존재하지 않더라도 각국이 이전에 소유하였던 것을 그대로 보유하기 때문이다.

이와 같이 수로의 점진적 첨부의 경우에는 국경의 변화를 인정하지 않는 법원칙은 다수의 국제법 학자들에 의해 광범위한 지지를 받고 있다.[29)]

여하튼 녹둔도 문제를 포함한 한국과 러시아간의 국경문제는 향후 통일한국정부가 북한과 러시아간에 체결한 제반법률행위가 전체 한국에 대하여 법적 효력을 발휘할 수 없다. 따라서 통일한국정부와 러시아간에 국경은 재정립되어야 한다.

29) 주 10)과 같은 책, PP.58~60.

十一. 맺는말

영토는 민족사(民族史)의 근원처(根源處)이다. 이 터전에서 삶을 누려온 모든 이들의 영원무궁(永遠無窮)한 본향(本鄕)이다. 이러한 터전이 알게 모르게 주변국들에 의해 잠식, 침탈, 병합되어 온 것이 우리나라 영토의 실상이다.

상고시대는 물론 고구려 발해의 멸망이후 우리의 전래 북방영토에 관해서 무시되고 있을 정도이다.

냉재 유득공(冷齋 柳得恭)의 말을 굳이 빌리지 않더라도 고려말 조선조 초만 하여도 결국 이국땅으로 보지 않고 수복의지를 불태웠던 요동지역은 우리나라 영역사(領域史)에서 떼어 낼 수 없는 지대이다.

청일전쟁에 따른 전후처리를 하면서 당시의 청의 실권자였던 이홍장 조차 본시 요동땅은 조선의 것이라고 하였듯이 요동지역은 역사상 분명한 우리의 관할지였으나 고려가 발해국의 영토를 올바로 계승하지 못함으로써, 점차 우리의 영토는 축소일로에 들어서게 되었다.

특기할 것은 293년 전인 1712년 백두산상에 청이 정계비를 세움으로써 북방영토는 대폭 축소되었고, 더욱이 이 비문상에 명명백백한 토문강으로 동쪽 국경으로 삼는다고 하였음에도 170여년이 지난 1888년에 와서는 토문강은 두만강이라 하면서, 강 건너 간도땅을 청국땅이라고 억지 주장하다가, 결국 일제와 야합하여 1909년 이른바 간도협약을 체결하고 두만강 이북의 땅을 불법부당하게 청령화하고 말았다. 이후 중국측은 간도문제는 일단락된 역사적 사실로 간주하려 하고 있고 백두산 천지도 반분하여 백두산 일원의 영유권을 행사하고 있는 실정이다.

일본의 경우를 보면, 신라의 영속지였던 대마도 등에 대해 조선정부가 느슨한 해방정책(海防政策)을 펴오고 있는 가운데 점차 왜구의 소굴이 되어 오면서 통치권 밖으로 이탈되어 일본영이 되고 말았다. 뿐만이 아니다. 한때 일본은 울릉도에 상륙, 이곳의 물산을 약탈하는가 하면 이 땅마저 자기네 영토라 하다가 조선정부의 항의로 뜻을 펴지 못하였다. 그런가 하면 대마도가 일본령으로 굳어지면서 양국간의 해상경계는 대한해협을 경계로 하는 수로가 해양경계선으로 이어지면서 우리의 영해는 축소되고 말았다.

100년전인 1905년에는 독도를 일본으로 병합한다는 도근현고시(島根縣告示)라는 것을 내걸고 오늘날 까지 이 땅을 한국측이 불법부당하게 점유하고 있다고는 논리를 펴고 있기도 하다.

동북방으로는 북극의 곰으로 표현되는 러시아가 1860년 청나라가 위기에 처해있을 때 북경조약을 체결하고 이후 계속하여 우리나라 토문강 이북 땅을 잠식해 오면서 마침내 시베리아 연해주를 점유하는 가운데 우리의 고유영토이던 녹둔도마저 저들의 영토로 병합하고 말았다. 이렇게 축소된 우리의 영토는 일제가 우리나라 국권을 찬탈함으로서 대응의 기회를 상실해하게 되었고 이어서 국토의 분단으로 남북간 대치라는 냉전구도하에서 오늘에 이르렀다.

이에 덧붙여 가일층 불행한 일은 현대국가의 판도가 선형국경화(線形國境

化) 되고 있는 가운데 우리의 영토 범위는 일제의 식민통치하에 실시되었던 국경을 그대로 답습해 국토의 넓이를 22만km^2 범주에 한정시킴으로서 반도국가로 자폐되고 말았다. 이처럼 주변국에 의한 영토침탈상황은 시간이 흐를수록 기정사실화 하고자 하는데 대해 우리는 침묵하고 있어야 하는지 안타까움을 금할 수 없다. 비록 영토 · 국경문제가 일조일석에 해결될 수 없는 문제라고 하더라도 기록과 교육을 통해 국경 · 영토에 관한 국민적 의식을 심화시켜 나가야만 한다.

그러기 위해서는 첫째, 역사상의 고토(故土)에 대해서 구강상실지역(舊疆喪失地域)으로 설정하여 분명한 역사적 사실에 관해 명확한 국민적 인식을 갖도록 하고, 둘째, 근세기 까지 당사국간에 합의가 이루어지지 않고 미결상태에 놓여있는 북방접경상의 영토는 재감대상지역(再勘對象地域)임을 직시하고 이에 따른 대응책을 정부는 물론 국민적 합의를 도출하고, 셋째, 명명백백한 우리의 고유영토가 불법부당하게 빼앗긴 땅은 원상회복지역(原狀回復地域)으로 구분하여 대응해 나가도록 함은 이 시대를 살아가는 국민적 의무요, 도리이다. 그러기 위해서는 당면하고 있는 우리나라 국경 · 영토문제의 실상에 대해 지대한 국민적 관심이 뒷받침 되어야만 한다. 미구에 통일국가를 이룩해야 할 우리 민족으로서는 그 어떤 분야 못지않게 국가성립 3대 요소의 하나인 영토문제에 관해 심도있는 연구와 대응책 마련이 절실하다.

지정학상 우리나라는 주변 강대국에 둘러싸여 이들 국가들과의 선린 우호적인 관계를 유지해 오기 보다는 피해와 불행을 안겨 준 나라들임을 상기하고 이들 나라들과 상대해 해결해야 할 첨예한 영토 · 국경문제 등에 관해 슬기롭게 대처해 나가기 위해서는 배전의 노력이 뒤따라야 한다.

본서 말미에 우리나라 경역변천과정을 일별할 수 있는 국경관련 제반 조약문들을 수록한 의도도 여기에 있다.

부록 附錄

附錄(一) 국경관련 조약
附錄(二) 「甲辰政事」
附錄(三) 「甲辰政事」解題
主要參考文獻

국경관련 조약

1. 北方三角國境形成과 關聯한 北京條約

(Additional Treaty of Peking 1860)

照依前換和約擬定條款：漢字文

大淸國大皇帝與大俄羅斯國大皇帝詳細檢閱早年所立和約議定條款以固兩國和好貿易相助及預防疑忌爭端所以大淸國欽派內大臣全權和碩恭親王奕訢大俄羅斯國派出欽差內大臣伊格那替業福付與全權大臣等各將本國欽派喻旨互閱後會議酌定數條如左

第 一 條 議定詳明一千八百五十八年瑪乙月十六日卽咸豐四月二十一日在愛琿城所立和約之第一條遵照是年伊云月初一日卽五月初三日在天津地方所立和約之第九條此後.

第 二 條 西疆尙在未定之交界此後應順山嶺大河流及現在中國常駐　倫等處及一千七百二十八年卽擁正六年所立沙賓達巴哈之界牌未處起往西直至齋桑樝爾湖自此往西南順天山之持穆爾圖　爾南至浩罕邊界爲界.

第 三 條 嗣後交界遇有舍混相疑之處以上兩條所定之界作爲解證至東邊自興凱湖至圖們江中間之地西邊自沙達巴哈至浩罕中間之地設立界牌之事應如

何定立交界由兩國信任大員秉公查勘東 界查勘在烏蘇里河口會齋於咸豊十一年三月內辦理西界查勘在塔爾巴哈台會齋商辦不必限定日期所派大員等遵此約第一條第二條將所指各交界作記繪圖各書寫俄羅斯二分或漢字二分共四分所作圖記該大員等畫押用印後將俄羅斯字一分或滿或漢字一分共二分送俄羅斯收存將俄羅斯字一分或滿或漢字一分中國收存互換此記文地圖仍會同具文書押用印當爲補續此約之條

第 四 條 此約第一條所定交界各處准許兩國所屬之人隨便交易疊不納稅各處邊界官員護助商人按理貿易其愛琿條約第二條之事此次重複申明兩國東界定爲由什勒喀額而古納兩河會處卽順黑龍江下流至該江烏蘇里會處其北邊地屬俄羅斯國其南邊地至烏蘇里河口所有地方屬中國自烏蘇里河河口而南上至興凱湖兩國以烏蘇里及松阿察二河作爲交界其二河東之地屬俄羅斯國二河西屬中國自松阿察河之源兩國交界喻興凱湖至白稜河自白稜河口順山嶺至瑚布圖河再由瑚布圖河口順琿春河及海中間之嶺至圖們江口其東皆屬俄羅斯國其西皆屬中國兩國交界與圖們江之會處及該江口相距不過二十里且遵天津和約第九條議定繪 地圖內以紅色分爲交界之地上寫俄羅斯國阿巴瓦喝達耶熱皆伊亦喀拉瑪那倭酷仰薩土烏等字頭以便易祥閱其地圖上必須兩國欽差大臣畫押鈐印爲據上所言者乃空曠之地遇有中國人往之處及中國人所占漁獵之地俄國均不得占仍准中國人照常漁獵從立界牌之後永無更改 不侵占附近及他處之地

第 五 條 俄國商人除在恰克圖貿易外其由恰克圖照舊到經過之庫倫張家口地方如有零星貨物亦准行銷領事官一員酌帶數人自行盖房一所在彼照料其他基及房間若干疊扉牲畜之地應由庫倫辦事大臣酌核辦理中國商人願往俄羅斯國內地行商亦可俄羅斯國商人不拘年限往中國通商之區一處往來人數通共不得過二百人但須本國邊界官員給與路引內寫明商人頭目名字帶領人多少前往某處貿易 買賣所需及食物牲口等項所有路費由該商人自備

第 六 條 施行貿易喀什爾與伊犁塔爾巴哈台一律辦理在喀什喝爾中國給與可

盖房屋建造堆房聖堂等地以便俄羅斯國商人居住　給與設立墳塋之地　照伊犁塔爾巴哈台給與空曠之地一塊以便牧放牲畜以上應給各地數目應行文喀什噶爾大臣酌核辦理其俄國商人在喀什噶爾貿易物件如被　外之人進鵝詐奪中國一概不管

第七條 俄羅斯國商人及中國商人至通商之處准其隨便買賣該處官員不必攔阻兩國商人亦准其隨意往市肆鋪商零發買賣互換貨物或交現錢或因相信玄賬俱可居住兩國通商日期亦隨該商人便不必定限

第八條 俄羅斯國商人在中國中國商人在俄羅斯國俱　兩國扶持俄羅斯國可以在通事官等以便管理商人疊預防含混爭端除伊犁塔爾巴哈台二處外即在喀什噶爾庫倫設立領事國若欲在俄羅斯京城或別處設立領事官亦廳中國之便兩國領事官各居本國所盖房屋如願租典通商處居人之房亦任從其便不必攔阻兩國領事官及該地方官相交行文俱照天津和約第二條平行凡兩國商人遇有一切事件兩國官員商辦　爽有犯罪之人照天津和約第七條各按本國法律治罪兩國商人遇有發賣及0次含混相爭大小事故聽其自行擇人調處俄國領事官與中國地方官止可幫同和解其玄欠賬目不能代賠兩國商人在通商之處准其預定貨物代典鋪房等事寫立字據報知領事官處及該地方官署遇有不按字據辦理之人領事官及該地方官令其照依字據辦理其不關買賣若係爭訟之小事領事官及該地方官會同查辯各治所屬之人之罪俄羅斯國人私住中國人家或逃往中國內地中國官員照依領事官行文查○拔送回中國人在俄羅斯國內地或私住或逃往該地方官亦當照此辦理若有殺人詐　奪重傷謀殺故燒房屋等重案查明係羅斯國人犯者將該犯送交本國按律治罪係中國人犯者或在犯事地方或在別處俱聽中國按律治罪遇有大小案件領事官與地方官各辨各國之人不可彼此妄拿存留查治

第九條 現在買賣比前較大且又新立交界所以早年在尼布楚恰克圖等處所立和約及歷年補續諸條情形多有不同兩國交界官員往來行文查辦所起爭端時勢亦不相合所以從前一切和約有應更改之處應苒立新條如左向來僅止庫倫

辨事大臣與恰克圖固畢爾那托爾及西悉畢爾總督與伊犁將軍往來行文辨理邊界之事自今此外擬增阿穆爾省及東海濱省固畢爾那托爾遇有邊界事件與黑龍江及吉林將軍往來行文恰克圖之事由克圖邊界廓米薩爾與恰克圖部員往來行文俱按此約第八條規模該將軍總督等往來行文俱按天津第二條和約彼此平等且所行之文若非所應辨者一概不管遇有邊界緊要之事由東番畢爾總督行文軍機處或理藩院辨理

第 十 條 查邊界大小事件俱照此約第八條由邊界官員會同查辨其審訊兩國所屬之人俱照天津和約第七條各按本國法律治罪遇有牲畜或自逸越邊界或被誘取該處官員一經接得照會卽行派人尋伐壘將踪跡示知鴉倫官兵俱係逸越尋獲者或係被註查出牲畜俱依照會之數將所失之物尋獲立卽送還如無原物卽照例計讛定罪不管賠償如有越邊逃人一經接得照會卽設法查伐伐獲時送交近處邊界官員壘將逃人所有件物一併送同其緣何逃走之處由咳國官員自行審辯解送時沿途給與飮食如無衣給衣不可任令兵丁將其凌虐如尙未接得照會查獲越邊之人亦卽照此辨理

第 十一 條 兩國邊界大臣彼此行文交官員轉送必有回投東悉畢爾總督恰克圖固畢爾那托爾行文送交恰克圖廓米薩爾轉送部員庫倫辨事大臣行文卽交部員轉送恰克圖廓米薩爾阿穆爾省圖固畢那托爾行文送交愛揮省副都統轉送黑龍江將軍吉林將軍行文亦送交該副都統轉送東海濱省固畢那托爾與吉林將軍彼此行文俱托烏蘇里㐫春地方鴉倫官員轉送西悉畢爾總督與伊犁將軍行文送交伊犁俄羅斯領事官轉送遇有重大緊要事件必須有人傳述東西悉畢爾總督固畢爾那托爾等庫倫辨事大臣黑龍江吉林伊犁等處將軍行文交俄羅斯國可衲之員亦可

第 十二 條 按照天津和約第十一條由恰克圖至北京因公事送書信因公事送物件往返限期開列於後書信每月一次物件箱子自恰克圖北京每兩個月一次自北京往恰克圖三個月一次送書信限期二十日送箱子限期四十日每次箱子數目至多不得過二十隻每隻分量至重不得過中國一百二十斤之數所送之信必

須當日轉送不得跡延如遇事故嚴行查辨由恰克圖往北京或由北京往恰克圖送書信物件之人必須由庫倫行走到領事官公所如有送交該領事官等書信物件卽便留下如該領事官等有書信物件亦卽帶送送箱隻時開寫清單自恰克圖及庫倫知照庫倫辨事大臣自北京送時報知理藩院單上註明何時起程箱隻數目分兩多少及每箱分兩於封皮上按俄羅斯字藩出蒙古字或漢字寫明分兩數碼若商人爲買賣之事送書信物箱願自行雇人苒立行規准其預先報明該處長官允行後照辨以免官出花費

第 十三 條 大俄羅斯國總理各外國事務大臣與大淸國軍機處互相行文或東悉畢爾總督與軍機處及理藩院行文此項公文照例按站解送疊不拘前定時日亦可說有重要事件恐有耽霖卽交俄衲之員速送大俄羅斯國欽差大臣居住北京時遇有緊要書信亦由俄國自行派員解送該差派送文之人行至何處不可使其耽延等候所派送文之員必係俄羅斯國之人派員之事在恰克圖由廓米薩爾前一日報明部員在北京由俄羅斯館前一日報明兵部

第 十四 條 日後如所定陸路通商之事內設有彼此不便之處由東悉畢爾總督會同中國邊界大臣酌商仍遵此次議定章程辨理不得節外生枝至天津所定和約第十二條亦應照舊勿再更張

第 十五 條 會同商定後大淸國欽派大臣將此約條規原文譯出漢字書押用交付大俄羅斯國欽差大臣一分大俄羅斯國欽差大臣亦將此條規原文譯出漢字書押用印交付大淸國欽差大臣一分此次條款從兩國欽差大臣互換之日起與天津和約一體永遵勿替兩國大皇帝互換和約後各將此和約原文曉諭各處應辯事件地方

大淸國欽派全權內大臣和碩恭親王

大俄羅斯國欽差全權大臣伊

咸豊十年十月初二日

一千八百六十年諾雅卜爾月初二日

中韓邊界善後章程

大韓國咸鏡北道交界官兼警務官 崔南隆 金炳若 大韓國鎭衛第五聯隊第三隊陸軍參領 金命煥 大淸國補用知府延吉廳理事撫民府 陳作彦 大淸國統領吉强軍馬步全隊都　府 胡殿甲은 舊好를 重修하기 위하여 淸曆光緖三十年五月初二日 韓曆光武八年六月十五日 淸界光霽頒分防經歷 張兆麒의 公係에서 會合하여 講信修睦하고 邊界善後章程을 公議하여 各書에 銜名 畵押 蓋印하여 信守할 것을 밝히고 이에 議定한 善後章程 十二條를 뒤에 開列한다.

第 一 條 兩國의 界地는 白山의 碑記의 證據가 있으나 더욱 兩國政府의 派員 會勘을 기다릴 것이다. 다시 勘界하기 전에는 舊에 따라 圖們江을 間隔으로 하여 各各劵地를 지키고 다같이 武器를 가진 軍隊를 놓아 潛越하여 事端을 일으키지 못하게 할 것.

第 二 條 視察 李範允은 이미 여러차례 事端을 일으켰으나 約定後는 在會韓國側 文武各官은 緊急히 邊防의 騷擾를 禁止해야한다. 만약 다시 淸界로 侵犯하는 일이 있으면 韓官등의 承認하에 無故히 違約하고 事端을 이르킨 것을 容認한 것으로 볼 것이다.

第 三 條 李範允이 北墾島를 管理함은 淸國政府가 批准의 文憑을 주지 않았으며 淸國關係도 允認하지도 않고 默認하지도 않았다.

第 四 條 李昇昊 金克烈 姜仕彦 成文錫 등은 이미 淸界에 入籍한 叛民이다. 公法에 따라 淸官이 索還하여 條例 懲辦할 權利가 있다. 在會 韓官은 빨리 잡아 淸官의 管束에 넘겨서 邊界를 便安케 할 것.

第 五 條 在會의 韓官은 李範允을 撤去케하고 李昇昊 등을 拏交함에 있어 반드시 韓國政府에 呈報한 後 照辦할 것이다. 또한 이번 會議 約定後에 만약 李範允 李昇昊 등을 撤去 拏交하기 전에 侵犯하는 일이 있으면 역시 在會의 韓官 承認하에 無故히 違約하고 事端을 일으킨 것을 容認한 것으

로 볼 것이다.

第六條 沿江의 橋船은 住民의 건너는데 便利를 주는 것인 고로 今後는 撤橋 設船하더라도 他意가 없는 것으로 한다.

第七條 兩界의 民人의 往來는 그들의 便宜에 맡긴다. 軍人이 武器를 가지지 않고 平服으로 往來할 때는 平民과 같이 한다. 다만 武器를 가지고 境界를 넘을 때 護照 公文을 가지고 있지 않으면 各自 格殺하여도 無妨하다.

第八條 古間島는 光霽頒伽江의 地인데 向來 鍾城 韓民의 租種을 許諾하여 왔으므로 今後도 舊에 따라 辨理 할 것이다.

第九條 兩界의 邊民에 不幸하게도 殺傷의 變이 있을 때는 兩界의 文武官은 行文 照會하여 速히 實在의 眞正한 犯人을 잡아서 公正하게 審辯하여 당장에 償命하고 良을 誣하고 질질 끌고 空文書를 往復함으로써 寃痛하고 放縱함을 더하지 못하도록 할 것

第十條 淸國이 向來 米穀의 國外로의 搬出을 禁止하여 온 것은 淸韓條約 第六條에 記載되어 있다. 이제 兩界가 和好함에 있어 便宜상 民의 運販을 聽許함으로써 韓民의 糧食을 救濟한다. 다만 年事가 凶作이 되어 邊界가 不安할 때는 米穀의 國外搬出을 禁止할 것이며 柴草도 이 例에 따라 處理한다.

第十一條 兩界의 防衛兵은 各自의 位置가 있으니 舊에 따라 駐箚하고 沿江 上下를 巡哨할 것이며 定約後 和睦 無事하면 酌量 撤收할 것

第十二條 淸韓兩界는 交涉이 紛繁하며 일일이 伸論하기 어려우나 이미 條約에 載明한 것은 다같이 條約에 따라 處理하고 條約 上 未備한 바가 있을 때는 公法에 準據하여 辨理할 事.

大韓光武 八年 六月十五日 大淸光緖三十年五月初二日

協約原文(中國文) - 日中圖們江滿韓界務條款(間島協約)

大淸國政府及大日本國政府顧念善隣交誼彼此認明圖們江爲中韓兩國交界竝妥協商定一切辯法彭中韓兩國邊民永遠相安共亨行福 所訂各條款開列於左.

第 一 款 中日兩國政府彼此聲明圖們江爲中韓兩國交界其江源地方自定界碑起至石乙水爲界

第 二 款 中國政府俟本協約簽定後從速左開各處准外國人居住貿易日本國政府可於各該埠設立領事館或領事 館分館其開埠日期應行 定 龍井村 局子街 頭道溝 百草溝

第 三 款 中國政府仍准韓民在圖們江北 墾地居住 其他界四址苪附圖說

第 四 款 圖們江北地方雜居區域內之墾地居住之韓民服從中國法權歸中國地方官管轄裁判中國官吏當將該韓民與中國民一律相待所有應納稅項及一切行政上處分亦與中國民同至於關係該韓民之民事刑事一 切訴訟案件應由中國官員按照中國法律秉公審判日本國領事館或由領事館委派官吏可任便到當聽審惟人命重案則須先行知照日本國領事官到當聽審如日本國領事官能指出不按法律判斷之處可請中國 派員覆審以照信獻.

第 五 款 所有圖們江北雜居區域內韓國民所有地產房屋等由中國政府與華民產業一律切實保證疊在沿江擇地設船彼此人民任便來往惟無護照公文不得持械過境雜居區域內所產米穀惟韓民販運販如遇裙收仍得禁止紫草援引照辯

第 六 款 中國政府將來吉長鐵路接展造至延吉南邊界在韓國會寧地方與韓國鐵路連絡一切辯法與吉長鐵路一律辯理至應何時開辯由中國政府酌量情形再與日本國政府商定

第 七 款 本協約僉定後本約各條卽當實行其日本統監府派出所及文武人員亦卽從速撤退限於兩月內退淸日本國政府在第二款所開商埠亦於兩月內設立領事館爲此兩國文臣各奉本國政府合宜委任繕備漢文日本文各二本卽於此

約內簽名蓋印以昭信守

宣統 元年 七月 二十日
明治 四十二年 九月 四日
大淸國欽命外務部尙書會辯大臣 梁敦彦 印
大日本國特命全權公使 伊集院彦吉 印

間島協約

대일본제국정부 及 대청국정부는 善隣의 好誼에 비추어 圖們江이 청·한 양측의 국경임을 서로 확인함과 아울러 타협의 정신으로써 일체의 辯法을 상정함으로써 청·한양국의 邊民으로 하여금 영원히 치안의 慶福을 享受하게 함을 욕망하고 이에 左에 條款을 訂立한다.

第一條 淸·日 兩國政府는 圖們江을 淸韓 兩國의 國境으로 하고 江源地方에 있어서는 定界碑를 起點으로 하여 石乙水로써 境界로 할 것을 聲明한다.

第二條 淸國政府는 本協約 調印後 可能한 限 速히 左記의 各地를 外國人의 居住 及 貿易을 위하여 開放하도록 하고 일본국정부는 此等의 地에 領事館 또는 領事館分館을 配設할 것이다. 開放의 期日은 따로 이를 定한다. 龍井村 局子街 頭道溝 百草溝

第三條 淸國政府는 종래와 같이 圖們江 이북의 간지에 있어서 한국민 거주를 承准한다. 그 지역의 境界는 別圖로써 이를 표시한다.

第四條 圖們江 以北地方 雜居區域內 墾地 居住의 韓國民은 청국의 法權에 服從하며 청국지방관의 管轄裁判에 歸附한다. 청국관헌은 右 한국민을 청국민과 同樣으로 待遇하여야 하며 納稅 其他 一切 行政上의 處分도 청국민과 同一하여야 한다. 右 한국민에 관계되는 民事 刑事 一切의 訴訟事

件은 청국관헌에서 청국의 법률을 按照하여 公平히 재판하여야 하며 일본국영사관 또는 그의 위임을 받은 관리는 자유로이 法廷에 立會할 수 있다. 단 人命에 관한 重案에 대하여서는 모름지기 먼저 일본국영사관에 知照하여야 한다. 일본국영사관에서 만약 法律을 考案하지 않고 判斷한 條件이 있음을 認定하였을 때에는 公正히 裁判을 期하기 위하여 따로 官吏를 派遣하여 覆審할 것을 淸國에 請求할 수 있다.

第 五 條 圖們江北 雜居區域內에 있어서 한국민 소유의 土地 家屋은 淸國政府가 淸國人民의 財産과 같이 보호하여야 한다. 또 該江의 沿岸에는 場所를 選擇하여 渡船을 設置하고 雙方人民의 往來를 自由롭게 한다. 但 兵器를 携帶한 者는 公文 또는 護照없이 越境할 수 없다. 雜居區域內 産出의 米穀은 한국민의 販運을 許可한다. 그렇지만 凶年에 際하여서는 禁止할 수 있으며 紫草人은 舊에 따라 照辯할 수 있다.

第 六 條 淸國政府는 將來 吉長鐵道를 延吉南境에 延長하여 韓國 會寧에서 韓國鐵道와 連絡하도록 하며 그의 一切 辯法은 吉長鐵道와 一律로 하여야 한다. 開辯의 時期는 淸國政府에서 情形을 酌量하여 日本國政府와 商議한 뒤에 이를 定한다.

第 七 條 本條約은 調印後 直時 效力을 發生하며 統監府派出所 및 文武의 各員은 可能한 限 速히 撤退를 開始하며 2個月以內에 完了한다. 日本國政府는 二個月以內에 第二條 新約의 通商地에 領事 館을 開設한다. 右證據로써 下名은 各其의 本國政府로부터 상당한 委任을 받고 日本文及 漢文으로 作成한 各二通의 本協約에 記名調印한다.

明治 四十二年 九月 四日
宣統 元年 七月 二十日 北京에서
大日本國 特命全權公使 伊集院彦吉 印
大淸國欽命外務部尙書會辯大臣 梁敦彦 印

日文 間島に 關する 日淸協約

大日本帝國政府及大淸國政府は善隣の好誼を鑑み，圖們江が淸國の國境たることを互に確認し，疊に妥協の精神を以て一切の辯法を商定し，以て淸韓兩國の邊民をして，永遠に治安の慶福を 享受せしめむことを欲し，玆に左の條款を訂結せり (附屬圖面 略す)

第 一 條 日淸兩國政府は圖們江を淸韓兩國の國境とし，江源地方に於て定界碑を起點とし，石乙水を以て兩國の國境と爲すことを聲明す.

第 二 條 淸國政府は，本協約調印後 成るべく 速に左記の各地を外國人の居住及貿易の爲め開放すべし 日本政府は 此等の地に領事館或は領事館分館を配設すべし. 開放の期日は別に之を定む. 龍井村，局子街，頭道溝，百草溝

第 三 條 淸國政府は 從來の通り 圖們江北の墾地に於て,韓民の居住を承准す. 其地域の境界は別圖を以て之を示す.

第 四 條 圖們江以北方雜居區域內墾地居住の韓民は,淸國の法權に服從し，淸國地方官の管轄裁判に歸す.淸國官憲は右韓民を淸國國民と同樣に待遇すべく,納稅其の他一切行政上の處分も淸國民 と同樣なるべし. 右韓民に關する民事刑事一切の訴訟事件は，淸國官憲に於て 淸國の法律を按照し，公平に裁判すべく，日本國領事館，又は其委任を受けたる官吏は，自由に法廷に立合ふことを 得，但し人命に關する重案に付ては，須らく先づ日本國領事館に知照すべきものとす. 日本國領事館に於て，若し法律を按照せずして判斷せる廉ぁることを 認ぬたるときは 公正の裁判を期せむが爲ぬ 別に官吏を派して 覆審すべきことを淸國に請求するを得.

第 五 條 圖們江北雜居區域內に於ける韓民所有の土地,家屋も,淸國政府は淸國人民の財産同樣完全に保護すべし. 又該江沿岸に場所を選び渡船を設け，

雙方人民の往來ほ自由たろべし. 但し兵器を携帶する者ほ公文,又ほ護照なくして境を越ゆるを得ず, 雜居區域內產出の米穀ほ, 韓民の搬出を許す. 尤凶年に際してほ 尙禁止することを べく紫草人ほ舊に依り照辯すべし.

第 六 條 淸國政府ほ將來吉長鐵道を延吉南境に延長し, 韓國會寧に於て韓國鐵道と連絡すべく 其の一切の辯法ほ吉長鐵道と 一律たるべし. 開辯の時期ほ 淸國政府に於て情形を酌量し日本政府と商議の上之を定む.

第 七 條 本協約ほ調印後直に效力を生すべく, 統監府派出所疊に文武の各員ほ, 成るべく, 速に撤退を開始し 2個月を 以て 完了すべし. 日本國政府ほ二個月以內に 第二條新約の通商地に領事館を開設すべし. 右證據として下名ほ各其の本國政府より 相當の委任を受け, 日本文及漢文を以て作成ゐ

各二通の本協約に記名調印するものなり.
明治 四十二年 九月 四日
宣統 元年 七月 二十日
大日本國 特命全權公使 伊集院彥吉　印
大淸國欽命外務部尙書會辯大臣 梁敦彥　印

2. 間島에 關한 日淸協定要領

圖們江으로 韓淸 兩國의 國境으로 하고 茂山 以奧의 地方에 있어 서는 定界碑를 起點으로 하여 石乙水를 境界로 한다.

滿洲五案件에 關한 日淸協約文

大日本國政府와 大淸國政府는 滿洲에서 雙方 다 같이 관계를 가진 事項을 명확히 議定하고 將來의 誤解를 막고 兩國 善隣의 관계를 더욱 鞏固히 할 것을 希望하고 이에 다음 條項을 訂立하였다.

第一條 淸國政府는 新民屯 法庫門간의 鐵道를 敷設하려고 할 경우에는 미리 日本國政府와 商議하는데 同意한다.

第二條 兩國政府는 大石橋 營口支線을 南滿洲鐵道支線으로 承認하고 南滿洲鐵道 期限 滿了時 一律로 淸國에 交還할 것과 該支線의 末端을 營口로 延長하는데 同意한다.

第三條 日淸兩國政府는 撫順과 煙台 兩處의 炭鑛에 관해 和平하게 商定함이 다음과 같다.

甲. 淸國政府는 日本國政府가 上記 兩炭鑛의 採掘權을 가지는 것을 承認한다.

乙. 日本國政府는 청국의 일체의 주권을 존중하고 아울러 상기 兩炭鑛의 採炭에 대한 淸國政府에 納稅할것을 承諾한다. 위의 稅率은 淸國 他處의 石炭에 대한 最惠의 稅率을 標準으로 하고 따로 協定한다.

丙. 淸國政府는 상기 兩炭鑛의 採炭에 대해 他處의 石炭에 대한 最惠의 輸出稅率을 適用하는것을 承諾한다.

丁. 炭鑛의 區域 및 一切의 細則은 따로 委員을 派하여 協定한다.

第四條 安奉鐵道沿線과 南滿洲鐵道幹線沿線의 光武는 撫順과 煙台를 除하고 明治四十年卽 光緖三十三年 東三省督務가 日本國總領事와 議定한 大綱을 按照하여 日淸 兩國人이 合辦으로 할 것이며 그 細則은 追後 督務와 日本國總領事와의 사이에서 商訂한다.

第五條 京奉鐵道를 奉天城底로 延長하는 것은 日本國政府에서 異義가 없음을 聲明한다. 그 實行의 辨法은 地方에 있어서의 兩國官憲 및 專門技師

로 하여금 妥實 商訂케 한다.

위 證據로서 下名은 各其의 本國政府로부터 相當한 委任을 받고 日本文과 漢文으로 作成한 각 二通의 本協約에 記名 調印하는 것이다.

明治四十二年 九月四日 北京에서
宣統元年 七月二十日
大日本國特命全權公使 伊集院彦吉 (官印)
大淸國欽命外務部尙書會辦大臣 梁敦彦 (押印)

1) 統監府間島臨時派出所紀要 P.49~52 中 間島假定境界線

間島ノ 假定境界線

從來世人ノ唱道スル間島ノ區域ハ或ハ布爾巴通河ト豆滿江中布爾巴通河トノ分流點ヨリ上流ニ於ケル部分及老爺嶺山脈中哈爾巴嶺ヨリ白頭山ニ至ル部分トノ三邊ヲ以テ形成スル三角形內ノ地面ナリト云ヒ或ハ海蘭河ト豆滿江ノ布爾巴通河トノ合流點ヨリ上流ニ於ケル部分トノ中間ニ存在スル地區ナリト稱シ一モ明瞭ナラス而シテ韓國ノ嘗テ境界談判ニ於テ主張シタル土門江ノ全流域ヲ以テ境トセハ松花江及黑龍江右岸一帶ハ韓國ノ所領タラセル可ラス然レトモ事實ニ於テ沿海州ハ旣ニ露國ノ淸國ヨリ 割讓ヲ受ケタルモノ地吉林 古搭揮春皆共ニ帝國カ淸國ヲシテ開放セシメタルモノナリ然ルニ韓國ノ嘗主張區內ニ於テ布爾巴通 河及海蘭河ニ主流スル諸水系ノ分水嶺ヲ形成スル老爺嶺山脈及同支脈ノ湃甲河ト揮春河トノ分水嶺ヲ形成

スルモノト豆滿江ノ穩城ヲリ上流ニ屬スル部分トヲ以テ周邊トセル地域其他土門江ノ河孟內ニハ事實上淸韓雜居シ韓人ハ淸人ヲリモ遙カニ多數ヲ占ム之ニ依テ之ヲ見レハ所謂間島ナルモノハ以上ノ區域タルヲ要ス然レトモ詳細ナル境界線ハ當時調査シツツアリシ淸韓境界爭議ニ關スル諸材料ノ精査及ビ臨時測量班ノ進陟ヲ待テ決定スルヲ可トシタルモ此次ノ踏査ニヲリテ概略ノ區域ヲ左ノ通リ假定シタリ. 一. 布爾巴通 河及海蘭河ニ主流スル諸水形ノ分水嶺ヲ形成スル老爺嶺山脈ト其支脈ノ驥河ト揮春河トノ分水嶺ヲ形成スルモノト(此支流ハ穩城ノ對岸ニ至ル)豆滿江ノ穩城ヲリ上流ニ於ケル部分トヲ 以テ限界セル區域內, 以上ノ區域ヲ假リ東間島ト稱ス. 二. 東間島ニ隣リ土門江(一名混同江)ト同江ノ松花江ニ分流スル點ヲ哈爾巴嶺ニ連結シタル線トヲ以テ限界セル區域內, 此區域內ヲ西間島ト稱ス. (備考) 右東西間島ノ名稱ハ世人或ハ鴨綠江ノ對岸ヲ呼ンテ西間島ト稱スルモノト混用セラルルノ虞レアルニヲリ後ニ之ニ對シテ東間島東部東間島西部ト稱セリ 此視察ハ東間島東部ニ止マリ其西部ニ及フ能ハサリシテ以テ以下記スルトコルハ東間島東部內ノ狀態ノミナルモ探聞シタルコトロヲ綜合スレハ西部ハ概ネ山嶽ニシテ森林多其溪谷ニ若干ノ 耕地ヲ有シ淸韓人雜居ス其他鑛物ニ乏シカラス就中夾皮溝ノ金鑛ハ其最モ優ナルモノナリト謂フ右ノ如ク假定シタル東間島東部ノ面積ハ概ネ次ノ如シ東西ノ廣サ平均約二十九里南北ノ廣サ平均約三十里面積約八百七十方里 (以上ノ面積ハ後ニ至リ精査ノ結果過小ナリシヲ發見シタリ)

1903년 李範允이 圖們江北側 光霽에 있는 2000畝의 沙州를 間島라 불렀는데 中國은 從來 沙州를 伽島라 해왔다. 수천년간의 歷史地理를 조사했으나 이 땅을 간도라 명명한 일은 없다. 이 伽島는 도문강북측 중국영토로 되어왔다. 청정부는 이곳 경작지로 농민에 대여 매년 租稅를 징수해왔다.

3. 북한 · 중국과의 관계

중화인민공화국 수리부와 조선민주주의 인민공화국 농업성간의 중 · 소 두만강유역 중국방면의 갑만자촌~서위자촌 사이 조선방면의 훈융리에서 승량리 사이 치수공정에 관한 의정서

1956년 9월 2일 북한 · 중국간 의정서

중화인민공화국 수리부와 조선민주주의 인민공화국 농업성은 중 · 소 두만강유역 중화인민공화국 길림성(훈춘현 갑만자촌)에서 서위자촌 사이 조선민주주의 인민공화국 함경북도 경원군 훈융리에서 승량리간의 홍수의 범람을 방지하기 위하여 상기지구 치수공정을 달성한 데 관하여 아래와 같이 협의한다.

제 1 조 본 의정서 중에서 지적한 지구의 치수공정은 양국의 영토주권에 영향을 주지 않고 아울러 양국인민의 이익을 보장하는 원칙 하에서 진행되고 수축되어야 한다. 이로 인해 쌍방은 상술지구 내에서 상대방 공정을 위협할 가능성 있는 일은 다시 하지 않고 아울러 본 의정서 서명이전에 쌍방이 이미 준공했거나 현재 진행하고 있는 치수공정이 만일 상대방에 대해 위해할 때는 마땅히 즉시 스스로 공사를 중지하거나 혹은 쌍방의 협상으로 해결한다.

제 2 조 본 의정서에서 지적한 지구 내에서 공동으로 치수공정의 측량설계 공작을 진행하기 위하여 쌍방은 각기 기술인원 5명 측량공 10명을 파견하여 1956년 10월 20일에 중화인민공화국 길림성 연길현 도문에서 측량설계공작의 구체적 진행방법을 상의하여 정한다. 측량공작은 1957년 1월 20일 이전에 끝내고 아울러 1957년 3월 10일 이전에 설계서를 작성한다.

설계 공작은 쌍방이 입은 재해의 정동의 금후 발전가능성 그리고 공정의 효율 등 급수공학원리를 전면적으로 고려하여 수리건설의 공정여부와 수리건설 방법과 제방위치를 확정한다. 측량 설계에 소요되는 경비와 소공구는 공작소재의 국가가 책임진다. 단 소요되는 주요 측량기계와 공구는 쌍방기술인원 각자가 휴대한다.

제 3 조 공정설계서는 쌍방이 각기 본국 정부에 제출 심사비준을 받은 후 1957년 5월 5일 이전에 쌍방대표가 중화인민공화국 장춘시에서 서명하여 확인한다.

제 4 조 공장설계서의 서명 후 쌍방은 신속하게 치수공정에 착수하며 아울러 1959년 12월 말에 준공하도록 한다. 이 공정에서 본국 영토 내에서 진행하는 공정에 소요되는 모든 경비와 인력 물력은 마땅히 각자가 부담해야 한다. 단 석재를 채취할 때는 상호 시공지점 근처에 있는 상대방 채석장을 이용할 수 있다.

제 5 조 치수공정의 측량설계에서 준공기간까지 중국 측은 중화인민공화국 길림성 훈춘현 현장과 조선민주주의 인민공화국 함경북도 경원군 인민위원장은 상호 연락을 갖고 본 공정에 유관할 그들 직권범위 내에서 처리할 수 있는 문제를 처리한다. 그들의 직권범위 내에 속해 있지 않은 문제는 각기 본국 정부에 보고하여 해결해야 한다.

제 6 조 쌍방은 설계서에 따라 각기 자기 경내에서 진행하는 공정을 준공한 후 양국이 연합으로 조직한 준공검사조가 공동으로 검사를 진행한다.

제 7 조 상술공정의 준공검사 후 만일 일방이 본 의정서에서 지적한 지구 내에서 치수공정의 중건 혹은 改建이 필요하다면 상대방에 통지하여 공동으로 협상한 후 진행한다.

제 8 조 공정이 완성, 준공한 후 쌍방은 각기 본국 경내의 유관 공정의 보호와 관리공작을 스스로 책임지고 진행해야 한다. 단 일방이 위급한 정황에 부딪쳤을 때 상호지원을 해주어야 한다.

제 9 조 본 의정서는 서명한 날로부터 효력을 발생한다. 본 의정서는 1956년 9월 2일에 중화인민공화국 길림성 연길시에서 서명하며 각 2부에 매부 모두 중문과 조선문으로 작성하고 양종의 문본은 모두 동등한 효력을 가진다.

중화인민공화국 수리부 대표 史輪(서명)
조선민주주의인민공화국 농업성 대표 朴均采(서명)

압록강과 두만강에서 목재운송에 관한 의정서(1961. 11. 24)

중화인민공화국정부와 조선민주주의 인민공화국정부는 압록강과 두만강에서 뗏목운송작업과 빙상목재운송작업을 순조롭게 진행하기 위하여 평등호혜와 *友好互助*의 원칙에 근거를 두고 본 의정서에 서명한다. 조문은 아래와 같다.

제 1 조 중국 조선 쌍방은 본국경내에서 벌채한 목재로 편성한 뗏목을 압록강과 두만강을 이용하여 유송할 수 있다. 뗏목의 규격은 중국 측은 장백현 경내 이십도구에서 장백현성 까지 조선 측의 三浦에서 혜산시까지 뗏목 넓이는 9m로 한다. 중국 측의 장백현 조선측의 혜산시 이하에서 뗏목의 넓이는 21m로 한다. 두만강유역 중국 측의 三合이상 조선 측의 회령 이상에서는 뗏목의 넓이를 18m로 한다. 이상의 뗏목 길이는 모두 150m를 초과할 수 없다. 교량이 없는 지구에서 뗏목의 규격은 이상의 제한을 받지 않을 수 있다. 단 어떤 정세하에서건 막론하고 뗏목의 넓이는 모두 고정된 교량의 교각사이의 넓이에 복종해야 하고 교량의 안전에 영향을 줄 수는 없다.

제 2 조 목재의 순조로운 운송을 보증하기 위하여 쌍방은 다음 사항에 동의한다. (1) 중국 측의 輯安에서 조선 측의 만포간을 가로지르는 제1편교 제2편교 교각 두 개를 철거하고 승리교 교각 6개를 뜯고 중국 측의 長甸河

口에서 조선 측 청성진을 가로지르는 교각 2개를 철거하고 중국 측의 燕窩에서 조선 측의 북하동을 가로지르는 교각 2개를 철거한다. 교각 철거 기간은 1956년 5월 15일 이전으로 한다. 교각철거 후 일방이 복구가 필요하다고 인정할 때는 상대방의 동의를 얻은 후 5일 이내에(철로편교는 포함하지 않는다) 다시 복구할 수 있다. (2) 뗏목통과 江水路에 있는 교각사이에서 만일 일방이 八字形偏閘 防護設備의 설치가 필요하다고 인정될 때에 상대방의 동의를 얻은 후에 설치할 수 있다. (3) 본조 제1항에서 지적한 교각철거와 복구, 제2항에서 八字形 偏閘의 시설 및 水涵의 신설보수와 수로의 浚渫은 중국 측 경내에서는 중국 측이 책임지고 조선 측경 내에서는 조선 측이 책임진다. 단 공직상의 편리를 위해서는 만일 쌍방이 동의한다면 한쪽에서 단독으로 책임질 수 있다. 뜯어낸 자료는 응당 교량의 소유자에 넘겨 보관해야 한다. (4) 교량의 보수건축기간에 만일 교량의 보수건축에 영향이 없다면 쌍방은 목재운송을 여전히 진행할 수 있다.

제 3 조 뗏목이 교량을 통과하는 시간은 白晝 해가 떠서 해가 질 때까지 백주에 한하고 백주에 안개 또는 흐리거나 비가 올 때 100m밖의 뗏목통과료를 판별할 수 있는 정황 하에서는 정상적인 통행을 할 수 있고 그렇지 않으면 통행하여서는 안되며 뗏목이 통과할 교각사이는 쌍방의 현장인원들이 구체적으로 규정한다.

제 4 조 뗏목운송작업은 일반적으로 백주에 진행하고 뗏목유송이 교량을 통과할 때 매 뗏목마다 반드시 두 사람 이상의 숙련공이 조작한다.

제 5 조 생산의 특수한 수요에 따라 야간에도 진행할 수 있다. 단 야간뗏목유송은 교량을 통과할 수 없고 야간뗏목유송은 반드시 사전에 야간뗏목유송기간 지역을 상대방 변방부문에 통지하여야 하고 아울러 뗏목위에 신호등과 기타 필요한 설비의 설치 및 야간뗏목유송 숙련공의 수를 필요한 만큼 증가시켜야 한다.

제 6 조 뗏목유송에 종사하는 노동자 직원(수로보수인원 포함)들은 반드시

"뗏목유송작업증"을 지녀야 하고 이 증명은 중국 측은 중화인민공화국 임업부가 발급하고 조선 측에서는 조선민주주의 인민공화국 내각 임업국이 발급하며 쌍방의 증명에는 모두 중 · 조양국 문자로 인쇄 제작한다.

제 7 조 제6조에서 "뗏목유송작업증"을 소지하고 있는 인공들은 江床內 자연강암 이내에서 목재운송작업을 진행할 수 있다. 뗏목운송도중 만일 상대방 경내 강안에 상륙하거나 혹은 동 뗏목운송작업에 유관한 공작을 진행할 필요가 있을 때에는 그 정유 범위를 쌍방이 규정한 뗏목정체장에 한하고 아울러 상륙한 후 1시간 이내에 당지 변방부문이나 혹은 공안기관 혹은 마을인민위원회에 보고해야 한다.

제8 조 쌍방은 뗏목유송이나 빙상작업에 유관한 일과 연계되어 있어 상대방 국경의 국안(쌍방국경선상에서 통행이 허락된 출입국을 통과할 필요가 있을 때는 반드시 뗏목 유송작업고정대표증을 소지해야 하고 이 증명은 쌍방 변방 총대표 혹은 부총대표가 서명하여 발급한다. 매 관련된 지점에서 쌍방은 각기 5장을 발급하여 매장 1인에 한하며 이 증명을 갖는 대표로는 중국 측에서는 현급간부로 하고 조선 측에서는 군급간부로 하고 조선 측에서는 군급간부 혹은 중국 측 현급간부 조선 측 군급간부에 상당하는 전직뗏목유송인원(중국측은 縣林業科長으로 하고 조선 측에서는 뗏목유송작업소장 작업소장 동급의 인원)으로 한다. 통행 시에는 아울러 반드시 본기관의 소개장을 휴대해야 하고 그렇지 않으면 통행할 수 없다. 노동자들이 만일 강상을 넘어 표류목이나 脫排木을 수집할 때는 반드시 먼저 상대방 당지 인민위원회와 변방부문에 통지해야하고 아울러 자기 측 변방대표의 소개장과 뗏목운송작업증을 소지하여야 비로소 진행할 수 있다.

제 9 조 쌍방의 뗏목유송정체에서는 원칙적으로 본국 강안에 대어야하나 자연적 지세에 제한으로 상대방 쪽에 대어야 할 때에는 아래 열거한 정체장에 정박시킨다. 중국 측에서의 조선 측 정체장 : 잠시 규정하지 않으면 필요할 때는 조선 측에 제청하여 동의를 얻은 후 결정한다. 조선 측에서의 중국 측

정체장 : 길림성 장백현 팔도구 십도구 십이도구 길림성 집안현 上解放村 임강현의 사도구 자연적인 재해를 만난 특수한 정황 하에서는 상기 제한을 받지 않을 수 있다. 쌍방은 가능한 조건하에서 구원을 준다. 상기 열거한 정체장은 쌍방의 동의를 거쳐 증감할 수 있다. 정체장으로 만일 농민의 경지를 사용할 때는 사용한 쪽에서 농민에게 응당한 보수를 주어야 한다.

제 10 조 목재를 순조롭게 운송하는 것을 보증하기 위하여 쌍방은 상호 목재운송에 관한 기술문제를 교환하고 아울러 상호 태풍 폭우와 (3)항에 대한 기상예보와 통보자료를 제공한다.

- 통보방법 : 쌍방은 이미 얻은 상술한 기상자료를 전화로써 상대방에 통지한다.
- 제공지점 : 중국 측은 장백 임강 집안 拉古哨 안동 南坪으로 하고 조선 측은 혜산 만포 永豊 신의주 무산으로 한다.
- 송보제궤관 : 중국 측은 시, 현인민위원회로 한다. 조선 측은 군인민위원회로 한다.

제 11 조 일방이 수로보수를 위하여 상대방 영토에서 채석 혹은 기타 작업을 진행할 필요가 있을 때와 화약을 사용해야할 필요가 있을 때는 모두 상대방의 당지 현 군인민위원회의 동의를 얻어야 하고 아울러 상대방 현 군 인민위원회가 지정한 지점에서 진행해야 한다. 단 강중의 암석폭파가 상대방 강안 보호나 안전에 관계를 주지 않을 때는 사전에 상대방 변방부문에 통지하고 즉시 진행할 수 있다.

제 12 조 일체의 운송되는 목재는 모두 응당 일정한 표시로 된 인을 찍어야 하고 쌍방이 표류목이나 탈배목을 습득했을 때는 그 표증에 따라 처리한다. 만일 갑방의 표류목과 탈배목이 을방 강안에 떠내려 와 닿았을 때에는 을방 응당 보관하고 아울러 갑방에 통지하여 8개월 내에 돌려 줄 책임이 있고 이에 대하여는 서로 세금을 징수하지 않으며 만일 기간 내에 돌려줄 수 없다면 곧 을방 현 · 군인민위원회에서 처리한다. 단 일방 표류목과 탈

배목이 만일 상대방 주민들에 의해 수집되었다면 상대방 수집자에게 보수를 지급해야 하며 보수는 수집한 일방 본국의 화폐로 지급해야하며 보수는 수집한 일방 본국의 화폐로 지급하며 한 덩이씩 검수하여 쌍방대표가 당지의 일반 노임에 근거하며 협상으로 결정한다.

제 13 조 무릇 목재가 교량을 부딪쳐 파손시켰을 때는 목재소 측에서 책임지고 배상하고 수리해야한다. 만약 교량파손의 원인이 불명일 때는 쌍방은 인원을 파견하며 감정할 수 있다.

제 14 조 쌍방은 뗏목유송작업이나 혹은 동 유송작업에 관계있는 작업을 진행하는데 선박을 사용해야 할 필요가 있을 때는 사용할 수 있다. 단 선상인원은 상대방의 허락을 얻지 않고서는 상대편 강안에 오를 수 없다.

제 15 조 쌍방은 목재운송수요에 만족하기 위하여 동계에는 쌍방대표의 협상으로 강상범위 내에서 일정한 방도를 획정하고 목재운송사업을 진행할 수 있다.

제 16 조 쌍방은 편리를 도모하기 위하여 대표를 파견하여 지정된 회의지점에서 회의를 진행할 수 있다. 회의 지점 : 중국 측은 장백 임강 집안 장전 하구 長市台 안동 古城里 南坪 三合으로 한다. 조선 측은 혜산 중강 만포 청성진 의주 신의주 三長 무산 회령으로 한다.

제 17 조 일방이 다른 일방의 화폐를 지불할 때 쌍방 은행을 통하여 兌換處理한다.

제 18 조 본 의정서가 효력을 발생한 후 1953년 4월 30일 서명한 中朝 뗏목유송에 관한 의정서를 폐기한다. 쌍방은 본의정서를 각기 압록강과 두만강 강안의 자기 측 관계기관과 당지 인민들이 즉시 사용하도록 통지해야 하고 아울러 자기 측 목재운송 인원들이 절실하게 본 의정서 규정을 준수하도록 교유시켜야한다.

제 19 조 본 의정서에 만일 타당치 않은 곳이 있을 때 쌍방은 협의에 의하여 수정 혹은 보충할 수 있다.

제 20 조 본 의정서는 서명한 날로부터 효력을 발생하며 유효기간은 5년으로 한다. 기간만료 6개월 이전에 만일 일방이 제의하여 다른 일방의 동의를 얻는다면 다시 5년을 연장할 수 있다. 본 의정서는 1956년 1월 14일에 북경에서 서명하여 2부를 작성하여 매부 모두 중국문과 조선문으로 쓰며 양종의 문자는 모두 동등한 효력을 가진다.

중화인민공화국 정부주권대표　유성동(서명)
조선민주주의인민공화국 정부전권대표　최 일(서명)

중화인민공화국 정부와 조선민주주의인민공화국 정부 간의 압록강과 두만강에서 목재운송에 관한 의정서의 보충 의정서

중화인민공화국 정부와 조선민주주의인민공화국 정부는 1956년 1월 14일 조인한 압록강과 두만강에서 목재운송에 관한 의정서의 유효기간을 5년간 연장하고 아울러 의정서 제19조의 규정에 의거하여 보충협의를 아래와 같이 결정한다.

제 1 조 쌍방은 각기 벌채한 목재로 편성한 뗏목을 압록강과 두만강을 이용하여 유송할 수 있음을 체결한다. 강변과 교량의 안전을 보증하기 위하여 뗏목 넓이는 교량의 교각 넓이보다 좁게 고정시켜야 한다. 뗏목의 규격제한은 다음과 같다. 압록강유역, 즉 중국 측으로 장백현 아래 조선 측으로는 혜산시 아래로 뗏목의 최대 넓이를 25m로 한다. 단 장백현 대교 혜산교를 통과할 때는 뗏목의 최대넓이가 5m를 초과해서는 안된다. 두만강유역 즉 중국 측에서는 고성리에서 開山屯에 이르기 까지 조선 측에서는 삼장에서 삼봉에 이르기 까지 뗏목의 최대 넓이는 20m로 한다. 단 아동교

를 통과할 때는 뗏목의 최대 넓이가 8m를 초과해서는 안된다. 교량이 없는 지역에서 길이와 넓이는 제한받지 아니한다. 제2조 목재의 순조로운 유송을 보증하기 위하여 압록강과 두만강의 수로역량을 합리적으로 이용하고 搬運施設의 안전을 확보하여 상방은 의정서 제2조를 아래와 같이 수정한다. (1) 압록강에서 필요에 의하여 쌍방은 협의를 통하여 공동으로 새로이 수문을 세움으로써 공동으로 이용한다. 이런 해당시설의 건설비용 및 그 관리는 쌍방이 공동으로 책임진다. 쌍방의 동의를 거친 뒤 일방에서 단독으로 건설한 수문의 그 비용과 관리는 건설한 측에서 책임진다. 쌍방의 동의를 거친 뒤 일방에서 단독으로 건설한 수문의 그 비용과 관리는 건설한 측에서 책임진다. 쌍방은 수문의 통과능력과 뗏목의 정체능력에 근거하여 협의를 진행하며 합리적으로 뗏목의 유송량을 안배함으로 시설의 효능을 충분히 발휘하게 한다. (2) 새로운 수문건설 뗏목 정체장의 증감 및 목재운송에 관계되는 기타 중요문제를 연구 해결하기 위하여 쌍방은 매년 한 차례 회의를 열 수 있다. 회의 참가하는 대표는 중국 측에서는 중화인민공화국 임업부가 지명 파견하고 조선 측에서는 조선민주주의인민공화국 농림성이 지명 파견한다. 상방은 상술한 문제를 해결 할 필요가 있을 때는 3개월 이전에 상대방에게 제출해야 한다. 회의개최 지점은 중국 측에서는 안동시로 하고 조선 측에서는 신의주시로 하며 혹은 쌍방이 협의한 기타 지점으로 옮겨 진행한다. (3) 압록강과 두만강 유역에서 목재유송은 강물의 주류방향을 변경시키지 않고 노동의 안전을 보증하는 원칙하에서 시설을 증가하여 유송의 통과능력을 강화시킬 수 있다. 그러나 목재 운송에 관계있는 수로의 각종시설 삼각 사각 수갑 편갑 등과 건설 혹은 암석폭파와 굴착작업을 진행할 때는 반드시 쌍방 강안의 보호와 안전 확보의 조치를 취하여야 한다. 소요되는 자금과 기재는 작업하는 쪽에서 부담한다. 만일 강속의 암석을 폭파할 때 상대방 강안의 보호와 안전에 대해 관계가 없을 때는 사전에 뗏목유송 고정대표를 거쳐 변방부문에 통지한 후 작업을 진행한다. (4) 압록강과 두만강에서 목재유송작업을 순조롭게 진행하는 보증하기 위하여 쌍방은 단독적으로 강물의 흐름에 장애를 주는 물건을 설치하거나 혹은 강 양쪽 연안에서 물건을 거꾸로 놓을 수 없다.

제 3 조 뗏목의 유송작업은 원칙적으로 백주(해가 떠서 질 때까지) 진행하나 특수한 수용에 의해서는 야간에도 진행할 수 있다. 단 반드시 사전에 뗏목의 유송기간과 지역을 상대방 뗏목유송 고정대표를 거쳐 변방부문에 통지하고 아울러 뗏목에는 신호등과 필요한 장치를 설치해야한다. 뗏목이 교량을 통과할 때는 반드시 2명이상의 숙련노동자가 장악해야 한다. 뗏목통과 할 교각사이는 쌍방의 현장인원이 편리할 지점을 구체적으로 규정하여 선택한다. 야간에 뗏목이 교량을 통과할 때 뗏목이 통과하는 교각사이에 신호등을 설치하여 안전을 보장하도록 해야 한다. 중국 측 뗏목유송의 교각사이에는 중국 측이 책임지고 장치하고 조선 측 뗏목유송의 교각사이는 조선 측이 책임지고 장치한다. 뗏목이 교각사이를 통과할 때는 뗏목유송 책임자를 거쳐 교량소재 보호인원과 국경방위인원(邊防人員)에 통지하고 신호증을 점멸시킨다.

제 4 조 뗏목유송에 종사하는 노동자 직원(수로보수인원 표류목 침몰목재 수집인원 뗏목편성노동자 강상에서 목재를 운송하는 노동자와 선박인원을 포함)들은 반드시 뗏목유송작업증을 소지해야 한다. 이 증서는 중국 측에서는 중화인민공화국 임업부가 발급하고 조선 측에서는 조선민주주의 인민공화국 임업성에서 발급한다. 쌍방의 증서는 모두 중국문과 조선문으로 작성한다.

제 5 조 조선 측의 중국 쪽 뗏목정체장으로 길림성 집안현의 羊魚頭, 良民甸子잠 上套시 요녕성 寬甸縣의 拉古哨동 瓦房店 등 5개 처를 증가한다. 중국 측의 조선쪽 뗏목정체장으로 잠시 동안 구체적으로 규정하지 않고 필요할 때 다시 조선 측에 동의를 청한 후 확정한다.

제 6 조 목재의 순조로운 유송을 보증하기 위하여 쌍방의 뗏목유송 고정대

표는 소재 지점에서 목재운송에 유관한 기술자료 및 연간 뗏목유송재목운송량 원목규격 원목낙인표시 등을 상호 교환할 수 있다. 태풍 폭우와 홍수에 대한 3개의 기상예보와 통보지점으로 중국 측에서는 拉古哨, 남평을 취소하고 연길을 첨가한다.

제 7 조 쌍방 뗏목유송 고정대표 회담지점으로 중국 측에서는 마전하구 삼합 남평을 취소하고 라고초와 도문을 첨가하고 조선 측으로는 청성진 의주 무산 회령을 취소하고 수풍과 남양을 첨가한다.

제 8 조 쌍방은 의정서와 보충의정서의 규정에 의거하여 뗏목유송 고정대표의 회담을 통하여 제때에 현장에서 발생한 문제를 협상 해결한다. 뗏목유송고정대표는 목재의 순조로운 유송을 보증하기 위하여 목재운송에 유관한 강 연안의 시설 신축과 보수 수로의 개발과 보수 표류목재와 침몰목재의 수집 및 기타 유관문제를 제때에 협상하여 해결해야 한다.

제 9 조 중 · 조 압록강과 두만강에서 목재운송에 관한 의정서와 본 보충의정서에 있는 조항들은 쌍방의 영토 주권의 안전에 영향을 주지 않는다.

제 10 조 본 보충의정서는 조인된 날로부터 효력을 발생한다. 유효기간은 1966년 1월 14일까지이다. 1956년 1월 14일 조인된 압록강과 두만강에서 목재운송에 관한 의정서와 본 보충의정서에 서로 상위되는 것이 있을 때에는 본 의정서의 조항에 준한다. 1956년 1월 14일 조인한 압록강과 두만강에서 목재운송에 관한 의정서와 본 보충의정서는 유효기간 만료 6개월 이전에 만일 일방이 폐기할 것을 제기하지 않는다면 그 유효기간은 5년간 연장한다. 본 보충의정서는 1961년 11월 24일 북경에서 조인하고 2부를 작성 매부 모두 중국문과 조선문으로 쓰며 양종문은 모두 동등한 효력을 가진다.

중국인민공화국정부 전권대표　장 통(서명)
조선민주주의인민공화국정부 전권대표　박춘삼(서명)

중화인민공화국과 조선민주주의인민공화국 간의 국경조약 1962. 10.2

중화인민공화국 주석과 조선민주주의인민공화국 최고인민위원회 상임위원회는 맑스-레닌주의와 무산계급 국제주의 원칙에 근거하여 두 나라 간에 역사적으로 내려온 국경문제를 전면적으로 해결하는 것은 양국 인민의 근본 이익에 부합되며 양국 간의 형제와 같은 우의를 공고히 하고 강화하는데 도움이 된다는 것을 믿어 의심치 않는다. 이를 위해 본 조약을 체결하기로 결정하며 각각 파견한 전권대표는 다음과 같다.

중화인민공화국 주석은 중화인민공화국 국무원총리 주은래를 파견하고 조선민주주의 인민공화국 최고인민회의 상임위원회는 조선민주주의 인민공화국 내각수상 김일성을 파견한다. 쌍방의 전권대표는 전권증서가 정확하다는 것을 서로 확인하고 다음과 같은 조항들에 대하여 합의하였다.

제 1 조 조약 쌍방은 두 나라 국경을 아래와 같이 확정함에 동의한다.

1. 백두산 천지의 국경선은 백두산 상의 천지를 한 바퀴 에워싼 산등성이의 서남단 2520고지와 2664고지 사이의 鞍部의 대체적인 중심점에서부터 시작하여 동북쪽을 향해 직선으로 천지를 가로질러 맞은편 산등성이의 2628고지와 2680고지 사이 안부의 대체적인 중심점에서 끝나며 그 서북부분은 중국에 속하고 동남부분은 조선에 속한다.
2. 천지 이남의 국경선은 상술한 산등성이의 2520고지와 2664고지 사이 안부의 대체적인 중심점에서 시작하여 그 산등성이의 대략 동남방향을 따라 산등성이의 최남단의 한 점에 이르며 그런 후에 산등성이를 떠나 직선으로 동남방향으로 2469고지를 거쳐 2071고지 동쪽의 압록강 상류와 이 고지에서 가장 가까운 소지류상의 한 점에 이른다. 그로부터 국경선이 그 소지류의 물 흐름의 중심선을 따라 내려와 그 소지류가 압록

강에 흘러드는 곳에 이른다.

3. 상술한 2071고지 동쪽 압록강 상류와 그 고지에서 가장 가까운 한 소지류가 압록강에 흘러드는 곳으로부터 압록강 하구에 이르기 까지 압록강을 경계로 한다. 압록강하구는 조선의 소다사도 최남단에서 신도 북단을 거쳐 중국 大東溝 이남의 돌출부 최남단까지 이어주는 직선으로서 이를 압록강과 황해의 분계선으로 한다.
4. 천지 동쪽의 국경선은 상술한 산등성이의 2628 고지와 2680고지 사이 안부의 대체적인 중심점에서 시작하여 동쪽을 향하여 직선으로 2114 고지에 이르고 다시 직선으로 1992고지에 이르며 다시 직선으로 1956 고지를 경유해서 1562고지에 이르며 다시 직선으로 1332고지에 이르며 다시 직선으로 두만강 상류의 지류인 紅土水와 북면의 한 지류가 합쳐지는 곳(1283고지 이북)에 이르며 이로부터 국경선은 홍토수의 물 흐름 중심선을 따라 내려와 홍토수와 弱流河가 합쳐지는 곳에 이른다.
5. 홍토수와 약류하가 합쳐지는 곳으로부터 시작하여 중 · 조 국경 동쪽 끝점에 이르기까지 두만강을 경계로 한다.

제 2 조 조약 쌍방은 경계하천의 島嶼와 沙洲는 아래의 규정에 따라 획분하는 것에 동의한다.

1. 본조약이 체결되기 전에 이미 일방의 공민에 의하여 정착 혹은 개간한 섬과 사주는 해당 일방의 영토로 하며 다시 고치지 않는다.
2. 본 조약 제1항목에서 서술한 이외의 섬과 사주는 중국 쪽에 붙은 것은 중국에 속하는 것으로 하고 조선쪽에 붙은 것은 조선에 속하는 것으로 한다. 양 안의 중간에 자리 잡은 것은 쌍방의 협상에 의해 다음과 같이 그 귀속을 획정한다.
3. 일방의 河岸과 그에 속한 섬과 사주 사이에 위치한 섬과 사주는 비록 타방의 하안 혹은 가운데 있더라도 여전히 일방의 소유로 한다.
4. 본 조약이 체결된 후 경계하천 중 새로 출현한 섬과 사주는 본 조약의

제2항목과 제3항목에 근거하여 그 귀속을 결정한다.

제 3 조 조약 쌍방은 다음의 사항에 동의한다.

1. 압록강과 두만강 상의 너비는 어떠한 때를 막론하고 모두 수면의 너비를 기준으로 한다. 양국 간의 경계하천은 양국이 공유하며 양국이 공동관리하고, 공동으로 사용하며 여기에는 항행 어업과 강물 사용 등을 포함한다.
2. 압록강 하구 바깥 중 · 조 두 나라 해역의 획분은 강과 바다의 분계선상의 동경 124도 10분 6초의 한 점으로부터 시작하여 대체로 남쪽으로 공해에 까지 이르는 일선을 양국의 해상 분계선으로 한다. 서쪽의 해역은 중국에 속하고 동쪽의 해역은 조선에 속한다.
3. 압록강 하구 강과 바다 분계선 밖의 동경 123도 59분으로부터 동경 124도 26분 사이의 해역은 양국의 일체 선박이 모두 자유로이 항해할 수 있으며 제한을 받지 않는다.

제 4 조 조약 쌍방은 다음의 사항에 동의한다.

1. 본 조약이 체결된 후 즉시 양국 국경연합위원회를 설립하여 본 조약의 규정에 근거하여 국경을 순차하며 경계팻말을 세우고 하천 중의 섬과 사주의 귀속을 확정하며 그런 후에 의정서 한 부를 작성하며 국경지도를 그린다.
2. 본 조약 제1항에서 서술한 의정서와 국경지도는 양국 정부대표의 서명을 거친 후 즉시 본 조약의 부속문건으로 되며 연합위원회의 임무는 종결된다.

제 5 조 본 조약은 반드시 비준을 거쳐야 하며 비준서는 빠른 시일 내에 북경에 교환한다.

본 조약은 비준서를 교환하는 날부터 효력을 발생한다. 본 조약이 체결되기 전의 일체 양국 간의 국경에 유관되는 문건은 1962년 10월 3일 조인한 중 · 조 국경문제에 관한 중조 양국 정부대표단의 회담기요를 제외하고는 본 조약 제4조에 서술한 의정서가 효력을 발생하는 날부터 시작하여 효력을 잃게 된다.

본 조약은 1962년 10월 12일 평양에서 체결하였으며 중국문과 조선문으로 각각 2통씩 작성된 이 두 원문은 동등한 효력을 가진다.

중화인민공화국 전권대표 주은래 서명
조선민주주의인민공화국 전권대표 김일성 서명

중화인민공화국정부와 조선민주주의인민공화국정부의 중 · 조 국경에 관한 의정서 1964. 3. 20

중화인민공화국정부와 조선민주주의인민공화국정부는 중 · 조 국경연합위원회가 1962년 10월 12일에 체결한 중 · 조 국경조약에 근거하여 평등한 협상과 우호적인 합작을 통하여 양국 국경의 감찰과 경계팻말의 수립 및 경계하천의 섬과 사주의 귀속을 확정하는 임무를 원만하게 완성하고 양국의 국경을 명확하고 구체적으로 감정하여 맑스-레닌주의와 무산계급 국제주의에 기초한 위대한 단결과 양국 인민의 형제적 우의를 한층 더 강화시키는데 공헌함에 중 · 조 국경조약 제4조의 규정에 근거하여 본 의정서를 체결한다.

총 칙

제 1 조 중 · 조 양국 국경은 중 · 조국경연합위원회가 이미 정한 중 · 조 국경조약(이하 국경조약) 제4조의 규정에 근거하여 현지 감정을 하였다. 쌍

방은 국경조약 제1조 제1. 2. 4항에서 서술한 백두산지구의 국경선에 따라 측량 감찰과 팻말을 세워 정식 표기를 하였다. 그리고 국경조약 제1조 제3. 5항에서 서술한 압록강과 두만강 경계하천에 따라 감찰을 진행하여 경계하천의 섬과 사주의 귀속을 확정하였고 압록강 하구 강과 바다의 분계선을 감정하여 하천 · 바다의 분계 표지를 세 개 세웠으며 국경조약 제3조 제2항 규정에 근거하여 압록강 하구 바깥의 중 · 조 양국 해상 분계선을 획정하였으며 국경조약 제3조 제3항에서 서술한 압록강 하구 및 하천과 바다의 분계선 밖의 양국 자유항행 구역을 구체적으로 확정하였다. 이상에서 서술한 각 항은 본 의정서에서 구체적인 서술을 하였으며 자유항행 구역을 제외하고는 중 · 조 국경조약 부도(부속지도 이하 부도)에 모두 명확히 표시를 하였으며 금후부터는 본 의정서의 규정과 상술한 부도를 기준으로 한다.

제 2 조 1. 본 의정서 제1조에서 서술한 백두산 지역에 세울 팻말은 대형과 소형 두 가지로 나누고 모두 철근과 콘크리트로 만들며 국경 팻말 중심에 철천(鐵猪)을 넣어 묻는다. 대형과 소형의 경계팻말이 지면에 노출되는 부분의 높이는 각각 155cm, 129cm로 한다. 경계팻말을 세우는 것은 각각의 상황에 따라 하나를 세우는 것과 동일한 번호를 두 개 세우는 것 동일한 번호의 팻말을 세 개 세우는 등 세 가지로 한다. 경계팻말은 사면에 글자가 새겨 있다. 중국을 향한 면에는 中國 이란 글자가 새겨 있고 조선을 향한 면에는 조선이라고 새겨 있으며 나라 이름 아래에는 경계팻말을 세운 연도가 새겨 있으며 경계팻말 양쪽에는 경계팻말의 번호가 새겨 있다. 같은 번호로 두 개 세워지거나 세 개 세워진 경계팻말의 경우는 동일 번호 아래 보조 번호를 (1) (2) 혹은 (1) (2) (3)과 같이 새긴다. 경계팻말의 양식과 규격은 본 의정서의 별첨 1을 보기 바란다. 본 의정서 제1조에 서술한 압록강 하구의 하천과 바다 분계 표지는 철근과 콘크리트로 만들고 동서 양측에 글이 새겨있다. 서면에는 江海分界가 새겨 있고 동쪽에는 하구계

선이란 글이 새겨 있다. 그 글 아래 번호가 새겨 있다. 그 양식과 규격은 본 의정서 별첨 2를 참조하면 된다. 3. 쌍방은 두만강의 가운데 있는 중국 王家　子島와 조선 매기도의 분계선을 명확히 하기 위하여 그곳에다 경계 팻말을 두 개 세웠는데 그 양식과 규격은 본 의정서 별첨 1의 소형 경계팻말과 같다. 하지만 번호는 없다.

제 3 조 1. 압록강과 두만강을 분계로 하는 구간에서는 국경의 너비를 본조 제2항에 서술한 수역 이외에 국경조약 제3조 제1항의 규정에 따라 언제나 분계 하천 수면의 너비를 기준으로 한다. 2. 쌍방은 1962년 10월 3일 중 · 조 양국 정부대표단이 가진 중 · 조 국경회담기요 제6항의 규정에 따라 일방의 국경 내에서 발원하여 국경 하천으로 유입되는 지류 중에서 국경 하천 구간에 속해 있지 않고 경계의 너비가 축소비례로 5만부의 1 의 지도에서 1mm 이상인 지류와 오직 한쪽이 국경 하천과 닿아 있고 일방적으로 한 나라에 치우쳐 호수상태를 이룬 수역은 국경 하천과 같이 부도에 국경선을 표시하였다.

제 4 조 국경하천의 섬과 사주는 면적이 2500m^2 이상의 것과 비록 2500m^{2}는 되지 않더라도 쌍방이 모두 비교적 고정적이고 이용가치가 있다고 인정하는 것은 쌍방이 실지 감찰을 거쳐 국경조약 제2조의 규정에 따라 귀속을 결정하였다. 상세한 것은 본 의정서에 첨부한 섬과 사주의 귀속 일람표(이하 일람표)에 있고 부도에도 명확한 표시를 하였다. 상술한 부도에 무릇 면적이 2500m^2 이상 되는 섬과 사주는 比例尺에 따라 표시를 했고 2500m^{2}가 되지는 않지만 쌍방이 모두 비교적 고정적이고 이용가치가 있다고 인정하는 섬과 사주는 비례척에 따라 표시하지 않았다. 기타의 섬과 사주의 귀속은 국경조약 제2조의 규정에 따르기로 한다.

제 5 조 본 의정서 제7조 제8조와 제10조에 서술한 길이와 거리는 부도에서 계산한 것임을 주해를 달아 설명한 것 외에는 모두 실지에서 계산한 것이다. 실지에서 측량한 거리는 모두 수평거리이다. 제8조와 제10조에서 서

술한 경도 위도는 중·조 쌍방이 연합하여 측량한 평면 직각좌표에서 역산법으로 구한 것이다. 본 의정서에 첨부된 일람표에 있는 면적은 실지 감찰을 통해서 구하였으며 경도와 위도는 부도에서 측량하여 얻은 것이다.

제 6 조 본 의정서에서 서술한 부도의 비례척은 5만분의 1이며 중·조문본과 조·중 본문 두 가지로 되어있고 모두 47쪽으로 되어 있다. 이 부도는 압록강 하구로부터 시작해서 서쪽에서 동북쪽의 순서로 되어 있고 통일된 번호가 있다. 그 중 제32호 지동에 1~2호 경계팻말 구간의 2만 5천분의 1의 상세한 지도가 첨부되어 있고 제33호 지도에 20~21호 경계팻말 구간의 2만 5천분의 1의 상세한 지도가 첨부되어있다. 금후 물 흐름의 중심을 국경으로 했던 구간이 물 흐름의 변화로 변했을 경우 상술한 2만 5천분의 1의 상세한 지도에 명확히 밝힌 국경선은 변하지 않는다.

백두산지구의 국경선 방향과 경계팻말의 위치

제 7 조 백두산지구는 압록강 상류와 2071고지(새로 측량한 높이는 2,152 m, 부도는 새로 측량한 것을 기준으로 함)의 동쪽에서 제일 가까운 작은 지류와 합쳐진 곳으로부터 시작하여 백두산 천지를 지나 홍토수와 약류하가 합쳐지는 곳까지 구간의 분계선으로 길이가 45,092.8m이며 상세한 분포는 아래와 같다. 백두산지구의 분계선은 압록강 상류의 2071고지로부터 동쪽으로부터 제일 가까운 작은 한 지류(時佘河)와 압록강이 합쳐진 곳으로 그곳 주위에 1호인 3개의 대형 계팻말을 세웠다. 경계선은 상술한 합쳐진 곳으로부터 2071고지를 거슬러 올라가 동쪽으로 가장 가까운 작은 한 지류의 물 중심선으로부터 대체로 서북쪽으로 올라가 2호인 두 개의 대형 경계팻말 사이의 직선 교점으로 한다. 이 구간의 경계선 길이는 3,050m(부도에서 측량한 것이다)이다.

2호 쌍립 대형 경계팻말 간의 상술한 교점으로부터 시작하여 국경선은 극좌표 322도 57.1분으로부터 직선으로 이어지다가 2469고지(신측 2,457.4m,부도는 신측을 기준으로 함)를 지나 동남의 언덕과 벼랑을 지나 2469고지 정상의 3호 대형 경계 팻 말에 이른다. 이 구간의 길이는 472.3m이다.

3호 대형 경계팻말로부터 국경선은 계속 상술한 직선으로 뻗어 나가 2469고지의 서북 언덕과 마른 골짜기 두 개와 벼랑을 하나 지나 백두산 천지를 에워싼 산등성이 최남단 의 안부 서쪽에서 가장 가까운 2525.8고지 정상의 4호 대형 경계팻말까지이다. 이 구간의 길이는 1691.1m이다.

4호 대형 경계팻말로부터 국경선은 백두산천지를 에워싼 산등성이를 따라 대체로 서쪽으로 향하여 2520고지(신측 2,543m),부도는 신측을 기준으로 함)를 지나 2520고지와 2664고지(청석봉)간의 안부 중심점에 있는 대형 경계팻말까지이다. 이 구간의 거리는 3,100m(부도에서 측량한 것)이다.

5호 대형 경계팻말로부터 국경선은 직선으로 극좌표 방위가 67도 58.3분을 기준으로 백두산 천지를 지나 백두산 천지의 2628고지와 2680고지(천문봉)간 안부의 대략적인 중심점인 6호 대형 경계팻말까지이다. 이 구간의 길이는 5.305,6m이다.

6호 대형 경계팻말로부터 국경선은 직선으로 진좌표 방위각 93도 10분 41.6초 방향으로 나가 雨裂(비로 인해 가라라진 곳)을 하나 지나고 내두하의 서쪽 지류를 지나 2114.0고지상의 7호 대형 경계팻말까지이다. 이 구간의 길이는 3,226.3m이다.

7호 대형 경계팻말로부터 국경선은 직선으로 극좌표로부터 극좌표 방위각 82도 57.9분 방향으로 2114.0고지의 산기슭을 거쳐 1999.0고지 위의 8호 대형 경계팻말까지이다. 이 구간의 길이는 1646.8m이다.

8호 대형 경계팻말로부터 국경선은 직선으로 극좌표 방위각 96도 07.1분

방향으로 800m 거리에 있는 1992.0고지와 1956고지(신측 1951.8m 부도는 신측을 기준으로 함)사이의 내두하를 거쳐 1956고지 위의 9호 대형 경계팻말까지이다. 이 구간의 길이는 1696.7m이다.

9호 대형 경계팻말로부터 국경선은 직선으로 극좌표 방위각 96도 45.5분 방향으로 뻗어 나가 이 직선에 놓여 있는 10호 11호 12호 13호 네 개 소형 경계팻말을 지나 10.040.8m 지점에 놓여 있는 14호 대형 경계팻말까지이다. 국경선은 9호 대형 경계팻말로부터 黑石溝(土門江)를 지나 10호 소형 경계팻말까지 거기에서 다시 내려가 우열을 하나 넘어 소형 경계팻말까지, 또 거기에서 직선으로 계속 내려가 우열을 하나 지나 12형 소형 경계팻말까지 그 다음은 다시 내려가 安圖에서 신무성으로 통하는 길을 지나 13호 소형경계팻말까지이며, 이 경계팻말에서 다시 작은 시내를 하나 지나 쌍목봉(쌍두봉)의 서북기슭을 따라 올라가 쌍목봉(쌍두봉)의 북쪽 봉우리 즉 1562고지(신측 1532.1m,부도는 신측을 기준으로 함)의 14호 대형 경계 팻말까지이다. 14호 대형 경계팻말로부터 국경선은 직선으로 극좌표 102도 58.5분 방향으로 나가 이 직선 위에 놓여 있는 15호 16호 17호 세 개의 소형 경계팻말을 지나 18호 대형 경계팻말까지이다. 국경선은 14호 대형 경계팻말로부터 동남쪽으로 가파른 산비탈을 내려가 평탄한 경계팻 말까지 이 경계팻말에서 다시 평탄한 산지를 따라 17호 소형 경계팻말을 지나 또 산지를 따라 1332고지(신측 1300,8m, 부도는 신측을 기준으로 함) 위의 18호 대형 경계팻말까지이다.

18호 대형 경계팻말로부터 국경선은 직선으로 극좌표 방위각 91도 11.5분 방향으로 완만한 언덕을 따라 내려가 작은 골짜기를 하나 지나고 그 후에 완만한 산비탈을 따라 올라가 19호 까지 소형 경계팻말까지이다. 경계팻말로부터 계속 상술한 합쳐지는 곳으로 부터 국경선은 홍토수의 물줄기 중심을 따라 내려가다가 적봉 남쪽 기슭을 돌아 먼저 동남쪽으로 굽어 내려가다가 조선 경내에서 흘러나오는 소시령하와 홍토수의 합쳐지는 곳을 거쳐 다시 동북으로 내려가(20호 대형 3립 경계팻말로 부터) 2.575m 떨어진(부도에서 측량한 것) 홍토수와 약류하가 합쳐진 곳까지이다. 이곳에 21호인 3개의 대형 경계팻말을 세웠다. 8호 경계팻말로부터 20호 대형 경계팻말까지의 사이에 너비가 4~8m되는 산 속의 通視道를 만들었다.

제 8 조 본 의정서 제7조에 서술한 백두산지구의 21개 번호의 경계팻말을 세웠고 그 수는 28개이다. 그 중에 한 번호로 된 하나짜리 경계팻말은 17개이고 한 번호에 쌍립은 두 개이고 동일한 번호에 3립으로 된 것은 9 개이다. 경계팻말의 구체적 위치는 아래와 같다.

• 1호 대형 경계팻말 : 이 경계팻말은 번호가 1(1), 1(2), 1(3)으로 새겨진 세 개의 경계팻말로 구성되었다. 이 경계팻말들은 압록강 상류와 2071고지(신측 2,152m) 동쪽에 있는 제일 가까운 작은 지류와 합쳐진 곳 주위에 있다.

1(1)호 경계팻말은 중국경내, 상술한 합쳐지는 곳 서쪽 언덕의 평대 위에 있는데 위치는 동경 125도 05분 49,9초 북위 41도 56분 44.3초이다. 상술한 합쳐지는 곳에서 극방향 직각좌표 74도 01.2분 거리 86.0m이다.

1(2)호 경계팻말은 조선 경내 상술한 합쳐진 곳에서 동족에 있는 언덕의 평대위에 놓여있다. 상술한 합쳐진 곳에서 극방향 방위가 298도 36.2분이며 거리는 82.7m이다. 뾰족한 암석에서 극방향 방위각 187도 39.4분이며 거리는 332.2m이다.

• 2호 대형 경계팻말 : 이 경계팻말은 2(1) 2(2)호가 새겨진 두 개의 경계팻말로 구성되었다. 이 양 경계팻말은 2071고지 동쪽에서 제일 가까운 작은 지류의 상류 양측 산언덕에 위에 있다.

2(1)호 경계팻말은 중국경내에 있는데 상술한 작은 지류의 물줄기 중심에서 2호 양 경계팻말의 직선 교점 서쪽 산언덕의 평대에 놓여있다. 동경 128도 04분 21.6초 북위 41도 57분 54.0초에 놓여 있다.

2(1)호 경계팻말에서 2(2)호 경계팻말까지의 거리는 상술한 작은 지류의 물줄기 중심 교차점에서 극동향 방위각 66도 41.7분이고 거리는 55.9m이다.

2(2)호 경계팻말은 조선경내에 있는데 상술한 교차점에서 동쪽의 산언덕에 위치하고 있다. 상술한 교차점의 극방향 방위각 246도 41.7분에 있고 거리는 50.0m이다.

- 3호 대형경계팻말 : 이 경계팻말은 2469고지(신측 2457.4m) 정상에서 동경 128도 04분 09.1초 북위 41도 58분 0.57초에 있다. 3호 대형 경계팻말에서 4호 대형 경계팻말까지는 남쪽방향 방위각 314도 40분 20.8초이다.
- 4호 대형경계팻말 : 이 경계팻말은 백두산 천지를 에워싼 산등성이 최남단의 안부 서쪽에서 제일 가까운 2525.8고지의 정상에 놓여있는데 동경 128도03분 16.9초 북위 41도 58분 44.2초에 자리 잡고 있다. 4호 대형 경계팻말에서 5호 대형 경계팻말까지는 남쪽 방향 방위 각 311도 16분 48.6초이다.
- 5호 대형 경계팻말 : 이 경계팻말은 백두산 천지를 에워싼 산등성이 서남단의 2520고지(신측 2534m)와 2664고지(청석봉)의 안부 중심점에 있는데 동경 128도 01분 40.9초, 북위 41도 59분 47.1초이다. 5호 대형 경계팻말에서 6호 대형 경계팻말까지는 극방향 방위각 67도 58.3분이다.
- 6호 대형 경계팻말 : 이 경계팻말은 백두산 천지를 에워싼 산등성이인 2628고지와 2680고지 (천문봉)간 안부의 대개 중심 부위에 있는 돌출부위에 있는데 동경 128도 05분 01.5초 북위 42도 01분 11.8초이다. 6호 대형 경계팻말에서 7호 대형 경계팻말까지는 남쪽 방향 방위 각 93도 10분 41.6초이다.
- 7호 대형 경계팻말 : 이 경계팻말은 2114.0고지 위에 있는 동경 128도 07분 21.5초, 북위 42도 01분 06.0초이다. 7호 대형 경계팻말에서 8호

대형 경계팻말 까지는 극방향 방위각 82도 57.9분이다. 8호 대형 경계팻말에서 9호 대형 경계팻말은 대각봉 북면 산언덕의 1956고지(신측 1,9518m)에 놓여있다. 동경 128도 09분 44.4초 북위 42도 01분 20.9초이다.

• 9호 대형 경계팻말로부터 직선으로 10,11,12,13호 소형 경계팻말을 지나 14호 대형 경계팻말까지의 극방향 방위각은 96도 45.5분이다.

• 10호 경계팻말 : 이 경계팻말로부터 동쪽으로 1,229m 떨어진 곳에 있는데 서쪽 언덕을 따라 80m되는 곳에 흑석구(土門江)가 있다.

• 11호 소형 경계팻말 : 이 경계팻말은 10호 경계팻말로부터 2,218m 떨어진 곳에 있는데 서쪽 비탈로 80m쯤 가면 큰 우열이 하나 있다.

• 12호 소형 경계팻말 : 11호 경계팻말로부터 3,182.8m 떨어진 곳에 있는데 동쪽으로 80m 되는 곳에 큰 우열이 하나 있다.

• 13호 소형 경계팻말 : 12호 경계팻말로부터 2,135m 떨어진 곳에 있는데 서쪽으로 15m 떨어진 곳에 安圖에서 신무성으로 통하는 길이 있다.

• 14호 대형 경계팻말 : 13호 경계팻말로부터 1,276m 덜어진 상목봉(쌍두봉) 북쪽 봉, 즉 1562고지(신측 1,532.1m) 상에 있는데 동경 128도 17분 008초, 북위 42도 01분 25.7초에 있다. 서남쪽으로 500m에 한 산 봉우리가 있다. 14호 대형 경계팻말로부터 직선으로 15,16,17호 소형 경계팻말을 지나 18호 대형경계까지의 극방향 방위각은 102도 58.5분이다.

• 15호 소형 경계팻말 : 14호 경계팻말에서 2,002m 떨어진 곳에 있다.

• 16호 소형 경계팻말 : 15호 경계팻말에서 3,602.9m 동쪽의 길과 약 10 m 사이를 두고 있다.

• 17호 소형 경계팻말 : 16호 경계팻말에서 2,361m 떨어진 곳에 있다. 서쪽에서 30m 떨어진 곳에 신무성에서 적봉까지 가는 길이 있다.

• 18호 대형 경계팻말 : 17호 경계팻말에서 1,609m 떨어진 1332고지(신측 1,300.8m)상에 있으며 위치는 동경 128도 23분 55.4초 북위 42도

00분 58.6초이다. 18호 대형 경계팻말 에서 19호 소형 경계팻말까지 북쪽 방향 방위각 91도 11.5분이다.

• 19호 소형 경계팻말 : 직선으로 18호 경계팻말과 홍토수와 북쪽에 있는 작은 지류(모수림하)가 합쳐지는 곳까지 1,054.6m이고 18호 경계팻말까지는 1,658.7m이다.

• 20호 대형 경계팻말 : 이 경계팻말은 20(1), 20(2), 20(3)호가 새겨진 세 개의 대형 경계팻말로 구성되었다. 이 경계팻말들을 홍토수와 북쪽의 한 작은 지류(모수림하)가 합쳐지는 곳 주위에 있다.

20(1)호 경계팻말은 조선경내에 있는데 상술한 합쳐지는 곳의 남쪽에서 조금 서쪽의 언덕에 있다. 동경 128도 25분 51.8초, 북위 42도 01분 08.7초의 곳에 있다. 상술한 합쳐지는 곳에 이르는 극방향 방위각은 11도 26.0분이고 거리는 103.02m이다.

20(2)호 경계팻말은 중국경내에 있는데 상술한 합쳐지는 곳의 동북쪽 언덕의 남쪽에 있다. 상술한 합쳐지는 곳에 이르는 극방향 방위각은 239도 54.2분이고 거리는 126.89m이다.

20(3)호 경계팻말은 중국 경내에 있으며 상술한 회합지점의 서쪽에서 조금 북쪽으로 기울어진 지점에 있다. 상술한 합쳐지는 곳에 이르는 극방향 방위각은 103도 21.0분 거리는 135.45m이다.

• 21호 대형 경계팻말 : 21(1) 21(2) 21(3)호 세 개의 대형 경계물로 조성되었다. 이 경계물은 홍토수와 약류하가 합쳐지는 곳 주위에 있다. 21(1)호 경계팻말은 조선경내에 위치하고 있는데 상술한 합쳐지는 곳 남쪽에서 조금 서쪽에 자리 잡고 있는 언덕에 있다. 동경 128도 27분 19.1초 북위 42도 01분 06.9초이다. 상술한 합쳐지는 곳에 이르는 극방향 방위각은 25도 28.8분이며 거리는 71.4m이다.

21(2)호 경계팻말은 중국경내에 위치하고 있고 상술한 합쳐지는 곳의 동쪽에서 조금 북쪽 위치한 고개에 있다. 위에서 서술한 합쳐지는

곳에 이르는 극방향 방위각은 263도 54.4분이고 거리는 90.77m이다.

21(3)호 경계팻말은 중국 경내에 위치하고 있는데 상술한 합쳐지는 곳에서 서북쪽 고개에 자리 잡고 있다. 상술한 합쳐지는 곳에 이르는 극방향 방위각은 142도 42.0분이고 거리는 74.74m이다.

상술한 28개의 경계팻말들은 대형 경계팻말이 20개이고 소형 경계팻말이 8개이다. 대형 경계팻말 중에 13개 즉 1(1), 2(1), 3, 4, 5, 6, 7, 8, 9, 14, 1, 8, 20(1), 21(1)호 경계팻말의 위치는 모든 감찰을 했고 경도와 위도를 측량하였다. 기타 7개 즉 1(2), 1(3), 2(2), 20(2), 20(3), 21(2), 21(3)호 경계팻말과 소형 경계팻말 8개, 즉 10, 11, 12, 13, 15, 16, 17, 19호는 모두 경도와 위도를 측정하지 않았다.

양국의 경계하천과 강 바다 분계 표지 위치

제 9 조 1. 압록강과 두만강 가운데는 감찰을 거친 섬과 사주가 모두 451개 있다. 이 중 중국에 귀속된 것은 187개, 조선에 귀속된 것은 264개이다. (1) 압록강 하구 강·바다의 분계선에서부터 시작하여 압록강 상류와 2071고지(신측 2,152m)동쪽의 가장 가까운 작은 지류의 회합지점까지 압록강을 경계로 하는 이 구간의 강 가운데 감찰을 거친 섬과 사주는 모도 205개이며, 그 중 중국에 귀속된 것은 78개 조선에 귀속된 것은 127개이다. (2) 홍토수와 약류하의 합류지점으로부터 중·조국경의 동단 최종점까지 두만강을 경계로 하는 이 구간의 강 가운데 감찰을 거친 섬과 사주는 모두 246개이며 그 중 중국에 귀속된 것은 109개, 조선에 귀속된 것은 137개이다.

2. 본조 제1항에서 서술한 섬과 사주는 압록강 하구 강, 바다의 분계선으

로부터 두만강 하류까지 중 · 조변계 동단의 최종점까지 이르는 순서에 따라 통일적으로 번호를 붙였다.

3. 본조에서 서술한 섬과 사주의 위치, 면적 및 귀속 등 정황은 본 의정서 제4조에서 서술한 일람표 속에 싣는다. 이 일람표를 본 의정서의 한 부분으로 한다.

4. 금후 홍수, 물 흐름의 변동 혹은 기타 원인으로 본조 제1항에서 서술한 섬, 사주의 위치와 형태에 변화가 발생 하거나 혹은 압록강 · 두만강 江岸의 토지가 섬으로 충적되거나 혹은 상대방의 육지와 인접되게 되었을 때도 그 귀속은 여전히 변함이 없다.

제 10 조 압록강 하구 강 · 바다의 분계선은 조선의 소다사도 최남단의 1호 강.바다의 분계 표지에서 시작하여 직선으로 조선 신도 북단의 2호 강.바다의 분계 표지를 지나 중국 대동구 이남 돌출부 최남단의 3호 강.바다의 분계 표지에 이른다. 강 · 바다의 분계선은 길이가 22,249.2m이다. 강 · 바다의 분계 표지의 위치는 아래에서 서술하는 바와 같다.

- 1호 강 바다의 분계표지 : 조선 경내의 소다사도 최남단, 동경 124도 24분 31.25초, 북위 39도 48분 22.64초에 위치하고 있다. 극방향 방위각은 145도 38분 18초 거리는 1,290m되는 곳을 조선경내 대다사도 삼각점으로 한다.
- 2호 강 · 바다의 분계표지 : 조선 경내 신도 북단, 동경 124도 13분 43.59초, 북위 49분 21.30초에 위치하고 있다. 남극 방향 방위각 95도 51분 47.2초, 거리는 15,512.9m되는 곳을 상술한 1호 강과 바다의 분계표지로 한다.
- 3호 강, 바다의 분계표지 : 중국 경내 대동구 이남의 돌출부 최남단. 동경124도 09분 02.25초, 북위 39도 49분 46.49초에 위치하고 있다. 남극방향 95도 51분 47.2초 거리는 6,736.3m되는 곳을 2호 강과 바다의 분계 표지로 한다.

제 11 조 조약 쌍방은 별첨 지도 제47호 지도 상에서 경계하천을 지도의 변두리까지 그렸다. 중 · 조국경 동단의 끝점 부근은 지형만 그렸고 지물과 지명은 표시하지 않았다.

해상 분계선과 자유 항행구

제 12 조 조약 쌍방은 국경조약 제3조 제2항의 규정에 근거하여 양국 해상 분계선을 다음과 같이 확정한다. 압록강 하구 강 · 바다의 분계선 상의 동경 124도 10분 06초 북위 39도 49분 41초의 한 점에서부터 시작하여 직선으로 동경 124도 09분 18초 북위 39도 43분 39초의 한 점에 연접하고 다시 동경 124도 09분 18초 북위 39도 43분 39초의 한 점에서 시작 하여 직선으로 동경 124도 06분 31초 북위 39도 31분 51초의 한 점을 지나 공해까지 이른다. 위의 해상 분계선을 별첨 지도에 표명한다.

제 13 조 국경조약 제3조 제3항에서 서술한 압록강 하구 강 · 바다의 분계선 밖의 양국의 일체 선박의 자유항행구는 동경 123도 59분 동쪽과 동경 124도 26분 서쪽 강 · 바다의 분계선으로 부터 시작하여 북위 39도 30분까지 각각 중국 영해와 조선 영해에 속한다.

국경의 유지 보호와 관리

제 14 조 조약 쌍방은 경계푯말과 강 · 바다의 분계 표지의 유지 보호와 관리를 강화하고 필요한 조치를 취하며 경계푯말과 분계 표지가 이동되거나 파손 · 훼멸되는 것을 방지해야 한다. 어떠한 일방도 일방적으로 새로운 경계푯말과 강 · 바다의 분계 표지를 세우지 못한다.

제 15 조 1. 조약 쌍방은 경계팻말과 강 · 바다의 분계 표지를 유지 보호하고 관리하기 위하여 다음과 같이 일을 분담하기로 한다.

(1) 한 번호에 한 개로 된 경계팻말은 중국 측에서 책임지고 한 번호에 두 개인 경계팻말은 조선 측에 책임진다.

(2) 같은 번호에 두 개 혹은 같은 번호에 세 개 세워진 경계팻말은 경계팻말 소재의 일방이 책임진다.

(3) 압록강 하구에 있는 강 · 바다의 분계 표지는 표지가 있는 측이 책임진다.

(4) 중국 왕가타자도와 조선 매기도의 분계선 상에 세워진 두 개의 경계팻말 중 동남면의 1개(동경 130도 15분 15.96초, 북위 42도 51분 57.91초)는 중국 측이 책임지고 서북면의 1개(동경 130도 15분 13.62초, 북위 42도 52분 02.08초)는 조선 측이 책임진다.

2. 만약 경계팻말 혹은 강 · 바다의 표지가 움직여졌거나 파손, 훼멸된 것을 일방이 발견하면 속히 상대방에 통지해야한다. 이 경계팻말 혹은 강 · 바다 분계 표지의 보호 · 유지를 책임진 일방은 다른 일방이 있는 자리에서 원래의 규격대로 회복, 수리 혹은 재건을 해야 한다. 만약 움직여졌거나 파손 · 훼멸된 경계팻말 혹은 강 · 바다의 분계표지를 자연 원인으로 인해서 원래의 자리로 회복 · 수리 재건할 수 없으면 쌍방이 협상하여 적당한 자리를 선택하여 세울 수 있다. 그러나 국경선 혹은 강 · 바다의 분계선은 이를 이유로 변화시키지 않는다.

3. 경계팻말 혹은 강과 바다의 분계선 표지에 대한 회복 수리 혹은 중건은 쌍방이 반드시 공동으로 기록을 작성해야 한다. 만약 다른 곳을 선택하여 경계팻말 혹은 강 · 바다의 분계 표지를 세웠을 때는 쌍방은 문건으로 체결하고 약도를 그려야 하며 본 의정서 제8조, 제10조와 본 조 제1항 제4항에서 서술한 그 경계팻말 혹은 강 · 바다의 표지의 위치를 설명해야한다. 상술한 문건과 약도는 쌍방의 서명 후 본 의정서의 부가 문건이 된다.

제 16 조 조약 쌍방은 본의정서 제7조에서 서술한 백두산지구 삼림 구간의 구경선을 명확히 하고, 판별하기 쉽게 하기 위하여 6년마다 한 번씩 경계 팻말간의 通視道를 정리해야 한다. 그러나 쌍방은 상의하여 정리시간을 변경하거나 또는 일부 지구에 한해서 정리를 진행할 수 있다. 정리방법은 작업을 시작할 때 쌍방의 유관인원들이 상의하여 결정한다.

제 17 조 조약 쌍방은 경계하천의 흐름도가 고쳐지는 것을 방지해야 한다. 어떠한 일방이 만약 항도를 고치거나 물 흐름에 변동을 주어 대안을 충격할 수 있는 건축물을 경계 하천 상에 세울 때 응당 먼저 상대방의 동의를 구해야 한다. 어떠한 일방이 만약 항도를 고치거나 물 흐름에 변동을 주어 대안을 충격할 수 있는 건축물을 경계하천 상에 세울 때 응당 먼저 상대방의 동의를 구해야 한다.

제 18 조 조약 쌍방은 본 의정서가 효력을 발생한 후 3년마다 백두산지구의 국경, 5년마다 경계하천에 대해 한 차례의 연합검사를 진행해야 한다. 그러나 쌍방의 협상을 통하여 검사시간을 변동시킬 수 도 있고 혹은 국경의 부분 구간에 대해서만 검사를 진행할 수 있다. 일방의 요구를 거쳐 쌍방은 국경의 일정한 구간에 대해 임시적인 연합검사를 진행할 수 있다. 매번 연합검사는 반드시 공동으로 기록을 작성해야 하며 쌍방의 서명을 거친 후 쌍방에서 각기 보존한다. 연합검사 중 만약 경계팻말 혹은 강 · 바다의 분계 표지가 이동, 파손, 훼멸되었거나 본 의정서에 부가된 일람표에 열거된 섬 및 사주가 충적되거나 일방에 속한 섬 · 사주가 다른 일방의 육지와 연결되는 상황이 발견되면 응당 공동 기록상에 상세히 게재해야 한다. 이동, 파손, 훼멸된 경계팻말 혹은 강 · 바다의 분계표지의 정황은 쌍방의 공동 조사를 거쳐 본 의정서 제15조 제2항의 규정에 근거하여 회복, 수리 중건을 진행해야 한다. 만약 일방의 섬 · 사주 및 충적에 의한 강안의 토지가 다른 일방의 육지와 연결되는 상황이 출현된다면 그 분계선을 명확히 하기 위하여 쌍방이 공동 혹은 일방이 상대방의 동의와 참가를 구한 뒤 상술

한 분계선 상에 표지를 세울 수 있다. 연합검사를 진행할 때 만약 새로 출현한 섬 · 사주를 발견한다면 쌍방은 국경조약 제2조 제4항의 규정에 근거하여 그 귀속을 확정해야 하며 일람표상의 번호에 이어서 계속 번호를 달아야 한다. 또 그것을 문건과 약도로 작성하여 상술한 섬 및 사주의 위치, 면적과 귀속 등 정황을 설명해야 한다. 상술한 문건과 약도는 쌍방이 서명한 후 본 의정서의 부간 문건이 된다.

제 19 조 조약 쌍방은 무릇 본 의정서에서 규정한 국경의 유지 보호와 관리 사항에 관하여 서로 연계 혹은 협상하여 처리할 때는 쌍방이 지정한 인원이 책임지고 진행한다. 쌍방이 연합으로 국경을 검사할 때는 쌍방의 파견 인원이 중 · 조 국경연합 검사위원회를 조성할 수 있다.

최후 조항

제 20 조 국경조약 제5조의 규정에 근거하여 본 의정서가 효력을 발생하는 날부터 시작하여 1962년 10월 3일 중 · 조 국경문제에 대한 중 · 조 양국 정부대표단의 회담기요 이외에 국경조약체결 이전의 일체의 양국 국경에 관한 문건은 즉각 효력을 잃는다.

제 21 조 본 의정서는 서명한 날부터 효력을 발생한다.

본 의정서는 1964년 3월 20일 북경에서 조인되었고 모두 2부로 되었으며 매부는 중문과 조문으로 작성되었다. 두 가지 문건은 동등한 효력을 가진다.

중화인민공화국 정부 전권대표 진의(陳毅) 서명
조선민주주의인민공화국 정부 전권대표 박성철 서명

위조약문은 이종석 저〈북한-중국관계〉 PP. 325~343에서 재인용한 것임

4. 북한 · 러시아 관계

북한 · 러시아간의 국경관계는 대한제국 당시의 관계를 일제가 국권찬탈 이후 그대로 계승해 오다가 제정러시아가 무너지고 소련방국이 들어서면서 만주변경지와 연해주 일원으로 그 세력을 강화해 오는 가운데 일제 역시 대륙침략의 야욕을 펴면서 양대 세력이 부딪치면서 두만강 하류지역인 이른바 북방삼각국경지대는 불안정한 상태에 놓여 있다가 8 · 15광복 이후 러시아군의 지원 하에 북한정권이 탄생하면서 자연히 북한 · 러시아간의 국경문제는 러시아 주도하에 획정. 관할 운영되어 오고 있는 실정이다.

즉 양측의 구체적인 경계선 획정은 러시아 · 북한 · 중국령이 교차하는 지점으로 부터 시작하여 두만강 중심부에 위치한 점에서 남측 하구 방향 약 1㎞ 지점에 있는 강의 중심부를 따라 이어지고 다시 남쪽방향으로 휘어져 두만강의 주류로 이어진다. 여기서 강주류의 중심, 즉 철교의 서단으로부터 약 1.4km되는 동남에 그리고 이 철교 동단으로부터 약 1.5km 떨어진 곳에서 남방으로 전환하여 강주류의 중심 위치는 동남방 약 2.5km, 서북방 약 3.3km 되는 지점에 달하는데 국경선은 강 주류의 중심을 따라 서남방으로 진행하여 1.2km 그리고 강의 중심을 따라 남방으로 이어지면서 러시아 측 무명의 섬 1개와 북한 측 섬 1개 사이를 국경선화 하고 있다.

위의 북한 러시아간의 국경설정에 관한 조약문이 향후 수립될 통일한국정부가 승계할 경우 국경. 영토관리 측면에서 지대한 영향을 미칠 것으로 전망됨에 관련 제조약들을 연차순에 의해 수록한다.

1950년 이전의 북한 · 러시아 간의 국경조약

前文 양국간 영토와 우의, 주권, 독립, 평등 및 영토보전에 관한 상호존중

을 기초로 하여 러시아와 북한간의 국경을 좀 더 상세하게 규정하고자 다음과 같이 합의함.

제 1 조 양국간의 국경선은 두만강 유로의 중심을 따라 러시아 · 중국 그리고 북한의 국경이 맞닿는 곳으로 부터 시작하여 그 하구로 이어지며 본 조약에 첨부된 5만분지 1의 축척도와 국경조정에 관한 상술서에 의거 동해로부터 러시아의 대외경계와 북한 측 영해선이 교차하는 점에 이른다. 국경조정에 관한 상술서 및 국경선을 표시하는 5만분지 1의 축척도는 본 조약의 주된 부분을 이룬다.

제 2 조 본 조약이 지정하는 국경선은 수직방향으로 지하 및 상공에 대해 기술한 것으로 간주한다. 조약 체결당사자가 달리 동의하지 않는 한 두만강 유로에서 발생할지도 모르는 자연적 변화에 대하여 본 조약에 의한 국경선의 위치 변화는 수용하지 않는다.

제 3 조 국경선을 표시 코스의 상세한 기술을 준비 경계지도에 이를 표시 기술하거나, 다른 경계를 확정하기 위하여 체결 당사자들은 본 조약 시행 후 가능한 한 조속히 동등의 원칙하에 러시아 · 북한간의 합동경계위원회를 설정한다.

제 4 조 본 조약은 비준여부에 의존하며 비준서의 교환일로 부터 효력을 발생하고 교환은 평양에서 행한다.

위 조약 부속문서에 의하면 양측의 구체적인 경계선 획정은 러시아 · 북한 · 중국령이 교차하는 지점으로 부터 시작되어 국경선은 두만강 중심부에 위치한 점에서 남측 하구 방향 약 1km 지점에 있는 강의 중심부를 따라 이어지고 다시 남쪽방향으로 휘어져 강의 주류로 이어진다. 여기서 강주류의 중심, 즉 철교의 서단으로부터 약 1.4km되는 동남에 그리고 이 철교 동단으로부터 약 1.5km 떨어진 곳에서 남방으로 전환하여 강주류의 중심 위치는 동남방 약 2.5km, 서북방 약 3.3km되는 지점에 달한다.

국경선은 강 주류의 중심을 따라 서남방으로 진행하여 1.2㎞ 그리고 강의 중심을 따라 남방으로 이어지면서 러시아 측 무명의 섬 1개와 북한 측 섬 1개 사이를 국경선화 하고 있다.

위의 북한 러시아간의 국경설정에 관한 조약문이 향후 수립될 통일한국정부가 승계할 경우 국경 · 영토관리 측면에서 지대한 영향을 미칠 것으로 전망된다.

1957. 10월의 국경문제 조정에 관한 협약

소비에트 사회주의 연방공화국 정부(이상 갑이라 칭함)와 조선민주주의 인민공화국 정부(이상 을이라 칭함)는 소련과 조선 경계상에 타당한 질서를 유지하는데 관련된 제 국경문제를 최선의 방법으로 신속하게 조정할 목적으로 兩接境口의 활동을 규정하기 위해 본 협약을 체결할 것을 결정했으며 하기 사항의 서명자들을 타당하고 완전한 형식을 갖추어 자국이 인정하는 당사국의 전권대사로 임명하였고 下記 사항에 대해 합의했다.

제 1 조 소비에트 사회주의 연방공화국 정부와 조선민주주의 인민공화국 정부는 국경문제 담당 전권대사와 그의 대사대리를 각각 1명씩 임명한다. 국경문제 담당 전권대사는 각각 2명씩 자기의 보좌관을 임명한다. 양국 국경문제 담당전권대사와 그들의 대사 대리의 이름은 외교방식에 따라 상호간에 발표될 것이다. 국경문제 담당 양 전권대사의 보좌관의 이름은 전권대사에 의해 상호 발표될 것이다.

제 2 조 소비에트 사회주의 연방공화국 정부와 조선민주주의 인민공화국 정부는 국경문제 담당 전권대사들이 다룰 지역은 경계표시 [T]자 지역(소비에트 사회주의 연방공화국, 조선민주주의 인민공화국 및 중화인민공화국

의 접경지로부터 [뚜메니-울라](두만강) 하구에 이르는 지역이다. 소비에트 사회주의 연방공화국의 국경문제 담당 전권대사의 상주 장소는 뽀시에뜨읍이고 조선민주주의 인민공화국의 국경문제 담당 전권대사의 상주 장소는 청진(세이신)市이다. 양국 국경문제 담당 전권대사들은 서로 자국의 대사 대리 및 보좌관의 주재 장소를 공식으로 발표한다.

제 3 조 국경문제 담당전권대사의 대사 대리는 국경문제 담당 전권대사에 의해 위임된 모든 권한을 가진다. 국경문제 담당 전권대사의 보좌관들은 국경문제 전권대사가 위임한 국경상의 질서를 유지하는 부분적인 문제를 다룬다.

제 4 조 로어와 한글로 하는 문서작성권은 본 협약 제1조에서 언급된 다음과 같은 인물에게 주어진다. 소비에트 사회주의 연방공화국의 국경문제 담당 전권대사와 그의 대사 대리에게 소비에트 사회주의 연방공화국 국경군 사령관에 의하여: 조선민주주의 인민공화국의 국경문제 담당 전권대사와 대사 대리에게 -조선민주주의 인민공화국 내무성 부상에 의하여:

제 5 조 국경문제 담당 전권대사의 의무는 다음과 같다.

1) 국경 상에서 질서가 파괴되는 것을 막기 위하여 필요한 조치를 취한다.
2) 국경선상에서의 질서파괴와 관계가 있는 제 문제에 대한 조사를 실시하고 그 같은 사건을 근절하기 위해 조치를 취한다.

제 6 조 국경 상에서 질서를 파괴하는 사건과 관련된 다음과 같은 문제들은 국경 담당 전권대사의 소관으로 한다.

1) 국경지대의 주민에 의한 우연한 무고의 월경 및 그들이 거주하던 국가의 영토로 그들을 인도하는 방식을 결정하는 문제.
2) 국경지대의 주민들이 경제적 및 일상생활의 목적을 가지고(어획 삼림속을 헤매는 것 등등) 불법적으로 월경하는 것과 그들이 거주하던 국가의 영토로 그들을 인도하는 방식을 결정하는 문제.
3) 공무수행상이나 그와 관련이 있는 일에 공무원들이 범한 월경 및 월경

이 고의가 아닌 경우에 자국 영토로 그들을 돌려보내는 방법을 결정하는 문제.

4) 무기를 지참했거나 특히 살인을 저지를 목적으로 국경에서 질서를 파괴하였을 경우와 양국 가운데 어느 한 국가의 영토에 있는 자에게 부상을 입히거나 건강에 어떤 해를 끼치는 경우.

5) 선박과 보트나 뗏목 등에 의한 수로 및 해로를 통하여 국경을 침입하는 사건과 특별 협약에 의해 설정된 수로 밖에서 월경하는 사건에 관련된 문제

6) 상대국의 국경지대에서 일어나는 약탈, 파괴 및 국가재산이나 기타의 재산에 대한 손해와 재산 반환 및 손해배상에 대한 조치

7) 경계선에서 질서를 파괴함으로서 일어난 각종 배상에 관한 제 요구에 대한 검토 및 결정, 단 피해총액이 5000루불을 초과할 경우 손해배상의 결정은 양국 외무성의 허가를 얻어야 한다.

8) 필요한 조치를 취하고 상대국 영토에서 범죄행위를 막고 동시에 범죄자들이 상대방으로 월경하는 것을 방지할 목적 하에 상대방 국경문제 담당 전권대사에게 그 조치를 통지하는 문제 만일 범죄자들이 한편 국가에서 다른 편 국가로 넘어가는 경우 갑 측 국경문제담당 전권대사는 을 측 국경문제 담당 전권대사에게 이 사실을 통지한다. 후자는 범인을 일정기간 억류하는 문제와 범인을 본국 영토로 인수하는 문제에 대한 조치를 취한다.

9) 농업인구의 대량 월경

10) 외교 경로를 거칠 필요가 없는 국경상의 질서파괴 문제들

제 7 조 국경문제 담당 전권대사들은 국경 상에서 발생하는 분쟁을 조정하기 위하여 그들에게 맡겨진 모든 조치를 취함과 동시에 특히 중요한 의의를 가지는 문제이면 어떤 것이던 외교적인 방식에 따라 해결하기 위하여 타방의 국경문제 담당 전권대사에게 그것을 통지하며 독자적으로 임의의

문제를 제기할 수 있는 권한을 갖는다. 양국 국경문제 담당 전권대사 사이에 합의를 보지 못한 문제들은 외교적인 방식으로 해결하도록 한다.

제 8 조 국경문제 담당 전권대사 그의 대사 대리 및 보좌관들은 회의에서나 혹은 상면시에 공동으로 일을 처리한다. 회합이 있을 때마다 동일한 의정서를 2부씩 작성한다. 의정서 2부는 각각 로어와 한글로 작성하며 그 의정서에는 회합의 과정과 채택된 결정들이 명시되어야 한다. 결정이 채택됨과 동시에 그의 이행 기한이 정해진다. 양국 국경문제 담당 전권대사에 의하여 공동으로 채택된 결정들은 변경할 수 없다. 이 같은 결정들을 이행하기 위하 여 양국 국경문제담당 전권대사들은 가능한 한 빨리 상호간에 채택된 조치에 대하여 발표하여야한다. 사소한 문제들은 양국 국경문제 담당 전권대사들 사이에 서신교환으로 해결 할 수 있다.(단 대사들 가운데 누구도 그 문제를 회의에서 검토하자고 주장하지 않을 경우 에 한한다). 보좌관들이 만날 때 마다 그들이 취한 행동을 상세하게 표시한 서류가 작성된다. 그러나 필요한 경우에는 결과와 제안만 기입한다. 보좌관들에 의해서 채택된 결정은 그들의 국경문제 담당 전권대사에 의해서 확인되고 난 후에만 효력을 나타낸다. 양국 국경문제 담당 전권대사의 첫 회의는 본 조약이 효력을 발하는 날로부터 1개월을 넘기지 않고 열려야만 한다.

제 9 조 양국 국경문제 담당 전권대사 그들의 대사 대리 및 보좌관의 회의와 회합은 반드시 양국 영토에서 교대로 행해져야 한다. 회합일과 시간에 대해서 국경문제 담당 전권대사는 적당한 때에 합의를 본다. 긴급 회합의 필요가 있을 때에는 국경문제 담당 전권대사들은 전화로 합의를 보거나 회합 시간 12시간 전보다 더 늦지 않을 범위 내에서 서신으로 서로 알려야만 한다. 그 영토에서 회의가 열리고 있는 측의 대표자는 회의나 회합을 사회한다. 국경문제 담당 전권대사의 회의나 회합에는 비서와 통역이 참석할 수 있으며 동시에 참석하는 것이 필요하다고 인정되는 전문가와 기타의 인사도 참석할 수 있다.

제 10 조 양국 국경문제 담당 전권대사들은 예비적인 합의에 따라서 사건의 본질을 규명하기 위하여 국경현장에서 직접 질서파괴의 경우를 조사할 수 있다. 그 영토 위에서 조사가 행해지는 당사국이 그 조사를 지휘한다. 조사에 대해서는 후에 회의 의사록에 첨부될 서류가 작성되어야 한다. 상술한 서류들은 본 협약 8조에 규정되어있는 규칙을 준수하면서 작성되어야 한다.

제 11 조 통신교환 및 조항에 의한 범인과 재산의 인수인계를 위하여 회합이 이루어진다. 소비에트 사회주의 연방공화국 영토에서는 [카산] 정거장에서, 조선민주주의 인민공화국 영토에서는 두만강 정거장에서 통신은 하루 종일 수신해야 한다. 공휴일과 휴일도 제외되지 않는다. 범인과 재산 인도는 낮에만 해야 한다. 국경문제담당 전권대사들은 상호 협의에 따라 범인과 재산을 인수하거나 통신을 받을 때에 제출하게 될 서류의 양식을 정한다.

제 12 조 국경문제 담당 전권대사와 그의 대사 대리 및 보좌관들은 본 협약 제4조에서 규정한 서면 위임에 의거하여 국경을 넘나들 수 있다. 위임장에는 사진과 지참인의 서명 및 상대편 국경문제 담당 전권대사의 비자가 있어야 한다.(위임장의 견본은 NO 1과 2에 기입되어 있다.) 서기와 통역은 국경문제 담당 전권대사에 의하여 발급된 증명서에 의하여 국경을 넘을 수 있다. 어떤 문제를 밝히는데 참석해야 할 필요가 있는 전문가들 및 기타 인사들은 양측을 1회만 왕복할 수 있고 24시간동안 효력을 나타내는 증명서에 의거하여 국경을 왕래한다. 증명서는 국경문제 담당 전권대사에 의해 발급되고 비자는 상대방 국경문제 담당전권대사에 의해 발급된다.(증명사의 견본은 NO 4에 기입되어 있다)

제 13 조 국경문제 담당 전권대사, 그들의 대사 대리 및 보좌관들 그리고 서기 통역 및 전문가들은 국경을 넘을 때 제복과 무기를 소지할 권리를 갖는다. 개인의 불가침성 및 개인이 가지고 있는 공문서의 불가침성이 보장된다. 상술한 인사들은 공무상 필요로 하는 물건과 교통수단 및 개인적으로

필요한 식료품과 담배 등을 상대방의 영토 안으로 관세나 세금이 없이 가지고 갈 수 있는 권한과 다시 그것을 가지고 올 수 있는 권한을 갖는다.

제 14 조 협약을 체결한 쌍방은 그의 영토상에서 본 협약을 수행하는데 드는 비용을 부담한다. 그의 영토 내에서 회의나 회합이 행해지고 있는 측은 회의나 회합에 드는 비용을 부담한다.

제 15 조 본 협약은 협약을 맺고 있는 쌍방의 정부에 의하여 그것이 인준된 것을 통지한 날로 부터 효력을 발하며 5년간 효력을 지속할 것이다. 만일 협약을 맺고 있는 쌍방 중에 일방이 본 협약의 만기 6개월 전에 그것을 거부하거나 다소 변경하여 한다는 의사표시를 하지 않으면 본 협약은 자동적으로 폐기통지가 있을 때 까지 다시 5년 동안 유효하다.

제 16 조 협약은 2부로 구성되며 각 협약은 로어와 한글로 작성된다. 2부는 제각기 동일한 효력을 가진다.

1957년 10월 14일 평양에서 조인 (서명)
협약은 1957년 12월 14일 효력을 발생한다.

1985년 4월의 북한·러시아간의 國境劃定에 관한 條約

양국간의 협조와 우의, 주권, 독립, 평등 및 영토보전에 관한 상호존중을 기초로 하여 러시아 북한간의 국경을 좀 더 상세하게 규정하고자 다음과 같이 합의함.

제 1 항 양국간의 국경선은 두만강 유로의 중심을 따라 러시아 중국 그리고 북한의 국경이 교차하는 곳으로부터 시작하여 그 하구로 이어지며 이 조약에 첨부된 5만분지 1의 축적도와 국경조정에 관한 상술서에 의거 동해

로부터 러시아의 대외경계와 북한의 영해선이 교차하는 점에 이른다. 국경조정에 관한 상술서 및 국경선을 표시하는 5만분지 1의 축적도는 이 조약의 주요부분을 이룬다.

제 2 항 본 조약이 지정하는 국경선은 수직방향으로 지하 및 上高에 대하여 기술한 것으로 한다. 조약 체결 당사자가 달리 동의하지 않는 한 두만강 유로에서 발생할지도 모르는 자연적 변화에 대하여 본 조약에 의한 국경선의 위치 변화는 수용하지 않는다.

제 3 항 국경선을 표시, 코스의 상세한 기술을 준비 경계지도에 이를 표시하거나 다른 경계를 획정하기 위하여 체결당사자들은 본 조약 시행 후 가능한 한 조속히 동등의 원칙하에 러시아 북한간의 합동경계위원회를 설정한다.

제 4 항 본 조약은 비준여부에 의존하며 비준서의 교환일로부터 효력을 발생하고 그 교환은 평양에서 행한다.

이의 부본은 1985년 4월 17일 모스크바에서 러시아어와 조선어로 각각 작성하고 각 기 동등한 권위를 가진다.

1985년의 북한 · 러시아간의 國境劃定에 관한 條約 附屬書

러시아 북한간의 영토는 러시아 북한 중국영토가 만나는 지점으로부터 시작되며 국경선은 두만강 중심부에 위치한 지점에서 위에 언급한 지점으로부터 남측하구 방향으로 약 1km 지점에 있는 강의 중심부를 따라 이어지고 남쪽방향으로 전향하여 강의 주류를 따라 점 B에 도달한다.

점 B는 강 주류의 중심 즉 철교의 서단으로부터 약 1.4km되는 동남에 그리고 동 철교의 동단으로부터 약 1.5km 떨어진 곳에서 남방으로 전환하여 점C에 도달한다. 점C는 강 주류의 중심에 위치하는바 북한 측에 위치한 고도 89.9의 동남방 약 2.5km 그리고 북한 측의 고도 120.1의 서북방 약 3.3km 되는 곳에 이른다.

국경선은 점 C로부터 강 주류의 중심부를 따라 서남방으로 진행하여 점 D로부터 강의 중심에 위치하는바 조선 측에 위치한 고도 120.1의 약 1.2km의 곳에 둔다. 국경선은 점 D로부터 강의 중심을 따라 남방으로 이어지며 러시아 측에 섬 하나가 있으며 북한 측에도 섬이 하나가 있어 점 E에 도달한다. 이밖에도 본 조약에 부속된 11개항의 Note가 따로 부속되어 있다.

(이 내용은 1985년 4월 17일 북한외교부 김영남과 러시아 외상 그로미코가 서명한 조약문을 영문으로 번역한 것은 다음과 같다).

Department of State Division Language Services (Trans lation 131914 LS No. Js/Ao Russian Treaty Between the union of Socialist Republics and The Democratic People's Republic of Korea on the Demarcation of The Soviet - Korean National Border The Union of Sovie Socialist Republics and The Democratic People's Republic of Korea, Proceeding from the relation of friendship and cooperation existing between the two countries,acting on the basis of their mutual respect for sovereignty, independece, equal rights,and territorial integrity, desiring to demarcate more precisely the national border between the USSR and the DPRK, have agreed as follows:

Article 1. The line of the National Border between The Union of Sovie Socialist Republics and The Democratic People's Republic of Korea passes from the junction of the borders of the USSR, the PRC and the DPRK along the middle of the main channel of the uman(Tumannaya)River to its estuary, and there from in the sea of Japan(East Korean Sea) to the line's point of intersection with the external boundary of Soviet and Korean territorial waters, as shown in the Description of the Demarcation Line of the National Border and the map on al scale of 1 : 50,000 that are appended to this Treaty.

The Description of the Demarcation Line of the National Border and the map on al scale of 1: 50,000 indicating the line of the border constitute an intergal part of this Treaty.

Article 2. The line of the national border defined in this Treaty also demacates the air space and interior of the Earth in the vertical directions. The Contrating Parties agree that natural changes that may occure in the channel of the Tumen(Tumannaya)River will not entail changes in the position of the line of the national border established by this Treaty unless the Contracting Parties agree otherwise.

Article 3. In order to mark the line of the national border in the area with boundary markers, to prepare a detailed description of its coures, to record it on a demarcation map and to draw up other demarcation documents, the Contrating Parties will establishal joint Soviet and Korean Demarcation Commission on principles of parity as soon as possible after this Treaty enters into force.

Article4. This Treaty is subject to ratification and will enter into force on the date of exchange of the instruments of ratification, which will take place in Pyongyang.

Done at Moscow on April 17,1985, in duplicate, each in the Russian and Korean languages, with both texts being equality authentic.

For the Union of Soviet Socialist Republics /s/ A. Gromyko

For the Democratic People's Republic of Korea illegible signature.

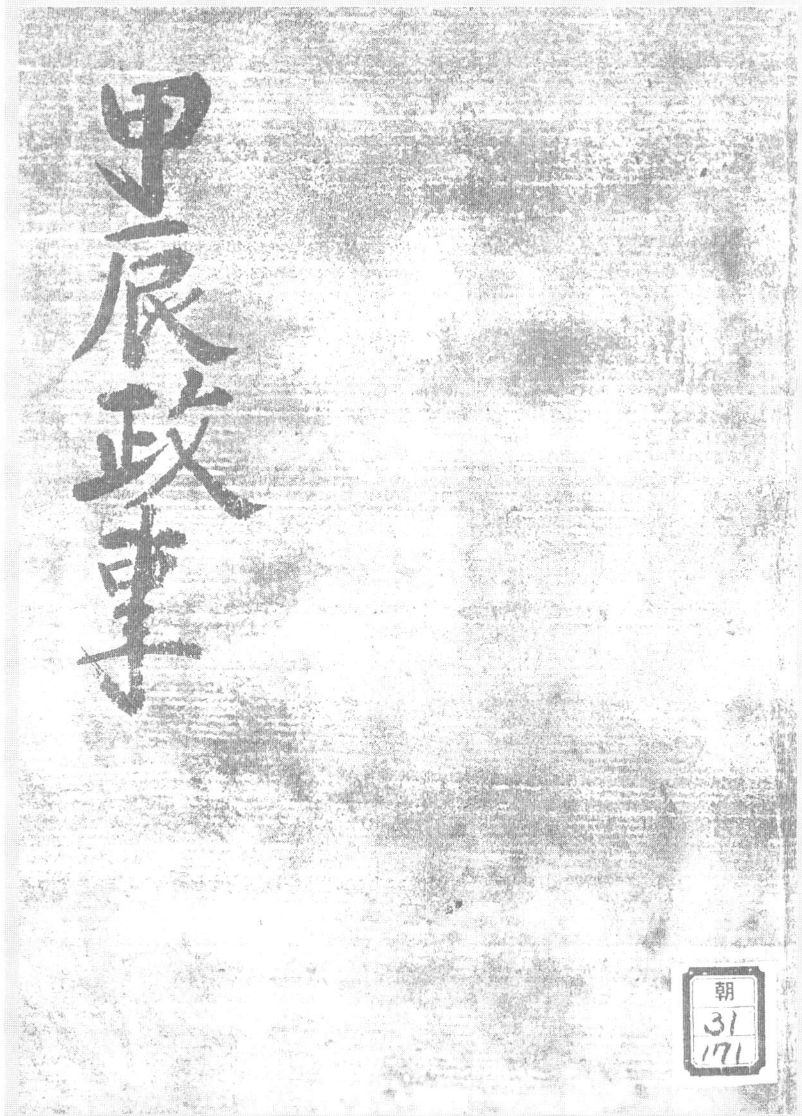
甲辰政事
朝
31
171

癸卯十二月二十五日前往鍾城對岸[illegible]與清[illegible]領胡殿甲[illegible]
與大隊長署理潘敦植會辦靖邊安民之策確定條[illegible]
[illegible]皆違無章越民數百 盡行拘拿虐待尤甚
[illegible]墾民無異清民惟
[illegible]楞打之炮烙之百般凌[illegible]已是其安業云云
胡曰近有韓國所謂視察使[illegible]範允庸感墾民差出委員領[illegible]日
砲數十名排[illegible]韓民七萬餘戶[illegible]桔杙 其甚將謀為不軌是以[illegible]長者
七人提拿[illegible] 杜漸無積次[illegible]民
金曰李管理縱有[illegible]籍之官為其 之匪安良依鄉[illegible]各村
須給鏡鈐此次渡江[illegible]我官[illegible]見[illegible] 受命查
胡曰[illegible]國視察不知其越界管理[illegible]能渡江管民

僉曰此[illegible]辦管理揭載于官報是其公憑

胡曰只是貴國公憑現無我國[illegible]年[illegible]應許[illegible]貴外部大臣照會內

開墾島僑民僉已紙社與商埠有[illegible]則不當有管理[illegible]施行既自上[illegible]在

是明斷敝[illegible]

長渡江

僉曰我保我民自家公法管理之進退不在乎貴國許否我所當行

胡曰公法云外國人民寄居國內已經入籍者即歸本國管轄現在越墾韓民入

我版籍種地我畝納我租賦久為中國之民[illegible]照約法應歸撤回[illegible]經於視察

使所可越管

僉曰兩國陸境未定疆界久未勘年前大國駐邊之官將我越

墾以其非理行事翻成大案竟至免官受罰此其明證現今墾民納籍於

理不向於貴國入籍謂之墾荒之民則可也待以貴民則萬萬不當

甲辰政事

胡曰嚴一言管理之渡江來我公使公憑之前斷不施行

金曰貴雖牢拒我則必往將如奈何

胡曰胡為乎强爲自下强爲則只有激烈態度已

金曰貴照會內管理形同狙獪頑固　暴為不軌等句語辭極絕悖關係非輕大欠交涉隣官之道

胡曰彼將安業之民勸善也募兵也斂錢也買銃等許多作偽以是謀叛之計人既謀我我豈不然

金曰此等節法將報我　上府暨貴公使自有公辦審理

胡曰幸甚幸甚敝亦不待貴報而彼報我政府為言

金曰拘拿韓民七名責令勒贖一人亦於界外他各社村落繼亦不啻人民被拿者不下數百名財産見奪者已為數萬金不有餘地是何舉措

三

胡曰㐌國七人業以雜髮入籍之民反爲管理差役做作亂階是以暫行拘拿懲戒後弊今既會辦之餘自應[illegible]等情達視察處在四總鄉約稗信孫允順聽役全德等亦要一律[illegible]釋兩相安貼保護村落產民掠財寶無指使或恐有私行不法果如是則檢束不嚴之責在所難免

全曰貴不指使民受實害我民性命財產損害之地不容不顧護敝當依前約次矣過江巡哨俾保我民爲計

胡曰與潘署理會約之後兩相安協准擬民安其業不料視察一人從中做弊兩界滋擾甚所慨歎貴我公辦之餘自[illegible]心如前安頓巡哨一節向於會約許以暫行之[illegible]一次巡哨違法擅爲況可再乎且敝既立法民無毫損之境遇何煩此向

全曰貴云安民反爲害民現今各社各洞匪患層生民訴番至一向警擾之地悄悉我護我民不必聲明而隨警巡哨敝所當行

胡曰敝境庚子浩劫之後立法稍緩匪類恣橫民受損害今東國樹法官次第就緒非比往日何患匪擾既無匪擾則不可更議巡哨若或民不安堵之日敝自擔任其責

金曰可以行則行可以止則止敝自為之

胡曰慎勿輕舉以致煩桀

金曰承我軍部大臣命意以墾島民匪患難保之由莫如各其社村設砲給銃以為自保之計議銃二百柄敝即領来目下過江設砲須給護照為料

胡曰界是我界民非貴民過江設砲斷不應諾承我公使處知飭然後方可

金曰貴道貴公使知飭我承我大臣命意貴不必但下我不當退讓且貴國官員程光第往年駐紮墾島時亦以設砲禁匪之意有所會議業已告示民間此皆識時務之所致也今日設砲只為保民別無他意

胡曰今非昔比法既立案匪亦屏跡不必設砲而民自得安且有我公使提勵
則非但設砲一事雖地設全幅撤銷施行
金曰 國哀掛孝世界皆然而路逢白笠之人輒[illegible]扯毀是何道理
胡曰那敢如是無知者之或行悖舉雖未能覺察不是法官指嗾
君后之慟萬國臣民惟均
金曰前後情節事關重大據報 上府自有公法歸正責我間未能擅決
着實多多言外
胡曰敝亦欲挾我上府以待允准但安民一事更何疑慮益敦睦誼極好
照會
十六日復有清兵搶掠越民之
確據故修照以送
為照會事昨日會辦之席提及無辜韓民被囚一案皆可寬還只合公理
貴統領慨然領諾囚犯七人目下帶來保護民等業已雜易夜韓對清若

則與凡他墾民不可同日語也從我律例而已反為人煽惑將有亂階之漸故
暫且拘拿挽回風靡今為該辦歸正該囚等自可放釋然抑有一說貴國管理
所被囚鄉約韓得信孫允順班役金德良李通事交界官處鄭秉顯李增
賢沈云台亦為放還為要撤即歸來逢着管理言清員既許釋回我民我亦
韓得信幾人從輕寬恕以副清員提托之意屢已暫墾交界官處拘囚三人自與
交界官說明釋還此非俘虜相換之例也實係平和安民管理云誠如是矣就中
孫允順初不在囚李通事既犯同赦之罪亦非為薙易績差則待以我民措辦不関
於人韓得信金德依所請或可輕宥而苐俟清員之先釋我民次第行事可
也現今韓民之被拏着累據民訴已為二十九人清台云只謂七人寔屬瞞過捌
又七人非素薙易者而伊今拘拿即行薙易以為藉口之資外他各社民處掠
奪財產比日層生路逢白笠之人輒解其冠登時扯毀為其臣民痛我

君后之撫孝有國皆欲而作此悖舉是豈法官之恐為於一鄉二鄉慨憤
莫甚所查管理之言俱係民訴確有所據雖非
貴親領之縱兵故為然無知君役輒捉一民則侵擾十民憑公營私又有奸細
之輩從中隱現冒做分差村村搶掠戶戶勒胡視同魚肉衆我壓民何以聊生
昨日談辨之餘理應妥頓又聞華兵于掌地一向騷擾是亦有兵數抑或匪
類欺感藉侵尾若此不已之境遇敵當不暇聲明而即行逐兵剿除可也亦為
據此情形 枚報 上府暨 貴公使之日責有收歸夫茲將被拿二十九人姓名
與被掠各物數爻抄錄尾附為此備文照會請煩
貴親領查照施行嚴束部下更無敢如是為擾被拿二十九人寬宥歸業
搶掠物種繳還原主恐合亟宜亦即示复須至照會者
胡親領照复 光緒二十九年十二月十九日

爲照復事須奉 貴照內開各節無任訝然何 貴參領言不由衷意多
翻覆實令敝且讀且異想 貴參領果有鎭衛邊界睦誼隣封當不爲是
不情之舉茲就原照逐條佈復即請 鑒照是幸一原照稱被因韓民一案皆
可肴邊謂據李範允言第俟清員先釋我民次第行事一節語多不符前議
貴敝會面時業將李範允潛越我界勾牽墾民私立兵隊濫漁民財諸班
劣跡寔憑確據翻使公覽當時 貴參領舌結顏赤知爲妄作堅請敝
姑無持此理論總宜修好爲言是 貴我間在坐多人室裏屋外皆見之至
貴參領所開兩事皆系不情之請比已駁正置諸不理敝因將我光緒二十五年
兩國約章第五第十二兩款暨萬國公法所載此國人民在彼國居住民有產
業者皆遵彼國法律管理保護各節翻使同閱以爲自此以後均應照此辦理
時 貴參領毫無異說即兩界職官固亦有目皆見有耳皆聞乃一日歸去

前說頗改岩　貴參領果存心盡誼保界睦隣當不若是之出乎反乎爾
即如兩界釋民之說亦是　貴參領話餘之請敝以日前拿獲愚民本系受
李範允妄言煽惑事經證明即照會從周治之說仍放彼等安居樂業即
李範允越界擾民之案　貴參領業已抵賴承認嗣當力禁此次一應放還無
究以爲彼此和好起見乃無端又有先後之說是　貴參領仍爲李範允
唆弄況我保我疆我理我民明知非俘虜互換之例又何有先後行事之說乎
今約章公法俱在曷爲披覽以證越界擾民歸敝管理義乎抑貴管理義
乎越界擾民濫徵苛派侵人權限又果義乎不義乎若非有心構釁稍明
公理者是非曲直無難立判又何曉曉爭辯爲乎一原照移民訴被拿獲者已
爲斗九人清貟只爲七人實屬隔過又七人非素確易伊今拘拿即行剔外
他各社掠奪物產此皆層出一節又係捉風捕影之談況民既居我疆既食

甲辰政事

我土我耶有管理之權按律令姦究之民罪無赦按公法既居人國謀兆人
國若罪無赦今李範允派充察領團長首領者已不下百數十人然既搜出證
據皆當罪譴故憐民惡之姑恕其妄當時拿獲者共有十餘名僅留此七人亦
是憑證餘俱釋放歸田但我管我民又何匿久爲火之有李範允如以此爲言亦
屬不自諒也至於民之難易皆聽民之所欲蓋敝界管理民人向不計此介々
民有情愿難易者亦直送李範允繁斂苛稅則然我界固設有保民之官
捕盜之隊地方萬無掠奪之事想 貴界如果風清化一我民亦當頁老
携幼而去敝界如果政暴民偷越民必不肆毛蟻聚而來此情此理孰得孰
失亦可概見 貴我各有不相干涉之權限應無煩越俎代謀作出位之思
想一原照稱路逢白笠之人輒解其冠笠時拉敗爲其臣民痛我 君后
之掛孝一節想此言出於無知之民則可非曉事君子所宜爲詞也 貴我

一一

原同文同教民果爲舊君反服是乃義帆司風化者當盡禮之不暇而忍
聽民輕忽之手況白衣白帽之民比比皆是未聞民間解袪而與一白笠手
何有此真借故生端之言況日前已面白之今復以此爲詞未審 貴何居
心而敢借 而君后誣人不義將何以對 而右在天之靈乎一原照袮華
失子寸地一向驚擾云云一節按律例指人爲盜者即盜指人爲姦者即
姦況此事已經面証清白而各守邊界無容擅自出入違者即以侵犯論
今故爲此攪擾是 貴懸領有心肇衅無異敵據此情已達諸我
上憲今照相約 貴恭領兩界防守各有專責遇事請仍照約章第五
款第十二款辦理凡公文有合乎約章者則覆之否則可置諸不答盡言
不情不寔無裨公事且防詞氣輕重稍急失宜又將釀爲口寔開来越
民失物一單姑且無論虛寔請將李範九越斂民錢十餘萬吊追繳與

甲辰政事

民再議民間有無異失日前　貴衆領承李範允事當由署揭狀上覆
今接　手函又置諸不論不議得毋與李同通一氣為欺瞞地乎何來明
李之妄返附李之私毋乃非統兵大員衛國衛民者之所為乎攄誠所佈
一切如肯　鑒納非止兩界人民之幸亦是大局之幸為此合行照覆
貴衆領請煩查照施行須至照覆者
照會
為照會事敝隊穩城駐尉官兵丁被該地對岸駐防限文陞請引圍合放
鎗亂射或即地殞命或遠地縛去一案業經查根因則陰曆本月二十日穩城於
厚社民人崔訴告內曾有所刈柴積薪于越地現今運輸次各持牛車前
往該地列駐防清兵不許運輸情愿駐隊尉官與清兵頭領談而重裹
許使我運柴那因尉官崔齊崗既接我訴之地甚務不得恬然以視帶率

一三

兵丁十一人前往於厚社江邊委人致御於對岸駐防哨官張文陞處請
要面晤談後仍卽受御代謝曰要崔尉官過江相見崔官信以為然
與隨身士兵帶同通辯委員金洪斗卽時渡江駐防兵量約六七十名
初為齊心談迎根而竟至圍合先奪我兵器械继为放銃我兵一名卽地
致命四名重傷逃回六名與崔尉官俱為被傳銃十柄快槍一柄彈丸十
一郭亦為見奪卽其日被傳崔尉官與六兵轉去芝他所
貴統領駐紮委員金洪斗中路被逃回歸云云查照 貴國我兩界已敦睦誼
豈有率路輒行訊明互相過江來往茶有定例既駐防張文陞先行請人
請來圍而亂射傳我尉官傷我兵丁捆欲羣斃誠甚悖慘第有據公
審辦之日似此悖舉應非 貴統領指使而自下妄為尤屬叵
測為先被傳六名與兵現拘 貴營刊卽行釋回銃十柄快槍一

柄彈於二十六初四並卅日逐但一兵之合集自其
貴統領查張文陞與行查兵兌派兵丁與首違辯委員金洪年
爲此倂文照會請煩
貴統領查照施行須至照會者
胡統領及陳依彦照會
爲照會事於癸卯十二月二十日晚據艾蒿甸子駐防吉安左營右哨
官張文生稟稱是日黎明時候有韓兵多名一起過江頭起約十數名二起
約三十餘名時二起尚遠頭起已過江深入七八里撲近防營哨標下出堤
緊倘該韓進兩下僅隔一線界限喝令停止尚不應時有韓兵人引導
在前又令其着速詢該隊有無執照公文交來一閱答言無有標下知
以韓兵隊手執槍械腰圍軍火全掉忽五形跡可疑日前已奉傷阬府

防所勿令外兵擅自出入無益並風聞所傳播皆言事視察於十九月日兩有拳兵犯界之說據下安守所在皆有跡昊與兄不起令其譯檢答話該隊不應開檢便仔因而兩相找衅距時擒獲帶兵二名查係清兵服開啟皮袍內服戎裝之官長一名並伴斃兵二名所獲檢九桿刀一柄餘盡竄回我兵受手彈章偽襖褲者各一名因將所獲俘兵弁解赴到韓施候審訊等情前來准此查當經咨會延吉廳同到防處驗明檢械印將該隊官進入在坐詢知其為騎兵總城尉官名崔齊嵩者據該附書稱前約各守各界是所明知此次寔為詐遂辯申哥所誤因而越界深入清卡隸兵清兵兩相介疑檢彈互施今已既因知己錯寔無可答且即回國兵死全可恕仍憑清官如何核辦詢身著開啟皮袍本係敝國武將官服果從何處得來詰

言貫由琿春再展細語多吏吾敝查江防自來戒嚴不經邊任公文照准
守邊將士從無有敢挑撥械公然犯境者況九月間邊界官員會於
貴署約定各守各界如有非照文憑擅自越境者格殺無論時該
尉在座亦預此約即日前於九日照復　貴參領申言派兵巡偵之事
從來無此辦法況邊士各有安任凡之生將不戢於兵是邊釁自
貴參領開之允敝界無禮於客也是敝處陳之道兩意兩行無不
確守約章忠信篤敬今該尉無端率兵犯境來意寔屬可疑時
將昧爽又穿清員官服該處向來安靖是我防未多兵所在想是計
在隈過卡兵竟以長艇直入出我不意攻我不防也是此情形浮乳
貴參領有心謀我即日前約會亦是欺我無力怠我兵忘之計否則
該尉若不奉有軍令萬不敢冒險圖功然竟有此一舉是邊界無

端由　貴系候開之回答且說敝已據此情形詳呈上峯
貴敝會兵何所抑或該尉向來不遵約束別有誤會之處均望
等裁奪速見處施行該尉情由會況未超從嚴處請為
貴敝多年修好不可以俘獲之例相看暫令含以待為此合併照
會須至照會者

照覆

為照覆事穩城駐隊尉官兵丁被俘與孫合應因昨已略加想
在覽悉而今見　貴照列一節二節構虛捏無非以自遁辯之
何其糊塗難撰不齒可駭可畏抗見藐視甚藐視俄國無所不為之
注意茲將要事逐一說明庶可諒會其日實有俄兵分兩起過江
頭起十牲石二起三千餘或渡江或在遠　崔副尉所領兵十名而已

光武八年二月十日

則十數年之說已屬無據外果若分兩起預防前鋒後應北向敵陣之
舉則相乃堤然不疑自投虎口之爲信人爲已被誘過江者亟其自歸
無隊手執槍械腰帶軍火今辨忽逐形跡可疑 持械帶火軍人隨
身之物而行止出入未嘗須臾離釋曾於 貴我會辦時各帶軍械
該從者無有相謀之意而然歟 自應一律飭之 此是疑誤處也崔先
道卸委張來而張仍反卸委崔才而往反再三之餘始乃過江是豈
會辦忽逐擅自出入數張交陸三字尼卸尚留在此其爲明証者二也
其日本視察於十九年日勒舉兵犯界之說果無藉口之據而捏造
爲據乎奇何莫甚如見肺腑歟辨者反爲西亦其曰該陸不應
開槍便作兩相接戰 果有開槍之意則何待入人圍中且先械
先奪之後以何物爲射乎以我兵之孫合帶傷言之徒手而誤觸不

處之夜摧此可知張兵之爱子彈穿袂褲者明是僞餙對値
者三也據該尉書稱兩相鬪扭撻扯互施固知已錯云者 被誘
落辮而反爲自謹自服之言乎若喪自孫列女者是理者四也身
係皮袍係是我將官服何處得來 官服常服自有表章區
別以一羊裘有何識別而謂之官服乎兩界通商我國貴賤著
羊裘者不下千百皆可謂官服乎只是禦冬之具而屑屑爲言如
浮蹤跡者五也九月間約言非有執照擅越者格殺勿論
兩相交卸再三請來依請過江是謂擅越乎張之名帖勝於執
照者六也初九日照會內申言派兵巡哨無此辦法是屬自貴開之我
有巡哨之事則依前潘署理會約自可行之亦將聲明其由但今崔
官之行謂之會哨則可謂之巡哨則不可也設或巡哨公然可否何

二〇

甲辰政事

患無術而以兵力維持者是真睦隣之道乎邊釁紀我開之自貴
衙之者七也長驅直入出其不意有心謀我縱我兵力急我兵忿冒
陰圖切等句語恐傷鄰誼亦傷感激不待敝明而自有批評者也
貴敝會勇何所抑有較武逞強之雄略而先示欺未詳其意不能
為答究協会 貴全能棄理敝以實事據理道先不同事恐有違
向以請邊安我之策欄誤妥約着今日掃地無餘寧不慨惜但
雀尉官與兵丁五名及校彈知該邊共否能其
貴總領自任為之敝不欲煩陳另此備文照復請即核查無須
函照覆者
照會
月十二日
為照會事前照無復甚所訝然而現接敝隊官崔齊崗書

二一

函內開以北厚社民牛隻被奪一案屢承相商
貴總領有所斷持姻欲示明等因前來亦切查敝屬照內書以穩識
北厚社之人於曾有以柴撥薪於越地運輸次各帶牛車前往該
地刈駐防清兵不許運輸情屬駐隊尉官誤以裏許使之運
柴等句語大找柴之不許運車是也送敝照亦指渠事有何奪牛
之何而若見其示明為言乎一吏之虐無別自可被惑唯清國尉官
甚無丁之多日留拘意將何居而貴請去界之請似是敗壓之甚
太甚其解送不解送理由不卯示復以開其等塞為此照會須至照
會者

胡總領照復

光緒二十九年十二月三十日

為照復事頃奉 貴照內開前照會復甚所請然而現接敝隊

官書函內開以挖厚社民牛隻被奪一案虛實相蒙貴貴統領有
所祈特茲欲下明告因前寸合勘查嚴原此乃書以穩城於厚社民
人等曾有刈柴積薪於越地運輸次各帶牛車前往該地刈駐防清
兵不許運輸情應駐隊尉官該承襲許使民運柴木等回該大樣柴
不許運車並亦且嚴照作係案事有何奪牛之句而若是其言明為
言乎更多多虛無則自可彼咸惟限國尉官崔兵丁之多日皆揣意
將何據而質諸世界公法似是欺壓之甚並太甚其解處不解
處理由於即示明以開茅塞為此照會准此查原照稱前照是會
甚所詳批查我光緒二十九年十二月二十五日接貴光武八年二月十
日照會反來云崔尉官崔兵丁吾右民挖彈等隊述其吾轄貴
統領自任多之數不欲煩陳來情並來云及查無見虛度字樣

俄敵之失勢可知至屢照辨論有爭持各案半之事然此亦是此
案旁面文字而此案正題文字蓋此案正題文字是在崔尉官私
行撤帶隊持棍越界侵卡以致韓兵淸兵互相鬪件設非敦全隣好
無端起由　貴國焉得不釀成大釁所以案留崔尉官者是欲證明
此次非旨仍把案無果　貴委派主之拆或崔尉官自爲之並待辨
明是私曲直方可完結此案如論語云往者不可諫來者有可追耳
貴不平情察理以出隣國尉官并兵丁多日留拘質諸世界公法似
差欺壓之若是太甚云云是其所謂掩耳盜鈴之見將以是欺隣國
手設使敵不戒於兵而故縱我部下持棍越界侵卡騷擾韓邊
貴果以仗而禁制之爲我手抑起而爭鬪之爲我手設以起而爭鬪
與我我兵不幸爲所擒獲敵遂匿亂綑縛曰是豈世界公法所有

等例乎得毋欺壓太甚乎曾如是果可以全 貴國之体且以服貴官
之心乎易地以觀其情自見若 貴意圖含混妄肆糾纏以為
審事盡職之地實有出 貴不取焉過江之貴捉拿一人皆敵之死今
貴已執之而反責我之禁其犯 貴已據之而反禁我之止其據一江
為界之謂何故任人肆闌不加防堵即為毋界之法所有之例乎知
非 貴推誠見信之言也原照仍在請更覩之倘能持平順理不
但此案容易了結而隣交仍不失為和好已於奪集牛子隻是據
金教務官照會所言及奪集柴奪集牛之說是據潘臣附會寧府
所書此牛係之不一之說亦見 貴官再令之言無不過詭詞奪理
為附會此案起見然此本是旁面文字故敝尚不在此津津較量其
所宜辨剖者即在崔尉官率隊持槍侵我兵卡拒我邊界當此

有是非曲直之理不能明案難結也然再此稱張復要崔是乃
差錯之言而且張乃敢營一時官但卑職小係華兵防卡外
原無地方民官責任又何能干預雜易之係事件此乃 貴
所素知以此藉口毋乃不可為此照復即請
貴參領查照理統中詳審為幸須至照復者

照復

光武八年 月十七日

為照復事 貴照內稱細要正題文字請引隣國士官兵丁併襲
傳去十二字是其正題以若高明想應無不知正題所在而盈我正
題者偉其做出虛題也是非自在 弟不敢承 當故欲顧全大局
大事化小事有事化無事 化小化無之張本還我尉官兵丁一兵償
命而已 貴則不然以崔尉官視同奇貨任耳為錢其勢漸

甲辰政事

乘其來至廠是非倒置曲直含混兩界我理之爭不在爭一尉官
之存亡 貴亞稱張偵弁崔是乃至指之言且張乃一哨官原
至地方專任何能干預交涉事件 張文陞三字名帖之存案已
照明既不要崔則如至名帖既有名帖則難乃至指詐名
帖由原地來找緊封在此自可證明且本事根因紀軍國大事
而只防禁一節張哨官既有防禁之權限則吳將至禁設讀
地之權限乎不可以大官小官別之也被請而過江者乃之犯界
乎請來而阻害者豈非乃犯法也犯法之官自可依法況至犯件
犯後國之兵傳去後國之官死不容誅 貴若易地則其可已
乎並須 貴統領茲將張哨官明正典刑梟首示衆以命
償命仍即設送崔尉官并兵丁五名自此兩界息擾益敦隣

二七

誼只合公理為此照復須至照復者

照會琿春副都統 光武八年二月二十一日

為照會事敬除穩城駐尉官兵丁被該地對岸駐防哨官張文陞誘引圍合放銃亂射或即地致斃或去地傳去一案亦即查諸事根則陰曆癸卯十二月二十日穩城於厚社或人出訴告內曾有刈柴積薪於越地現今匯輸次各帶牛車前往該地則駐防清兵不許匯輸情願駐隊尉官與清兵頭領談辦理由使我匯柴出國尉官崔齊崗既接我訴之地勢不得恬然以祇帶率兵丁十一人前往於厚社江邊要人致御於對岸駐防哨官張文陞處請要面以該張仍即變卻代謝以要崔尉官過江相見崔官信以為然與隨身十一兵帶同通辯委員金洪年即時渡江駐防兵量約二

七十名於島前往後砲而竟至圍合先奪我兵器械繼而放銃我
兵一名卽地致斃兩名重傷因此兩名與崔尉官俱爲被傳銃十柄
快槍一柄彈九十一粒無由見奪卽其日被傳崔尉官與此兵載去
于 貴警官烟集崗來艇統領相殿因處矣故卽修此照會
請引渡國士官兵丁等端件斃兵傳去於情世界之法罪已列卽
爲放還之由屢次照請相統領換後張文顯金以施詞答復終
不解疑惑尤已甚者爭訴全 貴我兩國自當修好去邑敦睦
設有自下鬩墻之釁爲其頭領務圖安善之理審酌最要
顧全大局不失勸諭之目的詞爭紛然則崔先差御于張、亦
復御于崔互相請于六營和氣中出於世而竟至請論明是張
也且因之區別宜於崔也之外標美陰相統領不卽死張而拘崔

以望為非以曲為直蹈襲其謬糊塗雜揉有若構以是然之爭
案姻教案越之說瘠是誠何心哉設若
貴副都統早知此事定不至謂國士亡于拘留接歲之境也
現今隱陵壞四隣視耽耽以我文弱兩國相依相保之誼恐不暇
況同室操戈自傷生氣以開他人覬覦鯨吞之路乎誠如憲論
在痛危懍敵壯不明畧有得力於古賢所謂寧令負我毋我
負人之句語只以韶統領過情之舉遍示該案造次行事則
恐不免同歸一轍之譏議將原因仰佈呈須
貴副都統照重三思勿以她已責人為心只以因事推理存念
張文陞誘引啚害之顛末姻統領藉端構捏之真贓詳明查
質隨被拘將本即行解送益敦隣誼共奠舊好大局幸甚

三〇

邊界事甚為此備文照會立即示覆須至照會者

揮吉副都統花仲吉照覆　光緒三十年五月十六日

為照覆事照准　貴照內開敝隊穩城駐尉官李祥該地對岸

駐防哨官張文陞請引國人放銃亂射武印地莊斃墾地傳告

軍務查該事犯刈陸曆關卯十二日穩城於厚社民人朱作告

內曾有所刈柴穀薪於越地凡今運輸收各帶斗車前往該地刈

駐防清兵不許運輸情愿駐該尉官與清兵頭領談辦理由使民

運柴米因尉官崔寧嵩先接民作之地訴不得悵然以視帶率兵

丁十八人前往於厚社江邊委令扶御我對岸駐防哨官張文陞處請

要面敘該張弁即面卸代詢只要崔尉官過江相見崔官信以

為然與其隨身十五兵帶同通辯委員金洪斗即時渡江駐防兵量待

之之年名前馬守也 該巡檢而竟至閉會先奪之銃無兇械繼爲放
銃我兵一名卽地被斃四名重傷逃回之名與崔府官俱爲被傳
銃十柄挾校一柄彈丸十一部亦爲見奪卽其日被傳崔府官與
之兵戰去守貴管烟家閭來之肚統便相毆甲處矣敵卽修之
此挑意請到陸國士官兵丁無端件斃傳去寄情安界以法所
是則卽爲殺送之而屢次此待相統便換該張大陸金以張言
答復終不解送豈非已甚者乎竊念貴我兩國自古修好當
益敦睦設有自下鬩墻之擧爲貴政府所顧[illegible]國安寧理宜
加以貴顧全大局不失陸誼之目的則寧此案必崔先送御于
張之在處御于崔互相推諉于其在從和氣中出來者也而竟至總
陷明是張也之內心在[illegible]定而崔也之舒樣美陰相統便不

即既張而拘崔以巫為由為主端誣貴人謬糊塗輕揆有若
構以奸慝之爭衆嫺欲秦越之視瘠是誠何心哉設若貴副
都統早知此事定不至隨國士官兵丁拘留積歲之境也現今
張隊璨四月祝聰以我文弱兩國相依相保之誼恐不暇況
同宗樣式自應生磁以關他人覬覦隙之路乎詳切挽救應
所危慄敵視不明畧有得力於大賢所識寧人負我毋我負人
之句語只以相統順過情之舉遽爾鼓舞是以行事則恐不免
因彼一撤之譏識茲將本國卯佈並須貴副都統默牽三思勿以
怨己責人為心只以國事推理存念張文陞誘引陷害之顛末相統
領轄端構捏之真贋詳細查覈將被拘將卒即行解送益敦隣
誼不失舊好大局幸甚邊界幸甚為此備文照會 主孩示覆照

因准吉林查前據我駐吉強軍相統領玉稱轉據駐防艾北營
哨子吉安左營右哨哨官張文陞禀稱於去歲十二月二十日黎明
時突有韓兵分兩起過江頭起千餘名二起約二千餘名尚遠頭
起已逾過江七八里撲近防壘當即傳隊迎問因何事故有無執照
公文該韓隊答云並無有文凡該隊各執槍械腰圍陣火路有
不測令更譯詢答話該隊不允開槍便行因而兩相接戰當時
擒獲韓兵六名官長一名並傷斃韓兵一名所獲槍九杆刀一柄
餘盡竄回我兵失皮子彈帶衣褲者六名因將所獲韓兵并
當即偕同延吉廳會宜該韓官崔字崗係駐北青鎮衛副
尉詢其越界擄掠情形該尉自認係韓通詞申哥者誤
傳所致事知已錯等語可答等情業經該統領一面稟移

我去其將軍已轉咨我外務部並照轉飭大臣一面函知本
副都統在案茲准貴照內叙各節似僅為邊礁細故事果如是
何先遽以兩國將領會章通照按約而往副都統崔肅崗輒敢
擅率大隊佩槍帶軍火先放伏在閫入我界取咸于耀武手明
是侵犯惟成知我事事不與較也然我毋論如何優待而答以往
報恐識難再三思祝況已經咨於我軍署轉咨外務部並照
轉大臣量飭轉照貴國政府自應懲辦候撥所除咨於我軍署
並照會相應備文知照外相應照文照會貴國為此照會貴參領請煩
查照施行須至照會者

照會 相殿甲 光武八年三月五日

為照會事昨日薄暮據有一人跌八字哭倒於庭乃是韓隊

尉官崔南寓閫世間更事由列死人身爲士官已厚 君命欽
死以寺釋但被拘於天清貞之炊歷鍛數之所不到數日以來
倍加凌虐以最初私行帶隊越界侵犯自知其錯呈言可殺
之由仰請晉君恩此頒康可放還君或不從則雖保性命其
爲事積私徒捨和證偽施毒滅口之計十分是疑罪人百有
思量爲其苟延殘喘以至生性所不忍又不以彼其目之地
身經屍死事之代明其其遺人之毒手寫爲我國法無語
上府死得其所處揆可必以此自劃去十七日夜半乘其守
穿之睡熟脫身跑出脫山越嶺事不遑追逃而無餌以手剁
情敢乾罷自不覺掏肉大叶痛則死矣何不明法正之借命
剡人之大事吾曰之不事伊吟伊汝體面掃地富命本事

甲辰政事

曲直姑勿論查厚　君含之地反化因赦焉能任其請
貴之自理兵方今年嚴拘在此遊時舉投我　上方以為
律徽之不獲已之事也且知　貴統領代謀一尉之免脫
五兵之執留爾等豈思爾不知無懼檢械俱收全遞散敦
舊誼恐以等不可再蒙照允宜其在門決不在手置兵身上以
此條文照會希即示覆須至照會者
清廷統領胡殿甲戊辰陳作彥照會　光緒三十年正月十九日
為照會事光緒三十年正月十三日據駐防石建坪右營右哨
官胡備喜稟正月十二日早有練韓兵一百名在對岸沿江一帶
巡哨隨于河操練蹤跡不已揣知其意不良派兵設伏石建坪三屯
南面韓兵擾邊僅因頗為之防午刻探出韓兵六十餘名由石

三七

建坪毛討崖峰擁過江意在包抄防堵洑路趕急到隊請
粟犧兵已先西放排槍我兵一槍未達了結犧兵房正西毒龍
欲據我屯南路適值伊為瞬伺之計飄忽折回由山前蟻附
而上以為我未之能見不知我兵設有伏防犧兵上來反掌伏兵
齊起開槍正衝犧兵不敵上嶺追到岑下其嶺兵對敵較能
迄久仰攻不利負瘡而遁我兵當遵守軍令並不追殺亦不過江一步
為此飛扶據參來情並據分防和龍略兵鍾應韶同前由據
此查貴分兵帶犯是撲寰二十七年二月初次燒搶清界崇化社
殺死我兵弌拾九名燒我屯房三千餘家二十九年九月二次燒搶
崇化和社殺死我民弌五名燒我屯房二百餘家三次催討官
逞兵越我疆水東子偃今竟為旬子被我擒獲而今由次又犯

甲辰政事

我石逢坪防營山芝皆為我駐防清京詭謗兩寸李柳貴參領
着危劫峙肆行無忌乎視察使李範允越界編戶昔欽
財勾串押我使兵謀反均經撒離起獲李範允各種印文
確據去歲全曉光霽跡張分防衙門曹統領貴參領將該
件閱看呈可據歸而貴參領不即送將自開搶殺並救給
檢械越界煽誘其李範允直國作孽禍害生民不知道何
條約依何公法此次外兵擅捷越石逢坪我防營想又
聖李範允縱使兩寸李範允係無職之徒劫兵隊犯其所
皆貴參領不顧大局甘心阿附李範允聽其指揮縱兵犯
界害為貴參領不取為李我防隊猛敵統領三令五申
嚴行公論禁不准過江一步是以彼界邊我尚能安居樂業

三九

特不容貴系領到防以守一再遣兵越界是何意見韓應請
文照會外照會貴系須查核明白照覆並嚴禁兵丁帶同
從不得越界侵擾殊失睦誼為要須至照會者
清便統領胡殿甲照覆 光緒三十年五月二十一日
為照覆事日前崔尉官潛逃情形當經會同延吉廳備具
照會在案據派隨擒兵丁送往 貴交界官處面遞接貴照
會內開昨日薄暮有一人跌入寸哭倒于庭乃是穩隊尉官
崔富嶺也問其事由則兩借內外人身為士官已辱 又命弟
死而猶但被拘多天清負之欺壓飼四殿至所不到此日以守
倍加憤齊以其所私行帶隊越界侵犯自知其錯無言可答
之由併請貴官着栗然放遠若或不許則難保性命

其為專棧私徒於行趕鳴施毒滅口之計十分完足今番崩思
量如其苟延殘喘以至處死性所不忍又不從彼背之地月
經從死事若代辦其貴道人之毒手害為犧我國法奪詐
上府死得其所免罹可電以此自劃去十七日夜半乘桴其府寓
逃脫熟悉脫身跪走之絕山越嶺幸不遭追蹤而顛倒以寸步情
敵稍罷自不覺拍案大叫痛哭死矣何不明法正惜命剝人之
大幸吾國之不幸伊於伊政聽商掃地窮念來事益梏閣
儕論光辱　君命之地冤犯同教焉能任其誘賞之自況
京府手嚴拘在此趁時奉款我　上前以待勘律敵之不獲
已之來也且為貴統領代謀一尉之先脫吾無之根番無容意
思反不如無與檢械偕為遙遠或殺舊誼恐傷不可再家居

非官員有所決不在乎兵丁身上為此備文照會貴帝即示貴准
此查該副尉崔寓岡于前年先犯我界已害我虜即申照前此
兩界兵官議定凡是該照公文私行越江犯禁搭殺是論條約
辦理豈可擅分所屬另令此已了一尉私兵殺之不應庇包亦
從不仁況兩界將接尔係是邊事不識大局者所為兩國政府
從未失和究未便以該尉一舉之誤即失兩國官
體面而是諸凡以禮相接於年前十二月廿二日照會未覆
舍食以待者亦欲以此承保兩國和睦以自行甘是而已是
以該尉驕橫散處其拘之來舉凡皆可自由意散兆不作
因待該尉當不作書傳進矣詎該尉不講體面不顧義氣竟
令彼兵丁潛逃而去初該尉素以毋危在堂屢扎覓解散

何異於謂明查出貴道與貴法司之文不能了了該尉
情歷蒙貴督先將撤將該尉解送我外務部查明情節
轉送貴政府以結兩界之案因傷道詞用意實慰
且論以疆域有舊界應該尉竟潛越至此界應避年固已
彰明較著即年前擅自越界不由上命之情亦可概見敝
統臣此故先按情照會意此越理犯分肆行無忌之徒若貴
仍用之不將蔓延於兩界造福也爲奉大皇諭迷該尉
拆移各節未定貴將以為實情將從而縱容抑或構狀
不情之言預為解嘲地貴府請還以要無所述質之情特
自瓦理全難明以該尉先行秘行帶隊越界侵犯自知
已錯步信是屬已自認情固可恕又何有欺壓鈞嚴凌

黨之為又稱謀吾著票不從將多施毒滅口之計必德
敵而露鶴留佐尉者亦所以徒明其罪也欺施毒滅口之計
則秋橋斬之矣但欺奇近張德豈可得乎如此同例相看
則將械繫之監禁之矣而彼輩所既山越山豈可得乎年
前無令自在請觀閱之謀皆若待煩言而解至於一兩稱奇
許上府亦謂其所出得罪貴國之拍案大呼敵國之不禁鼓
掌大笑矣佐尉妄行背峯自知死不容誅所以間敵將解
伊送貴部出語捏造行述既今反醜然以此作解其巧妄人而已
固無足怪即見貴外情如許奈何搖尾乞命又何足論而貴
君上陛下不辨真偽不察罪私藉此乖戾之言為搪塞之地
深構為貴借手至貴為敵代謀一節權而恐世誼實將

四四

未始不了但入諸已去將才皆知未知其何而決令仍前照
會令兵追文去印待貴參領加意照辦所本處自可立見貴
敝界陵諸宜從親歷會辨岸高勘歸並之地唯近
藥里我不能蒙混了事動相纏擾剌剌不休以取西界兵
弁不過安處是故皆有忝厥職無乃非國家設官鎮衛
意乎為此令行照覆印待貴參領查照會明去兵回
諸兄發以便將兵解送院結其業須至照覆者

胡統領慶 照覆

光武八年三月十二日

為照會事窃據貴覆節核抑或構此不情之言預為解嘲
地步該尉之被執既辱 君命該尉之脫還自侮身分
敝以至公至正之義嚴拘報府以待勘律亦以此照明椎誡

見心人何嘲我我何懼嘲而措此表裏不同之筆法乎東土之
人居陽而不為陰又曰擅自越界不由上命之情亦可槪見設
尉之過江謂之不待上命則可擅自越界則不可也張文陛名帖
往復已明前照不必贅陳又曰以禮相接舍食以待 貴以口腹
之賙飢為禮而敝以體面之見侮為恥貴雖優待而非兵所甘
情理固然又曰貴聞之拍案大呼敝聞之鼓掌大笑喜滿
之極宜其大笑痛迫之切宜其大呼一笑一呼各居其情不
必雷同又曰如情如訴無非搖尾乞命不論事之是
非曲直以言詞之柔順有禮謂之乞命則必如他人絶悖然
後謂之不然乎貴以自高自大誇張敝以至愚至弱自處是
非倒置推此可辨又曰兩界兵民不遑安處過邏防樵蕘

種々藉勢要挾皆從貴界風潮自激敵則順受之而已矣
邊兵民之安虞與否乎蔽一言惟審明去兵句語概見
貴官顧全大局之一分威念也現今世界局勢以我文弱兩
國如坐針氊同病相憐不至漁人之暗算是爲長策胡乃
同室操戈以失唇齒之勢乎言之也長反爲不美貴敝俱
以君子無所爭之句三復三思不較細故重修舊好
爲先解餘之數兵與槍械斯速護還無至局外耳目
之見識恐合事宜爲此備文照會請煩
查照施行須至照會者

胡統領照會 光緖三十年二月十八日

爲照會事竊於本年正月十八日崔副尉乘間脫歸後尉

兩奉大照均以解釋餘兵為言當以此案業已據情上報勢難擅便須於日內接奉敝憲批諭兩界滋擾情形先後均經敝政府照會貴政府理論申禁去記所有崔副尉年前背約犯境一節既據該尉自認咎錯未便久羈似可照公法武弁被執能誓不預兵事恒遣之回國之例酌量辦理餘兵準此等情奉此查崔副尉已既脫歸不再理論所有同時被獲之兵帶六人除已陸續解遣四名外尚餘兵二名茲併一體解還至此間倫是供給一切誼在同洲固不足津津計較其槍械系干戰陣之具以該尉等私犯禁界妄敗約章萬無同時給還之理公法所在請貴參領察照自見所不許

然以敝為無情於鄰國也為此合行
照會須至照會者
照會于胡統領及陳理事處
為照會事貴敝已自客臘拖至新春公函私牘太渋
支離而一去一來一長一短無非闘筍覓疵大欠枉尺直尋
之至意又况近日世界沸騰波及清韓隱憂非輕奚違
邊界蝸角之爭乎好勝之病自是之癖人皆常情然
不可偏視而只可反求也以來兩界相持隣誼之失
睦民生之受困咎在吾兩人身上將何以為謝乎言念
及此不覺悚汗其曰隊兵也管理也私砲也滋端顛末
去就如何非聊以文字往復之盡述其微奧兩相會

面談然後公私便否一一商確說明前疑可破新約更定
靖邊睦隣斂兵安民在此一舉 貴理事統領亦或留意和局
不以是議為淺陋而果副所望趂今陰二月廿九日偕文武
官弁枉顧于鍾城郡廨當請會交界官與隊官郡守
恭竢 貴駕至合事宜為此備文照會請煩
查照施行届期踐約與否希即示复須至照會者
胡統領及陳理事 照會
光緒三十年二月二十六日
為照覆事案准 貴叅領照會世界沸騰波及清韓自客
騰至今致啟蝸角之爭兩相會面談然後公私一一商確說破
前疑更定新約訂期於二月廿九日會於鍾城訂議和約以敦睦
誼等因准此查 貴叅領留意和局固見睦隣恤民之意但

李範允於本月十五十九等日統率領長金守門金克烈
成文錫等分帶韓兵數百名越入華界山溪德化等社佔
踞我疆土蹂躪我地方戕殺我民命刦掠我粮石大肆憑
陵擅開邊衅貴參領豈真不知不聞耶茲准照請會
議未便遽如所請容俟地方平靖再行約日會面以敦
睦誼相應備文照覆為此照會貴參領請煩查照施
行須至照覆者

照會于胡統領處

光武八年四月十七日

為照會事接准貴照覆內開貴參領留意和局固見睦
隣恤民之意但李範允於本月十五十九等日統率領長
金守門金克烈成文錫等分帶韓兵數百名越入華

五一

界白金山溪德化等社佔踞我疆土蹂躪我地方戕殺我民命刦掠我粮石大肆憑陵擅開邊衅貴叅領豈真不知不聞耶玆准照請會議未便遽如所請審俟地方平靖再行約日會面以敦睦誼相應備文照覆為此照會等因准此查由來兩界滋擾揔由於李管理一人其跡已彰敝叅領與李管理權限各殊寧無壓制之道而亦無妨於挽諭之開導之業已千言萬把斯速納械散衆以安民生李亦信以為然確定去就推却鍾城敝叅領以此繹慮意謂更無着足之處而歛跡遠颺仍與貴官修照約會于陰二月二十九日後修敦睦之本意正為此也不料管理私砲等不即解散而漸聚於茂山界竟至過江滋衅

此所謂不顧大局不顧生靈不顧身命者也敝亦有詩鐺
之耳既聞既知而末如之何以敝內應管理幸其越界滋
擾則是無情之責也敝者不顧和局空婷生事向於砲我
兵丁傳我將卒奪我器械之時而猶尚吞聲忍氣鎮
壓物議衆怒而唯以保全兩界生靈爲一段心竹手敝雖
不學武夫嘗聞古人之言慮大者不顧細謀遠者不較
近人嗤而笑杖何傷之有但貴所派之隊驅逐私砲風飛
雹散則能事畢矣不知止限而旋即東渡突入茂山內地
村落沒燒百餘民屋槍斃幾口人命是誠何罪是誠
何奉敝參領備过保民之責一朝掃盡矣聞之臆塞
不能無辭焉而然其貴統領理事會面商辦然後的知其何

許理由敝叅領現茲向往茂山與交界官該郡守會同
處秖希貴統領理事期日未會據理審辦悉合事宜為此
備文照會請煩
查照施行亦即示復須至照會者

胡統領反陳理事 照會

光緒三十年三月初六日

為照覆事案准貴叅領照會由來兩界滋擾總由於李管
理一人其跡已彰已千言萬囑催速納械散衆李範允亦信
以為然離却鍾城不料李範允私炮不即解散漸聚於茂
山界竟至過江越界滋鬧此所謂不顧大局不顧生靈不
顧身命貴叅領既聞既知而末如之何可見李範允非貴
叅領所能約束即使彼此會晤妥定邊界善後章程

兩李範允終不遵守則邊釁終不可弭兩界終不得安亦屬
於事無濟至來照所稱清兵驅逐私炮突入茂山內地燒房
一節查敝國軍兵恪守紀律並不敢過江一步茂郡沿江房
屋均係敗逃外兵帶畏清兵乘勝過江自己放火燒阻追
兵所致誣賴清兵過江焚燒未免失實此次李範允統率
兵帶民炮義隊二千餘人佔踞清界二百餘里搶刦糧食
一千餘石逼勒民財二千餘兩殺死我華民劉把頭吳
樹林張姓王(王姓)永山吳財東郭老四等七名燒我沿江民房
不可數計是誠何罪是誠何舉貴參領何不設身處
地為敝統領敝處思念及之耶且李範允之兵謂之私
炮過江佔據清地抑若與韓邊界文武各官總不相

干者豈事範允之管理使亦係私職耶虎兕出匣龜玉
毀櫝是誰之過歟貴參領既願定日擇地晤面留意和好
敝亦均深感佩惟敝統領敝廳公務冗穰既不能再到會
寧稽查處亦不能再赴鍾城光霽峪惟希貴參領邀
同崔金兩界交官並茂山會寧鍾城三郡守准於中歷
三月二十二日駕臨敝廳會訂邊界善後章程以弭後患
而篤邦交望簧酒醴雅抱同伸作平原十日之聚可也須
至照覆者

清國前練總荊顯基公函　甲辰三月廿七日

金統領大人閣下師雄渡北懸指瀘南久仰　威名未
識　芳顏時因衆綠初生紅雨已過輒生荊州之懷

未有青蓮之量敬啟者茲因去年秋間沿江过民不安本分致惹華韓失和生靈塗炭愚不忍袖手遂於九月十九日親至海陽面見徐叅領商酌兩國和約仍敦舊好以厚邦交於九月廿日在鍾城和約大事俱已完畢復聞徐叅領被撤不知孰為揑詞妄禀再去歲我 胡統領派愚搜韓民軍裝頗有護庇而蠢爾無知百姓反行揑告其良心令人可嘆今春李範允又起衅端我 胡統領大發雷霆之怒兵發 沿江刻下聞 貴叅領與 胡統於本月二十二日在帽山前和約至今作為罷論不知何故愚刻下頗有憐憫百姓之心以為兩國和約開運秦愚已退練總之善誠一出

五七

手又恐我 胡統領多疑為問和約反復之事不知注於意何處今特寄草楮相問 有何等密事請給一回音愚雖不才倘遇機會亦可略盡數語事情繁多非筆墨所能盡達專此敬請升安 不備

荊顯基 虞叟亟

書

荊仁兄大人閣下敬啟者夙飽令聞未接清儀居常耿耿料表華翰厚隆塵埃盥讀再三頓覺煩牙生香藉審時祺吉祥佳趣閑養允副翹想宗惬顒祝弟叩忝塞戍乏鮮良籌僅保瀕劣無足仰覓爾者何幸仁兄念存斯民問及時局 弟豈不喜任西一二申之最初兩界伏好根因始於客臘念日貴邊駐防哨官張文陞誘我穩城隊將

卒擊斃一名餘皆縛去器械執留第猶呑聲忍氣不
欲激烈而益修好意又於自冬至春胡陳兩員称以過糴
禁越縱兵肆虐島民魚肉已無加論而我民之行商來往者
逢輒毆打奪其牛馬錢貨無辜之民多方拏致沸湯而
灌其頂火鉗而煮其背勒討錢物一經拏獲者幸而不死則皆
為癈疾於是乎行路阻絶無復掠財之處故該兵等乘
氷渡江突入鍾城郡香山社地境洞內地村落奪吴恣虐
非止一再第不欲傷其和氣以此等情節初不示明於胡陳
兩員又復二月量貴兵大衆前往茂山對岸先與管理私砲
開畔之餘沒燒越民四百餘戶戕殺多數人命仍為過江
衝火茂山郡上社茂溪等村落屋燒者為百餘戶民死

者爲十六人是誠何辜是誠何罪第聞變急赴歷探經樓村落則滿目灰燼男女澳散鷄犬無遺類其所慘酷掩淚而不忍言摠計被燒見奪之物則穀爲數萬包畜爲數千頭衣服器皿錢貨等屬指不勝摟不在此數也以其忱憤言之足當以兵對兵而留意和局之致即爲修照期要一次會辦胡陳兩員不知自斂而故爲反對約會於不會地自撤隊至東威滂浛過百餘里也惟我上府申飭守邊官吏不得擅自越界設有可越之事不過十里以內之地原是章規焉能違飭深入乎千言罷論良以此也近日我界貧民魚鹽販米次總行渡江輒拏送交于烟集崗盡數誅戮若刈草管有無通商何損於貴我而視以仇敵乎其親戚伴倘欲收

其屍則賣其首千金賣其身七八百金如是残忍之行似此不
義之財 今古未聞豈人所為天鑑孔昭福善禍惡近報其
身遠報子孫不無報復之理也上項各節藐視我侮蔑
我戕殺我罔有其極而揔不較計角勝只為顧全大局
俾免生靈塗炭世人不諒此意戲我無恥無膽之公子其
勢漸乘其氣益肆無所不為甚至近日則鍾城島田許
以 賭賣取其価而禁其耕傳去男女人數十名于和龍
峪非刑拷打云其所求絶隣誼必開衅端貫先熱心者
明矣弟亦到此境遇無辞可述無言復 明只將佈告世
界承我 上府命意其進其退自不能 逆料惟 仁兄既留
美譽於兩界民人以示公心於素昧之交契弟感甚佩甚

兹將前後宗事仰佈衷曲撲滅心頭之火而已豈非論人
長短於不見不聞之地盡不盡言統希大安不具

照會于胡統領處　光武八年五月二十三日

現接鍾城郡民人等呼訴内開小的等僅以無土貧氓賭貿
對岸清地耕作者業有年所矣夫何今年兩界失和、
禁越之致春色已晩而未遑賭耕農民嗷〻之際自和龍
峪許賭數百農民過江播種及至第三日不意胡統領
部下兵四五十名亂棒毆逐疾如風雷哀我農民拋棄
牛車耒耟穀種等物奔走還渡未及揭厲而溺死者為
二名被打致傷者為數十人竊伏念清官如行毆逐初
不許賭既許取佃而作此景狀明是傷人騙財之計也

局勝痛寃舉此修照問其理由等因准此查貴兵之欺凌
殘酷去蓋太甚非止一再是可忍也孰不可忍請以前後
情節次第佈達貴統領留心采納爲一客臚念目張
文陸誘我穩隊將卒仟斃縛去器械尚今執留敝
猶吞聲忍氣不欲激烈而益修好意一自冬至春称
以過耀禁越縱兵肆虐島民魚肉已無形言未徃商
賈逢輒毆打奪其牛馬錢貨行路阻絶一無辜良
民多方拏致沸湯而灌其頂火鉗而煮其背枷頸
鎖足猶厲禮遇示以必死勒討錢物一經拏獲者
幸而不死則皆爲廢疾一去冬戎嚴之時貴兵等乘
氷渡江突入鍾城郡三峯潼關等內地累次奪吴

悉肅敝不敢傷其兩界和氣初不知明於貴統領一令春二月量其管理私砲茂山對岸支鋒之餘後燒越民四百餘戶戕殺多數人命仍為過江衝火于茂山邱上杜茂溪等內地村落屋燒者為百餘戶民死者為十二人敝聞變急赴滿目灰燼鷄犬無遺類其所慘酷目不忍見摠計被燒其見奪之物則穀為數萬包畜為數千頭衣服器皿錢貨等物不可勝數以其慨憤言之足當以兵對兵而留意和局之致即為修照期要會辦貴統領故為反對約會於不會之地自敝隊至東盛湧恰過百餘里唯我上府命飭身边官吏不得擅自越界設有可越事端不過十里以內之地係是章規焉能違飭深

八乎貴統領揣其不能深越而以東盛湧約會者明矣貴
於鍾城會寧等前後會地亦不過江表數里也一近日
我界貧民魚塩販米次幾行渡江輒拏送交于烟集
崗盡數誅戮若刈草管有無貿易何損於貴我而
覗以仇敵乎其親戚伴侶欲收其屍則賣其首千金
賣其身七八百金似此残忍之行不義之財非人所為也一切
女之來往者逢輒携入山谷勒劫汚辱施以狗彘之行其
無檢束推此可知也一地段賭賣既取価金罰五百吊而反
至播種第三日縱兵棒逐以致人命死傷初何心許賭再何
心斥之乎欺其民而取其賭取其賭而禁其耕禁其耕而殺其
民巧陰叵測世所罕有上項各節藐視我侮蔑我戕殺我

欺壓我罔有其極而摠不較計只爲顧全大局俾免生靈塗炭人嗤而笑械之人侮而愈敬之殆若無恥無膓焉世人不諒此意益肆其氣無所不爲而猶曰吾兵有紀律曾不過江一步吾兵有仁義初不傷害一命抑亦鍾城內地之搶掠茂山內地之燒殺非其兵而役鬼蜮賈米商之誅戮我兵我民之砲殺非其人而爲誰乎軍文塞責掩耳偷鈴其跡彌彰不待敏明而自有默會矣甚至管理斂跡則自可修好云故亦收其械 散其衆一節二節無非念切斯民所言皆聽所請俱施猶尙縱兵滋衅惹起嫌隙陷害生靈者必是貴統領高意干戈相見後快於心者也敝到此境亦未如之何謹具殘甲唯命是從爲其民不顧身之地

貴我 上府亦有所特別處分言盡於此爲此備文照會

請煩查照希卽示復須至照會者

俄曆 此達 리俳 불르가다 處乙丑 光緖十年五月二十五日

암셔비옵지못ᄒᆞ온쥬의 말ᄉᆞᆷ부모ᄒᆞ시니 감옥부지ᄒᆞ오며 任意座

죄온즉

슝쥐ᄒᆞ만왕ᄒᆞ시고 군ᄒᆞ등졀이다 웅ᄒᆞᆫ ᄒᆞ고 ᄃᆡ령ᄒᆞ시ᄃᆡᄒᆞᆯ

우난국지의여 본님ᄒᆞᆯ셔 ᄒᆞᆸ니다 폐직은 불사ᄒᆞ나 자졍ᄒᆞ오

본임을 당ᄒᆞ와 변경이 ᄒᆞᆼ상 뎐연치 못ᄒᆞ오니 복그럽이

측냥업ᄉᆞᆸ니다 우ᄒᆞ사관 원의도ᄂᆞᆫ ᄎᆞ부ᄒᆞ시고 仕ᄒᆞᆫ

귀국사관들 보니시며 ᄒᆞᆯ산ᄃᆞ 미ᄉᆞ지 주셔니 그감사ᄒᆞ기

엇지다 말ᄉᆞᆷᄒᆞ오리가 니려가 곳비을 마음은 업부어 ᄒᆞ오

오나 쳬국장졍에 무면이 난국으로 월계ᄒᆞᆫ 법외 도업ᄉᆞᆸ
고 ᄯᅩᄒᆞᆫ 쳥인드리 작경ᄒᆞ야 알시도 ᄯᅥ낫ᄉᆞ엽ᄂᆞᆫ 연고로 진작ᄒᆞᆸ
비지 못ᄒᆞ온ᄇᆡ 지송ᄒᆞ오되다 조만간 비옵고 졍담ᄒᆞᆯ 나리 업ᄉᆞ
블ᄇᆞᄉᆞ가 쳥인의 작폐로 ᄆᆡᆼᄉᆞᆯ 오면 ᄉᆡᆼ민 셧달의 온쳔되쟝
좃ᄉᆞᆯ ᄒᆞ온 ᄒᆞ야 병졍 보령을 좃ᄉᆞ오셔 ᄒᆞᄋᆞ고 사판 파병졍ᄒᆞᆸ
ᄒᆡᆼᄒᆞ셔다 ᄒᆞᄂᆞᆫ 소도자 ᄇᆡ가 붑고리계 셔지다 셰야ᄉᆞ오니 그 분ᄒᆞᆫ ᄒᆞ야
윤은 곳 젼보가 즉시 젼 사ᄂᆞᆫ 디 ᄒᆞᆫ 솔즉 귀국 군ᄃᆡ ᄂᆞᆫ 지간 ᄒᆞᆯ
ᄂᆞᆫ 못이 온 고로 요란ᄒᆞ니 어렵다 ᄒᆞ야 졍지ᄒᆞ엿ᄉᆞᆸ더니 쳥인드리 더
오업ᄉᆞ와 어서 기고 강호를 ᄒᆡᆼᄒᆞ야 잔도ᄇᆡᆨ셩을 ᄆᆞᆫ이 죽기고 부ᄅᆞᆯ
ᄒᆞᆫ ᄇᆡᆨ셩을 자ᄇᆞ다가 ᄆᆞ무를 ᄂᆞᆯ려 ᄇᆞ리며 부우며 뇌가 ᄃᆞ디ᄂᆞᆫ 돌ᄃᆞᆯ나
등을 지지며 돈도 도식ᄒᆞᆯ ᄯᆡ 무녀도 탈취ᄒᆞ며 방곡을 고ᄅᆞ라 ᄒᆞ옵

甲辰政事

고균을 다슈의 강변의 던략ᄒᆞ와 면가의 폐단이 우슈ᄒᆞ와 당과
되아지ᄃᆞᆼ속도 씨업시오 석ᄒᆞ오며 ᄒᆞᆫ인과 상고의 우ᄆᆞᆯ와 ᄌᆡ물을
부국ᄒᆞᆯ 탈취ᄒᆞᆫ매 종션군 삼봉촌 동관촌 서지 건너와 노략ᄒᆞᆫ
여가오매 우산과 관리사 ᄒᆞᆫ을 구휼ᄒᆞ오라 ᄒᆞ옵고 간도 빈션의
정사ᄒᆞ여 ᄒᆞ옴을 ᄎᆞᆼ회ᄒᆞ와 곡식이 매가장이 물소ᄒᆞ와 불상ᄒᆞᆫ 다
여노소가 기폐션ᄒᆞ옵고 단니옵다가 ᄎᆞᆼ마자 ᄌᆞ륙ᄒᆞ와 부르ᄌᆞ져 죽
ᄇᆞᆫ재ᄒᆞ와 기한을 면치 못ᄒᆞ여 죽는 자로 ᄒᆞ옵고 쳥명이 무산군
생수촌 부폐촌 건너와 면ᄒᆞ여 ᄒᆞ옴을 ᄎᆞᆼ화ᄒᆞ여 마음 ᄒᆞᆫ
한서을 ᄒᆞᆫ 션에 연명 쳥을 졸 ᄒᆞ오 생ᄒᆞᆫ 곤 그 수 ᄒᆞᆫ 죽
기시사생은 귀국 사관 쳐셔도 못ᄒᆞᆯ 일 ᄒᆞ오 쳥ᄒᆞᆫ 번
의어렵사오니 ᄡᆞᆯ 백구 ᄒᆞ나 ᄒᆞᆫ면 쟌슈리 더ᄒᆞ솜을 자

六九

빠가 몹울버이는 곳도 그친 책과 동모더러 주엽불 착손ᄒᆞ고 ᄒᆞᆫ족

머리 여든 쳔냥 서 맛슬 신칙ᄒᆞ여 돈 잘 밧ᄂᆞᆫ 사마 둔 후 ᄂᆞ여 츄로

나 이 쳔만 츄호ᄒᆞ여 더 친ᄒᆞᆫ 만국에 이손 ᄯᅢ 비슈 이에 죤영의 날

밋 호거ᄂᆞᆫ 종영 빗영 더러 회마ᄃᆞᆫ 간도 맛틀 친년 안히 세 드즉

끄도 미ᄒᆞ여 경시ᄒᆞᆯ 더 거슬 금년도 쳥년이 미〻 ᄒᆞ고 ᄒᆞ옵시며

돈사쳔 오빅냥 ᄂᆞᆯ셔 작츄흘 허니가 밧갈이 사ᄅᆞᆷ 관에 쳥ᄒᆞ여

휵친십 명이 ᄎᆞ와 몽동니을 가져ᄃᆞᆫ 불이ᄒᆞ여 봉 ᄒᆞᆫ 쥬롯휵

ᄒᆞ옥 불샹ᄒᆞᆫ 빅셩더러 ᄂᆞᆫ 기와 ᄀᆞ치와 곡종ᄃᆞᆫ 무울 다 발라

고 동방ᄒᆞ여 강울 건허다가 새저 즉은 ᄂᆞᆫ두 ᄯᅢ이로 마지못ᄒᆞ고 지ᄂᆞ

불소ᄅᆞᆯ 노허 지금 허편이 밧도ᄅᆞᆫ이 갈기고 도ᄂᆞ도ᄅᆞᆫ이 흑ᄇᆞᆨ이러시

ᄒᆞᄂᆞᆫ 휵쳑ᄒᆞᆫ 샹이 만ᄂᆞ본 잇ᄉᆞ 방곡을 더옥 ᄀᆞ샤 ᄒᆞ와 일두ᄂᆞᆫ

七〇

甲辰政事

품ᄒᆞ엿졋슴여ᄉᆞ오ᄂᆞ 빅셩 뎌ᄃᆡ기 ᄒᆞᆷᄋᆞ면 친ᄒᆞᆫ ᄒᆞ야 ᄌᆞ불쟈에
다ᄌᆞᆨ을 ᄯᅥ니오매 귀국군ᄃᆡ 다 ᄃᆡ반ᄒᆞᆫ즉 셔에도 관복
새ᄒᆞᆫ에 다ᄊᆞᆯ 더 어ᄉᆞ와 관후에 되졉 못ᄒᆞ오니 그런 미안ᄒᆞᆫ
일여되엿ᄉᆞᆫ들 미ᄉᆞ가 ᄒᆡᆼ인덜 ᄎᆞᆷ호ᄒᆞᆫ 칙셔은 불ᄉᆞ슴ᄒᆞ오
나여셔서지 불상ᄒᆞᆫ 빅셩을 위ᄒᆞ에 ᄎᆞᆨᄒᆞ야 쓰오니 ᄌᆞ셔ᄒᆞ오니
심ᄒᆞᆯ 오년 붉고 사신ᄒᆞᆯ 뫼는 ᄃᆡ로 ᄒᆞ오셔요다 귀국 겨셔야
ᄒᆡᆼ인의 강도가 미다지 샤ᄒᆞᆫ 즁을 어지 당ᄒᆞᆫ 후ᄒᆞ시 묘ᄒᆞ야 귀와
ᄒᆞᆫ 본 밖라 ᄒᆡᆼᄒᆞᆫ는 이러가지 안니 ᄒᆞ오니 샤복시 인ᄒᆞ오 ᄒᆡᆼ인의
젼ᄒᆞᄒᆡᆼ이을 ᄒᆞᆷ치ᄒᆞ여셔면 쟉ᄌᆡᆨᄒᆞ셔 ᄒᆞ여다 방ᄂᆞᆨ과 ᄯᅢ슈
더ᄂᆞᆯ 치 치지 못ᄒᆞ오면 셔츅 빅셩 본ᄯᅢ 경ᄒᆞᆼ 각어의 다 낫ᄉᆞ오
도 ᄆᆡ은 비여셔면 쉐ᄂᆞ ᄒᆞᆫ셩 ᄉᆞᆼᄋᆞᆯ 다 ᄂᆞᆯ니 뎐 나는 불ᄉᆞᆼ도

七一

다ᄒᆞᆯ 쥴 알외다 죵셩 ᄇᆡᆨ셩 ᄇᆡ왈ᄒᆞᄂᆞᆫ 일이 ᄇᆞᆫ 신나 보ᄆᆡᆫ
샹복 ᄆᆡᆼ명이 ᄇᆡᆨ슌 지ᄂᆡ고 쟝ᄒᆞᆼ으로 건너가 변ᄇᆡᆨ호 ᄇᆡ은을
못ᄒᆞᆫ 듯ᄒᆞ외다 금년의 오신 사ᄅᆞᆷ도 ᄆᆡ우 엇ᄒᆞᆫ ᄒᆞ와 ᄒᆞᆨ졍 븐 못
ᄒᆞᆫ 븐나 평 다옴 ᄇᆡᆫ ᄉᆞᆼ이 자 이ᄒᆞᆸ
연ᄒᆞᆷ 친히 ᄒᆞᄂᆞᆫ 듯ᄒᆞ오니 ᄒᆞ와 ᄋᆡ부ᄒᆞ미 근심ᄒᆞᆸ

胡統領 來照

爲照覆事頃接貴照內開各節除省原文不錄外查自貴
叅領蒞事以來所有縱兵侵卡越界助逆搶殺焚掠爲
姦宄之淵藪造兵刃之厲階容心起衅已非一日澈 諱在
敦睦鄰交保衛生民顧全大局每事柢以理論情阻先
後已不下千百萬言 貴叅領幸未置若罔聞後未公

文亦問有悟迷處究亦不外飾過護非之言亦無開心見
誠之語敝國知貴有大欲未逞萬難言歸於好今據來照
純是一段幸災樂禍之心妄造黑白謬口騰說敝恐貴以斯
言誣人者而正所以誣已也貴以斯心欺民者而正所以欺天也
敝前此照覆貴交界轉致文内業已聲明此後兩界若不
能言期實踐徒以空文塞責雖再來千百萬言亦無隻
字答覆想早經台照矣茲以貴己先具甲兵約敝相馳
逐敝國武人原有備兵守土之責當此斷無不答之理因
據原文略覆梗概請貴鑒之幸勿以市井無賴之詞誣
兩界用兵之先聲也一原照開據鍾城民人訴稱在和
龍峪地方聚資賭地過江播種被敝兵毆逐一節查江

防戍嚴之時民未睹田貴敝果先有文知照在案否乃無端韓人数百負耒秉耜越江而來其勢已逼近該處防卡想貴官諜我非伊朝夕如艾蒿甸子石建坪沙金溝等役可為殷鑒此事焉知非貴寓兵於農之意防卡過問宜乎不宜乎况去者僅只兩官而兵共四人耳當時令各退去容兩界議妥再來耕種事固有之以故農民攜具而來亦攜具而去者豈有打傷溺死者試思農人数百各攜器具我兵四名焉能棒打 如許之多清淺一江韓民往來褰裳即涉又何溺死之有聞貨價隨時仍由民官照数歸 付毫無短折意貴參領所以揑造此論者不過未隨其含沙影射之心借作搆衅之舉者此其一又年前臘月念日

崔脊閭寧兵犯境該尉已自認不諱細查逐次來往公文稍
知自變萬無異說今復以誘之云者即如前年春二月去年秋
八月今年春二月貴界連年縱兵越犯殺我墾民百餘命焚我民
居千百家掠我民糧民財所值亦不下數百萬先後均經知照在
案餘有切實憑証可查然此亦係張文陞誘之乎抑係貴之公
然犯之乎援公法公理戰有所獲有釋兵之誼無還槍之義此
事於釋兵照會中業已聲明貴叅領係統兵大員夙明公法
當時未聞另有異說今以械心未遂復以得隴望蜀之情借作
搆怨之舉者此其二又稱去臘今春以遏糴魚肉商民等語
查敝界斷運一節以中國糧居例禁出口固已載明中韓條
約迨以貴屢擾邊農多失業敝境食糧愈以不足因而出
示遵約斷運當時又以示前糴者不在遏留之例以卹窮
誠及示出月餘遇有糧車又必詢其買糧之先後時日為

去留以此得釋者比比皆是貴果留心民事情亦當有所聞此後
循分之民亦漸無犯禁之事即間有斷下糧石實系兩界奸民
猾商壟斷漁利目無法禁不得不遏其所糶以警梗頑俾人
與車牛仍從寬釋是敝用法不謂不明用心亦不謂不厚況我
斷我糧主權在我人固不得稍涉干預以侵我自有之權限否
則即以仇對我國家論此固世界之通例揆之貴國亦何莫不
然但鄰封乞糴情固有之彼此鄰交有何不可但貴本無一言
託及覬糴之事而徒以猾商奸賈販運不靈妄造蜚言陷人
不義是明明欲敗約章侵我權限者此其三至於約會一節原
照稱奉　上府有命守邊官吏有事越界不得過十里以內之地旨
前東威溥之約是明知不能而故難之等語然此是系貴國章
規但未知其是昔領出抑今領出貴果照知於我有案與否敝
實無從知悉以此見責毋乃大踈乎三月朔間接貴交界官

函覆已言敝所願得之李昇昊成文錫金克烈等貴
亦力承代為拏交所有月前往來約會在貴寓員未嘗言
及以地遠有干違飭在敝覺前兩次會約皆由貴訂地遠
地近俱無不可此次會地係由敝訂而貴竟翻覆執拗其
意想不在會輕舉妄動於事奚裨故於三月一日照覆內
云請待將敝已入籍叛民李昇昊等拏到時李視察去
邊後無論何地何時皆唯言是聽否則雖日會數次仍與大
局無補並未接貴如照見覆今以一國之密飭當為兩國之公例
以己之非責人之是妄假愛民之虛語以黷武之近災容心背
畔其又何說及貴照末云謹具殘甲唯命是從查貴界次把我
皆是獨行獨斷甘為戎首敝惟堅持我守我界之意戰和
皆唯命是聽欲有所役不敢不從須至照覆者
荊顯棻基函 甲辰四月廿日
金統領大人閣下 [illegible] 荊鳳來識

李面翹望坐鎮塞戍志安邊陲為慰我隱象林下撫松盤桓
功名之念已置三山外矣前接閣下來函內申情由盡領悉矣昨聞華
韓搆兵力不勝惶恐親到胡陳天人面前問叙其事我尊憲言
貴閣下來公文內叙決以死戰等情我統領赫然震怒已將大軍
調在沿江一帶飛爭雌雄不可力知爭戰關乎兩國生靈塗炭
暗為揮淚一時心生拙策向統領言濟老情貧之意開運通商、
之情我統憲言開運出口有違條約再三不允力婉轉而設良謀
以聞尊我統領[illegible]始乃應允以敦兩國舊日之好退若數月
有餘本不應分干預兩國之大事但視江南之韓民望有懸
罄之歎何忍袖手而旁觀貴閣下見畢萬不可大動干民
殺難振耳致使百姓愁苦難大皆嶌難熬日前茂山開仗
兩國失和以為觀之兩國官員皆聽下人之言致有此禍未必
各無後悔耳倘我統領仍不應允我[illegible]與之反目決[illegible]

開運再去歲和約無怪乎始和而終不和以其無中保耳貴閣下見此草字定於何日何處和約隨賞一回字是為至要專此順請　勛安　不另

荆顯基處答函　甲辰四月二十四日

荆乍見座下敬復者雲樹同思金玉無遐清範宛想神交轉深朗吟林泉欲潔其志遠處江湖猶憂其民弟忝在籌邊頗多濫職荐承聞諭一直感愧再者搆役一事貫統領己自客冬屢試鋒刃挫我兵民是以僚佐莫不勝義憤期欲激烈據理責之顧全大局弟若強硬血漢豈忍至此世人不諒此意因其勢而靡之百般侮辱挑戰不渴之致又生一計遏糴禁耕戮殺飢饉期使我民無孑遺其作俑者必無後矣蜂蠆有

甲辰政事

七九

毒況人爭僚佐等齊聲奮發反辱相稽好顧全大局好顧全
大局與其坐而待斃寧要此之爲愈也恨攘臂扼腕幾至自亂
弟亦末如之何示以對壘之意然兵危地也好戰則亡且同室操
戈烏得免外人之譏設如貴勝無快於貴敵勝無快於敵哀
此生民之塗炭兩界之失睦而已非不知無益尤害而一言旣出
駟不可追況遠近之聳 動乎今若中止唯我兵民責以食言
貴界文武譏以虛張進亦難退亦難正謂此也百爾思量莫
知措歸之策唯仁兄高明不待縷陳而已有所念及於進退
萬難之地矣以弟之閑誠見心替達於胡統領及陳理事從
長商量先爲開運許耕示以和婦使緩民心然後在人立
信在我塞責之舉兩 得也一會之期自在其中若或稍緩耕

甲辰政事

農衆失其時夫復何言弟陸武夫略有欽佩於華陸之美派
相贈佳言相復　貴總領以敝邑見不鄙卑而據理采納則兩
界幸甚兵民幸甚以其　仁兄之誠實中保似無不諧耑藉此仰佈並候
日安惟希　祺安不具
公甫于胡總領陳理事處　甲辰五月初四日
兩位仁兄大人閣下　敬啟者疇昔佳會話朝紓想禦遠山怡悵滿木睹
謹藉審　僉祺雷祥若齊康愜懷頌弟冒雨利涉　感念收
暨惠饋琉球口有餘香再者和局已成訂約未了所　教各節
銘佩在心無敢偏袒之處而只以相當之權限逐條尾閱謹具
尊覽幸賜批評筆削改正而潤色以為信守命督上施而保在

八一

講究萬國邊糶之公法兩界救荒之厚誼旣許如前開運襍糧
無論作農與貿米開運一節任民自便無容屑屑於自官憑護之
勤念事

古間島地段我民賭耕已有年所而緣何今春播種失時無望有
秋境至荒廢則亦無來歲之望惟在貴官斟量事

江設橋船原非通商口岸農民等爲其利涉起見已非一年該橋船
如前架設俾便民業事

兩界民人往來任其自便至若軍人之持械來往各有公憑雖是軍人如
有私幹無所持械而常服往來之境遇以平民例待事

無論兩界兵民不幸有殺傷之變兩界文武各官約會境上拿
致該犯從理審辦即塢償命而無或延拖時日虛文往復反
側圖免事

穩城隊將卒被誘一事已屬過境不足深究而催兵致斃貴繳
業已各報 上府自有如何處辦之日胡留器械斯速還完勿負
會席面約事

茂山郡內地民戶衝火事件已入灰燼之財產無容更議而牛馬見失
亦多就中四十餘首貴統領收置云爾則該畜繳還原主以示兩界
和氣事

自冬至春糧穀禁運之際我地民人之錢物米包自貴分局執留案
多已經散失者無處尋責但存留案盡數還給原主以示貴官
之大義寬惠事

今自以後沿江上下戒嚴之兵各自撤還告示兩界使民確信無疑
事

會約之末盡條件公照商量添為附錄事

胡統領陳理事處來函

金參領
鍾警務
朱郡守
四位仁兄大人閣下頃接華函遞來擬章十六条弟等已公同酌議分別准駁存删另開一单附呈公覽所有弟等日前面交擬章兩紙共十六条來单何以僅寫六条人何以不逐分別有駁存删詳細指教界兩善後非可各徇私見剖析将敝擬十六条逐条分晰核覆俟彼此許可兩合共有若干条再行勘酌字句潤色妥協互相傳觀各無勉强然後簽字另繕盖印互換以爲信守非草率心急所可了事也專此奉答並候玉覆敬請台安不一

令將

貴參領送來擬章十六条分別准駁存删開列於左計開

第一条已往之事既然勿論毋庸開列應删去

第二条兩國址有白山碑記可証貴既不肯擅言亦有照道惟須

明各帝各界勿得潛越字樣
第三条越墾民人已入中國版籍應照公法歸中國管轄聽其安
業並不庸待應將貴繳務盡保護字樣刪去勿得牽混
第四条可以照准惟須叙明中國並未允認會理字樣
第五条第六兩条全克烈等貴既無聲交之權限繳亦可寬
不窮治均宜刪去不必開列
第七条中國米穀不准販入韓國載在中韓條約貴如欲變通
開運非照繳所擬十条内第七条辦理不可貴擬任民自便斷
難允准
第八条古間島係中國光霽峪假江之地本年不准江南韓民租
種緣李範允逞兵犯邊之故嗣後韓兵如不犯邊定議後
可以另行商辦

第九条 沿江只准設船 不准架橋

第十条 两界民人往来任其自便軍人無械私幹常服往來例以平
民亦可從權照准惟軍人持械過境 如無護照公文仍須寫明
查拏格殺勿論字樣不得含糊

第十一条可以照准惟刪去反側圖免字樣反側即叛逆之意貴何不通
乃爾

第十二条 穩城隊器械已經敝報明政府核辦 不得開列應刪

第十三条 茂山對岸與中國官兵打仗之叛逆墾民照中國律例應
查拏入官區區之件隻何足計較中國自有辦法毋庸韓
官代謀此条應刪

第十四条中國界内墾民違禁販粮應照中國律例將貨入官不辦治
禁之罪已屬格外施恩敝有自主之權韓官不必干預此条應刪

八六

第十五条 沿江上下各宜循舊設防徼之戍兵係為保護墾民而設不
能裁撤
第十六条 須照敝另紙續開第六条擬章辦理貴擬太覺含糊未
便照准
今將酌議中韓邊界善後章程擬候 會定 計開
一中國吉林省與韓國接壤向以圖門江中心為界各佔畔江接之公法兩國
自應永遠遵守不得越爭毋庸再勘至圖門江向有渡口設有渡船
以通商民往來今仍循舊辦理兩國均不准跨江建造橋梁所有
從前已造橋梁一律折毀
一延吉廳非通商海口又無領事官韓民久在廳境墾種納租已經入
籍者即歸中國管轄一切租賦捐稅差徭與中國人民無異遇有詞
訟命盜雜案均歸延吉廳按中國律例審辦韓官不得干

八七

預妥引海口通商條約爭論

一韓國民人在中國界內干犯兇殺謀殺強姦私造假票侵吞公款等重罪者
韓國詳中國官行文關提韓國毋得拖延不交如有在中國界內謀反及干
犯中國大政者均由中國懲辦韓官不得索討

一韓民越墾自光緒二十五年中韓定約後不準再行潛越如有潛越邊界
韓民仍入中國境內種地者以入籍論歸中國地方官管理

一中韓陸路商約未定韓商如有暫來廳界貿易者須由韓國邊界官
發給護照先行知會延吉廳立案俟該商到日驗照蓋印給執備該商在
廳界遇有詞訟干犯准援海口商約辦理如無護照以入籍墾民論延
吉廳商人入韓界亦照此辦理如無護照准韓驅遣歸國

一韓兵如非公事有別故入清境必持有陸軍參領或邊界官護照
清兵入韓境亦須持有本[illegible]統領或地方官護照方能沿[illegible]

兩國兵丁如無護照携帶槍械私越邊界即由兩國地方官及駐
營隊查拏格殺勿論

一中國向不准將米穀運出外國載在條約第六款近來韓國邊界歉收
糧草缺乏中國暫准和龍峪稽查處設立糧米柴草市集期聽韓國民
人過江買糧照章上稅兼買柴草以篤睦誼他處概不准私開糧市柴
市違者貨物入官賣主買主均由中國地方官拏辦倘中國年景歉收糧
草不敷食用或韓國匪徒侵犯清界即將糧市柴市停止韓國兵民
不淂過江私買樵採有犯作爲越界格殺勿論

一韓國兵丁頻年侵擾清界均由韓官管理使容心開釁嗣後再有管理
使隊兵越界聽憑清兵剿捕並管理使一官中國外務部暨駐韓使臣均
未允認應由韓國邊界文武各官公請韓政府裁撤不得逾三個月限期

一韓國茂山郡對岸清界華民地畝向有茂山郡韓民過江租種以

地主四六分糧頻年滋事嗣後每至春三播種之時須由分防和龍峪經歷會同茂山郡守查明韓民某人租種華民某人地若干造冊兩本盖用兩界地官割印信各執一本秋後仍候兩界地方官傳集地主地戶按冊分糧倘地主不願韓民租種韓民即當退佃不得爭佔此項墾

在中國界內他事涉訟與入籍墾民無異歸中國地方官審辦

一此次議定邊界善後章程應繕數分盖用兩界文武各官印信由清官分送中國外務部出使韓國大臣吉林將軍各衙門韓官亦分送韓國政府 駐華使署存案永共遵守

一茲於華歷光緒三十年五月初二日兩界兵官民官同時踐約会於華界光霽峪分防廳署系為講信修和重申舊約各守各界起見但以口約恐難憑信是以另繕守據在会各員各書銜名畫押盖章以昭信守

一李範允既系禍首約定之後當有韓界在会文武各官

趕緊禁止在边驅擾如再有侵犯華界之事亦惟該官等是
作爲無故敗約容心啟衅論

一李昇昊金克烈姜仕彥成文錫等既系華界入籍叛民按公法在
華界官本應索還照例懲辦之理按大局亦系擾界奸民有應驅
除之勢在会韓官宜速挐交華官管束禁止一安边界永敦睦誼

一約定之後無論華兵韓兵有無故潛越滋事等情系何界之兵即
以何官承認作爲無故敗約容心肇衅論

一在会韓官有以撤去李範允挐交李昇昊諸人之事必待呈報韓政府
方得照此辦理但經此会面約定後如李範允李昇昊諸人等未經撤
退拿交以前倘有侵犯之事亦應歸在会韓官承認仍照爲無故敗
約容心啟衅論

一華韓兩界交涉之事頭緒紛繁暫難立申論但有已載明兩國

條約者均遵條約辦理有條約未及詳者一應按照公法辦理以昭平允而敦睦誼

公函于胡統領陳理事處　甲辰五月初八日

兩位仁兄大人閣下盥讀琅函具詳開其所批評存披頗多層節共會席面約不無矛盾至於强責苛求等條件自下能為者則敝等不敢洋洋較計皆可勉副尊意但事關上府自守邊官吏本能擅决之處畧存說明以示貴敝各自奉上之義理無或致干咎戾貴擬章兩經共十六条內編簡十条旣係偏袒私著難為相當公約亦多以文害義處兩界各官覧畢輒掩卷請陵貴亦微笑許傳仍復爛商論事始乃更擇六条言簡意盡足為公案弟等受而深藏認謂可據文字及其告別出外貴將十条编録懇懇交付以備私覧敝亦却之不恭袖之以来欽歎文巧工也

以私著弁於会券恭互辭義以為敝録潤色之資而會約六然
無腴增删一字揭為首紹今言僅寫六条亦不逐条分别分之教
無情之責乎惟敝陳十六条件一依 貴言貴意構兼其尚稱以合
糊故為覓兩其於睦隣念民之道不知其可也茲遵 貴所准駁存删
略附敝所難擅雜便草成十二条謹具 尊覽幸勿更拔煩棄
再復和局是所切禱餘希 示覆統惟 荃照不戩

會約從復改正存拔合十二条

一兩國界址有白山碑記可証早晩共勘兩 政府查勘查勘之前敝
訂言界 貴亦難言界各界二字姑未得自下擅言惟 貴敝相距之
處洵滿一帶水各守信地無或彼此持械潛越滋㬎
一貴國米禁載在約章已所稔里現今兩界情形父子兄弟姊妹姻
戚互相分居兩界一定父輸子家之係農弟運兄家之係粮有無相

例待之節所弛禁亦由是也今此特許防禁將前開運以致滋蔓

一古間島原係江內韓地昭載畫譜懷裏之度鬮中江也反害

也查兩自以做便民僅為睹耕後何今查亦失勝耕碧海案

目言之虛誕雖在 貴官商量敢不欲煩瀆

一曾前沿江或檣或艇為之利便更無他意現此檣艇之向行了

強辦從今撤檣擺艇

一兩界民人來往任其自便雖是軍人因私幹無所持械常服來

例以平民惟持械過境如無護照公文各自格殺勿論

一無論兩界兵民不幸有殺傷之變兩界文武各官約會境上拿

致該犯從理審辦即場償命而無或遲拖時日虛文徙宴希圖[illegible]

一總城隊將卒被誘一事已屬過境不足深究而惟一兵[illegible]

貴敝業已各報 上府自有處辦至若器械繳還亦自貴政
無執番之理此件具已上報不得刪去
一茂山郡兩岸民牛隻與鍾城廳等內地民米錢執番事件各官會
辦之席次第議定今以韓官之開釋韓民謂之無理于頑則以
民物充公亦恐有欠於施義
一兩岸兵站原有之佐實各自依舊駐紮而但沿江上下連絡巡哨和局
了業之餘旋即撤收毋至護民反為害民之地恐合事宜
一重修舊好寔出於靖邊保民之策使民安業則自無不合於約章
金參領 胡統領陳理事處來函
金崔警務 三位仁兄大人閣下頃接 大函并改正會約十一条誦悉壹
是敝擬十六条與 貴現改十一条大致均不相謬茲將彼此所允會
合參互更定十四条繕成公式專送 台閱条內各節無不勉

副尊意格外通融以敦睦誼希即示復由敝照繕先行簽字蓋
印再送貴補守蓋用印信各執三紙以憑遵守茂山鍾城對岸牛米
之事作為罷論毋庸列入章勿再事煩辦徒勞往復致稽和局
敝國無損悉亦無甚益也專此奉復敬請 勛安唯 照不旣

公函于胡統領陳理事處

大清國補用知府延吉廳理事撫民府陳作彥
大清國統領吉强軍馬步全隊都閫府胡殿甲
大韓國咸鏡北道交界官兼警務官 崔南隆 金炳若
大韓國鎭衛第五聯隊第三大隊陸軍參領 金命煥

為重申修舊好約各守各界於華曆光緒三十年五月初二日韓曆光
武八年六月十五會於華界光霽峪分防經廳張兆麟公署
信修睦公議邊界先後章程各書衔名畫押蓋印

甲辰政事

守茲而議定先後章程十四条開列于後

第一条 兩國界址有白山碑記可証仍候兩政府派員會勘以前循舊以間隔圖們江一帶水各守汛地均不准縱兵持械潛越滋衅

第二条 越墾民人已入中[illegible]籍應照公法辦理聽其安業并不虐待（各相務要保護）

第三条 李視察範允既係禍首約定後韓界在會文武各官赶緊禁止在邊騷擾滋事如再有侵犯華界之事惟韓官是承認作為無故敗約容心啟衅論

第四条 李視察範允管理北墾島華政府未給批准文憑華界當并不允認韓界官亦不勉强

第五条 李承昊金克烈姜仕彦成文錫等既係華界入籍叛民援公法華官有索還照例懲辦之權在會韓官宜速拿交華營信[illegible][illegible]

九七

安邊界

第六条在會韓官以撤去李範允拿交李升昊等必待呈報韓政府方得照辦但經此次會議約定後如李範允李升昊等未經撤退拿交以前倘有侵犯之事亦㣲在會韓官承認作爲無敗故約容心啟衅論

第七条沿江橋船爲民利渉從今撤橋設船亦無他意

第八条兩界民人往來任其自便軍人因事無械常服往來例以平民唯持械過境爲無護照公文各自格殺勿論

第九条古間島即光霽峪假江地向唯鍾城韓民租種今仍循舊辦理

第十条兩界邊民不幸殺傷之變兩界文武官行文照會邀拿　真

在正真兇犯秉公當辦當場償命勿得誣良搢延空文[illegible]敫

滋枉縱

第十一条 穩城隊兵一名致斃雖在上憲處辦執留兇械斯速交還無傷隣 華軍執留穩城副尉崔齊岡隊兵兇械能否截還應候華政府 誼

第十二条 中國向不准將米穀運出外國載在韓条約第六款現在 兩界和好縱權變通聽民運販以濟韓食或因年景歉收 邊界不安仍禁米糧出口華界援引照辦

第十三条 兩界潛兵原有位置各自依舊駐紮沿江上下巡哨定約後 和睦無事酌量撤收

第十四条 華韓兩界交涉紛繁暫難一一伸論但有已載明条約者 均遵条約辦理有条約所未備者均援照公法辦理

公函于 朝統領陳理事處

胡陳仁兄大人閣下敬復者擎讀 華函并傾荷友口述無非以 敦輯和向勤企何然收之際示十四条 貴志敝見兩相視合

甲辰政事

九九

豈普共美毋寧雖黃而唯年閒　政府當旬照加存指標
付原函以備　尊覽實爲揀益耶　貴敝只是未敢擅言
之體面而已並須　諒會此意更加要挾煩提督將十四條捺
印擲還所敝處文印換約以為信守所證書到之日馳來開
運一節即多告示兩界使者知信照會事宜專此仰請
希　鈞安不具

甲辰五月十九日

荊顯基處來函 甲辰五月廿二日

金參領
崔警務
金警務 三位仁兄大人閣下敬啓者弟於十九日由警署起身於二十日
到家二十日面見我統吉麗陳統領胡 交還刪易之約章我統廳憲均佇著准惟有
穩城槍械一節業已稟明在案決不裝還弟在旁千曲萬折述曉
閣下為難之情我統領念和約大局已定議請軍帥將裝還以息
支此槍不到於條約本在中間作保絕無含混再有未列條者 之案

粮牛馬此乃小事願大哥要緊閣下亦不必追究此次與我 統領[illegible]
辦妥即於二十六日將公文告示及和約條章帶到鍾城 杜閣下見
於二十七日駕臨鍾城換約風雨莫悞可也 耑此敬請 崇照不備

張兆麒 虔來函

逕啟者弟分防邊徼又到三庚兩年以來與 貴參領同事啟槃
翕然輯睦乃奉 憲檄調省差委屆指代瓜之日即整落葉之裝
溯矣前塵期之後會回憶盈盈帶水青鳥常通當亦僕僕邊
風白駒莫縶惟願葵叩盟在永固邦交行看蔀屋歡騰頌傳
民口噫此後神交千里夢中之路難尋春寄一枝別後之如渴
望繞朝之贈策敢布柬以拜辭肅此敬請 勛安惟希 丹照不備

金參領 胡統領陳理事 虔來函

金警務 三位仁兄大人閣下委員荊顯基回 接奉 手書並附 章程

槁尙有改易四處弟等公同商議前晋槍械貴款收回和局既成不
妨啟趙應俟簽字蓋印互據之日起於五十日期內由弟等呈報上憲
批准即行奉述敝上憲亦不至十分執晋此事弟等既各允許不能食
言此条即可刪去禁糧一事應俟簽字蓋印互據後即日出示弛禁
晒改章程并言重申舊約各守各界八字第三条楊首二字亦照
辦不駁惟第二条一字不能增損應照原底繕寫弟等爲顧念兩
界生靈業已至再至三勉副 尊意倘不知足猶欲煩辦則祇可將
此章程作爲罷論依舊相持惟貴實深圖之茲已繕就底稿兩分
敝已簽字蓋印另寫正出大分一律蓋用印信交令荆委員送使照
式簽字用印請晋底稿一分故交界官衙門存案並晋正本三分均
由貴分送各上憲備查其餘底稿一分正本三分仍由荆委員帶回以憑
敝廳存案分送各上憲備查書到之日希即照辦貴界萬口

弟亦不忍聽也專此奉復敬請台安惟照不盡

金泰領 胡統領肅來函

崔金警務三位仁兄大人執事昨者荊丕臣還來接奉惠覆披誦之餘仰見兄等克念隣交不以涼德示民欽甚佩甚惟界約一紙貴呵易之第二條其言有可異議蓋人民居有定界而制有定法故一毫尚且不得亦一毫輕轄不得如中韓條約第五款有之此次務將在彼界管理已界人民之權收回又公法便覽載有外國人民寄居國內已經入籍者歸本國管轄只暫寄通商者仍歸籍管轄又公法會通第三百七十二章載有民人入於籍彼國居彼日久者（註以五年為期）只本國法未經照例准其改籍理應絕為屬民改詭又按公例一人祇准籍隸一國不得在此國莫有在他國另立權利孟子云天無二日民無二王又曰域民不以封

疆之界址並無一定人民處當某國者即歸某國管轄處當某界
者即歸某界保護此為東土有人之明徵有國有民之權限不
但外人侵佔不得亦寬干預不得且華民在彼耕種者亦不下千
百戶我國於彼有領事處從未爭生干預屢撲之案仍先我人假
樵之公法公理又此地以故其越民兩相保護一條萬難存請界
九第好為貴求以柔約為　兩君主以定為是下不敢不遵公主
為無界通例有國體者不得帶領況彼此轄在寄息遷華帶兩
國有疆界者此履史者乎萬不敢規避　五章年改壞公議　光武乃
知附之後保明理之莫擅土地安不以萬眾為河漢且以將畫界
保護一條制之歸之乎凡此校械一節知為貴參領心莫能忘
但先言歸者好若在不可從擲弟已代為商請撤軍屬新址
信好例准將原械歸還撫彼此界限(?)就華國之干涉(?)

允准但此也甘字清原如準諸公議似不必引入界約亦以往事
頭緒甚多前未備提此一条亦實不足以昭大公　貴熟審之當
可釋然於我無人也已相隔我遙把晤有期而今西石我相將而
無相見当可再議造此小說矣人也專肅佈悃再請升安

胡統領陳理事處来照會　光緒卅年六月初五日

照會事照得自李視察範允侵擾華界以來兩界邊民不安三
載　貴交界官參領深知其非力顧大局於本年五月初旬約會敝廳暨
統領於光霽峪面議兩界善後章程以息爭端判決迄今
一月其中底稿磋商員弁往返幾未停趾茲已會定中韓邊
界善後章程十二條簽字蓋印準於六月初五日派員在和龍
峪稽察處互換甚愜鄙懷茲特派員賚持敝轄中韓邊界
善後章程稿一分清本三分前往互換希即查收將貴交界官參領

所繕中韓邊界善後章程稿一分清本三分交去員帶回以憑存案分報至李視察屢次越界焚掠致死華民應行賠償等事已經報明政府應聽政府與公使辦理崔副尉齊嵩留在敝處槍械前已商妥歸原準自善後章程互換之日起於五十日內報候上府允許如數發還為此照會貴交界官參領查照互換日施行須至照會者　計照送中韓邊界善後章程稿一分清本三分

會議中韓邊界善後章程

大韓國咸鏡北道交界官兼警務官 崔南隆 金炳若

大韓國鎮衛第五聯隊第三大隊陸軍參領金命煥

大清國補用知府延吉廳理事撫民府 陳作彥

大清國統領吉強軍馬步全隊都閫府 胡殿甲

為重修舊好於華歷光緒三十年五月初五日韓歷

光武八年六月十五日會於華界光霽峪分防經歷署
光麒公廨講信修睦公議邊界善後章程各書銜名畫
押蓋印以昭信守茲已議定善後章程十二条開列於後
第一条兩國界址有白山碑記可証仍候兩政府派員會勘
未勘以前循舊以圖們江一帶水各守汛地均不得縱
兵持械潛越滋衅
第二条李視察範允既屢滋事約定後韓界在會文武各
官赶緊禁止在邊騷擾如再有侵犯華界之事惟詰
等承認作爲無故敗約容心啟衅論
第三条李視察範允管理北墾島華政府未給批准文憑華
界官並不允認韓界官亦不勉强
第四条李升昊金克烈姜仕彥成文錫等既係華界入

籍叛民按公法華官有查逐照例懲辦之權在會韓官宜遠挈交華官管束以安邊界

第五条在會韓官以撤去李範允挈交李升昊等以符呈報韓政府方得照辦但經此次會議約定後如李範允李昇昊等未經撤退挈交以前倘有侵犯之事亦歸在韓官承認仍作為無故敗約容心啟衅論

第六条沿江橋船為民利涉從今撤橋設船示無他意

第七条兩界民人往來任其自便軍人因事無械常服往來例以平民惟持械過境如無護照公文各自格殺勿論

第八条古間島即光霽峪假江地向准鍾城韓民租種今仍循舊辦理

第九条兩界兵民不幸有殺傷之變兩界文武官備文

照會迅拏實在正真凶犯秉公審辦當場償命仍淳
誣良稽延望文徃復致滋枉縱
第十条國中向不准將米穀運出外國載在中韓条約第
六款現在兩界和好從權變通聽民運販以濟韓食
或因年景歉收邊界不安仍禁米糧出口柴草援引
照辦
第十一条兩界防兵原有位置各自依舊駐紮沿江上下巡哨
定約後和睦無事酌量撤收
第十二条華韓兩界交涉紛繁暫難一一伸論但有已載
明条約者均遵条約辦理有条約所未備者均援照
公法辦理

胡統領陳理事處 照覆 光武八年七月二十八日

爲照覆事 接准 貴照會內開照得自李視察範允侵擾華界以來兩界邊民不安三載 貴交界官參領深知其非力顧大局於本年五月初二日約會敝廳敝統領於光霽峪面議兩界善後章程以息爭端判決迄今條又一月其中底稿磋商員往返幾未停趾茲已會定中韓邊界善後章程十二條簽字蓋印準於六月初五日派員在和龍峪稽察處互換甚愜鄙懷茲特派員賫持敝繕中韓邊界善後程章稿一分清本三分前往互換希即查收將貴交界官參領所繕中韓邊界善後章程稿一分清本三分交去員帶回以憑存案分報至李視察屢次越界焚掠致死華民應行賠償等事已經報明政府應聽政府與公使辦理崔副尉齊岡留在敝處槍械前已商妥

甲辰政事

歸原準自善後章程互換之日起於五十日內報候上府允
許如數發還為此照會貴委支界官領查照互換見覆施行等因
准此查邊界善後章程貴敝稿與本合四分業經蓋印互換
益敦和好兩界幸甚更無異議但貴照內李視察僭次越田
焚掠致死華民應行賠償等句語此是新語也前此貴批
章往復內第一条已往之事既然勿論毋庸開列應刪去敝亦
勉副即刪今若以往事溯究我民致死我貴見諒不曾倍蓰
於貴民貴貲此案獨無言貴若追究在敝亦幸也利害
姑不必多述崔副尉槍械起自換約日五十天內如數發還云番
則屈指計期多不過七月念間矣遲速與否惟在諒處敝難以
強為比倫文照復請煩查照須至照覆者
府 經歷孟 來照會 光緒三十年七月十七日

一一一

為照會事照得本月十五日據安遠堡鍊長張瑞有稟稱善化社
民朱萬才種大麥若干已經刈穫運到場圃哭於七月初九日有人知
姓名之貴兵帶七名各持槍越界到朱萬才家糴買大麥朱萬才
以尚未打場不能售賣等語應答該兵帶等兇猛異常不容分說
齊將大麥搶拉過江約有華斤三石有餘未給分文於初七
兵帶又將朱萬才繩索綁縛牽拽過江囚羈韓營等情前來以
廳竊思和議未久似此兵勇持槍越界搶糧實屬有違換約
旨況華韓之民各有專轄貴兵帶相聚逞兇無故綁拿華民尤
情理之外駭人聽聞謂非縱兵擾攘其誰信之相應備文照會貴
叅領速賜究查將華民朱萬才放回並飭兵貴帶將搶去大麥
如數交還則兩界相安不失敦睦之誼幸甚為此照會貴叅領
請煩查照施行須至照會者

一一二

照覆于和龍峪府經廳孟處 光武八年九月八日
爲照會事接准貴照會內開照得本月十五日據安遠堡練長張瑞有稟稱
善化社華民朱萬才種大麥若干已經刈獲運到場圃哭於七月初九日有不
知姓名之貴兵帶七名各持槍越界到朱萬才家猕買大麥朱萬才以尚未打
場不能售等賣語應答該兵帶等兇猛異常不容分辯齊將大麥搶拈
過江約有華斗三石有餘未給分文於初十日該兵帶又將朱萬才繩索綑
縛拿捉過江囚羈韓營等情前來敝廳窃思和議未久似此兵勇持槍
越界搶糧實屬有違條約之旨況華韓之民各有專轄貴兵帶相耶
究無故綁拿華民尤出情理之外駭人聽聞謂非縱兵擄擾其誰信之知
應備文照會貴參領速賜究查將華民朱萬才放回並飭貴兵帶將搶
去大麥如數交還則兩界相安不失敦睦之誼幸甚等因准此查貴之善
化社即敝之茂山郡越地也兩界和約終定敝先滋衅之說聞甚昧

歎莫知裡由即謄 貴照查問於茂山駐隊據該駐隊中隊長署理陸軍副尉金永澤稟稱內開本中隊兵丁張千環既有五寸叔張士爲名人而向往 江左業爲十餘年矣去辛丑年分清人宋萬才來到張士家稱云張子永處有所捧債帳期欲移徵辦轉亂打畢竟搶去食兒五件鍮錚貼五個鍮大貼五件斧子一柄鎌子一柄即時以威恐而見奪抱冤尙今不解向者下面往還之路歷入宋家責其昔非理搶奪之事欲爲還覓本物則初焉强辭不應末乃自知理屈書給粟子五石待秋報給之手票受之以來等說有所張兵之控訴以宋萬才憑藉其叔之債搶去侄家之器物雖涉悖妄張兵不爲公法辦理擅自受票有欠軍人體行故責而嚴懲該粟出即爲討出另派上等兵高太日張珍權還給宋萬才亦受領証以來已爲妥案未幾日安遠堡練總張瑞有公函來開刑類

貴隊兵姓於敝地朱萬才處勒奪穀子即為交完云云咨以為穀
柵無推來只以粟五石待秋與受之意捧來票紙趣即還給但朱
萬才之留債穀族大為蔑法其勒奪兇物今即還送多合信誼之
意說明為復矣今反以七兵持槍拉年三石牽拽過江四羈韓姓
等說構捏滋擾實非執法者所為也粟票還完特該地鄉約之
名人同座參証致謝用法之公正亦賀用情之寬厚況安有奪穀
羈囚之理乎 天下萬事莫顯乎隱三造質面則自可明白為先朱
萬才粟票領受証粘尾報告等情前來互事意是非自辦而
中照持槍搶粮逞兇綁拿之句語寔出情理之外敝恐一人之巧舌
傷兩界之和氣也一隅三反自應諒會為此照復希 貴經歷查
照施行須至照復者
照會于 㑹徐領邊

光緒八年九月十七日

一一五

限六月初五日貴來照中有云崔副尉齊尚留在敝處槍械前已商妥歸原准茲善後章程互據之日起於五十日內報使上府允許如數發還等因當查限期已過十餘天既無槍械之徽還亦無音耗之示明抑未知何故甚訝且甦以貴統領正大盛量必無食言失信之理爲此照會查照施行該槍械與靴留各物照數發還亦爲示爰憑信無疑須至照會者

趙理事處來照會　光緒十年八月十二日

照會事照得敝廳前奉憲檄委署延吉廳同知篆務飭即赴任等因蒙此遵即束裝馳抵任所茲於八月初八日接印視事前署廳陳丞即於是日交卸因查中韓密邇鄰封素敦睦嗣後凡遇交涉事件務析和衷辦理勿負約章除分報外相應備文照會爲此照請貴總煩知照須至照會者

胡統領趙理事處來照會 光緒三十年八月十二日

為照覆事竊查原留崔副尉之槍械前已議定俟兩界善後約章互換之日起限五十日由敝報蒙上憲批准後當即發還以敦睦誼等情在案日昨得奉敝憲批示允如所議辦理正擬備文照送聞俟接貴差賚到大照除省原文不錄外據此當將年前十二月二十日留執崔胥尚之兵槍九桿撿出發交來差驗收押送回國以伸前約而篤鄰誼除已分行貴交界官查照收覆並將內廳茬任接篆日期另文知照外為此合行照覆即請貴統領查收見施行須至照覆者 計送還毛瑟槍九桿

照覆于 胡統領趙理事處 光武八年九月二十六日

為照復事接准貴復節核留執槍九桿撿出發交來差驗收押送回國以伸前約而篤鄰誼勿忽貴統領 諾我以來無言不踐

無信不立間以敵槍械事煩報貴上憲蒙允似派貴勇四人領護出
如數到着貴統領前後勸念重在乎敦睦隣誼書靖邊界銘
甚佩甚當恐敵不暇及此外崔尉遺置之槍刀與公服私裝等物應
問於其時防守人等一一徵還實合公理私誼致此煩請惟在裁
諒如何又接貴理事美赴大照穎期報令尸不敢居令允
此次沿民獲福邊境賴安敝依隣輝此多裨益為此備照
復請煩查收須至照復者　交還巨羅銃九柄以數順受章
光武八年三月
富寧郡□在徵君廉此度
[illegible]
[illegible]
[illegible]

甲辰政事

[illegible]

一一九

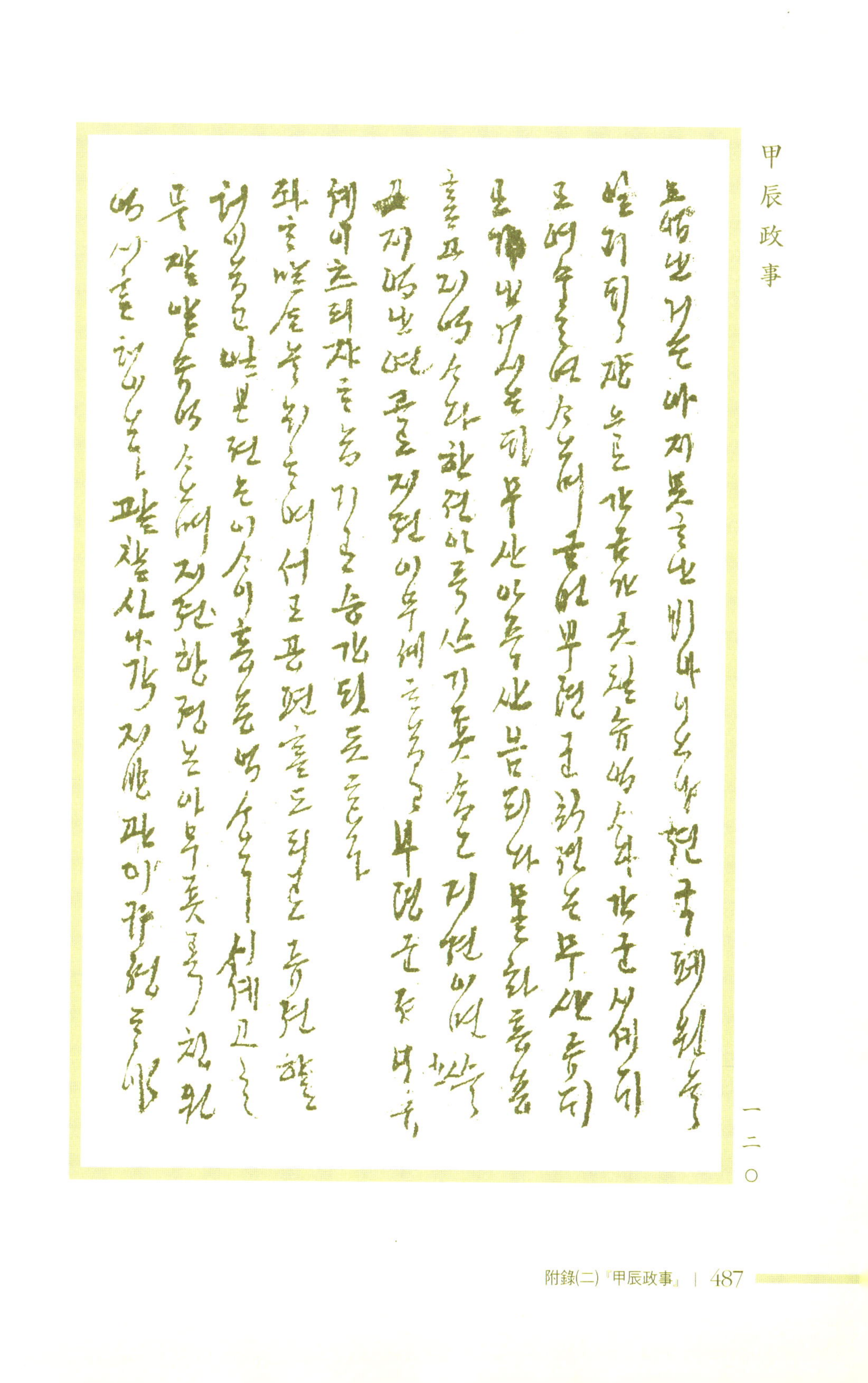

[illegible]

甲辰政事

[illegible]

[illegible]

光武八年九月[illegible]

和龍峪經理廳來照 光緒卅年八月十六日

為照會事前因華民朱有才被兵帶綁縛強買大麥一案曾經敝
廳備文照會請查在案 頃接貴照會內開朱有才匪類
張子永欠債竟到張斗環家討要搶去器皿鍮鉢貼等件查與隸
張瑞有原稟情節大相懸殊虛實均應徹底根究敝廳遂即飭
差將朱有才及張瑞有傳案提堂研訊據朱有才供稱七月初八日有
韓兵七人來買大麥伊未允買內有高姓者自往場園打下大麥約有二石
並未論價交錢硬行拉去至初十日又有張兵帶同其影伴四五

一二一

入齊到朱有才屋內張兵帶聲稱數年前曾因其叔張子來叉張奪取相
家銅碗器皿今須賠償等語朱有才與伊叔從無交往正分爭鬧張兵
等逞兇動手將朱有才綁縛過江來到營韓潛藏於江東岸石洞內用柳條
槍柄把朱有才毒毆不堪逼寫欠糧五石手票一紙限十一月初一日取糧當經
姓羅姓從旁誘勸又畏受刑遂寫立手票交張兵帶持去十三日午後於將
朱有才放回練長張瑞有聞知此事當時函請帶隊官兒主文
官查出實情即遣高兵帶將欠糧手票送回並交日洋一元抵前拉去奈
二石之價等情錄供在案再三詰訊矢口不移張瑞有供同前情欠糧
手票既經繳還實屬貴隊官辦理平允惟奪取張斗環器皿一節詞[illegible]
一面其中恐有曉蹊又非近來之事實係無從查究嗣後遇有華民
韓民轇轕賬目情事祈指名照知敝廳始能按名追還不至稍有徇[illegible]
萬勿任貴兵越界綁架滋擾地面幸甚且約章載有兩國兵

丁過若江無護照革殺勿論望即嚴禁貴兵幸勿玩視約言
以身嘗試則邊釁可以長弭而沿江民户亦得永享太平矣相應
備文照會貴參領請煩查照施行須至照會者
　管理 廉來照會
元帥府領下島民統二百柄彈丸二萬發은即防禁清匪ᄒᆞ고保護ᄒᆞᆫ民之一般
意也而該軍物依數領受之意로已有管理及島民姓名成標ᄒᆞ고以師該
二百柄과彈丸六千發은即爲覓來而餘丸一萬四千發을ᄒᆞ고
覓이오나切非貴隊之所營物也明矣어늘現에領下銃其島民所購鳩狀
餘剩利丹火繩砲銅砲及餘丸二度服裝을沒數收取ᄒᆞ야輸去貴隊
ᄒᆞ오니是何委款이오所斷職이既永組織邊郡山砲ᄒᆞ야清匪防禁
ᄒᆞ라신 元帥府山砲杜長委任狀及清匪殺掠을知照鎮衛隊ᄒᆞ야
一切防禁ᄒᆞ라신 政府累飭을已俯 燭照ᄒᆞ시며且良島은是非

一二三

先皇舊疆而爲淸匪占據ᄒᆞ야居住我民이酷被侵虐故로列郡紳士同
聲擧義ᄒᆞ야期要恢疆安民ᄒᆞ니數一ᄒᆞ고貴隊权去頒下島民餘
留實彈丸一萬四千發及洋鎗別利冊銅砲火繩砲槍丸服裝을沒數
逮還于敝所ᄒᆞ와慰恤列郡義士ᄒᆞᆫ境遇이온가玆에備文照會ᄒᆞ오니
照亮卽還ᄒᆞ시믈是爲要
光武八年陰九月二日
照覆于管理　盧
現接貴照會內開에云云等因准此査七年十月分護軍物頒下ᄒᆞ온
府部訓令與命令內本大隊長到隊後詳察兩界形便之如何ᄒᆞ
偵探匪類熾息之與否ᄒᆞ야頒餘島民이爲可則頒之ᄒᆞ고不可則留
之라ᄒᆞ온바往日情形이爲貴管理訐托先爲流言淸官ᄒᆞ야設私砲以
餘이遏匪安民而已之計不啻他之意乃懲患奪理ᄒᆞ와觀彼之動靜

而徐徐經紀可也어늘直以逐清復韓之意大張聲威ᄒᆞ야挐致越墾

鄕約牌頭等差役ᄒᆞ야數罪杖囚ᄒᆞ며帖出私砲顧長委員等名

ᄒᆞ야募丁鍊習에亦以朝暮渡江之氣勢ᄒᆞ니於是乎清官이大爲

嫌이大依驚惧ᄒᆞ야此而不早之隄備면失地失民이라ᄒᆞ고陳疾ᄒᆞ니

江岸ᄒᆞ야痛禁來往而斗穀束薪을莫之能運ᄒᆞ고哀此焉

謂以附屬管理라ᄒᆞ고百般虐待ᄒᆞ야人命致傷과財貨見奪이指

勝摟矣라伊時顧廐이徒添清人之懷疑慫虐而甚焉

之塗炭故一向勤持이옵더니貴管理期以領給之由로推奠ᄒᆞ

府ᄒᆞ야更有電訓이옵기抱不獲已ᄒᆞ야鎗二百柄彈丸千歲給

給이온ᄃᆞᆫ清人含毒이果復益甚ᄒᆞ야傷人奪財를逢輒肆行ᄒᆞ고林

糧斷運은水泄不通ᄒᆞ야期使沿民으로飢斃乃已이기城材民

이嗷嗷願頒ᄒᆞ야管理撤跡이라야民可支保之意로呼訴畓

一二五

ㅎ外會鍾城郡私砲撒散이良以此也이옵거니와私砲輩이又不各歸其意
而潛自聚合於茂山等地ㅎ外渡江襲清之致로清兵이會合遠近ᄊ逐
退私砲ㅎ고衝火島民數百戶ㅎ고乘勢渡江ㅎ外又爲衝火于白地上
杜樹四百餘戶ㅎ外人畜財產이幾盡乎子遺ㅎ니私砲之擾過害於
이豈曰淺鮮哉如不還收器械則無中生事가比比有之故로自邀隨
로論報京府ㅎ外至蒙軍物還收指令而還收이옵더니貴於
管云者亡撤未知何謂이오며及其私砲解散ㅎ고軍物封鎖之際에違
兵이撤歸ㅎ고沿江이弛禁ㅎ外柴路粮路와農民商民이
行ㅎ外認爲苦餘之樂地이옵거니와渡何經營으로秀人各郡ㅎ外
浮浪之類ㅎ며請會遊食之民ㅎ外寔無所耗而虛張聲勢ㅎ外恐怯
清今之耳而復蘭斷運之機ㅎ니今又滋端이면沿民難保亡更無餘
望이옵기專派尉官ㅎ外搜覓封鎖之軍物及私械ㅎ外輸運撤隊

一二六

은永絶私砲之妄想而劈破清人之滋惑이어날 貴照中以私械眼
裝等沒數輸去오 隱然駁詰이옵고 毋論公私械ㅎ고 凡係軍物을
自隊執留原有章規이옵而以眼裝言之라도 大韓陸軍外定非平
民之濫着混雜이옵기 一并執留시옵고 又云旣承元帥府ㅎ시 한즉
委任이라 ㅎ옵고 凡係砲杖長委任之地에 粲佈無顧衛隊ㅎ오 我舊
委乎館是宗蹟이라도 加撤隊은 姑難承認이오며 又云 先ㅎ고 舊疆
而為清匪占據居住我民이 酷被侵虐列郡紳士同聲上
새期要恤疆安民節念復我疆保我民을 凡為戴髮含齒者孰
不歡心奮發이리오만은 莫重疆土을 自兩國政府로 會同勘界
라도 講失居半이어날 何況自下出位에 弄假成真之所能易言哉
已辦來然而倖希萬一이면 於事無濟而自取宗禍일뿐더러 以對
彼清官言之라도 一動一靜을 已有轉自吉林으로 暨且清公[illegible]使務

照外部之擧則非匪伊官이明矣語其行爲之無異匪類은可想이라
直指以匪은恐惹交涉之詰案이옵고以器械言之ᄒᆞ와도先爲靖匪安民
之計而搜覓馱駄來則焉有還送之理乎更有 元帥府訓飭之命
에萬難還送이옵고切勿致煩而未收件은這這查得ᄒᆞ와斯速充
完ᄒᆞ오면 通以時局言之ᄒᆞ와도無事過境이只由貴管理設施
一款ᄒᆞ와民命致傷과民財致損이不知爲幾百名幾
出駐費談辦費之因此靡餉이亦不下數萬金也라現今大難이稍
ᄒᆞ고沿民安業之際에不鑑前轍而復蹈覆轍階ᄒᆞ와期欲上貽
之深憂而下遺生民之塗炭ᄒᆞ오니名曰保民寔是病民也揚ᄒᆞ오
이온바向於器械收來之日에滿城人民이歡躍稱賀曰伊今伊後
에兩界得安ᄒᆞ고民可快活이라ᄒᆞ니貴管理亦所聆悉者也라奈何不
遂其衆民之願而堅執己之 私見乎이까爲其守邊官吏ᄒᆞ와

不表分外之妄念ᄒᆞ고 顧全大局ᄒᆞ야 使民保安이 是所幸甚이옵
玆에 據理照覆ᄒᆞ오니 照亮ᄒᆞ시믈 爲要
光武八年十月十八日

경셩 뉵마디쟝 관션면단 츠쉬미조

현에 본국 허발 조답ᄒᆞᆫ 늬미 디ᄒᆞᆫ 함경북도 진위디 병졍여
각군디 확수봉 늬왕의 챵흉가지고 다니며 게지위하ᄯᅡ ᄒᆞᆫ
여조에 조회ᄒᆞ오니 게자금 이후로 엄금ᄒᆞᆫ 평ᄒᆞ되 ᄒᆞᆫ 전ᄒᆞ
만일 귀디 병졍 총양챵흉 가지고 남북 각군 단니난 자는 즉시 졉발ᄒᆞ
여 위셜ᄒᆞᆫ 을 거두는 뎡쟝을 징계ᄒᆞᆫ 현인ᄒᆞᆯ 조량ᄒᆞ오셔 각쥬
디에 범차ᄒᆞ여 흉ᄒᆞᆫ 엄졀 가지지 말게 ᄒᆞ시니 왕 귀ᄒᆞ시믈 위망
디 아라스 일쳔구빅스년 구월 이십뉵일
元師府 軍部

現接穩城駐站第二中隊長陸軍正尉潘敦植報告書內開卽接
本中隊第三小隊長陸軍參尉金基達馳告內四月五日(陰九月二十八日)上午五点頃
俄國士官三人以率兵六十名自會寧來到本站之外仍爲留宿次旨
上午七点頃出小隊武器是乎旀欲奪去以爲乎所莫重軍械乙
甚爲驚異云則俄官所答內自大隊命令中往到武器是乎已爲
滯取則此弊不可漏免是乎已至於臣羅銃二百五柄升之
千七百發乎了以爲收取之是仍向京城以爲行乎兼帶來國
據本中隊長陸軍參尉金元與他地從四月五日下午四 外
則俄國士官以其四十兵五十名之是來到出站之外
仍爲留宿而七日上午八点頃出小隊武器是段收取去云云
是乎所道里多有隔遠之業錄說明以爲乎了臣羅銃二百五十柄升彈
於千六百四十發收取之是仍向鏡城以爲乎所萬國

准此查經過[illegible]地所[illegible]是否遵行[illegible]因前[illegible]

[illegible]等 查照之[illegible]伏望[illegible]

元帥府 軍部[illegible] [illegible]

本月廿七日陰九月十五日俄國兵頃至邑[illegible]率兵一百

五十名[illegible]自慶興[illegible]附近五里村[illegible]社一

姜錫七 奉械時通詞
玄鵲謹
吳元錫 圭鎮之子
方德漢 當時通詞

[illegible]日上午九時[illegible]鎗械[illegible]散操[illegible]

入邑[illegible]直向邑[illegible]求得約大叢庫[illegible]國[illegible]團[illegible]

伊的俄國守兵長[illegible]率其兵二百名[illegible]自富[illegible]經

[illegible]處至由會寧府入來[illegible]到至邑墻外[illegible]載彈[illegible]

一[illegible]附[illegible]一直[illegible]

不許我[illegible]大叢庫團[illegible]凡[illegible]

[illegible]俄兵丁[illegible]鏡城[illegible]所存大叢[illegible]

一三一

是以民敎掃地對行營業存亡衛此乃已[illegible]之期末
藝業大以爲行業庫衛大少吧孔[illegible]公物之民入焼燼以歸全
城亦居生來以延燒之還之意之再三已定之外僅存乃免
以爲已仍復向開旧庫物我庫收轉入爲面之外圍住王城哉
況庫之爲土先向王城指二三十年寅難者所我錢於宇討覔
者裁之外王脱漏之意得之體國我陳紀綱勢
非寔我俄兵之林立而我土宜合令之外錢減漲之秘
至何且之挑之詠陳洋械者民牧奪來之外教紀將來
遠而外之意乃王宗使謀而之意何意以我牧少洋陳王
清遞之猶照不建以至何況干涉者此國大开使手外以我保國
之由之並而已之來式撥械殷淸遞侵擾之勢有自古甲所勢為
他點之至嵌下以八械之外俾反自保之外非之家矣乃俄官回清

人若能兵一般來去矣라 北和兵械之地에 何匪遠遠에
貴國兵械은 依所請不借輸去하니 然數入庫收貯鎖以去
라하오 下他庫拒守之어늘 此宿保中에 所下二十九日早時
에 勒黃兵向牛車하야 出保兵械 是時本存留之兵若干於之
達하여 甚至回軍庫環刀火繩等物을 並爲輸去하니 此是
所恍惜用兵에 不能形喩이오 此亦拒絶兵械之兵三
百吾 我兵之以爲官兵 敢保所謂 葉庫衛火兵且
屠戮以至全城生靈 以無論兵民 皆入迎賊中矣
라 爲其保全時之外 東手被害而已 又云旧軍庫所在馬
兵械封鎖以去 別此或一物馬槍以便安置兵將兵器
이라 定仍爲雜技之外 自高陸而又來 我兵三百名皆
輸軍械而下陸其矣 狐近之若 自其後無上來倭兵一百名

先委經歷兇械撤收次至前往會府即以兇械即撤綫手
隨去往還兩國暢基地若同俄係一名華兵以二千名下午回的
州等拉出華兵之外所有軍械並及紀拉齊各州東收轄去
之另五艘船置巡檢俄兵何以奮去之若五出郵旧軍庫
火藥並令另投水者習見下往真參經路以取之者大樓
為參經路兩校全軍之地若四三十八州俄兵係來拉出經路
之外兇械並半留半收之並五百卸其地至渡江係入于越地
其他所之外請入兇械三百柄並搬送拜壽之若之清兵所
留委此拜伊料其東收撤罷歸之並又撥韓城經略小
係長陸軍參將文永穆馳赴同去月四日陰曆十二日 州俄韓係一
百名兵可自越地其他所來拉出經路之外出取軍械与巡檢
俄兵及 以郵州 廉 環知段撥轄去 之另五火繩卡轄在

衛兵山前閣下 由柳樹河子里之下注其所帶部所有外洋之目法
另損壞自去年已會德商某承辦槍械三千二支又洋槍十一匕
這到左角之外 為先他北之同 其原以下各項先 勤收查收
伏計以前 莫重軍物之兄 奪外人 余前夜 怪經可以 其遵
貴在字外 所遇 於轄 悚惶 待 勘以為 所為 肅此
之云

光緒八年十二月七日

查照處分之云 此佳斗

清國統領胡殿甲處來函

金大爺仁兄閣下 昨以公出歸來 獲見目之初言 大駕 來
槍置檢械已承 筐入精壁企悵比詑 防禦適駭 專覆
臨陽 昕頃 合崇 布 莅事 某去有穀此

來牘揄揚過情殊覺甚歉無似 權副將來的惟刀一柄
鎗一枝曾經 本處執留於我營寨服兵前報仍歸崔將
服之事及崔將去的有無是送物以事屬微末未經查問
即徹有所遺想已由錐人仍之亦鎮邊是明鈐現存故處
然當時執留亦是藉以爲規之意今承
遺及坦直舊好好存論以精膺隊遣赤見國韓有負雅
意況吾 兄君明徹落義氣迥人甚爲弟所欽佩設
以末物方命在貴國之重輕不但不安亦且並若將槍出原械扣
使貴送去請 袋納歸款趣仁全純則即貴風勁厲
尚冀 珍攝爲佳耑此奉復敬請
升安 察收見覆是荷
計附 送快槍一桿洋刀一把

元帥府來告四十八號

俄國士官 一員과 兵丁 五十名으로 本隊下 咸興外民屋、
四五十間을 借給ᄒᆞ야 設給 駐屯之由ᄂᆞᆫ 已爲報告이온바 本
月十九日에 俄兵一百名이 自葛興地로 添駐上來ᄒᆞ야 駐屯ᄒᆞ
民舍를 快定ᄒᆞ라 ᄒᆞ옵기 先來之兵이 旣是咸興外에 設
誌ᄒᆞ여 住ᄒᆞᄂᆞᆫ 我屋 戶數를 量宜加給ᄒᆞᆯ 由로 答ᄒᆞ온즉
于俄官府ᄒᆞ야 咸興外 我屋은 狹隘不容이러니 其地
參領에 空費難耐이라 民舍 幾許間을 沒數 借給ᄒᆞ라 ᄒᆞ기
民舍 許給은 上司 命令之前에ᄂᆞᆫ 不敢自下擅許이러니
我士卒 屢挍이 更無他所라 ᄒᆞ고 俄兵之恐喝勒奪이
去年 此戰爭이 有ᄒᆞᆫ 求處所이러니 況一個 民舍를 何敢靳
持乎아 ᄒᆞ고 依法이 民衛兵手 藥庫ᄒᆞᆫ 後 咸金城之

一三七

徐州東之所借來而任自爲之所以無所窮之餓殍之恃
大炮威而以此爭之而不得以前以下論云等詳之前以無今日
營舍之共扶借徐以此財反之率之道路樓居之擁廠
餘事以至　至新秋明之都以凡於文簿辦置之之處
依接以外之外但以大隊定共一個小隊之率所留處所之
猶多留存之前以中隊定小隊定飭其定由是定三個小
隊之率所留處所之供爲許給以前以彼戒居接境
界以後之本撫爲限之外莫相法率以無所爲其陸弱
之辦爲來手被奪以之千古之其任憑擬誅以前日
施行事和准之矣
查照施行此之依之
光緒十年一月廿四日

世松 스라므 주도비츄 右隊往訪俄官姓名

게될기싼살예비치 이싼노비치姓

미가이유쉬메노비치 仆倫臣姓

俄兵奪去軍物秩

巨羅銃七十一柄 第一中隊士卒所持件中見失

回龍銃九十五柄

回龍銃四柄

巨羅銃五柄

回龍彈丸一萬八百二十七發

巨羅彈丸三萬二千發

私銃一柄

破棚束四百六三件

破韋帶 三百九十件
水盡 四十五箇
雜車 四十一件
前門銃 三百柄
銅火帽 二千八百六十介
銅炉口 三十一箇
銅斛 二十五箇
巨羅銃 彈皮七百五十莢
回龍銃 彈皮四百七十五莢
管理私砲車物輸去秩
毛瑟銃 一百々七柄
半毛瑟銃 四柄 全破

大隊武器庫所在件見失

前門礮 七柄 全破
銅礮 二十二柄 全破
完毛瑟礮鎗 三十四柄破傷件
革帶 七十件
清彈皮 三百四十七蕟
清彈匣 三百二十蕟
八連蕟 兩色彈丸八百五十七介
十二連蕟
火繩礮彈子一百五十九介
彈皮 四百四十四介
彈丸製造機械四件
分解器 一介

甲辰政事

一四一

洋棚束 一介
鈌䤾 一介
軍刀 一柄
藥升 二介
火藥 三斤
外上衣黑色 二十七件
膝甲 六十件
舊軍庫所存中輸去秩
塗金鈌頭口 一介
環刀 四百十柄
火繩 二百七十汎乙里
會寧 始軍物見失秩

巨羅銃　三十四柄
巨羅彈丸　八百二十發
曲號　一隻　八年十二月二十二日進浚持去

高嶺駐站軍物見失秩

四龍銃　二十五柄
四龍彈丸　九百四十五發
巨羅彈丸　四十三發

鍾城駐站軍物見失秩

巨羅銃　六十柄
巨羅彈丸　二千八百八十發
曲號　一隻
毛瑟銃　二柄

管理私砲銃丸執留件見失

毛瑟彈丸 一萬四千箇

慶源駐站軍物見失秩

巨羅砲 二十五柄

巨羅彈丸 一千四十箇

訓戎駐站軍物見失秩

巨羅砲 二十柄

巨羅彈丸 一千九百四十箇

陰十月二十二日陽十二月八日出反報陰月二十七到着 十二月十日接

陸軍部大臣陸軍副將臣李允用參謀部總長署理參謀部事務

長陸軍副將臣尹雄烈敎育部總監陸軍副將臣李址鎔謹

奏北關咸鎭隊處在有事地方其所彈藥之亦爲備禦之

不可撥給大隊所宜從速運撥以壯防而乃反踈只八居焉

甲辰政事

以於軍務見之 聞喧藉而或有歲晚秋來者或乃任

掩置事 狀以軍紀紊術數此等是刻家貨誅而鎮隊

大隊長等而先免出官今陸軍法懲拘拿審而實合事

體且以該鎮隊現今形便言之其任爲與規制有妨者

將官別爲[illegible]委遍而事甚[illegible]重 臣不敢擅便何以爲之

敢 奏

奏 光武八年十二月六日奉

旨依 奏方便之道 擬商會議入

[illegible]

[illegible]

[illegible]

무를 ᄉᆡᆼ수ᄒᆞ야 복록도 만이 ᄒᆞ옵고 실가치 귀신이 무소ᄒᆞ여 하
상황ᄒᆞ니 실노 안을 혜올 허ᄉᆞ 병졍 넘ᄒᆞ 영을 쳐ᄒᆞ 진을로 자마 뵈
니옵고 흉ᄒᆞ오 ᄇᆡᆼ이지 ᄉᆡᆼ아 ᄉᆞ갓ᄉᆞ오니 그런 방ᄂᆞᆼ ᄒᆞᆫ 일을 어이 ᄒᆞ오
울이시가 자조 근심이 오ᄂᆞᆫ 가로ᄒᆞ온 ᄯᅢ 포을 보완만 이만ᄒᆞ와
민요도 날 ᄂᆡ옵고 ᄯᅩ한 흉으로 민요ᄒᆞ이 근뢰 되기 전으로 ᄒᆞ여 ᄌᆞ의
근관을 당ᄒᆞ다 ᄒᆞ옵고 취군 청ᄉᆡᆼ 당ᄒᆞ여 사졸을 보호ᄒᆞ게 ᄒᆞ옵
고 귀신이지 빌기 만 무한 ᄒᆞ여ᄉᆞ오니 각ᄒᆞ거셔 잊지 이런
허무지사를 다 ᄒᆞᆫ 옥오ᄉᆞ 업ᄉᆞ가 ᄉᆞ며 벌ᄒᆞ옵기로 죠회를
ᄒᆞᆫ이
조량ᄒᆞ신 후 ᄒᆞᆫ진 귀신에 구흉 편하사 향니시는 안을 혈
허ᄉᆞ 혐ᄒᆞ영 사이는 진ᄌᆡᆨᄒᆞ 옹을시노며 흉ᄒᆞ오며 도도
ᄒᆞ시고 ᄒᆞ실ᄉᆞ ᄂᆞᆷ 위ᄒᆞ야 근난 류ᄃᆡ를 염이 징조ᄒᆞ오셔

니쳔ᄒᆞᆫ 속귀 므ᄉᆞ게 ᄒᆞ여 주시면 제티 불상ᄒᆞᆫ 사졸더리 거
향을 면ᄒᆞ와 각하의 은혜를 닛ᄌᆞ 옹덕ᄒᆞᆯ 터이외다
광무구년 일월 이십일
경성 뉴ᄒᆞᆨ 유아국 품미사리쳐 ᄌᆞ회 품미살이ᄂᆞᆫ 예ᄭᅳᆯ로족 참령시ᄈᆞᆯ에무
귀국 사관 모든 ᄉᆞᆯ폭 응구ᄇᆞᆯ문에 ᄶᅦ티 군물과 회령 교령
쥬션 경천ᄒᆞᆫ 궁 각쥬 참거 혜ᄉᆞ지 ᄉᆞ향ᄒᆞ야 귀국
으로 ᄒᆡ운 한 일은 거시 통촉ᄒᆞ시려니와 원리 제티 사
졸이 ᄂᆞᆫ 죽ᄉᆞ호와 만치 못ᄒᆞ옵고 힘이 ᄉᆞ쳑ᄒᆞ와 다른 경영
은 즉ᄒᆞ도 업ᄉᆞᆸ고 거졔ᄒᆞ지 고연ᄒᆞᆫ 군에 한 일을 비ᄀᆞ령
한사오십명식 죽참ᄒᆞ와 여간 미륭ᄂᆞ 방어ᄒᆞᆸ고 ᄈᆡᆨ령
을 ᄀᆞᆫ보ᄒᆞᆯ 샐이옵더니 귀국 의셔 무ᄉᆞᆷ 취의로 군물을
슈셔ᄒᆞ셧ᄉᆞᆷᄂᆞᆫ지 ᄂᆞᆫ 국지의 여국 ᄒᆡ옹민 ᄒᆞᆯ쎈ᄒᆞ와 폭

一四七

금두만강이 합빙되오매 쳥비들을 승빙ᄒᆞ고 강ᄒᆞ와 빙녕
살취ᄒᆞ고 지물을 할취ᄒᆞᆫ 경거이 ᄉᆡᆼ존이 운혀 만ᄒᆞᆯ 불우지
변을 만나오면 군듸이 ᄉᆞ다ᄒᆞᄂᆞᆫ 뎐과 계 여셔 젹속 공쳔호
오 엇지 방어ᄒᆞᆯ 엇가 이ᄉᆡᆼ들을 당ᄒᆞ와 ᄒᆡ계들을 도로쥬실
면 연강잔민ᄒᆞᆯ 민셩 더욱 심ᄒᆞ오 귀국셔 ᄉᆞᆯ니ᄂᆞᆫ 거시
음고 만일 폐ᄒᆡ 한 외를 야치 못ᄒᆞ와 디란ᄒᆞ엿던 ᄀᆡᆨ을
에 유잠ᄒᆞᄂᆞᆫ 귀국 사관덜 과ᄉᆞ분ᄒᆞ셔도 심환ᄒᆞᄂᆞᆫ 박을
오샹이 흉실을 ᄒᆞ실 듯ᄒᆞᆸ기 ᄌᆞ비오 회ᄒᆞ오
죠량ᄒᆞ시고 귀계 한흡ᄒᆞ셔ᄂᆞᆫ 뎍ᄒᆡᆨ을 기회 ᄇᆞᆯ다 ᄒᆞᆸ
되ᄂᆞ이다 광무 ᄉᆞᆷ년 일월 이십일일

寅十二月一日 陽十二月廿七 出使 [illegible] 月二十七 陽 [illegible] 日 到着

東部大臣 副將 李先用 參謀 鄭 [illegible] 長 署理 參謀 鄭

判長陸軍副將 尹雄烈 教育部總監陸軍副將臣 李址
鎔謹
奏頃以北關兩鎭隊之應置與現制有妨於時宜則不可不亟變
通之意上
奏伏蒙方便之道爛商僉議以入之
命故臣等會同講確矣竊伏念諸鎭隊之創實由於邊界
之備俄清兩情彈壓而設也有事視之防守既多鍊兵鎭
扼亦號稱要塞徒費巨款之物爲已則諸兩鎭隊實之急務
大非應此爲寬方略脫後設其全時措之宜謹具
奏聞伏候
聖裁
光武八年十二月三日奉

吉由奏

軍部所令 隆熙元年十二月日自國與觀察府事八行

本年十二月三日軍部大臣陸軍副將李允用參謀部

總長署理參謀部副長陸軍副將尹雄烈教育部

總監陸軍副將李址鎔謹奏以北關和鎮隊

之設立其規制有漸由時宜則不可無變通之意上

奏依允方便之道擱置會議以入之 命設臣等會

同編確矣當依其請鎮隊之制至重且要界之係

察民情之係隨而取正日事以之防守兒奴隸吳鎮

務爾蘭移屯從費臣頗亦歸屬而臣則請加鎮隊

且之名益今嶺府臣另處方務從收復設施合時

措之宜事 經 裁下六五本吳臺軍部施行

兵委任하엿더니 今該日에 駐隊尉官
吉十五一을 撤送하고 本隊를 府에 到着하오니 各項部次를
並依左開施行하오며 該事와 本隊信符印章을 求
領하와 責納于軍部事

光武八年十二月 日

軍部大臣陸軍副將李允用

鎭衛第五聯隊第三大隊中隊長陸軍正尉金思擾 座下

左開

一 目給經費는 八年度 每給 付하지 計算事

一 軍物被服餉需係額 器用什物 前給 文牒 並修武

器被服秀負及歸除 八時傳하온 本部 守府庫

封存해 將內 立案成冊三件 一은 立本部 一은 立該隊 一은 標

「軍制事」

一 丁今守直員二人是白在校中擇定爲守直軍二十人

言兵丁中擇定以屬各部每月分經費區依

左表支放事」

守直員年額三百二十元四十八錢 每朔每人十三元七十七錢 合費并

守直軍、一千八百廿四元八十錢 每朔每人七元七十七錢 合費并

被服費 二百二十元 每人冬出五元秋出五元

溫埃費 四十三元二十錢 風和一元八十錢 風和五元四十錢

燈油費 十二元 每朔一元

紙筆費 十二元 每朔一元

合計二千四百八十二元四十八錢 出於各部中支撥執典

「錄兵錄」

二階是守直屬府則劃出二十人兼事而不要人之言

甲辰政事

為照會事

一本兵丁至解職中所有兵以俄兵委任列所有條給等

一依從前章程例辦理畢上事前以付貴中取用事

乙巳陰正月十一日營內留駐俄兵設撤還

陰二月十一日因慶源駐紮金副尉基建書札修

照于俄旺軍試廊米催芮古里夫處

貴陣撤還時互詞便付牒等依

想接燒以是則 敝院軍械等既承還給之 教

向我敝營內留駐

以方五日 貴陣撤去以後至清還侵存以不無關係

之外 敝除丰府金基建言詞送之事 收去等事

軍械等以還交到還送之以外收執謝毋通知

處

一五三

光武九年二月十五日

派員陸軍正尉金思稷自北靑隊正月十七日來隊

訓令第　號中隊

本大隊中隊長陸軍正尉金思稷이 來　軍部派員委

任之意로 本大隊營府에 次現到來이기 有庸意

今에 須部次意로 請派員指揮로 本直行로

以爲宜事

光武九年二月二十一日

烟秋民政廳米薩慶　照會

일전 혜뎌 군리사로

취호 군령고미 생각하에게 공문호논거슬 온필

동당호야 시려 이와 동사 온즉 혜당리계 불만

리사쥬의거 ᄒᆞ옵ᄒᆞᆫᄯᅢ라가 환슈ᄒᆞ엿다ᄒᆞ오
오니 공ᄇᆞᆰ소리로 ᄯᅡᆯ샤ᄒᆞ와 도라국군 뢰리제
쥴 귀국상부ᄒᆞᆫ 칙이ᄋᆞ와 ᄀᆞ시ᄋᆞᆫ 거두워
가신 거ᄉᆞᆯ 부려ᄒᆞᆫ ᄯᅢ 셩의게 ᄒᆞ옵ᄒᆞ시는 거시
불안ᄒᆞᆫ 쥴 모로옵ᄂᆞ이다시므로 요 거동ᄯᅢᆯ
삼ᄃᆞᆫ사ᄒᆞ옵ᄂᆞ 공사상 ᄇᆞᆫ드ᄅᆞᆫ 일이 쉽고 인국
간공 번뢰ᄒᆞᆫ 의론을 감사이 알고 이샤 보나 화숑
ᄒᆞ엿던 사관의 ᄇᆞᆯᄉᆞᄅᆞᆯ 도샤ᄒᆞᆫ 뒤 기지군
리슈 거ᄒᆞᆫ뎐 귀국 자화 ᄂᆞᆫ합과 통ᄇᆞᆯ셜명
이뎐지 꾀ᄉᆡᆼᄒᆞᆫ 긔계 ᄒᆞ옵ᄒᆞᆫ 쟈세이 긔ᄇᆞᆯ을
ᄯᅢ 환슈ᄒᆞᆫ 거시라ᄒᆞ시 긔ᄒᆞᆫ 폐국 사관 뉴국공부
위 김희ᄒᆞᆫ 나 엿ᄌᆞᆫ 일 인을 ᄃᆞ시와 숑으로

一五五

甲辰政事

기ᄒᆞ야 ᄒᆞ시게 ᄒᆞ쇼셔 ᄒᆞ오니
사ᄒᆞᆸᄂᆞᆫ 션후 ᄎᆞ지ᄒᆞ온 군물을 ᄎᆞ게 ᄒᆞᆫ관
젼ᄒᆞᆯ ᄒᆞ옵시 와 ᄂᆡ국간 돈 볼ᄒᆞᆫ 빈 문 ᄃᆡ
키게 ᄒᆞ옵신 일 위요
乙巳二月初七日 軍部覓來奉 五 金尉基建 羅
尉沈熏을 派送ᄒᆞ며 俄國武官 郭米薩
騰華
뎌 한국 할 병ᄒᆞᆫ 쟝긔 병 鐵砲
키 됴회ᄒᆞᆫ 기ᄒᆞᆫ 에 대ᄒᆞᆫ 쟝을 알기 ᄒᆞ오되 귀해 부
하ᄋᆞᆸ 한 총과 또 탄은 군물을 돌마니여 탄나 ᄒᆞ거든
도비ᄒᆞᆫ 뒤 및 사ᄋᆞᆸ 회기ᄒᆞᆫ 수포 ᄒᆞ시 행
갑이 김으로 치거 ᄒᆞ여 알거 ᄒᆞᆯ 디이오매 만

一五七

딜ᄅᆞ마 부락ᄒᆞ여 귀쟝관ᄉᆡ 외디ᄒᆡᆼ을 뎐금ᄒᆞ매
ᄃᆞᆯ바ᄒᆞᆫ 이ᄉᆡᆼ오매
되여국 일쳔구ᄇᆡᆨ오년 ᄉᆞᆼ월 초ᄉᆞ일

『甲辰政事』 解題

1960년대 초에 『甲辰政事』를 살펴 볼 기회가 있어 매우 유용한 자료라 생각되어 고구(考究)해 보고자 하였다. 그러나 이러저러한 사유로 미루어 오다가 40년의 세월이 지난 오늘에야 비로소 이 자료를 접하게 되었다. 본 자료는 서명(書名)에 나타난바와 같이 갑진년(1903년 광무 2년 : 고종 41년)에 일어난 북방변경사(北方邊境事)를 다룬 내용이다.

자료의 형태는 한지에 묵서(墨書)한 것으로, 유감스럽게도 작성자나 작성 시기는 어느 곳에서도 나타나 있지 않다. B4형 총 80매의 필사체형(筆寫體形)으로 목차나 서발문(序跋文) 일체없이 곧 바로 「癸卯 十二月十五日前往鍾城對岸光霽谷與淸統領胡殿甲談辨草」로 시작하여 총 67개의 항목을 수록하고 있다. 위에 언급한 첫 항목에서 둘째 항목인「照會 十六日復有淸兵註掠掠越民之確據故修照以送」, 셋째 항목인「照會 候隊穩城駐尉官兵丁被殺件」까지는 동일체이나 이후는 각양각체이다.

기재사항 순위에 따라 차례별로 열거해 보면 다음과 같다.

1.「癸卯十二月十五日 前往鍾城對岸光霽谷與淸統領胡殿甲談辨草」

2.「照會 十六日復有淸兵　掠越民之確據故修照以送」

3. 胡統領照覆 光緖 二十九年 十二月 十九日

4.「照會 候隊穩城駐尉官兵丁被殺件」

5. 胡統領及陳作彦　照會

6. 照復 光武 八年 二月 十日

7. 照會 光武 八年 二月 十三日

8. 胡統領照覆 光緖 二十九年 十二月 三十日

9. 照復 光武 八年 二月 十六日

10. 照會 揮春副都統 穩城對岸我兵射殺件 光武 八年 二月 二十一日

11. 照會 胡殿甲 光武 八年 三月 五日

12. 揮春副都統 花物去照復 光緖 三十年 正月 十六日

13. 照會 胡殿甲 光武 八年 三月 五日

14. 淸旺統領胡殿甲　官及陳作彦 照會 光緖 三十年 正月 十九日

15. 淸旺統領胡殿甲 照復 光緖 三十年 正月 二十二日

16. 胡統領處 照覆 光武 八年 三月 三十一日

17. 胡統領處 照會 光緖 三十年 二月 十八日

18. 照會于 胡統領及陳理事處

19. 胡統領及陳理事 照會 光緖 三十年 二月 二六日

20. 照會于 胡統領及陳理事處 光武 八年 四月 十七日

21. 胡統領及陳理事 照會 光緖 三十年 三月 初六日

22. 淸國前陳總荊顯基 公函 甲辰 三月二十七日

23. 荊顯基處 復函

24. 照會于 胡統領處 光武 八年 五月 二十三日

25. 俄函 난찰라까블드가다處 公函 光武 八年 五月 二十五日

26. 胡統領 來照

27. 荊顯基 來函 甲辰 四月二十日 -金統領大人閣下 遠慕 荊 未識-

28. 荊顯基處 函 甲辰 四月二十四日

29. 公鈐于胡統領陳理事處 甲辰 五月初四日

30. 胡統領陳理事處來函 -金參領 崔 · 金警務 朱郡守-

31. 今將 十六條

32. 今將酌議 中韓邊界善後章程擬候 會定 計開 十六個條

33. 公函于胡統領陳理事處 甲辰 五月初八日

34. 會約往復改正存拔合十二條

35. 胡統領陳理事處來函

36. 公函于胡統領陳理事處 -守玆而議定先後章程十四條開列于後-

37. 公函于胡統領陳理事處 甲辰 五月十九日

38. 荊顯基處 來函 甲辰 五月二十三日

39. 張非麒 處 函

40. 胡統領陳理事處來函(1)*

41. 胡統領陳理事處來函(2)*

42. 胡統領陳理事處來 照會 光緖 三十年 六月初五日

43. 會議 中韓邊界善後章程 全十二條

44. 胡統領陳理事處 照覆 光武 八年 七月二十六日

45. 府經廳函來照會 光緖 三十年 七月十七日

46. 照覆于和龍谷府經廳函處 光武 八年 九月八日

47. 照會于 胡統領處 光武 八年 九月十七日

48. 趙理事處來照會(1)* 光緖 三十年 八月十二日

49. 趙理事處來照會(1)* 光緖 三十年 八月十二日

50. 照復于 胡統領趙理事處 光武 八年 九月二十六日

51. 富寧郡函 光武 八年 九月二十日 富寧郡 俄及處 照覆 -俄 · 日貨幣流通件-

52. 和龍谷府經理廳 來照 光緖 三十年 八月十七日

53. 管理處來照會 光武 八年 陰九月二日 - 한글로 토를 달고 있음.

54. 照復于管理處 光武 八年 陰十月十八日 -한글로 토를 달고 있음.

55. 경성유마틔장관 까면단트쳐비죠 대아라사 일천구백사년 구월 이십눅일 - 한글임

56. 俄兵의 동정에 대한 보고서 --온성군 駐站 제2중대장 陸軍正尉 潘敦植 報告書 – 한글 · 한문병행
57. 元帥府 軍部 軍機局 목허위관장 쑤민씨기 俄軍 穩城 慶興郡 等地에 橫行. 光武 八年 十月七日
58. 淸旺統領胡殿甲處來函
59. 元帥府 報告 四十八號 奏 光武 八年 十一月二十八日 奉 旨依 奏方便之道綱商會議以入
60. 경셩유쥬아국곰미살이쳐조회 광무구년 일월 이십일 –한글 · 한문병행
61. 奏伏承方便之道綱商會議以人之 聖裁 光武八年 十二月三日 奉
62. 旨制號 軍部訓令 乙巳 陰正月十一日 咸興觀察府專人訓付 光武八年十二月 日 軍部大臣 陸軍副將 李允用 鎭衛第五聯隊第三大隊中隊長陸軍正尉金思邸座下
63. 照于俄函軍政廓米薩芮古里夫處 光武九年二月十五日
64. 訓令各中隊 光武九年二月二十一日
65. 煙秋民政廓米薩處 照會 乙巳二月初七日
66. 대한국행영대장 김명환전 대한국일천오백오년삼월초오일

한반도를 둘러싼 청일전쟁(1894–95)은 중국봉건제에 대한 일본군국주의의 승리로 귀결됨에 따라 이전까지의 중국의 위상은 송두리 채 뒤엎어지고 취약성은 알알이 드러났다. 이에 반해 일본은 국제사회에서 그 위상을 높이 드러내게 되었다.

이러한 상황하에서 러시아는 중국 동북지역 접경지대로 세력을 확대함과 동시에 일본세력에 대응하면서 극동지역의 부동항획득 정책에 따라 만주와 연해주를 거쳐 태평양 진출을 겨냥해왔다.

일본은 청일전쟁 후 조선에 있어서 지배권을 독점하고 요동반도의 진출로

인해 제정러시아의 극동정책이 차질을 빚게 됨에 러시아는 독일 · 프랑스와 제휴, 이른바 삼국간섭으로 일본의 요동반도의 영유를 포기하게 하였다.

이렇게 되기까지의 근본요인은 영제국주의의 동양에 있어서의 지위에 대한 삼국간의 이해의 일치, 즉 영국대 러 · 불 · 독의 대립에 있었다. 이에 따라 영일동맹의 성립을 가능하게 하여 일본으로 하여금 러일전쟁을 일으키게 하였다.

이같이 급변하는 국제정세에서 광무8년(갑진) 1월에는 주한 각국공사관들은 자국의 거류민보호를 이유로 자국 군대를 앞 다투어 입성시키는 가운데 2월에는 일본군이 황해에서 러시아군함을 선전포고 없이 격침시킴으로서 러일전쟁 와중에 한국정부는 휩싸이면서 국외중립을 선언하고, 이어 일본의 육군이 인천에 상륙하고 주한 러시아공사는 서울에서 철수하였다.

이에 따라 일제의 강압에 의한 조처가 이어지는 가운데 한일의정서(韓日議定書)가 체결되고, 이에 따라 경의선철도를 일본이 차용하게 되었다. 이해 3월에는 황제폐위 음모사건이 발각되는가 하면 경운궁에 화재가 나고, 원흉 이또오히로부미가 내한하는가 하면, 5월에는 한로조약이 폐기되는 등 국내정세 역시 긴박하게 돌아갔다.

무엇보다 광무7년(계묘년) 말인 12월에는 러시아가 한국의 북위 39도 이북분할안(以北分割案)을 일본에 제의하였는가 하면, 관북지역에서 러 · 일군이 대치하고 있는 가운데 러시아군측이 한국군 평양대 대장을 불러 말하기를 "당신들의 나라가 우리와 우호관계를 끊은 것은 갑오경장(甲午更張) 때 청나라와 관계를 끊은 것과 같다. 이는 모두 일본의 짓이다. 당신들은 우리의 적이 아니므로 당신들을 살해하지 않을 것이니 속히 해산하여 양국의 화기(和氣)를 상하게 하지 말기 바란다."고 하였다. 이후 러시아군은 일군에게 계속 패배함에 두만강 북안(北岸)으로 퇴각하면서 북청(北靑) 이북의 전선을 모두 끊었다.

러 · 일의 전장화 된 우리나라는 거의 무기력 상태에서 두만강 건너 간도

지역 일대에서 청군의 횡포는 날로 심해져 이들의 박해를 참아내기 어려운 지경에 처하게 되자, 이범윤을 간도관리사로 파견하기에 이르렀다. 광무 9년(을사년) 2월 『매천야록』에 의하면 압록강 서쪽 영고탑 동쪽 광할한 서간도 일대에 우리나라 백성 수만호가 살고 있었는데, 청인들이 강제로 이 지역을 관할하면서 학대를 가해 와 더 이상 견딜 수 없어 본국의 관리가 와서 조처해 주기를 바란지 이미 수년이 지났으나 우리 조정에서는 제대로 대처하지 못하였다. 이렇듯 국내외 정세가 혼미한 상태하에서 북변(北邊)의 정황과 참상에 대해 기록한 것이 『갑진정사』의 내용이다.

서명을 『갑진정사』고 하나 그 전해인 계묘년 말인 섣달 보름, 종성의 두만강 건너편 광제욕(光霽峪)에 있는 청의 통령 호전갑(淸統領 胡殿甲)과의 담변초(談辯草)가 실려 있다.

정해감계(丁亥勘界) 이후 양국의 강계가 미정 상태에서 두만강 건너편 거주 간도 한국인들에 대해 청측이 계속 박해를 해 옴에, 간도관리사 이범윤(間島管理使 李範允)이 도강하여 청인들에 대해 불법부당하게 분란을 일으키고 있다고 항변하는 내용으로 엮어져 있다.

첫 장부터 상태가 매우 나빠 탈 · 훼자가 많아 문맥이 통하지 않고 있다. 다음날인 16일에는 「照會 十六日復有淸兵刷掠越民之確據故修照以送」이라 하여 어제 논의한 사안에 덧붙여 무고한 한국인을 붙잡아 탄압한데 대해 속히 석방하라 함에 대해, 청측은 7명의 한국인이 강을 건너와 치역변한(易變韓)에 대해 항변선동지사(抗辯煽動之事)를 몹시 개탄하는 바라고 응대하였다. 동월 19일자로는 이범윤이 사포대(私砲隊)를 조직, 제반 활동에 대해 항의하는 한편 조속히 철수할 것을 촉구하고 있다. 이러한 상황하에서 온성주재 위관(穩城駐在 尉官)과 병졸을 유인해 총기를 난사해 살상을 하고, 병기를 탈취하는 불상사가 야기되었고, 간민(墾民)이 땔감을 운반하고 있는 우마차를 억류하는 등 부당한 처사가 한 두가지가 아님을 우리측이 청측에 항변하고 있다.

그 다음으로 호통령(胡統領) 외에 이사 진작언(理事 陳作彦)이라는 인물이 등장함과 동시에 해를 넘겨 갑진년이 되는데 역시 온성사건(穩城事件)을 논변하는 조회와 조복(照覆)이 오가고, 삼월에 들어서서는 전연총 형현기(前練總 荊顯基)와 한국측 김통령(金統領)간에 화의를 시작, 4월부터 5월에 이르기 까지 약 2개월간 논의를 거듭해오면서 〈중한선후장정(中韓善後章程)〉의 초안 10개 항을 마련하여, 이해 5월 초 4일에 김명환참령(金明煥參領), 최남융(崔南隆) · 김병약 경무(金炳若 警務), 주군수(朱郡守) 등이 청측의 호통령 진작언 이사(胡統領 陳作彦 理事)에게 다음과 같은 내용을 개진하고 있다.

첫　째, 만국공법(萬國公法)에 따라 양계의 변민들이 구황(救荒)에 따른 양식과 저탄(貯炭)의 운반, 농작 등은 변민들이 자유로이 진력할 수 있도록 한다.

둘　째, 고간도(古間島) 땅은 아민(我民)이 경작해온지 누년이 되는데 금년 봄은 파종기를 실기(失期)하여 올가을 추수는 무망(務望)하게 되었는데 귀측은 이를 헤아려주기 바란다.

셋　째, 강상(江上)의 교량건설이나 선편운항은 변민들의 편의에 따르도록 한다.

넷　째, 양계민(兩界民)의 왕래에 편의를 제공하고, 군인이 총기를 휴대할 경우는 각자 공문을 갖도록 하고, 군인이 평복으로 무기를 갖지 않고 다닐 경우는 평민과 같이 대한다.

다섯째, 양계병민에게 불행히 불상사가 발생했을 때는 양계문무관은 각각 경상(竟上)에서 만나 심변(審辨), 상변(償辨), 재발을 방지하도록한다.

여섯째, 온성부대 장졸 피유사(被誘事)는 심히 유감스러운 일로 귀상부에서 여하히 처리하고자 하는지, 그리고 빼앗은 총기는 조속히 돌려주도록 한다.

일곱째, 무산군(茂山郡)내 충돌사(衝突事)에 따라 재산은 모두 무용지물이 되고, 잃어버린 우마가 40여수에 달한다. 이들 우마를 돌려보내 양계를 화기있게 하자.

여덟째, 봄부터 가을까지 곡물운반을 금지함은 인민을 억류하는바와 같으니 환급운(還給運)할 수 있도록 한다.

아홉째, 금후 연강상하(沿江上下)의 계엄병은 자진 철수하여 양계민들을 안심시키도록 해야 한다.

열　째, 회약상(會約上) 미진한 사안은 공법을 조량하도록 한다.

위의 제안에 대해 청측은 보다 항목을 늘려 16개조를 제시해 왔는데 기존의 주장과 입장을 정리한데 불과하였다. 특히 이범윤 관리사의 활동이 불법임을 강하게 제기하고 있다. 이어서 『將酌議 中韓邊界善後章程擬候 會定』이라 하여 이전의 16개조를 보다 상세하게 논하는 가운데 이범윤 일단의 철수를 강하게 제기하고 있고, 『會約往復改正存拔合十二條』에서 후에 합의되고 있는 『中韓邊界善後章程』 제 1항에 나타나고 있는 내용이 여기에 실려 있다.

즉 양국의 계지(界地)는 백산비기(白山碑記)의 증거가 있으니 양국정부 파원의 회감을 기다릴 것이며 다시 감계하기 전에는 구(舊)에 따라 각각 신지(劵地)를 지키고 다같이 무기를 가진 군대를 놓아 잠월하여 사단을 일으키지 못하도록 함으로써 변민의 안전을 도모할 것을 제기하고 있다.

이상 4회의 상호 장정론(章程論)이 제기되어 오다가 『公函于胡統領陳理事處』에 大淸國補用知府延吉廳理事撫民府 陳作彦과 大淸國統領吉强軍馬步全隊都漏府 胡殿甲, 大韓國 咸鏡北道交界官兼警務官 崔南隆, 金炳若과 大韓國鎭衛第五聯隊第三大隊陸軍參領 金命煥 등의 名義로 爲重申舊約各守各界於華曆光緖三十年五月初二日 韓曆光武八年六月十五日에 會於華界光霽頒分防經廳 張非麒公係에서 信修睦公議邊界先後章程各書銜名畵押蓋印 各己 畵押 捺印, 守玆而議定先後章程十四條開列于後하다 라고 하면서

역시 이범윤건에 대해 3, 4, 5개조에 걸쳐 강조하고 있다.

이에 대해 한국측은 공함(公函)으로 호통령(胡統領)과 이사 진작언(理事陳作彦)에, 荊顯基處 來函, 張非麒處來函, 胡統領 陳理事處 來函 등을 거쳐 清曆光緒三十年五月初二日 韓曆光武八年六月十五日 清界光霽頒分防經歷張兆麒의 공해(公係)에서 회합하여 강신수목(講信修睦)하고, 변계선후장정(邊界善後章程)을 공의하여 각서에 함명(銜名) · 화압(畵押) · 개인(蓋印)하여 신수할 것을 밝히고, 이에 의정한 선후장정 십이조를 뒤에 개열한다 라고 함으로써 교계상 양국 지방관들에 의해 〈중한변계선후장정(中韓邊界善後章程)〉을 약정하였는데 위의 선후장정이 논의되기 이전에도 변계지의 양국변민의 안전보호를 위한 현지 지방관리들간의 협조책이 양강(압록 · 두만강) 연안에서 이루어졌을 것으로 보이며, 실제 1885년(고종 22년:청 광서 11년) 12월 清 通化縣中軍 蕭東盛과 朝鮮 三水都護府使 李賢濬 三水鎭管仁遮外兵馬萬戶 李秉泓 그리고 연강 두민(沿江 頭民) 사이에 절목을 정한 『仁遮外鎭邊政彼我問答厘正節目册』을 작성, 영구 준행할 것을 다짐하고, 다음과 같은 사항을 말미에 적시하고 있다.

- 上國匪類侵暴小國民人勒奪錢穀閭里行惡者捉付該菅鄕牌小事則當時完結大事則鄕牌指名稟告通化縣按法懲治事
- 小國匪類符同上國匪類作梗上國者拐送小國官長按法懲治事
- 小國民人上國居生者罪關小國自小國推捉之除上國匪類不敢作梗
- 新艮田土三年後收稅事
- 新定節目後頑悖者梟首警衆事

여하튼 교계상 양국 지방관들에 의해 〈중한변계선후장정(中韓邊界善後章程)〉이 약정되었다.

선후장정(善後章程)은 조 · 청 양국경계문제에 관해 중대한 내용을 담고 있다. 청국이 주장해온 도문강(圖們江)을 천연의 경계라고 주장해 온 것과 달리 백두산정계비를 기초로 하여 경계를 정할 것과 타일 감계까지 도문강 일대수를 간격(間隔)하여 구(舊)에 따라 신지(劵地)를 수비할 것을 협정하고, 도문강이 양국의 국경으로서 기정한 문제가 아님을 성명한데다 위 협정에 의해 원류가 아직 결정되지 않고는 하류가 결정될 수 없다는 국제법상에 비추어 보더라도 청국이 근래 주장한 홍토(紅土), 석을(石乙) 이수(二水)합류점에서 하류의 도문강이 조·청 양국의 경계가 이미 결정된 문제라고 하는 것은 사리에 맞지 않는다.

따라서 간도거주 한인의 재판권은 청한조약(淸韓條約) 세5조 규정과 같이 한국의 권리임이 명료하다. 즉 선후장정(善後章程) 제9조에서 죄인처분에 관해 규정하고 있는데, 이 규정은 아직 충분·명확하지 않으나 제4조에서 모모(某某)등은 화계·입적(華界·入籍)의 반민이므로 공법을 안(按)하여 색환하고, 화관(華官)이 예에 비추어 징변하는 권(權)이 있다고 규정하고 있다고 하나, 제12조의 규정에 의해 한인은 한국관리가 재판한다함은 재론의 여지가 없다. 즉 간도는 특종지(特種地)로서 통상조약을 적용할 땅이 아니라고 말한 청국측의 주장은 전연(全然)「전후장정(前後章程)」에 위반된 것이다.

감계문제를 일시 중지하자는 조회에 의해 간도가 계쟁(係爭)중임을 명백히 밝히고 있다. 다만 공문 중 도문강의 간도 운운한 말을 청국은 혹 종성의 서방 도문강중에 있는 고간도를 말한 것이라는 설을 낼는지도 모르나 이 공문은「전후장정(前後章程)」과 그 전후의 조회문에 우련(于連)한 것이므로 만일 위와 같은 주장을 해도 이를 반박하기는 용이하다.

방곡령개방(放穀令開放)에 관하여 청국공사에게 조회한 것은 한국이 간도를 청국령으로 인정한 것이 아님은 말할 나위도 없다. 왜냐하면 위는「전후장정(前後章程)」제1조와 제10조의 의정에 의해 한국이 간도지방의 방곡개금(放穀開禁)을 청국에 요구한 것이기 때문이다.

요컨대 이상의 사실을 종합하면 한국이 간도지방을 경계 미정이라 하고,

또한 간도지방을 한국령이라고 말함은 근거가 있는 주장이다. 역복(易服)에 대해서도 한국인에게 치발역복(訊髮易服)을 강제하여 이에 따르지 않는 자는 그 소유지를 몰수하고 그밖에 제반 박해를 가함에 연약한 자, 혹은 부정한 이(利)를 탐하려는 무리 일부가 청장(淸裝)을 하였을 뿐이다.

청국관리는 이를 지목하여 입적민(入籍民)이라고 하나 청국에는 아직 귀화법의 제도가 없어 심히 애매하였다. 따라서 청장(淸裝)한 한인에게 너는 청인이냐고 물으면 아니다. 한국인이다. 청국관리의 협박과 주구를 면하기 위해 부득이 이와같은 복장을 하였으나 나의 처자는 한장(韓裝)을 하였고, 자기도 선조 제전에는 반드시 한장을 한다고 말하였다. 이로 미루어 보면 한인이 청장을 하는 것은 편의상 한 것이고, 본방인(本邦人)과 기타 국인이 왕왕 청장을 하는 것과 같은 형태일 뿐이다.

광무 8년 5월 25일자 발신자의 성명을 밝히지 않고 있지만 수신자는 "난찰라까부르가다"로 그의 후의에 감사함을 표하면서 변경방어에 책무를 맡고있는 자로써 근래 청인들의 횡포로 인해 잠시도 자리를 비울 수 없는 처지임을 밝히고, 온성부대의 장졸을 유인하여 병정을 사살하고 여타 사졸 6명을 잡아간 후 총기까지 탈취해 감으로써 분한 마음 가눌 길이 없어 생각 같아서는 당장 쳐들어가 보복하고 싶지만 아라사군이 주둔하고 있는 인근이라 소란을 피울 수 없어 참고 있는데, 청인들은 우리를 더욱 업신여기고 간도백성을 살해하는가 하면, 무고한 백성들을 계속해 잡아다가 끓는 물을 머리에 붓고, 쇠갈퀴를 달궈 등을 지지고 돈을 빼앗는가 하면, 식량을 빼앗아가고, 가축과 우마 등을 마구 탈취해 가고, 심지어 종성군내에 까지 침입해 노략질을 서슴지 않고 있다고 호소하고 있다.

특히 간도백성의 집 4백여 호를 불사르고 쫓아냄에, 남녀노소가 노상에서 울부짖고 있는가 하면, 총에 맞아 죽은 자, 물에 빠져 죽은 자 무수하며 무산군에 침입하여 이 같은 짓은 계속되고 있는 실정인 이때에 길주군에서 우리 병정을 잡아가고 총기마저 빼앗으니 어찌 이런 일이 있을 수 있느냐 호소하며 억류하고 있는 병사의 석방과 총기도 돌려달라고 간청하고 있어 당시 변경의 참상을 짐작케 하고 있다.

광무 8년 4월 러시아와의 절화(絕和) 우호관계를 끊고 각국에 알렸는데, 이는 일본인의 협박에 의한 것임을 러시아인은 알고 있었다. 일본이 관북에서 러시아에 저항하고 있을 때 우리는 평양대 500명을 선봉으로 내세웠는데 이때 러시아인은 평양대의 대장을 조용히 불러 말하기를 "지금 당신들 나라가 우리와 절화한 것은 갑오경장(甲午更張)때 청나라와의 경우와 같다. 당신들은 우리의 적이 아니므로 당신들을 살해하지 않을 것이니 속히 해산하여 양국의 화기를 상하지 않기 바란다."라고 하였다. 이에 우리 대병들은 해산 후 귀향하였다.

4월 19일 統御使 趙載觀 巡邊時 江邊 兩界邊民作梗事가 繁多함에 통화현(通化縣)에 이문(移文)을 보냈고, 7월 초 3일, 6일, 7일, 치보(馳報)함에 통화현관병(通化縣官兵)이 건너와 숙의(熟議), 초 8일, 11일, 12일, 17일, 18일(청력(淸曆) 광서 11년 6월 초 5일, 29일) 다수의 비류(匪類)가 월변하였고, 9월 초 5일, 22일(광서 11년 8월 급고시(給告示)), 12월 초 1일 등 그 해 7월 이후 계속되는 사단에 대해 해결책을 모색 중, 신정절목(新定節目)을 약정하고 준수하기로 하였는데, 주로 변계를 월계침폭(越界侵暴)하거나 작경소란(作梗騷亂)을 피우는데 따른 안민정책에 대해 준행할 것을 약정하고, 위반자는 효수함으로써 경종을 주어 변계를 안정시키고자 함에 있었으며, 경계문제를 논의하기 보다는 월경작폐(越境作弊)에 따른 조처이었다.

광무 9년(1905) 3월 25일 고종황제는 러시아에 일본 견제를 호소하는 밀서를 상해 주둔 데시노소장에게 전달, 을사조약을 체결한 이듬해인 광무 10년(1906년) 11월 어쩔 수 없이 간도교민의 생명과 재산보호를 일본통감부에 의뢰, 나라를 융희 원년 정미 8월에 북간도에 일병이 파견되고, 청국은 간도관리인을 두어 대응케 하였다. 러시아인은 청일간의 다툼 틈새를 이용하여 휘춘(揮春)을 점거함에 북간도는 청 · 일 · 러 삼국이 각축하는 소란한 지역이 되면서 정작 주인인 한국정부는 설 자리를 잃고 말았다.

융희 원년(1907) 정미 6월 일본인들은 육군성에서 10만환을 내어 회령지방에 성을 구축(매천야록 747)하였다. 7월에 북청진위대 해산시 북청 부교 조희명(副校 曺喜明)이 해산을 거부하면서 개별부담으로 나라를 지키겠다고 함에, 대장 김명환이 크게 꾸짖음에 대원들이 통곡하며 헤어졌다.

7월에는 민간 사포화약과 강원 평안도에서 사슴사냥하는 엽총을 모두 수거하였는데 이는 의병들이 이를 사용할까 우려해서이다. 아라사 군대가 두만강연안의 부령군을 통행하면서 사용하는 화폐건에 대하여 부령과 인근지역인 회령 행영에서 지전일원(紙錢 一圓)에 네냥과 네량 닷돈씩, 일본돈은 열량두 돈씩 쓴다는데 대해 유감을 나타내고 닷냥씩 한정하였으면 한다는 내용의 광무 8년 9월 20일의 공함내용을 순한글로 아라사진영에 보내고 있다.

1906(광무 10년) 화폐통용법을 제정, 10원이하는 새 은화 사용, 2원이하 백동화(白銅貨) 1원은 청동전으로, 엽전은 지방만 사용케 하고, 1908 (융희 2년: 무신) 6월에는 엽전 통용가격 1매당 5리, 5매당 1전으로 하고 있다. 6월 16일 의병이 전국적으로 항전하는데 특히 관북병이 경흥에서 싸우고 간도에서도 싸웠다.

6진 안팎에 있는 병사가 수천명이나 되었다. 7월에는 이범윤이 인추(湮秋)지방에서 의병을 소집하니 그 수가 무려 7만여명이나 되어 북쪽 변방이 크게 소란하였다. 9월 청일간 간도에서 일대 충돌이 벌어졌다.

10월 4일 황해도 청단에서 의병이 집결하였고, 융희 3년(1909:기유) 윤 2월 간도에서 청 · 일이 충돌하였다. 5월 14일(양 7월 1일)과 이달 12일 법부와 군부가 폐지되고, 청병 5~6천이 간도에 집결함에, 이에 대항하여 부산에 주둔하고 있던 일본 헌병도 북쪽으로 향하였다. 1910년(융희 4년 경술) 음력 3월 22일(양 5월 1일) 이범윤이 간도에서 의병을 일으켜 수천명의 의병이 회령이북지역에 집결하고, 의병장 이범윤의 부하 조상갑(趙尙甲), 이승호(李昇鎬), 방병기(方丙基), 김제익(金濟益), 한진수(韓進水) 등이 온성(穩城)과 종성

(鍾城) 사이를 출몰하면서 대군이 6월에 강을 건너겠다고 선언하자, 북도민들이 그들을 성원하였으며, 6진의 왜병들은 주야로 계엄을 선포하였다.

융희 4년(경술) 6월 북간도 함북주민 이주 숫자가 9월부터 금년 4월까지 1,304호가 되었다. 놀라운 사실은 러·일전쟁중이기는 하나, 아라사의 경성주재 마대장관 꺼면단트쳐비로가 대한국 원수부 군부에 알리기를 "함경북도 진위대병정은 일체 총기를 가지고 다니지 말 것이며 위반시에는 우선 총을 빼앗고 당자는 징계하겠다."고 1904년 9월 26일자(아라사 역(曆))로 알리고 있는데 이 시기는 대한제국이 국외중립을 선언한 때이기도 하다.

이밖에 광무 9년 1월 20일자의 경셩유쥬아국곰미살이쳐 조회에서는 변경의 회령, 종성, 경원, 훈융 등지 주둔 아군의 병기를 수거해 감에 대해 비적들을 방어하기 위해 주둔하고 있는 이들의 병기를 거둬간다면 유사시 무슨 수로 대응할 수 있겠는가? 그러니 총기회수를 중지하고, 회수한 총기는 반환해 달라고 요청하고 있다.

연강(沿江)의 백성을 살리는 길도 그 길밖에 없다고 호소하고 있다. 무기의 환급을 아라사 고미살에게 간청하고 있어 변경주둔군의 무기가 이들로부터 지원받고 있었음을 알 수 있다.

원수부 군부 군기국에서는 목허위관장 쑤민씨기 앞으로 아군이 온성, 경흥군 등지에 횡행하면서 우리 주둔군의 무기소지를 금하고 이를 적발하려고 동분서주하고 있는데 한국은 러·일전에 중립을 선언하고 있고, 군병의 무기 소지는 변방백성의 안위를 지키려는데 있다고 읍소하면서 러시아군의 과민한 대응에 우리측의 서글픔을 엿보게 하고 있다.

원수부에 보고한 '보고 48호(광무 8년 1월 21일자)' 에는 러시아군의 진지구축과 주둔시설을 위해 민가를 징발하고 군용시설을 강압적으로 점하고 있다는 동정보고가 있고, '아병탈거군물질(俄兵奪去軍物秩)' 이라 하여 총기류와 실탄 등의 수효를 적시하고 있어 당시의 아라사와의 역학관계를 살필 수 있는 좋은 자료가 되고 있다.

광무 9년(을사) 1월 북관에 있던 러시아병들이 계속 패주하자 그들은 두만강 북안으로 퇴주하였다. 이때 북청 이북은 그들이 세웠든 전주(電柱)를 모두 철거하였다. 2월 봉천지방전투에서도 러군은 크게 패하였다.

함경북도에는 도백 이윤재(李允在) 사임 후 1년여 동안 공석되어 있다가 한창교(韓昌教)가 임명되고, 종 2품인 2월 23일 공수동맹(攻守同盟)을 전제로 한 〈한일의정서〉가 체결되었다. 3월에는 경향(京鄉) 병사들의 급여를 대폭 감축하고, 지방에 8개 대대를 설치하였는데 부대마다 병사 600명을 두었다. 이중 제 6연대는 평양, 의주, 강계 등지에 주둔하고, 함경도지방은 소란하여 연대를 설치하지 못하고, 각도의 여병(餘兵) 2천여명을 선발하여 헌병, 기병, 공병 등 3개대대를 편성하였다. 이 해 4월 러시아의 발트함대가 궤멸되고, 5월 18일 한 · 러조약 일체를 폐기하면서 8월 러 · 일 강화조약이 체결되고, 9월 서간도의 한인 수만호에 대해 청측이 강제 관할하면서 한인동포를 학대함에 현지주민들은 조선정부의 관리를 파견해 줄 것을 요청하였으나 조정은 당시 그럴만한 여건이 되지 못하였다.

1902(광무 6년) 임인 1월, 러시아인이 경흥부에 함부로 전주를 가설하였고, 6월에는 이범윤이 북간도시찰로 파견되고, 이듬해인 광무 7년(계묘) 5월에는 『북여요람』이 나왔고, 광무 8년 5월에 북간도관리관 이범윤의 소환명령을 내렸다.

다음은 〈光武九年二月 二十一日 烟秋民政廓米薩處 照會〉가 한글로 실려 있는데 다음과 같다.

일젼폐듸군긔샤로 귀국군졍고미살각하에게 하온거슬 응당 동감하셔시리니와 듯샤온즉 폐대긔계를관리사포에게 츌급하엿다가 환슈하엿다 하오니 공법소재로 말삼하와도 타국군대긔계를 귀국샹부훈칙잇다하시고 거두워가신거슬 무례한 백셩에게출급하시는거시 불가하온줄로 통촉하시고 도로거둔말삼 듯사온즉 공샤상반듯한 일이옵고 인국간 공번된 후의를 감사이알고 잇사오나 파송하엿던 사관의 말삼을 듯사온즉 기지군긔슈거하던 귀국사관

승합과 통변성명이넌시견실한 긔계슈효를 자셔이긔벼하면 환슈하짓다라기기로 폐국사관육군부위 김긔근 나영훈 양원을 다시 파숑하오니 말삼도 드르려니와 군긔거두워갈때에귀국사관 셩함은 참영모론돌루푸은 통사는 이야고푸 강셕칠과 윤갈이 현홍근 삼인이오니 상탐하시면 아실듯하옵고 귀국군졍고미살각하게서 폐대에 왕림하실때에도 병졍의군긔이른 형편과 각쥬대에 슈거한사실을 탐문한후에 경셩나가면 고하여 즉시출급해쥴로 말삼하고가시던니 그후긔별하시기를 상부로뎐보하였더니출급하라하셔스니 곳보내주마하시기로 긔위군졍고미살각하에게 공문을 하엿삽더니 알고게시다하옵고 다시죠회하라하시기로 각하에게 죠회하오니 사죠하신후 좌기하온 군물을 차기위관편 츌급하시와 닌국간돈목한 의를 지키게시기를위요.

끝으로 아라사 콤미살에게 총기 반환에 따른 하회를 다음과 같은 등초(謄草)와 총기와 탄환 수를 싣고 있다.

乙巳二月初七日軍物覓主事로 金參尉基建서 羅副尉泳薰을 派送하여 俄國民官廓米薩參照 謄草 대한국행영대장김명환젼 귀죠회회기하며 대대장을 알게하오되 귀쳐부탁한 총 과군물을돌아내여달나한거슬 도백께 품허하엿사오니 회기있사으면 즉시경흥감아로 치기하여 알게할터이오며 귀관들괴 부탁하여 귀쟝관게 어더함을 언급하여 달나하엿사오며. 대아국일천구백오년삼월초오일

俄兵奪去軍物秩 銃器類 및 實彈 數

巨羅銃 七十一柄 回龍銃 九十五柄 第一中隊士卒所持件中見失
回龍銃 四柄 巨羅彈丸 三萬二千發 私銃 一柄 大隊武器庫所在件見失
破棚束 四百參件 破革帶 三百九十件

水壺 四十五箇 雜束 四十一件 前門銃 三百柄

銅火帽 二千八百六十介 銅爐口 三十一箇

銅瓢 巨羅銃 彈皮 七百五十發 回龍銃

彈皮 四百七十五發

完毛瑟銃 一百七柄 半毛瑟銃 四柄(金破) 管理私砲軍物輸去秩

前門銃　柄(金破) 銅砲 二十二柄(金破)

完毛瑟銃　一百七柄銅破傷件 革帶 七十件

淸彈皮 三百四十七發 淸彈銃 三百二十發

八連發 十二連發 兩色彈丸 八百五十七介

火繩銃彈子 一百五十九介 彈丸製造機械 四件

分解器 一介 洋棚束 一介 鐵樣一介 軍刀 一柄

藥升 二介 火藥 三斤 外上衣黑色 七十七件

膝甲 六十件

毛瑟銃 二柄 毛瑟彈丸 一萬四千發 管理私砲銃丸執留件見失

塗金鐵頭口 一介 還刀 四百十柄 火繩 二百七十沙乙里 舊軍庫所存中輸去秩

巨羅銃 三十四柄 巨羅彈丸 八百二十發 會寧兵站軍物失秩

曲號一隻 光武八年 十二月 二十二日 追後持去

回龍銃 二十五柄 巨羅彈丸 九百四十五發 高嶺駐站軍物失秩

巨羅彈丸 四十三發

巨羅銃 六十柄 巨羅彈丸 二千八百八十發 鍾城駐站軍物失秩

曲號一隻

巨羅銃 二十五柄 巨羅彈丸 一千四十發 慶源駐站軍物失秩

巨羅銃 二十柄 巨羅彈丸 一千九百四十發 十一月一日官於 訓戎駐站軍物失秩

以上이 [甲辰政事]의 大略이다.

주요참고문헌
主要參考文獻

1. 李王職編纂會抄錄編, 勘界使交涉報告書, (1927년~1940) 寫本, 奎章閣所藏.
2. 李重夏, 勘界使交涉日記, 高宗 24年(1887), 國史編纂委員會 所藏.
3. 丁若鏞著, 張志淵增補, 大韓疆域考, 光武 2年(1903), 國立中央圖書館 所藏.
4. 同文彙考 129卷 60册, 鄭昌淳 等纂, 國史編纂委員會 影印刊.
5. 備邊司謄錄.
6. 朝鮮王朝實錄 肅宗 · 英祖 · 正祖實錄篇.
7. 金魯奎, 北與要選 2卷1册, 光武 8年(1903).
8. 金指南, 通文館誌, 1861(哲宗 12년), 奎章閣所藏.
9. 各司謄錄 (平安北道, 咸鏡南北道編), 國史編纂委員會 影印刊行.
10. 增補文獻備考.
11. 國會圖書館編, 間島領有權拔萃文書, 同館刊, 1975.
12. 申基碩, 間島領有權에 關한 硏究, 探究堂, 1979.
13. 外務部, 間島-西北邊境問題硏究史料拔萃 其一, 1977.
14. 外交安保硏究院, 韓國의 領土硏究, 同院刊, 1987.
15. 韓國精神文化硏究院, 江北日記 · 江左日記 俄國與地圖, 1998.
16. 申珏秀, 國境紛爭의 國際法的 解決에 關한 硏究, 서울대 博士學位論文, 1991.
17. 李日杰, 間島協約에 關한 硏究, 成均館大博士學位論文, 1992.
18. 高承濟, 韓國移民史硏究, 章文閣, 1973.
19. 원호식편, 러시아 沿海州渤海遺跡, 大陸硏究所, 1994.
20. 國際問題調査硏究所編, 러시아 賦存資源과 開發現況, 同硏究所 刊, 1993.
21. 韓中國境硏究, 崔章根, 白山資料院, 1988.
22. 徐紘壹, 間島史新論(上), 우리들의 편지사, 1993.
23. 연변조선족자치연구소조편, 연변조선족자치개황, 연변인민출판사, 1981.

24. 李樹田編, 間島에 關한 歷史地理資料(1) - 原書名 長白雁徵錄-, 外交安保研究院 發行, 1986.
25. 金盛德, 白頭山, 家庭文庫出版社, 1978.
26. 과학 · 백과사전출판사편, 압록강 · 독로강류역고구려유적발굴보고, 과학 · 백과사전출판사, 1983.
27. 연변조선족략사 편찬조, 조선족략사, 연변인민출판사, 1989.
28. 李仁榮, 韓國滿洲關係史의 研究, 乙酉文化社, 1984 重版.
29. 방학봉, 중국동부관계사, 대륙연구소 출판부, 1991.
30. 間島領有權恢復推進委員會編, 恢復, 靑文社, 1986.
31. 현룡수 등편, 조선족 백년사화 (Ⅰ · Ⅱ), 기획출판 거름, 1989.
32. 김홍철, 국경론, 민음사, 1997.
33. 朴椿浩 · 柳炳華 共著, 海洋法, 民音社, 1986.
34. 拙著, 韓國領土史 研究, 法經出版社, 1991.
35. ________ , 韓國邊境史研究, 法經出版社, 1989
36. ________ , 韓國國境史研究, 法經出版社, 1992
37. ________ , 韓國의 國境研究, 法經出版社, 1981.
38. ________ , 人物로 본 韓國領土史, 도서출판 多勿, 1996.
39. ________ , 우리나라 領土이야기, 대륙연구소 출판부, 1994.
40. ________ , 近世北方國境關聯史料抄錄輯, 法經出版社, 1992.
41. ________ , 一九0二年邊界戶籍案, 法經出版社, 1992.
42. ________ , 近世韓國境域論攷, 景仁文化社, 1999.
43. ________ , 韓國의 領土管理政策에 關한 研究, 韓國行政研究院, 1996.
44. ________ , 韓國國境領土關係文獻輯, 甲子文化社, 1979.
45. 이종석, 북한 중국관계, 도서출판 중심, 2000.
46. 류충걸 · 심혜숙, 白頭山과 延邊朝鮮族, 白山出版社, 1993.
47. 趙仲孚, 近代中韓關係史資料彙編, 臺灣 國史館, 1987.
48. 楊昭全 等著, 中朝關係簡史, 遼寧民族出版社,. 1992.
49. 張存武, 淸代中韓關係論文輯, 臺灣 商務印書館, 1987.
50. 田景等編, 두만강하류 자연자원과 이용, 白山出版社, 1996.

51. 天池釣　著, 長白山江岡志略, 發刊所 및 發刊年度未詳.
52. 篠田治策, 白頭山定界碑, 樂浪書院, 1938.
53. 統監府間島派出所 事蹟概要, 1938.
54. 滿鐵吉林鐵道局編, 長白山綜合調査報告書, 同鐵道局刊, 1941.
55. 濟藤季治郎, 統監府臨時間島派出所紀要(文書資料), 1936.
56. 일본외무성, 鹿屯島關係雜件綴(文書資料), 1897.
57. 曹廷杰, 俄界情形, 滿洲自治文化協會, 1935.
58. 露領沿海地方 自然 經濟 上, 南滿鐵道株式會社, 1927.
59. 金生喜造, 國境論, 日新書院, 1942.
60. 平竹傳三, 蘇聯極東國境線, 櫻木書房, 1941.
61. 增田忠雄, 滿洲國境問題, 中央公論社, 1941.
62. 朝鮮總督府編, 吉林省東北方 狀況, 同府刊, 1928.
61. 呂一燃, 中國邊疆史論輯, 黑龍江出版社, 1990.
62. 金正柱, 朝鮮統治史料 第九卷, 韓國史硏究院, 1972.
63. 牛丸潤亮, 間島事情, 朝鮮及朝鮮人社, 1927.
64. 康熙圖 地理學史的 硏究, 法政大學出版部, 1986.
65. Andrew Boyd著, 饉野功 · 藤本篤 譯, 世界紛爭地圖, 創元社, 1994.
66. 金子利喜男, 世界領土 境界紛爭國際判例, 明石書店, 2001.
67. 鶴嶋雪領, 中國朝鮮族硏究, 關西大學出版部, 1997.
68. 加藤九祚, 시베리아記, 潮出版社, 1980.
69. 永井勝三, 北鮮間島史, 會寧印刷所, 1925.
70. 아렌 · 에스 · 호와텡크 原著 池井優譯, 시베리아 開發構圖, 日本經濟新聞社, 1982년(昭和 58年).
71. 楊昭全 · 孫玉梅, 中朝邊界史, 吉林文史出版社, 1993.
72. 王鐵, 珍寶島 未曾陷落, 今日中國出版社, 1994.
73. 方敏 · 金敏雄編著, 東北疊明珠 揮春, 東北師範大學出版社, 1993.
74. 李樹田 主編, 延吉邊務報告 延吉廳領土問題之解決, 吉林文史出版社, 1986.
75. 古藤晃, 世界紛爭 핸드북, 硏究社, 2001.

76. 澁谷恒治郎, 浦鹽斯德及 背後地, 朝鮮銀行, 1943.
77. 大崎峰登, 鴨綠江, 兵林館, 1910.
78. 安在鴻, 白頭山登陟記, 流星社, 1931.
79. 顧呂剛, 中國彊域沿革史, 商務印書館, 1937.
80. 葛綏成, 中國近代邊疆沿革考, 中華書局, 1934.
81. 石本惠吉, 豆滿江流域, 1931.
82. 江廣澄 等編, 中國的疆界, 學林出版社, 1994.
83. Brown, Peter, G & Shue Henry ed., Boundaries-National Autonomy and it's Limits, Rowman and Little Field N.J./U.S.A, 1981.
84. Boggs S. Whittemore, International Boundaries-A Study of Boundary Functions and Problems, Columbia University Press. New York, 1940.
85. Butor Michel, Frontiers, Translated and with an introduction by Eliior S. Miller,Part III translated in collaboration with Warren C. Miller, Summa Publication, Inc., Alabama, 1989.
86. Chang Luke T., China's Boundary Treaties and Frontier Disputes, Oceana Publications inc., London-Rome-New York, 1982.
87. Day Alan J., Border and Territorial Disputes, 2nd ed., A Keesing's Reference Publicatin, Longman/U.K, 1987.
88. Day Alan J., ed., Border and Territorial Disputes, Longman, 1982.
89. Downing David, An Atlas of Territorial and Border Disputies, Longman/U.K., 1980.
90. Fawcett, Charles Bungay, Frontiers ; A Study in Political Geography, Oxford University Press, 1918.
91. Gottman Jean ed., The Significance of Territory, The Territory, The University Press of Virginia, 1973.
92. Holdich Thomas H., Political Frontiers and Boundary Making, Macmillar & Co., London, 1916.
93. Lattimore Owen, Inner Asian Frontiers of China, Capital Publishing Co., Inc.,/N.Y, and American Geographical Society / New York, 1951.
94. Mellor Roy E.H., nation, State and Territory-A Political Geography,

Routledge/London, 1989.

95. Prescott J.R, V., Boundaries and Frontiers Croom Helm/London, 1978.

96. Prescott J.R, V., Map of Mainland Asia by treaty, Melbourne University Press, 1975.

97. Prescott J.R, V., Political Frontiers and Boundaries Allen& Unwin/London, 1987.

98. Prescott J.R, V., The Geography of Frontiers and Boundaries Aldine Publishing Co.,/Chicago, 1969.

99. Touval Saadia, The Boundary Politics of Independent Africa, Harvard University Press / Cambridge, Masschusetts, 1972.

100. Watson Francies, The Frontiers of China, Chatto&Windus/London, 1966.

101. Willmer Jhon E., The National Political Boundary, I.S.A/New York, 1975.

102. Wyman Walker D.& Kroeber Cliffton B.ed., The Frontier in Perspective, The university of Wisconsin Press, 1957.